Norbert Josef Pitrof / Dr. Franz Rittig

Pit-Peg
PANORAMEN, SKIZZEN, ANLAGEN, BAUPROJEKTE

Ein Sammelband für Modelleisenbahner

Bibliografische Information der Deutschen Bibliothek:
Die Deutsche Bibliothek verzeichnet diese Publikation in der Deutschen
Nationalbibliografie; detaillierte bibliografische Daten sind im Internet über
http://dnb.ddb.de abrufbar.
ISBN 3-89610-221-4

© 2004 by VGB Verlagsgruppe Bahn GmbH,
MIBA-Verlag, Nürnberg

Alle Rechte vorbehalten

Nachdruck, Reproduktion und Vervielfältigung – auch
auszugsweise und mithilfe elektronischer
Datenträger – nur mit vorheriger schriftlicher
Genehmigung des Verlages.

Redaktion und Texte: Franz Rittig

Zeichnungen: Pit-Peg

Kolorierung: Lutz Kuhl

Gestaltung und Satz: Bettina Knaden

Scan: Bettina Knaden Computersatz, Schwaig
WaSo Preprint Service GmbH & Co KG, Düsseldorf

Gesamtherstellung: Druckhaus Pegnitz GmbH, Pegnitz

Vorwort

Er nannte sich Pit-Peg, hieß Norbert Josef Pitrof, war Kunstmaler und Modellbahner. Mit seinen Skizzen, Anlagenentwürfen, Panoramazeichnungen und Bauanleitungen beeinflusste und begeisterte er von seinem MIBA-Debüt 1949 bis zu seinem Tode 1995 mehrere Generationen von Modelleisenbahnern. Die einen überzeugte er mit kleinen, kompakten und dennoch ausgewogen entworfenen Anlagen, die anderen mit Großanlagen in Zungenform, wieder andere mit fantasievoll umgesetzten Vorbildmotiven von Gebäuden, Brücken, Tunnelportalen und Landschaftsansichten, in die sich die Eisenbahn (als Modellbahn!) einfügte, als sei es nie anders gewesen.

Pit-Peg zeichnete, was er bei Reisen und Wanderungen am Schienenstrang entdeckte, was er fand, wenn er Bücher über die Eisenbahn las, Vorbildfotos sichtete und Bildbände studierte. Er brachte zu Papier, *wie er* es sah. Was er sah, war eine Eisenbahn, wie sie heute nicht mehr existiert. Ob Motive, die er bei fränkischen Lokalbahnen einfing, ob Eindrücke aus den Alpen oder vom Rhein, ob die „Parade" romantischer Tunnelportale oder die unglaubliche Fülle seiner „Brücken in Landschaft": Der Kunstmaler zeichnete dies alles als Zeuge einer Zeit, in der er lebte und arbeitete. Seine fantasievollen Zugaben schränken diese Feststellung nicht ein. Im Gegenteil – sie machen den Facettenreichtum der Eisenbahn jener Zeit noch deutlicher, hielten für alle später Geborenen fest, „wie es früher war".

Jeder, der sich heute mit Pit-Peg beschäftigt, mag sich dem Meister auf je eigene Weise nähern, wird dabei Wertvolles finden, hier und da auch Kritisches entdecken. Ich verstehe die Zeichnungen von Pit-Peg neben ihrer zeitlosen Bedeutung für den Modellbahnbau als Zeitdokumente, die eine im Nebel der Vergangenheit verflüchtigte Welt der Eisenbahn wieder zum Leben erwecken. Lässt sich Pit-Peg mithin als *der* Modellbahn-Zeichner der Epoche III qualifizieren? Man vergeht sich meines Erachtens nicht an seinem Vermächtnis, wenn man dies mit einem klaren Ja beantwortet. Natürlich zeichnete Pit-Peg im Stil der „Modellbahnerei" jener Zeit und niemand sollte sich beckmesserisch darüber erheben, wenn aus heutiger Sicht die Gleisradien eigentlich zu eng, die Steigungen im Grunde zu steil und manche Weichenwinkel zu groß erscheinen.

Anders als bei den vor Jahren veröffentlichten Arbeiten, die sich nur auf Anlagenvorschläge (etwa „Pit-Peg's Anlagenfibel", Nürnberg 1962) und einzelne Spezialgebiete (so „Pit-Peg's Bauprojekte", Nürnberg 1981 oder auch „Pit-Peg's Skizzenbuch", Nürnberg 1983) konzentrierten, stand bei der vorliegenden Publikation fast der gesamte Fundus seiner Arbeiten zur Verfügung. Pit-Peg hatte vor allem in den Monatsausgaben der MIBA publiziert. Erschienen seine Arbeiten in zusammengefasster Form, überraschte er oft mit zusätzlichen, neuen Entwürfen. Dennoch blieb manches unveröffentlicht. Die Sichtung der vielen Pläne, Skizzen und Bauzeichnungen beanspruchte mehrere Wochen. Nicht immer ließ sich das Original finden, sodass einzelne Motive aus vorliegenden Publikationen übernommen werden mussten.

Da ich einerseits einen Überblick über das Schaffen Pit-Peg's geben wollte, der Leser andererseits aber auch praktisch verwertbares Material erwartet, erhob sich die Frage nach einer sinnvollen Gliederung. So, wie sie vorliegt, will sie den unterschiedlichen Ansprüchen gerecht werden: Der Anlagenplaner soll im schnellen Zugriff interessante Anlagenentwürfe und der praktizierende Anlagenbauer gleichwohl Anregungen zur Detailgestaltung als auch komplette Bauanleitungen erhalten. Doch auch jene Leser sollen auf ihre Kosten kommen, die sich nur für ein gutes Stück Modellbahngeschichte interessieren. So entstand eine sachbezogene Systematik, die – kombiniert mit einem Register – der besseren Auffindbarkeit des jeweils Gesuchten dient.

Manche der durchweg gekonnten Federzeichnungen zeigen eine Qualität, die nachgerade dazu anregte, sie zu kolorieren. Lutz Kuhl stellte sich dieser Aufgabe mit Behutsamkeit, Einfühlungsvermögen und bewundernswert langem Atem. Das Ergebnis darf sich sehen lassen: Die „auserwählten" Zeichnungen haben sich ganz prächtig herausgemacht; Pit-Peg wäre sicher angetan davon.

Fast alle Entwürfe des Meisters wurden mit neu erarbeiteten Texten versehen. Sie sollen seine Motive erläutern und versuchen, wo immer möglich, die Vorbilder zu identifizieren, von denen Pit-Peg seine Ideen ableitete. Überdies vermitteln die Texte Informationen zu Bau und Gestaltung. Manche der großflächigen Skizzen sprechen in einer Weise für sich, die meines Erachtens keiner Kommentare bedurfte.

Dem aufmerksamen Betrachter wird bei alldem eine menschliche Seite des Künstlers kaum entgehen: Nicht alle Entwürfe können sich des Prädikats absoluter Fehlerfreiheit erfreuen. Manchmal hat sich halt auch Pit-Peg vertan, fiel Irrtümern seiner Vorstellungswelt zum Opfer. Wo immer dies erkennbar wurde, habe ich mir Vorschläge zur Korrektur erlaubt. Besserwisserei lag mir fern. Nicht immer gab Pit-Peg beispielsweise die Maße seiner Anlagenprojekte exakt an; in einigen Fällen mussten sie korrigiert oder aufwändig nachermittelt werden.

Ich kannte Pit-Peg nicht persönlich. Doch die intensive Beschäftigung mit seinem Lebenswerk brachte ihn mir als „Gleichgesinnten" nahe. Seine Einfälle, Motive und Entwürfe lösen in mir Ideen und Gedankengänge aus, befruchten meine Fantasie, versetzen mich in jene große Zeit der Eisenbahn zurück, die der Meister mit seinen Zeichnungen festhielt und zur Nachgestaltung en miniature empfahl. Ich würde mich freuen, wenn auch Ihnen ein solcher Gewinn aus dem vorliegenden Sammelband zufließt.

Nürnberg, im November 2004

Franz Rittig

PitPeg in der MIBA

7/95
10/95
12/98

Inhalt

Vorwort 3
Glücksfall für Modellbahner: Norbert Josef Pitrof 6

Kompakte Anlagen

Klassisch und praktisch: Rechteckanlagen 8
Wie ein Stück aus der Natur: Vieleck-Anlagen 24
Nicht nur an der Wand entlang: Anlagen in L- und U-Form 32

Fragmente und Hintergründe

Teilweise komplett: Anlagenfragmente 50
Bis in den letzten Winkel: Gestaltete Anlagenecken 64
Die gewollte Illusion: Hintergrundkulissen 67

Drunter und Drüber

Stimmen die Proportionen? Bahndämme und Stützmauern 76
Immer auf der Höhe: Dammbauwerke in Städten 87
Die richtige Trassierung: Einschnitte und Anschnitte 97
Für besondere Ansprüche: Mauern und Stützpfeiler 102
Moderne Trassenführung: Gleise auf Stützen und Stelzen 107
Niveaufrei: Unterführungen und Kreuzungsbauwerke 111
Vielfalt der Typen und Formen: Brücken für die Modellbahn 120
Klein, aber notwendig: Durchlässe 143

Für Fußgänger und Fahrzeuge

Flächen zum Warten: Bahnsteige 149
Bahnsteige des Güterverkehrs: Laderampen 152
Verbindungen schaffen: Straßen, Wege und Plätze 155
Sensible Kreuzungen: Bahnübergänge 163

Bevor es dunkel wird

Verdunkelungsgefahr:
Tunnel und ihre Portale 168

Bauten am Schienenstrang

Selbst gebaut: Kleine Wartehalle 194
Wo die Weichen gestellt werden: Stellwerksgebäude 196
Für unterwegs: Bahnwärterhäuser und Schrankenposten 218
Heimat der Lokomotiven: Lokschuppen und ihr Umfeld 230
Mitten im Geschehen: Bahnsteig-Hochbauten 262
Für verschiedene Geschäfte: Abortgebäude und Wiegehäuschen 274

Wohnen und Arbeiten

Wohnen und Arbeiten:
Wohnhäuser und Fabrikanlagen 280

Glücksfall für Modellbahner: Norbert-Josef Pitrof

Es war ein geradezu unwahrscheinlicher Glücksfall, dass WeWaW und Pit-Peg zusammentrafen, jedenfalls für die MIBA und ihre MIBA-Leser! MIBA-Begründer und „Modellbahn-Papst" Werner Walter Weinstötter wollte, kurz gesagt, dem Anlagenbauer eine natürlich wirkende Landschaft schmackhaft machen und suchte nach Möglichkeiten, diese Ideen in der MIBA sinnfällig vor Augen zu führen, ohne jedesmal eine solche Anlage (oder ein entsprechendes Diorama) selber bauen und fotografieren zu müssen. Pit-Peg, der sich selbst mit der Modellbahnerei beschäftigte, konnte diese Ideen mit dem Zeichenstift anschaulich machen.

Der Kunstmaler und gelernte Grafiker Norbert-Josef Pitrof stammte aus dem Sudetenland, weshalb er sich selber scherzhaft als „Österreicher" bezeichnete. Nach Krieg und Vertreibung ließ er sich zunächst in Gößweinstein, einer Fremdenverkehrsgemeinde in der Fränkischen Schweiz nahe Nürnberg, nieder. Später kam er, nach einem Umweg über Frankfurt am Main, nach Pegnitz und damit zu seinem Markenzeichen „Pit-Peg" (Pitrof-Pegnitz), dem Kürzel, das ihm WeWaW „verlieh" und unter dem er in Modellbahnerkreisen bekannt wurde.

In Pegnitz war er schließlich wieder in der Nähe jener Landschaft, die seine Fantasie regelrecht beflügelte: der Fränkischen Schweiz. Geografisch gesehen ist „die Fränkische" selber eine Miniaturlandschaft, vereint sie doch liebliche Täler mit schroffen Gesteinsformationen, alles auf engstem Raum und garniert mit Ruinen und Ritterburgen. Pit-Peg liebte diese Landschaft, nicht etwa nur deswegen, weil auf so manchem öffentlichen Gebäude ein Freskogemälde von seiner Hand zu bewundern ist, schließlich war er Kunstmaler. Vielmehr sah er die Natur mit den Augen des Künstlers und des Modellbahners! Und das fällt bei einer Gegend nicht schwer, die selber quasi eine Landschaft im Maßstab Eins-zu-Irgendwas darstellt.

Wer sich die Mühe macht, Pit-Peg's perspektivische Schaubilder auf „Versatzstücke" aus der Fränkischen Schweiz und ihrem östlichen Ableger, der Hersbrucker Alb, abzusuchen, wird rasch fündig. Schroff aus dem Talgrund aufsteigende Felsnadeln wie in Tüchersfeld, eine Burgruine à la Streitberg, diverse Tunnelportale der romantisch anmutenden Hauptstrecke Nürnberg–Pegnitz oder ein hölzernes Stationsgebäude, das an den ehemaligen „Trennungsbahnhof" Gasseldorf bei Ebermannstadt erinnert.

Pit-Peg verarbeitet einerseits seine Eindrücke aus dieser sowieso schon modellbahngerechten Landschaft der Fränkischen Schweiz, andererseits kann er sich als Künstler, der ja gleichzeitig Modellbahner ist, natürlich auch hineindenken in die gängigen Problemstellungen, die häufig aus dem begrenzten Platzangebot auf einer Modellbahnanlage resultieren.

Der eine Teil seines Wirkens umfasst komplette Anlagenentwürfe. Dabei spielt der optische Eindruck die Hauptrolle für Pit-Peg. Den betrieblichen Möglichkeiten opfert er keinesfalls die landschaftliche Wirkung, wohingegen der durchschnittliche Gleisplaner bekanntlich in dieser Beziehung eher zu „faulen Kompromissen" neigt. Aus den Pit-Peg'schen Anlagenentwürfen kann sich der interessierte Landschaftsgestalter entweder diejenigen Teile, sozusagen die Highlights, herauspicken, die ihm bei seinem eigenen Entwurf gelegen kommen, um z.B. eine tote Ecke zu verschönern oder um eine problematische Linienführung zu „entschärfen". Die andere Möglichkeit ist die, den Anlagenentwurf insgesamt nachzubauen. Tatsächlich gibt es mehrere Entwürfe, die genau so, wie sie Pit-Peg geplant hatte, nachgebaut worden sind.

Die Sache mit den Anlagenentwürfen fing ganz harmlos in der MIBA an, oft waren es Pit-Peg's eigene „Traumanlagen", von denen er sicher gerne mehrere verwirklicht hätte, wenn man ihm die Zeit dazu gelassen hätte. So aber konnten andere davon profitieren! Selbst die Idee mit der „KKA", der Kleinst-Kontroll-Anlage – einer Art Miniatur von der geplanten Modellbahn – probierte er aus.

Im Jahre 1962 kam, nach mehr als drei Jahren Vorbereitung, die erste „Anlagen-Fibel" heraus, die Wirkung war ungeheuer! Sie war nicht etwa die Zusammenfassung von bisher erschienenen Pit-Peg-Entwürfen. 40 völlig neue Anlagenpläne waren in dieser Epoche machenden Broschüre enthalten. Und zu alledem erläuterte WeWaW in seinem unnachahmlichen, unterhaltsamen Plauderton, wie die eine oder andere Schwierigkeit bei der Anlagenplanung und -gestaltung zu lösen sei, selbstverständlich unterstützt von den entsprechenden Skizzen aus der Feder Pit-Peg's. Von der Frage „Wie kriege ich die Kurve um die Ecke" über Schwierigkeiten mit der selbst gemalten Hintergrundkulisse (handelsübliche gab es kaum!) bis hin zur ausreichenden Straßenbreite und realistischen Straßenführung reichte die Palette der Themen. Ein Modellbahn-Neuling, der die Anlagen-Fibel in die Hand bekam, hatte erst einmal wochenlang zu tun um das Gelesene und Gesehene zu verarbeiten!

Doch auch für den „alten Hasen" war der Inhalt der Broschüre teilweise „starker Tobak", sah er sich doch oft genug gezwungen die ausgefahrenen Gleise zu verlassen, um im Bilde zu bleiben. Das Bessere ist nun mal des Guten Feind und so dürfte als Reaktion auf die Anlagen-Fibel so manche Modellbahn-Anlage abgerissen oder radikal umgestaltet worden sein, weil die eigene Modell-Landschaft einfach nicht mehr den im dreidimensionalen Schaubild vorgeführten Standards entsprach!

Des Weiteren erzielte Pit-Peg Wirkung durch seine Motivskizzen. Solche kamen zwar auch schon in der ersten Anlagen-Fibel vor, aber im Großen und Ganzen entwickelte er diese Methode erst später. Sie gehörten zu einer gewissen Systematik, die möglichst viele auf einer Modellbahn-Anlage vorkommenden Einzelmotive oder Landschaftsteile erfassen und kommentieren wollte. Beispiel: Die Flügelmauern neben Tunnelportalen müssen eine ausreichende Dicke aufweisen, denn die obere Abdeckung ist in der Regel zu sehen. Solche „Selbstverständlichkeiten" müssen einem Anlagengestalter, der auf realistische Darstellung aus ist, erst einmal auffallen! Andernfalls ist er bestimmt froh, wenn er „mit der Nase darauf gestoßen" wird!

Anlässlich der völligen Überarbeitung und Erweiterung der Anlagen-Fibel 1978 kamen diese Pit-Peg'schen Motivskizzen zum Tragen. In der Reihe MIBA-Report belegte die Fibel nun gar zwei dicke Bände, „Pit-Peg's Anlagen-Fibel" und „Pit-Peg's Panoramen", wobei der erste Band eine Fülle von Motiv- und Situationsskizzen und der zweite die perspektivischen Anlagen-Schaubilder enthielt. Bestimmten Einzelproblemen bei der Anlagengestaltung widmete sich Pit-Peg in seinem „Skizzenbuch" (Report 8). Später gab es in der MIBA eine lose Folge solcher Skizzen unter dem Titel „Pit-Peg korrigiert", wobei einzelne gestalterische Schwachstellen auf real existierenden Anlagen zeichnerisch entschärft wurden.

Zwei MIBA-Report-Bände aus der Feder von Pit-Peg sind besonders zu erwähnen, nämlich „Pit-Peg's Bauprojekte". Hier präsentierte er interessante Modellgebäude, komplett mit Material- und Bauhinweisen. Wer kennt nicht das Stellwerk an der Brücke, das häufig nachgebaut wurde, oder die Umladehalle, die von der Industrie aufgegriffen wurde. Ganz zu schweigen von dem reizenden Kleinst-Bergwerk „Justin und Orbex" und dem Bahnhofsensemble „Oberwandeggs" alias Frankfurt-Oberrad.

Leider sind alle diese Pit-Peg-Broschüren schon lange vergriffen, sodass der MIBA-Verlag sich entschlossen hat, eine Auswahl der bemerkenswertesten Pit-Peg-Entwürfe in Buchform wieder zugänglich zu machen.

Wirkung entfaltete Pit-Peg übrigens auch noch in anderer Weise – in Richtung auf die Zubehörindustrie. Er machte Vorschläge und fertigte Entwürfe für verschiedene Firmen unserer Branche. Am bekanntesten dürfte auch heute noch seine Stadthauszeile (nach dem Vorbild der Nürnberger Marthastraße) sein, die 1972 bei Kibri herauskam und damals Maßstäbe in Bezug auf (relative) Maßstäblichkeit setzte. Von diesen Häusern ging später die Forderung nach weiteren maßstäblichen Gebäuden aus, was sich auch in Umbauvorschlägen in der MIBA niederschlug.

Der Künstler Pit-Peg hat – rund 40 Jahre lang – in hohem Maße Einfluss genommen auf die Modellbahnszene. Seine Fähigkeit zur Anschaulichmachung des Phänomens „Eisenbahn in der Landschaft" hat so manchem Modellbahner zu einer neuen Sehweise in Bezug auf das Machbare auf seiner Modellbahn verholfen. Gleichzeitig schärfte er den Blick für eine realistische Landschaftsdarstellung im Modell.

Joachim Wegener

Klassisch und praktisch: Rechteckanlagen

Für die einen stellen sie seit Jahrzehnten das Nonplusultra des Anlagenbaus dar. Für die anderen sind sie der schlagende Beweis, dass ihr Besitzer der „Spielbahnerei" verfallen und als Gesprächspartner abzulehnen sei. Hier soll nicht der (sinnlose) Versuch unternommen werden die verfeindeten Lager zu versöhnen. Irgendwie „Recht" hat ohnehin keine der beiden Parteien. Wer wollte auf ein solches pochen, wenn es um den Hobby-Grundsatz geht, dass erlaubt ist, was gefällt? Auch die Rechteckanlage weist schließlich Vorteile auf, selbst wenn sich ihre Seele als ein eher primitives Gleissoval entpuppt. Als kompaktes, in sich geschlossenes Teil kann man eine Rechteckanlage zumeist ohne großen Aufwand in Betrieb nehmen. Modulare bzw. aus einzelnen Segmenten bestehende Zungenanlagen müssen hingegen erst noch zusammengeschraubt und zeitaufwändig justiert werden. Das kann nerven. Nur, wenn an den Kontaktstellen zwischen den Anlagenteilen absolut präzise gearbeitet wurde, bleibt Stress erspart. Auch die Verkabelung kann Geduld erfordern, denn um Stecker, Kabelbäume und Steckdosen kommt man nicht herum.

Nicht so bei kleineren und mittleren Kompaktanlagen. Bestehen sie, wie ihr Name verrät, nur aus einem nicht allzu großen Stück, kann man sie bei Betriebsruhe komplett an die Wand stellen oder besser noch hochklappen. In einer Art Wandregal verharren sie staubgeschützt, bis es wieder losgeht. Wird zudem, was nahe liegt, ein Gleisoval verwendet, verfügt der Modellbahner quasi über eine endlose Strecke. Er kann sich am Lauf seiner Züge erfreuen und muss nicht dauernd umsetzen, weil gleich der nächste Kopfbahnhof erreicht ist. Dies alles wiegt im Bewusstsein vieler Modellbahner die offenkundigen Nachteile der Rechteckanlage mit Gleisoval auf.

Die wiederum lassen sich freilich nicht verschweigen: Wo gibt es eine Eisenbahn, die im ständigen Kreisverkehr andauernd zu ihrem Ausgangsbahnhof zurückkehrt, und das obendrein ohne Fahrtrichtungswechsel? Durch welchen Bahnhof fährt pausenlos ein und derselbe Zug? Was tut man gegen die dadurch vorprogrammierte Langeweile? Bei welchem Vorbild kommen derart enge Gleisradien vor? Die Frageliste ließe sich fortsetzen …

Pit-Peg kannte diese Nachteile. Wenn er dennoch interessante, hübsch anzuschauende Rechteckanlagen mit seelischem Gleisoval gezeichnet hat, dann weil er wusste, unter welchen Voraussetzungen so etwas zur Modellbahn werden kann. Sie haben richtig gelesen – auch die viel gescholtene, verpönte Rechteckanlage „mit Idiotenkringel" hat das Zeug zur akzeptablen Modellbahn. Eine der wichtigsten Voraussetzungen dafür: Der Betrachter sollte das Gleisoval nicht, zumindest nicht auf den ersten Blick, als ein solches erkennen. Zu diesem Effekt verhelfen Tunnelstrecken, tiefe Einschnitte, Hintergrundkulissen und mehrgleisige Schattenbahnhöfe. In und hinter diesen Möglichkeiten geschickter Tarnung verbergen sich die Züge, als würden sie irgendwo ins ausgedehnte Streckennetz entschwinden. Statt ein und desselben Zuges kommt dann ein ganz anderer aus dem Tunnel wieder heraus und suggeriert, dass der kleine Durchgangsbahnhof am vorderen Anlagenrand tatsächlich Teil eines verzweigten Netzes sei.

Wer so herangeht, braucht mindestens einen zweiten Zug. Das wiederum dürfte der Sammelwut der meisten Modellbahner durchaus entgegenkommen. Auf jeden Fall sei als zweite Bedingung für eine akzeptable Modellbahn festgehalten: Es sollte niemals nur ein Zug und dieser nicht andauernd in ein und derselben Richtung verkehren! Abwechslung ist angesagt.

Dritte Bedingung: Die fertige Anlage sollte immer so ausschauen, als habe sie jemand mit dem Spaten aus einer bestehenden Landschaft herausgestochen. Auch dieser Effekt verstärkt den Eindruck, es handle sich um ein zwar verkleinertes, aber echtes Stück Landschaft mit Eisenbahn. Das vierte Kriterium, die Vermeidung allzu enger Radien, lässt sich vielleicht nicht immer verwirklichen. Aber wenigstens anstreben kann man's ja.

Sie fragen, wie das alles gehen soll? Bevor an dieser Stelle eine abstrakte Antwort folgt, vertiefen Sie sich doch lieber in die anschließenden Entwürfe. Die Zeichnungen und Skizzen beantworten möglicherweise mehr, als alle Worte vorab umschreiben können: Sie beweisen nämlich, dass und wie eine kompakte Ovalanlage als akzeptable Modellbahn funktionieren kann. Gewiss, manches davon, etwa die engen Gleisradien und die steilen Weichenwinkel, erscheint heute antiquiert, einzelnes tatsächlich ein wenig verspielt. Wenn Sie es aber unter dem Blickwinkel sehen wollen, wie man in den Fünfziger-, Sechziger- und Siebzigerjahren des vorigen Jahrhunderts plante und baute, dann werden Sie eine Fülle interessantester Anregungen und einen reichen Schatz origineller Ideen vorfinden. Mit den Visionen Pit-Pegs offenbart sich eine Fantasie, die dem Modellbahnplaner von heute so schnell kein noch so perfektes Computer-Planungsprogramm vermitteln kann.

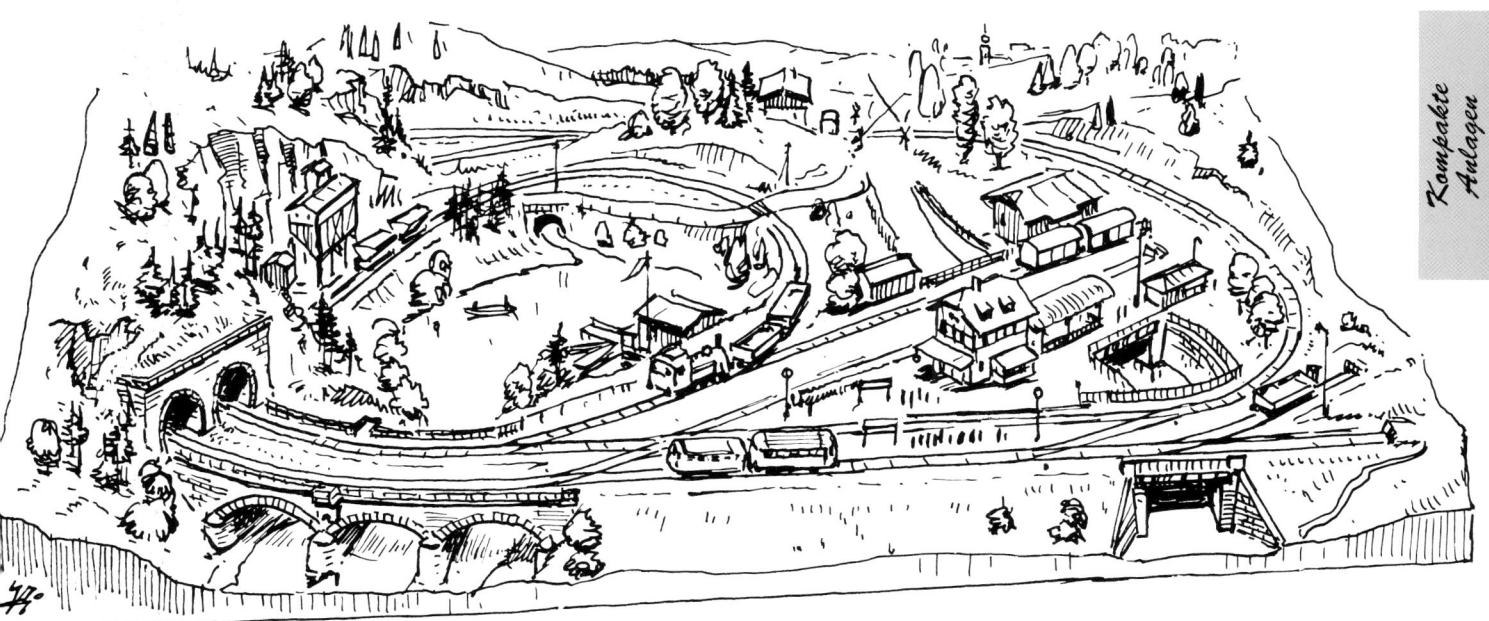

Kleinstanlage mit Anschlussbahnhof

Vom Milieu einer Kleinbahn im Mittelgebirge ließ sich Pit-Peg inspirieren, als er diese Anlage entwarf. Dem vordergründigen Eindruck eines stupiden Ovals entging er durch zwei voneinander unabhängige Tunnelstrecken, durch die Keilform des Anschlussbahnhofs und die in enger Krümmung ansteigende Werkbahn. Der am Gleis unmittelbar hinter dem Empfangsgebäude liegende Bahnsteig dient einem Triebwagen. Dieser verkehrt auf der abzweigenden Strecke, die in das rechte Tunnelportal einmündet. Im Tunnel verharrt der Triebwagen, als befände er sich in einem Endbahnhof. Bei seiner Rückkehr läuft er in Gegenrichtung wieder in sein Stammgleis hinter dem Empfangsgebäude ein und wartet auf den nächsten Abfahrauftrag. Während dieser Zeit kann sein Tunnelgleis dem regen Zugverkehr auf dem Oval dienen und erneut als imaginärer Schattenbahnhof fungieren. Der Anlagenentwurf gewinnt an Wert, wenn man die hintere Tunnelausfahrt nicht mit zwei Portalen gestaltet, sondern ein eingleisiges Tunnelportal kurz vor dem Schrankenposten anordnet. Das schafft Gestaltungsmöglichkeiten für die Werkbahn, die nun vor einer schroffen Felswand ansteigen kann. Außerdem wird der Eindruck vermieden, die abzweigende Strecke verlaufe im Tunnel parallel zur ovalen Stammstrecke. Auf die beiden Gleisstummel vorn rechts sollte man wegen des steilen Weichenwinkels wohl besser verzichten.

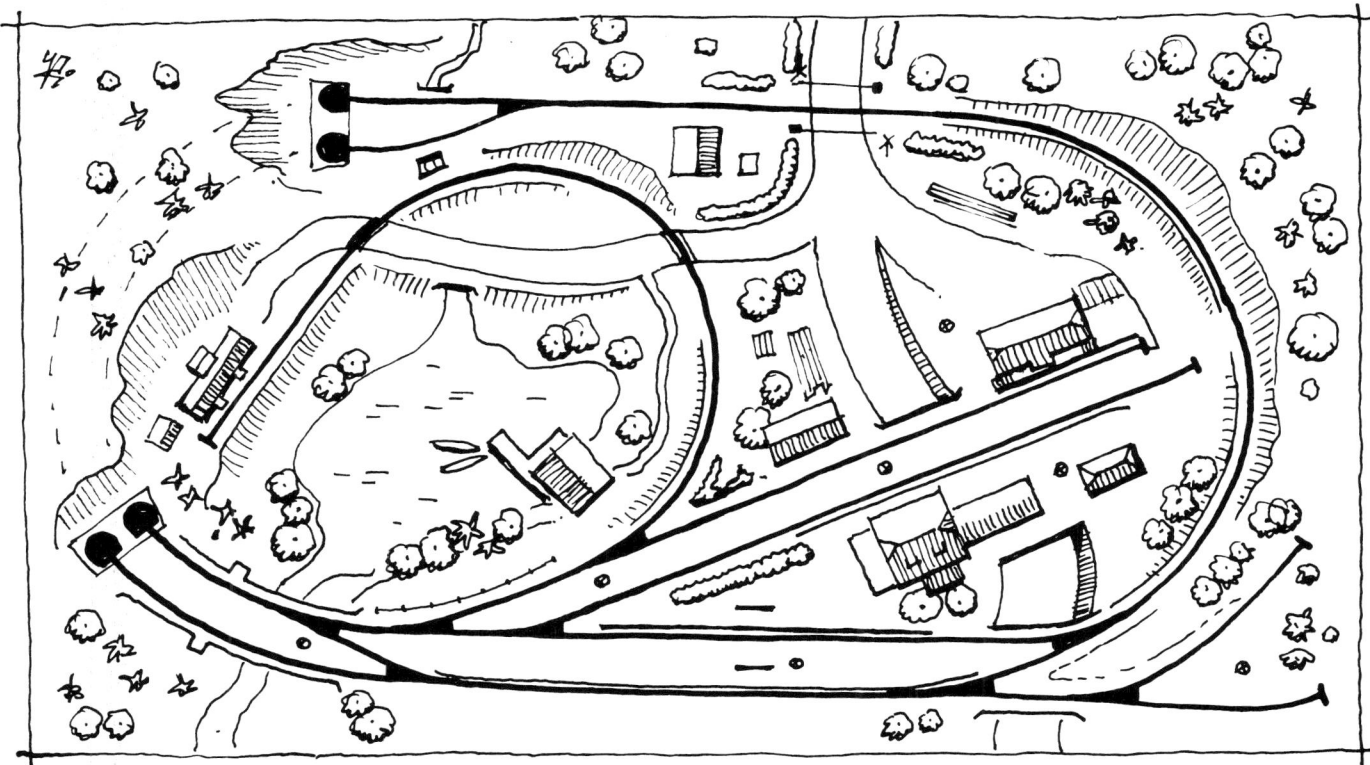

Anlagengröße: 1,95 x 1,10 m für H0; 1,05 x 0,60 m für N; 0,77 x 0,43 m für Z

Ländlicher Trennungsbahnhof

Verzweigen sich Strecken gleicher Bedeutung, spricht man von einem Trennungsbahnhof. Derart kleine Bahnhöfe, wie sie dieser Anlagenidee zugrunde liegen, waren zwar selten, doch auf einigen Lokal- bzw. Kleinbahnen Altbayerns, in Schwaben und in der Altmark hat es sie tatsächlich gegeben. Die zwei deutlich auf Abstand befindlichen Tunnelportale weisen darauf hin, dass die Trennungsstrecken offensichtlich in verschiedene Richtungen verlaufen. Ein gemeinsames Tunnelportal für beide Strecken würde diesen Eindruck zerstören. Betrieblich interessant: Der zuerst einfahrende Zug muss, gleichgültig aus welcher Richtung er eintrifft, den Zug der Gegenrichtung abwarten, damit die Reisenden umsteigen können. Nach Abfahrt eines Zuges kann der Gegenzug je nach Fahrtrichtung die Rampe vorn rechts oder das Gleis am Güterschuppen links vom Empfangsgebäude bedienen. Hier ist sinnvoller Betrieb nach Fahrplan möglich! Dies und das gut getarnte Oval verleihen dem idyllischen Landschaftsausschnitt mit Teichmühle Modellbahncharakter.

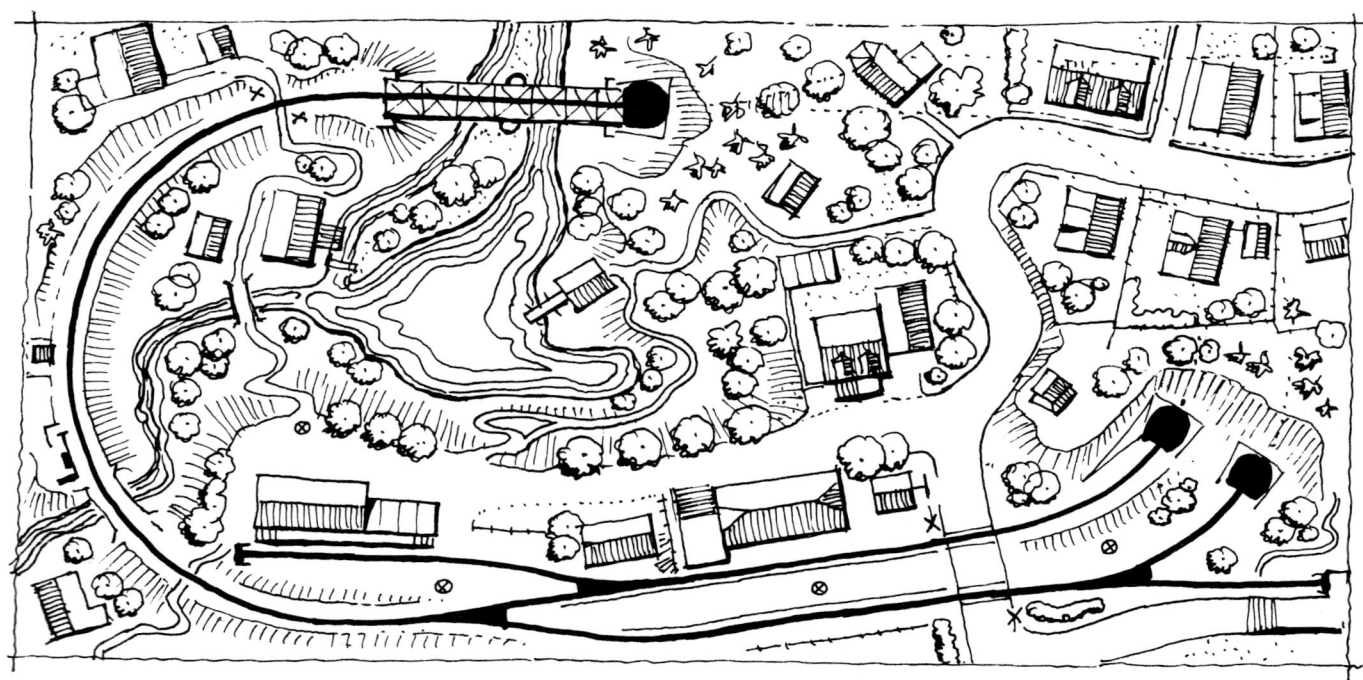

Anlagengröße 1,76 x 0,88 m für H0; 0,96 x 0,48 m für N; 0,70 x 0,35 m für Z

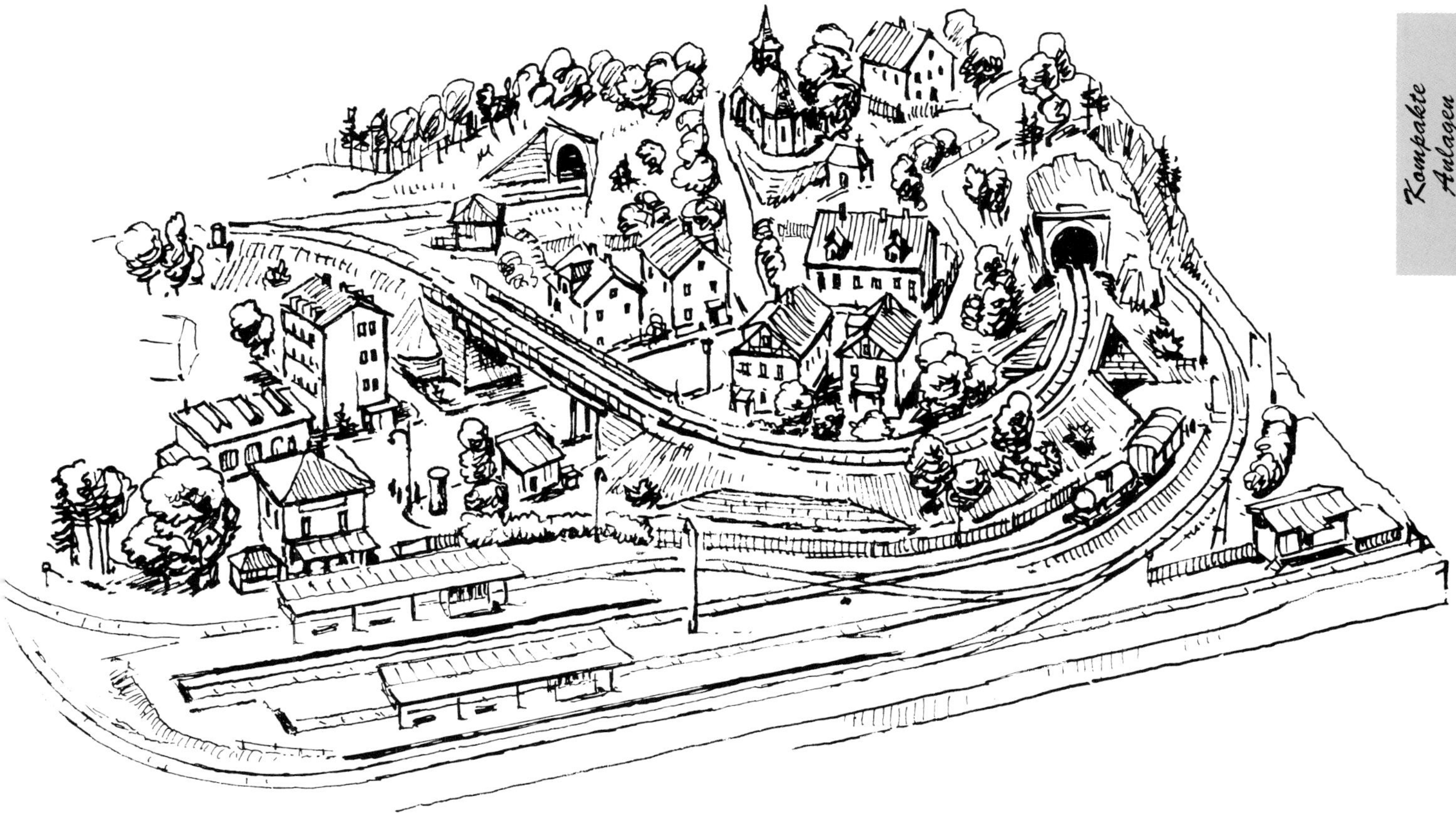

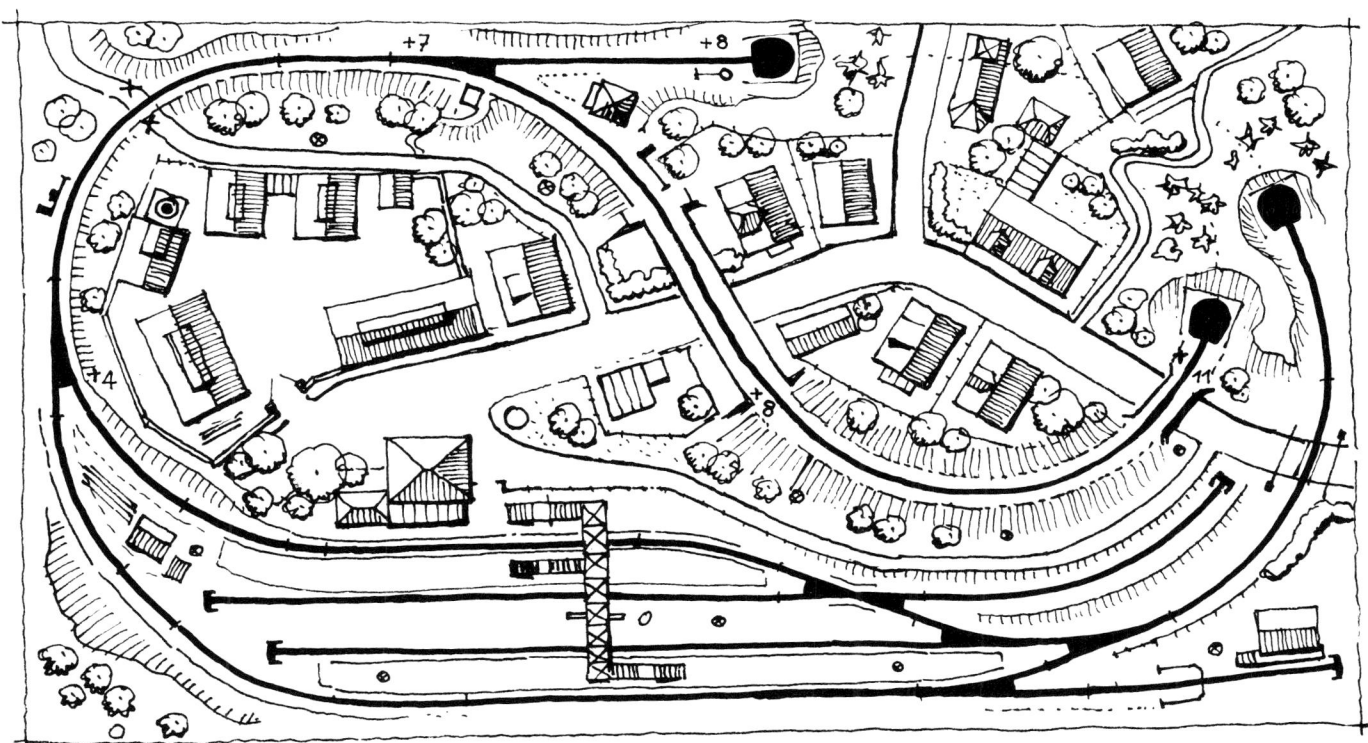

Schwerpunkt Reiseverkehr

Auf dem viergleisigen Durchgangsbahnhof dieses Vororts einer größeren Stadt dominiert der Reiseverkehr, wobei einige Nahverkehrszüge auf den beiden Kopfgleisen enden oder auch beginnen können. Im praktischen Betrieb eignen sich dafür vor allem Triebwagen und kurze Wendezüge, da bei ihnen auf das aufwändige Umsetzen der Zuglok verzichtet werden kann. Trotz der großzügig erscheinenden Bahnsteigüberdachungen bzw. Unterführungen (als Alternative eine Fußgängerbrücke) handelt es sich hier nur um eine Nebenbahn. Schnellzüge wären demnach fehl am Platze. Wer sich für den Nachbau entscheidet, sollte beachten, dass die aus dem Bahnhof nach rechts führende Strecke im Tunnel das Niveau der Wendeschleife erreichen muß, um dort über eine Bogenweiche in das Grundoval der Anlage einzumünden.

Anlagengröße 1,70 x 0,95 m für H0; 0,92 x 0,51 m für N; 0,67 x 0,37 für Z

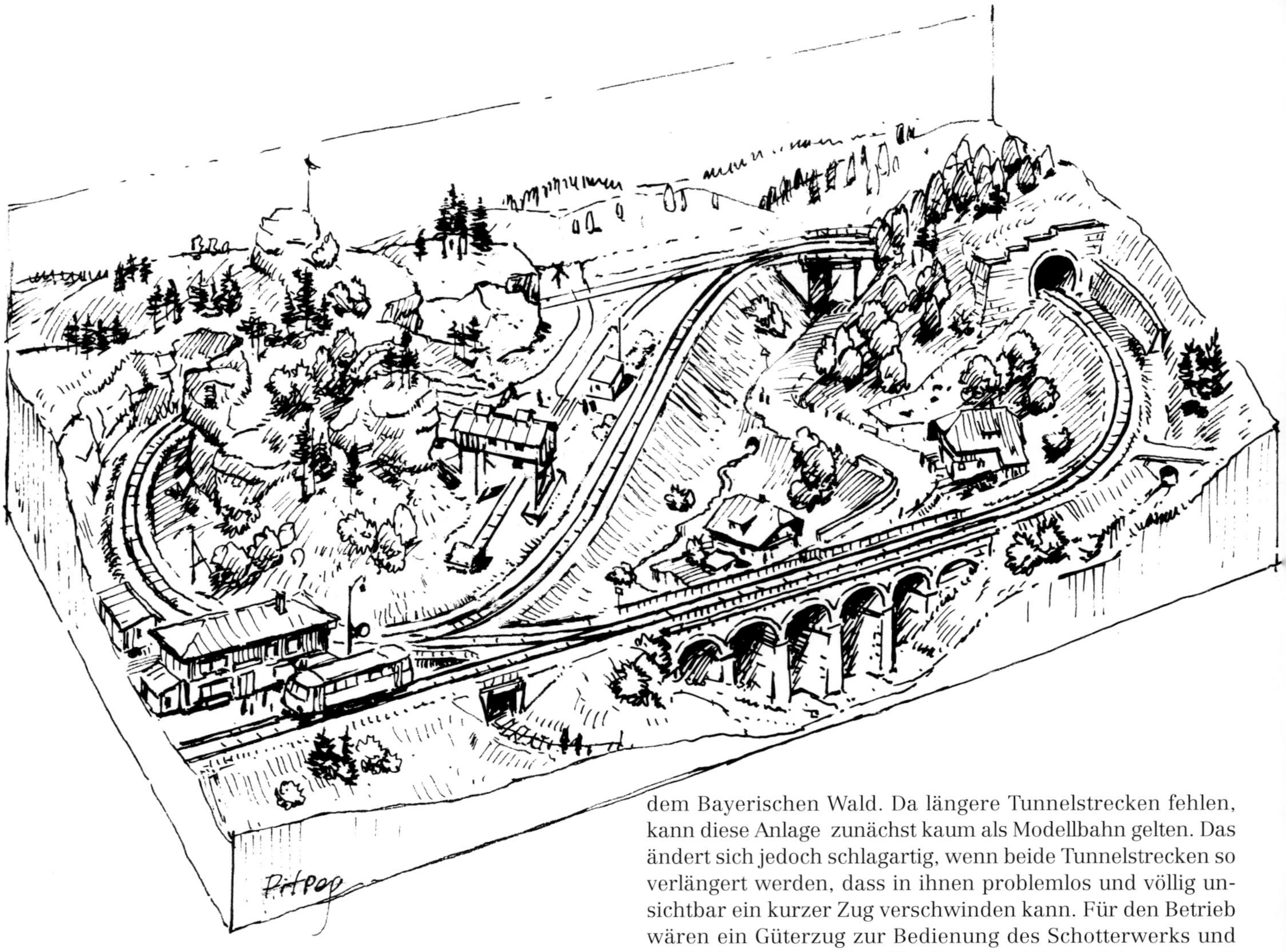

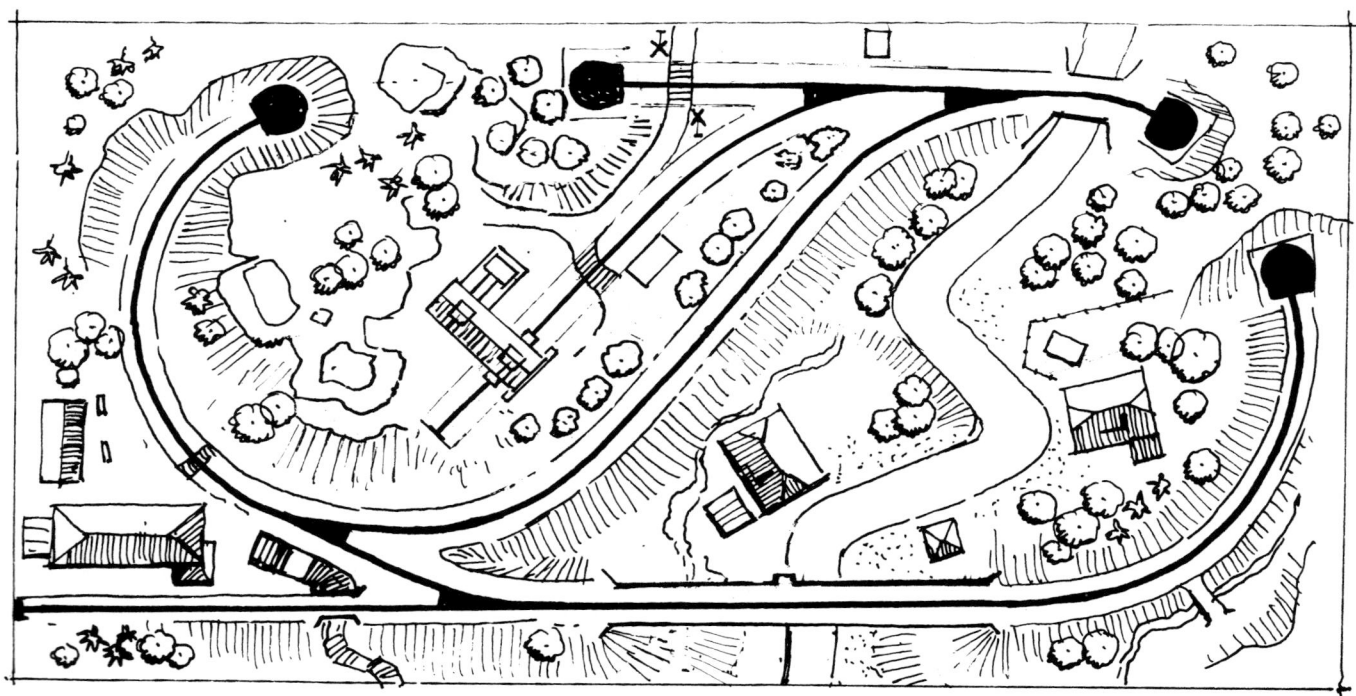

Mitten im Schwarzwald

Obwohl Pit-Peg seinen Anlagenentwurf mit dem Hinweis auf den Baustil der Gebäude so genannt hat, lässt sich die interessante Grundidee auch mit anderen Mittelgebirgslandschaften kombinieren, etwa mit dem Erzgebirge oder auch dem Bayerischen Wald. Da längere Tunnelstrecken fehlen, kann diese Anlage zunächst kaum als Modellbahn gelten. Das ändert sich jedoch schlagartig, wenn beide Tunnelstrecken so verlängert werden, dass in ihnen problemlos und völlig unsichtbar ein kurzer Zug verschwinden kann. Für den Betrieb wären ein Güterzug zur Bedienung des Schotterwerks und ein Triebwagen zweckmäßig. Letzterer fährt auf dem Stumpfgleis am Keilbahnhof ein und kann dort pausieren, solange der Nahgüterzug mit seiner Übergabe zum Steinbruch beschäftigt ist. Wer die „Verschaltung" der beiden Wendeschleifen in den Griff bekommt (für Märklinisten kein Problem), kann auf dieser herrlichen Landschaftsanlage interessanten Betrieb veranstalten. Spielen Sie's doch mal durch!

Anlagengröße 1,75 x 0,90 m für H0; 0,95 x 0,49 m für N; 0,69 x 0,35 für Z

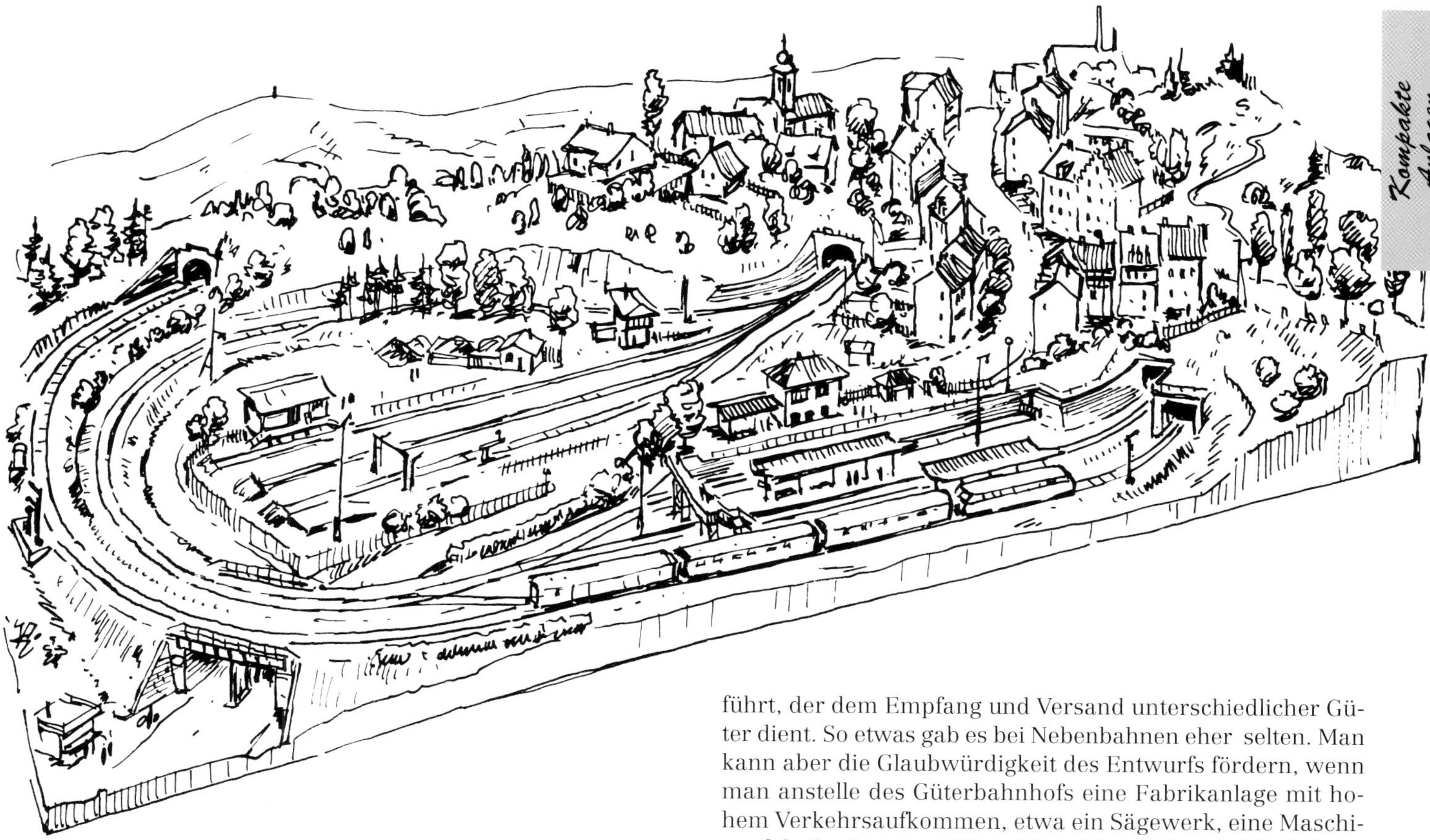

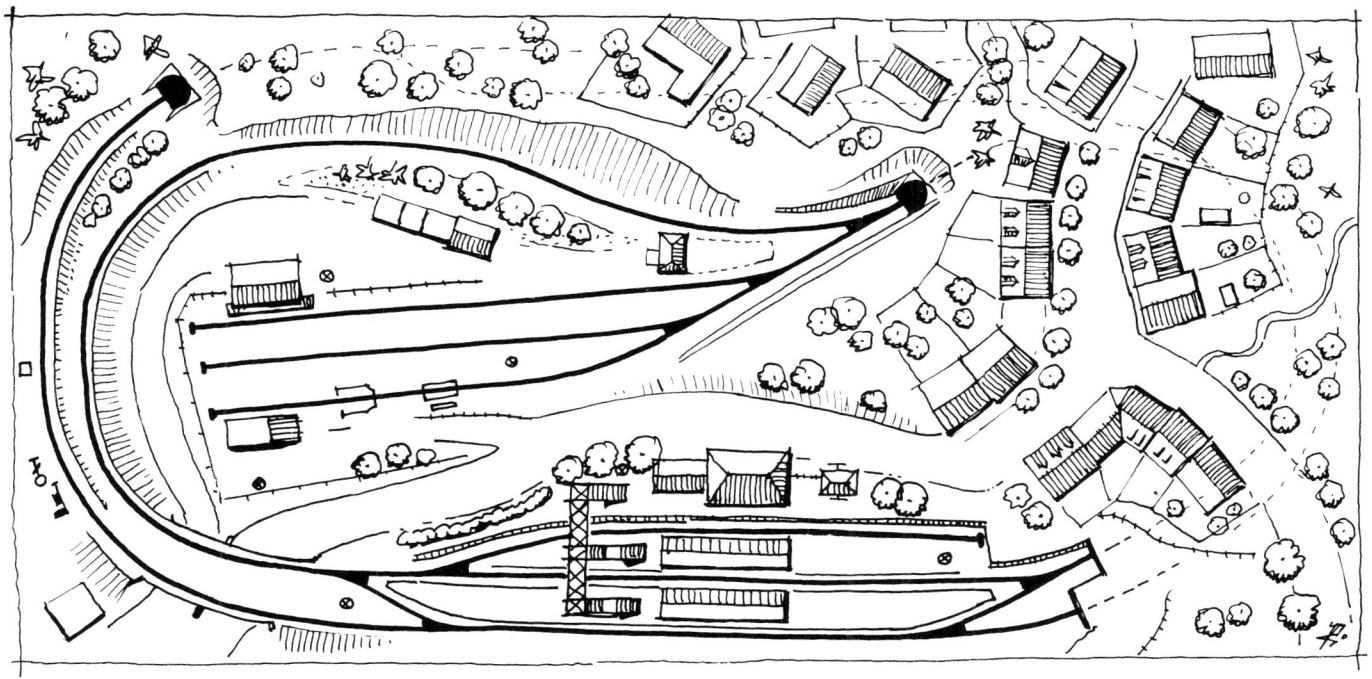

Intensiver Rangierdienst

Es besteht kein Zweifel: Wer flüssiges Fahren mit verschiedenen Zuggarnituren liebt, ist mit dem Oval „technologisch" gut bedient. Für alle, die außerdem rege rangieren wollen, entwarf Pit-Peg diesen Vorschlag mit separatem Güterbahnhof. Genau genommen handelt es sich um einen dreigleisigen Durchgangsbahnhof, von dem eine Anschlussbahn in Ringform zu einem dreigleisigen Anschluss an freier Strecke führt, der dem Empfang und Versand unterschiedlicher Güter dient. So etwas gab es bei Nebenbahnen eher selten. Man kann aber die Glaubwürdigkeit des Entwurfs fördern, wenn man anstelle des Güterbahnhofs eine Fabrikanlage mit hohem Verkehrsaufkommen, etwa ein Sägewerk, eine Maschinenfabrik oder einen Chemiebetrieb zur Be- und Entladung von Kesselwagen platziert. Auch ein Gleisbaubetrieb, der durch Schwellenstapel, Gleisjoche und vormontierte Weichen auffällt, ergibt ein interessantes Motiv. Er rechtfertigt den beidseitigen Anschluss des Werkbahngleises eher als der bescheidene Güterschuppen und die zu kurze Ladestraße im vorliegenden Entwurf. Die zweigleisige Ausführung der Tunnelstrecke schafft brauchbare Abstellmöglichkeiten für einen Triebwagen oder einen Wendezug, die am Bahnsteig 1 des Durchgangsbahnhofs ein- und ausfahren können.

Anlagengröße 2,35 x 1,15 m für H0; 1,28 x 0,63 m für N; 0,93 x 0,45 für Z

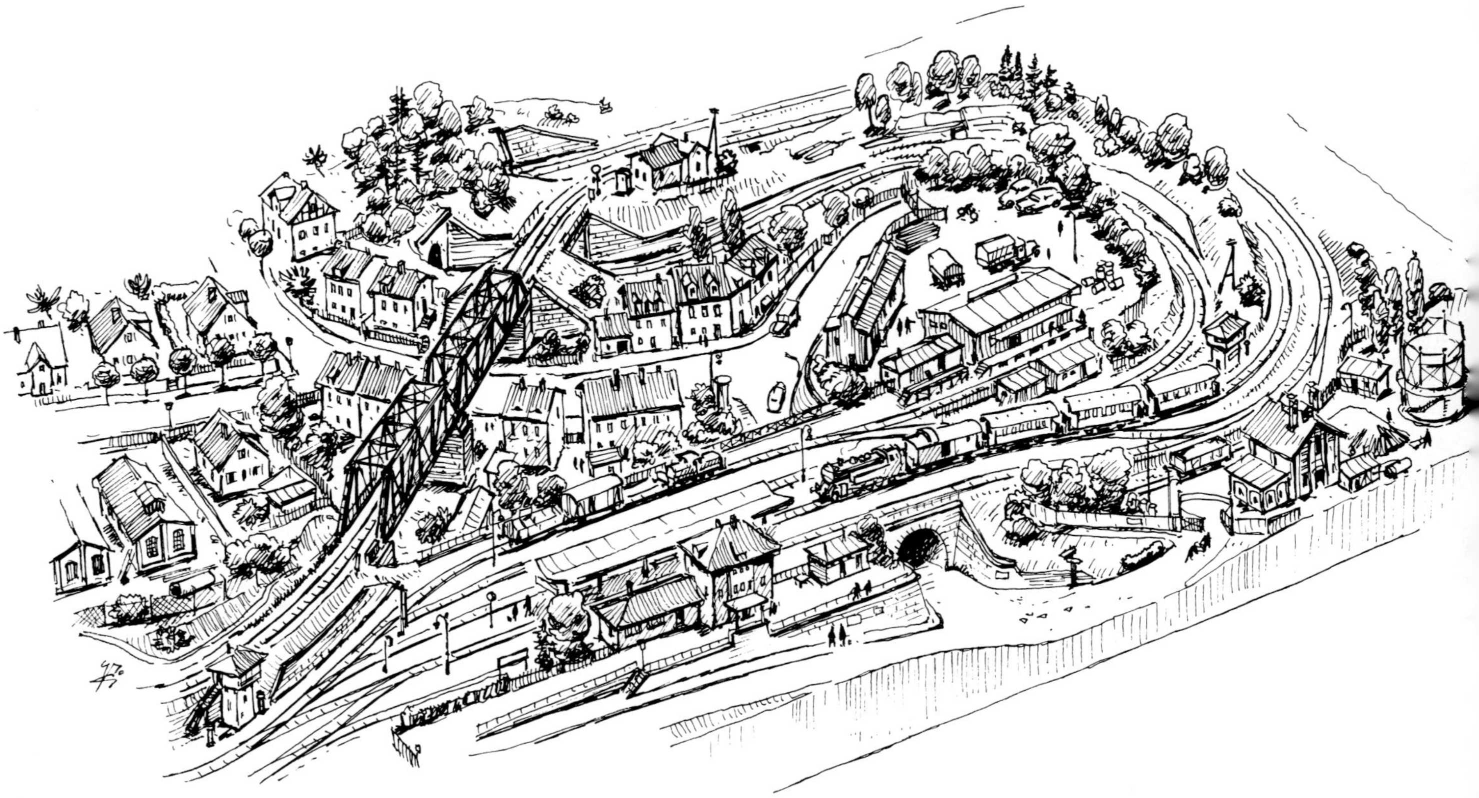

Ein fast klassischer Anschlussbahnhof

Stolpern Sie bitte nicht über diese Überschrift! Wenn es in den Anlagenentwürfen der Fünfziger-, Sechziger- und Siebzigerjahre eine Art klassisches Thema gab, dann war es wohl die viel strapazierte Idee von der Hauptstrecke mit der abzweigenden Nebenbahn. Als Pit-Peg die gezeigte Anlage (mit seitenverkehrtem Schaubild) entwarf, dachte er seinen Notizen zufolge an einen Trennungsbahnhof, wo von einer eingleisigen Hauptstrecke eine zweite Hauptbahn abzweigt. Doch schon bald korrigierte er seinen Einfall und bezeichnete die zwei im rechten Anlagenteil innen verlaufenden Gleisbögen als Nebenstrecke. Lassen Sie sich von den beiden Trassen nicht verwirren! Es handelt sich um ein und dieselbe Strecke, die nach einer Wendeschleife unterhalb des Stadtgebiets an ihren Ausgangspunkt zurückkehrt. Sie meinen, so etwas gab es beim Vorbild nicht? Ein Blick in eine ältere Kursbuchkarte wird Sie vom Gegenteil überzeugen. So betrieb die Deutsche Reichsbahn in der DDR noch bis Mitte der Siebzigerjahre den berühmten „Perleberger Kreisel", der in Perleberg Nord begann, in einer riesigen Wendeschleife die Prignitz durchzog, um wieder in Perleberg Nord zu enden. Ob sich der Künstler davon inspirieren ließ? Wer sich zum Nachbau entschließt, sollte auch am Gleis 3 unbedingt eine Bahnsteigkante einplanen, da sonst die Reisenden von der Nebenstrecke nicht gefahrlos aussteigen können.

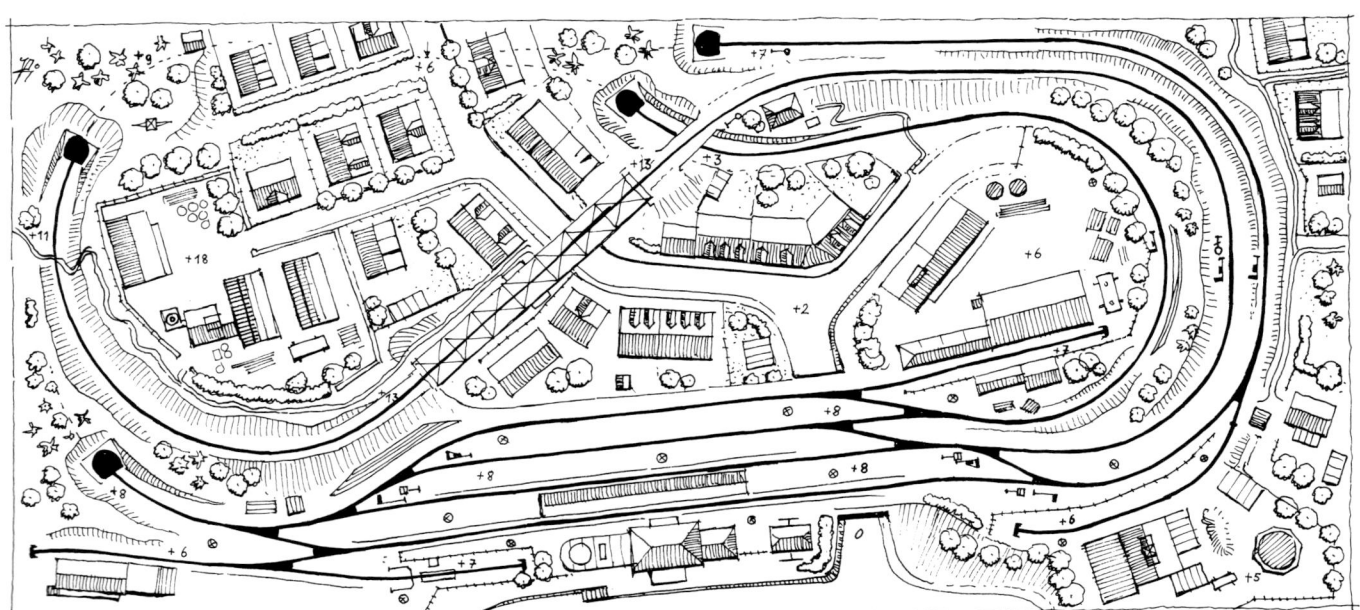

Anlagengröße 3,00 x 1,35 m für H0; 1,93 x 0,73 m für N; 1,18 x 0,53 für Z

Motiv von der Karwendelbahn

Die landschaftlich reizvolle Karwendelbahn im Norden der Alpen zwischen Garmisch-Partenkirchen, Mittenwald und Innsbruck lieferte Pit-Peg das Motiv für diesen Entwurf. Ohne Regelwidrigkeit können auf dem kurzen Durchgangsbahnhof der eingleisigen Hauptstrecke sogar Schnellzüge halten, die „wie im richtigen Leben" dieser Bahn gelegentlich über die Weichen hinausstehen. Um, wie beim Vorbild, umfangreichen Betrieb mit interessanter Fahrzeugvielfalt (u.a. Oldtimer-Elloks) zu gestalten, sollte man einen mehrgleisigen Schattenbahnhof im vorderen Anlagenteil in der „Kelleretage" unterhalb des kleinen Durchgangsbahnhofs installieren. Platz genug ist da. Die beiden geschwungenen Strecken im hinteren Anlagenbereich verlaufen in unterschiedlicher Höhe vor dem eindrucksvollen Hintergrundpanorama des Karwendelgebirges. Der großzügige Gleisradius am Anlagenrand vorn rechts spiegelt das Bemühen um eine echte Modellbahnanlage wider. Aus demselben Grund wäre es allerdings zweckmäßig, wenn die Streckenführung im rechten hinteren Teil der Anlage komplett im Tunnel verschwindet, um die halt doch sehr engen Radien etwas zu tarnen.

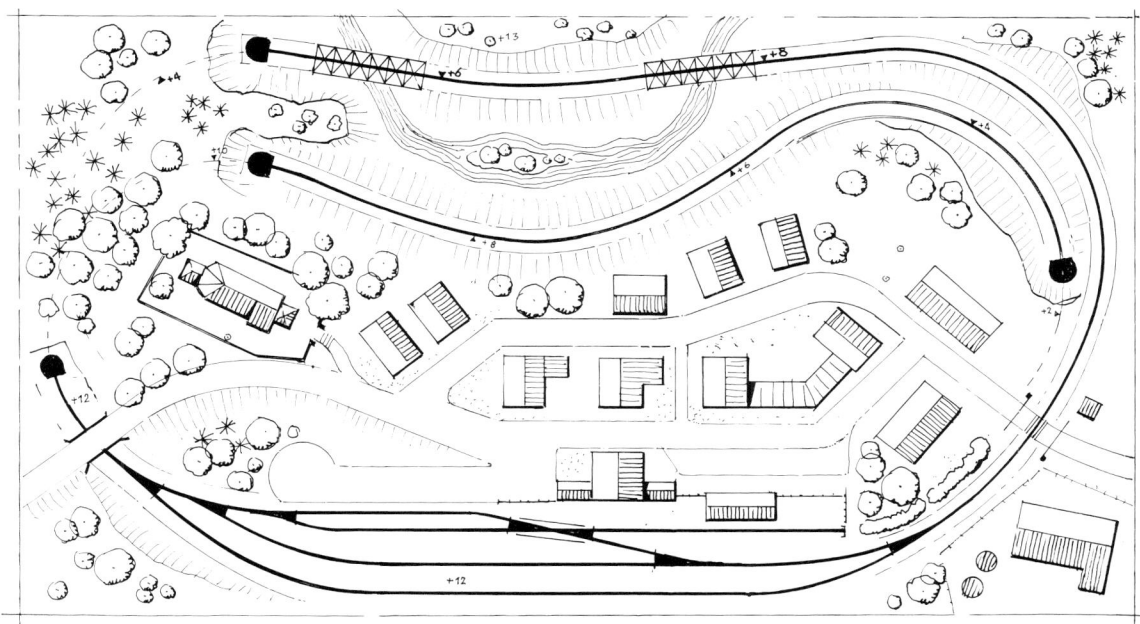

Anlagengröße 2,80 x 1,50 m für H0; 1,52 x 0,81 m für N; 1,10 x 0,60 für Z

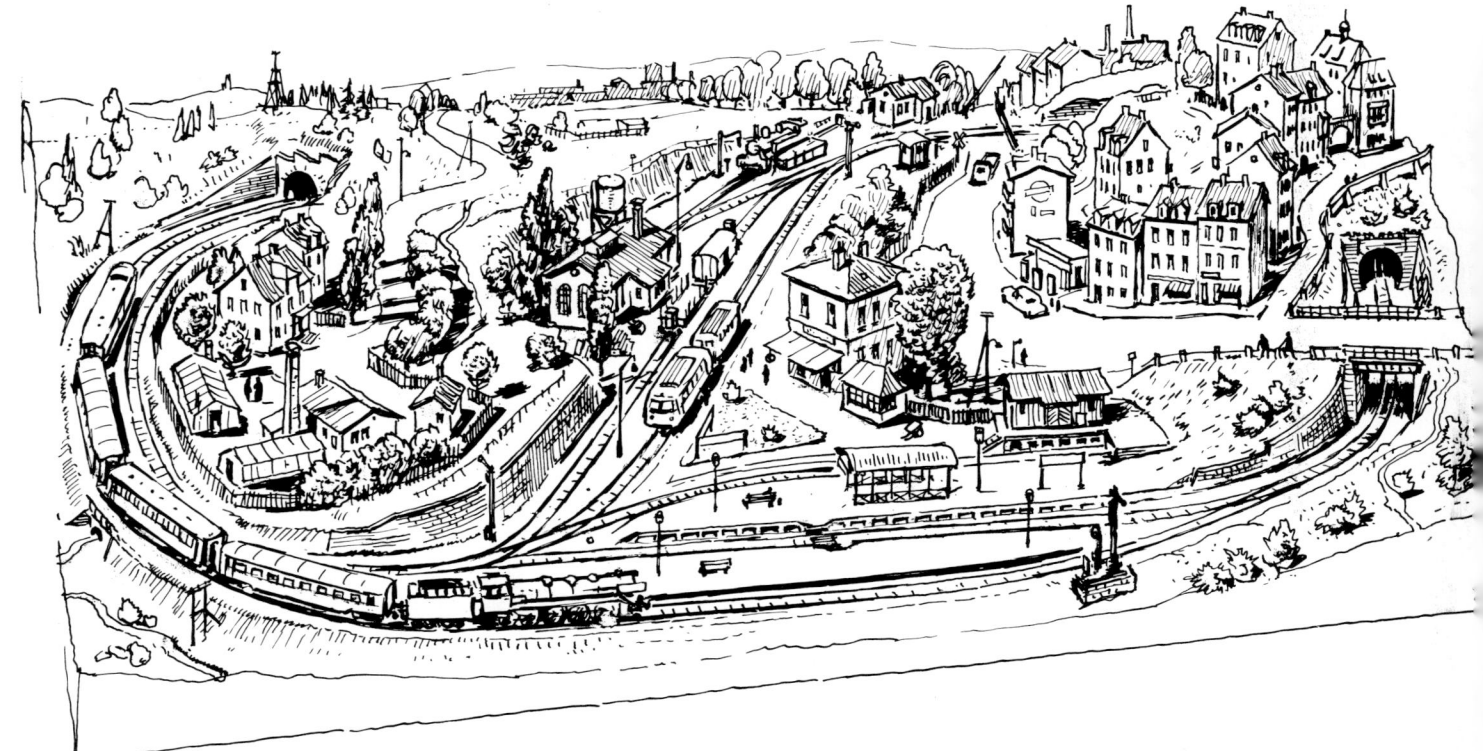

Vorstadtbahnhof in Keilform

Schon in der Frühzeit der Eisenbahn führte man Bahnstrecken mit unterschiedlichen Zielen vom Zentrum bis zur Peripherie größerer Städte auf gemeinsamer Trasse. War der letzte Vorort erreicht, strebten die Strecken rasch auseinander, um sich irgendwo in der Ferne zu verlieren. Oft legte man diese Stationen keilförmig an und stattete sie mit Lokbahnhöfen aus, um den schweren Berufsverkehr mit Vorspann- oder Schiebeloks zu unterstützen. Während der Reiseverkehr dominierte, beschränkte sich der Güterverkehr auf den örtlichen Stück- und Expressgutschuppen. Eine solche Szenerie spiegelt der vorliegende Gleisplan wider. Die Parallelität vieler Gleise hat ein etwas streng wirkendes Gesamtbild zur Folge. Der Zugverkehr findet im Grunde zwischen zwei Wendeschleifen statt. Die nicht sichtbare Schleife fungiert als imaginärer Hauptbahnhof der vermuteten Großstadt; die zum größten Teil (leider) sichtbare verbindet die kurz zuvor auseinder strebenden Strecken wieder. Dieser Mangel lässt sich aber beseitigen, indem die rechte Tunnelstrecke auf das Doppelte verlängert wird. Nur so kann man die Fahrzeit der Züge künstlich strecken, was in diesem Falle unbedingt anzuraten wäre. Dazu sollte das Tunnelportal oben rechts bis unmittelbar vor die Ausfahrweiche geschoben und das Portal an der rechten Anlagenkante vor die Brücke verlegt werden. Die Brücke selbst kann entfallen.

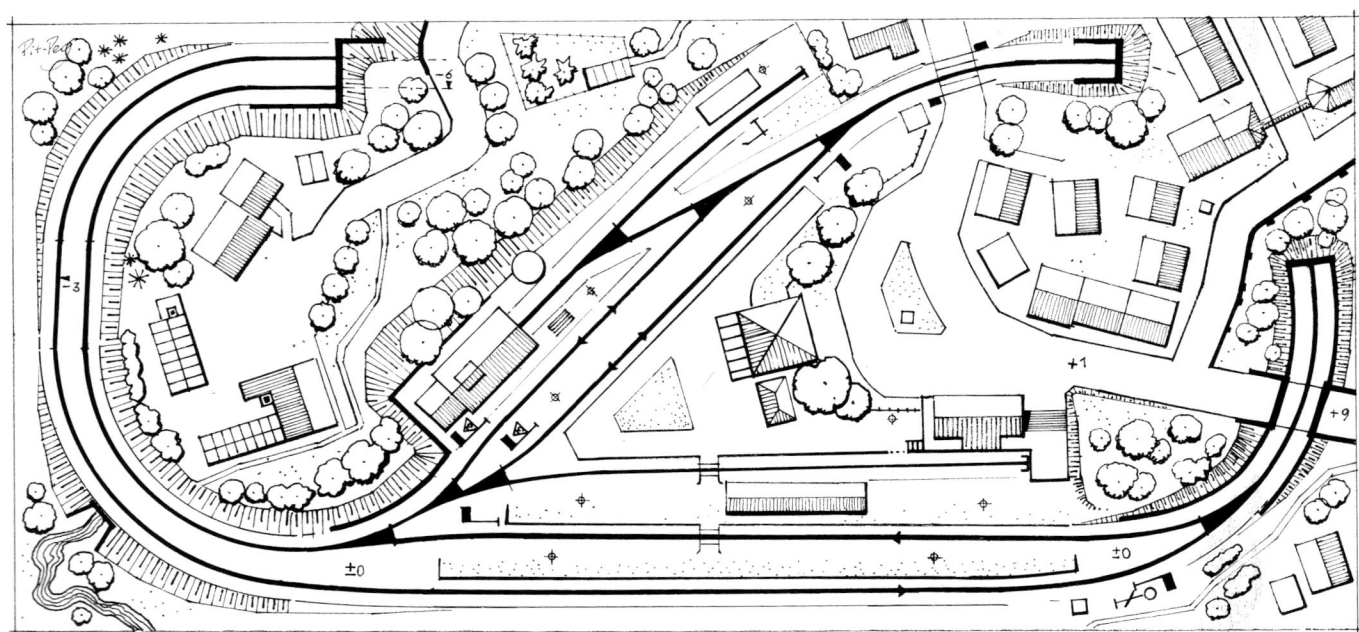

Anlagengröße 2,60 x 1,20 m für H0; 1,41 x 0,65 m für N; 1,03 x 0,47 für Z

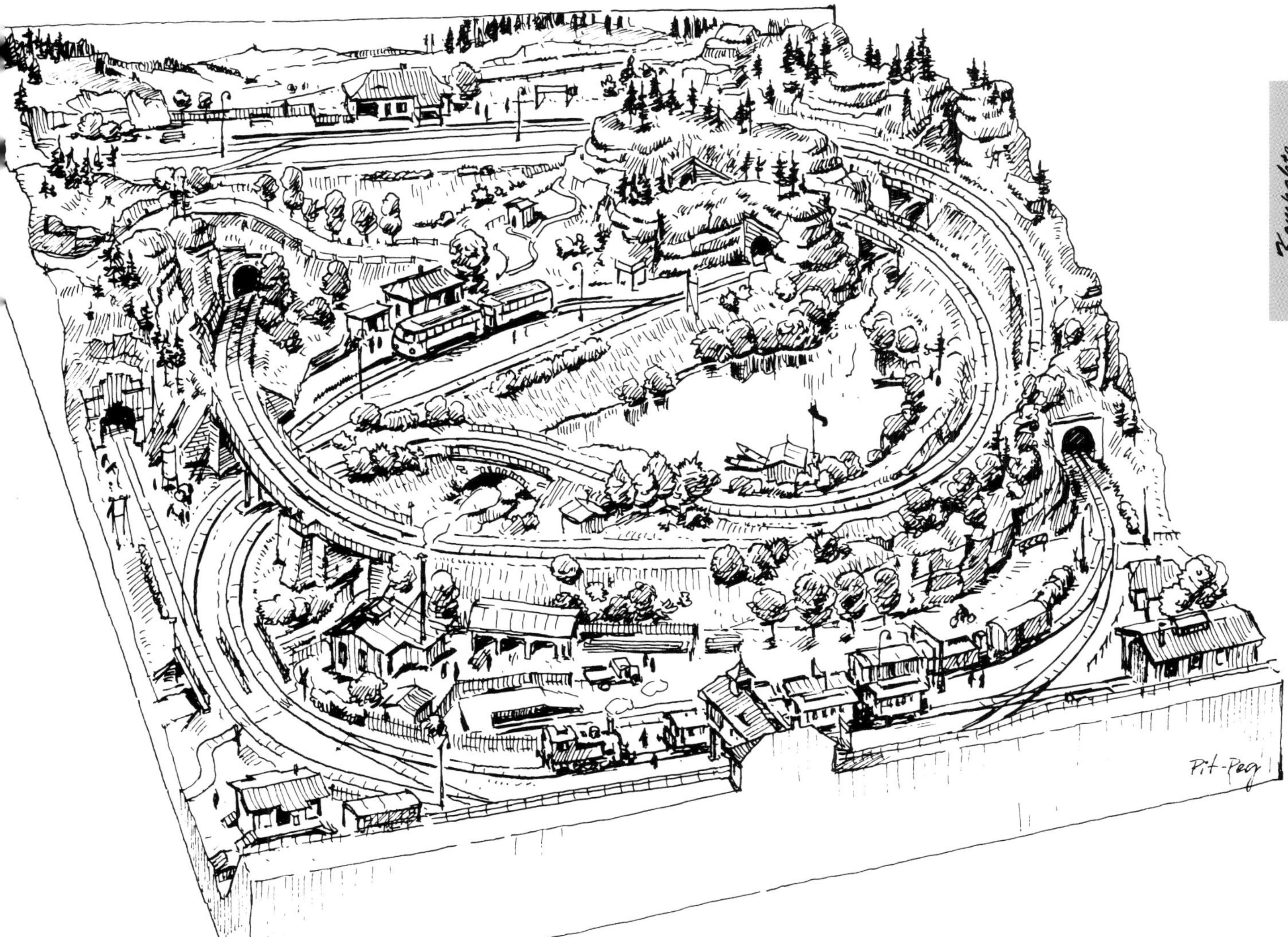

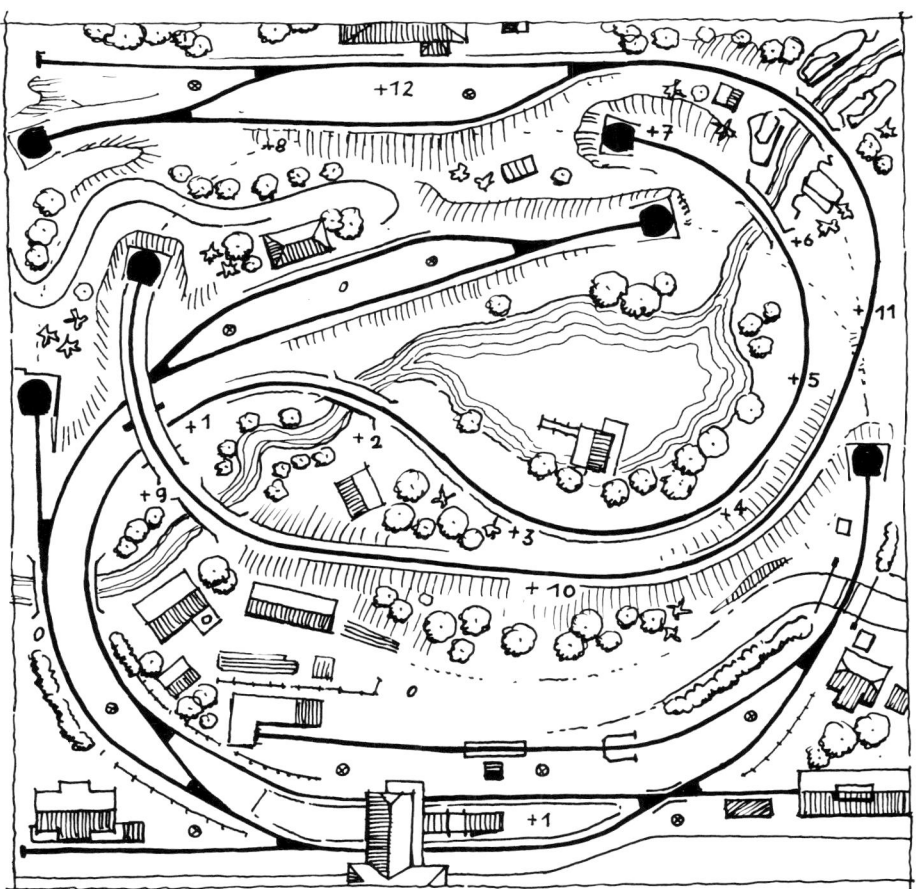

Anlagengröße 1,50 x 1,50 m für H0; 0,80 x 0,80 m für N; 0,60 x 0,60 m für Z

Schnarchenreuth für die Leut!

Seit Jahrzehnten ist dieser Entwurf ein MIBA-Klassiker. Obwohl er eher einer Achterbahn ähnelt, wird er geliebt, immer wieder angefordert, gern gebaut. Warum wohl? Womöglich deshalb, weil dieser Vorschlag dem Werbeslogan „quadratisch, praktisch, gut!" nahe kommt? Vielleicht. Auf jeden Fall bietet er das, was sich manche unter einer perfekten Miniatureisenbahn vorstellen: Ein gebirgig-romantisches Relief mit Brücken und Tunnels, sichtbare Fahrstrecken, einen See zum Baden und – so scheint es – quirligen Betrieb mit vielen Zügen. Als Pit-Peg „Schnarchenreuth" entwarf, verband er die Abmessungen mit der Möglichkeit, die Anlage über einem Doppelbett hochziehbar zu gestalten. Daher der nette Name! Über den Wert des Gleisplans aus der Sicht heutiger Ansprüche schweigt des Sängers Höflichkeit. Wie lautete das Motto am Kapitelanfang? Erlaubt ist, was gefällt. Dieser Entwurf hat Modellbahngeschichte geschrieben!

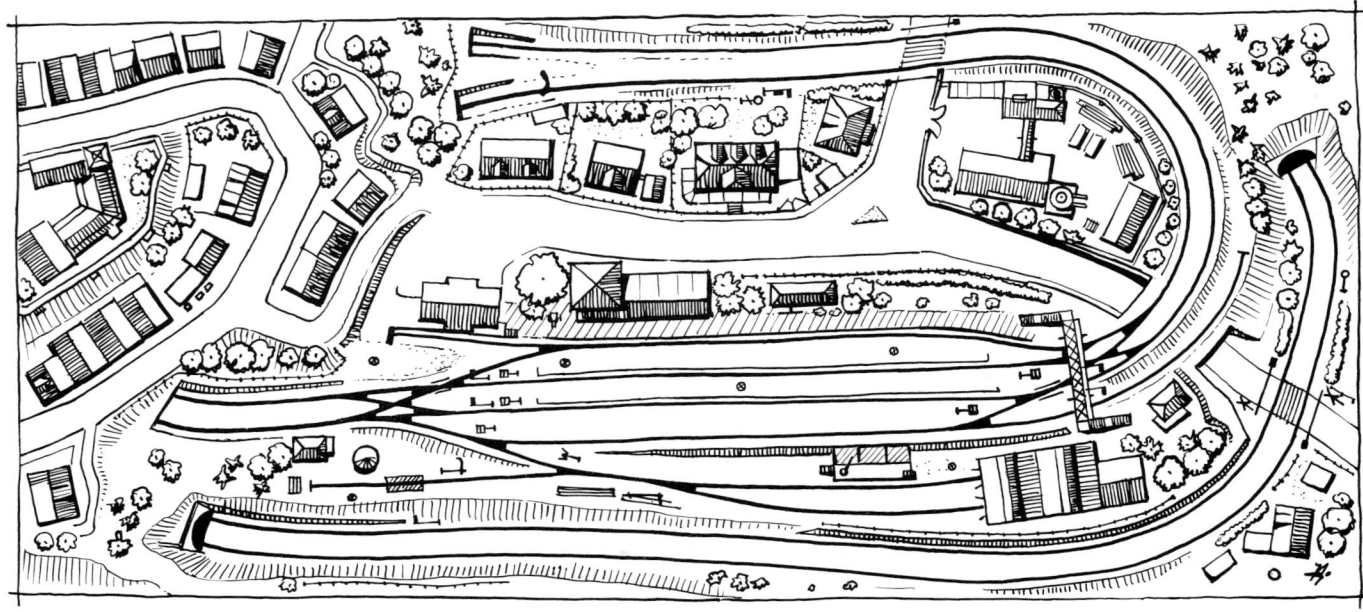

Lange Fahrzeiten

Anlagengröße 3,35 x 1,50 m für H0; 1,82 x 0,82 m für N; 1,33 x 0,60 m für Z

Wer seine Zuggarnituren über „längere" Zeitabschnitte ununterbrochen „in vollem Lauf" bewundern möchte, ohne dass sie dabei andauernd ein und denselben Bahnhof in vorbildwidrig gleich bleibender Fahrtrichtung passieren, wird sich mit diesem Entwurf anfreunden. Wenn Sie das ausgeklügelte System der Streckenführung rasch erfassen wollen, so setzen Sie sich doch bitte (mithilfe Ihrer Fantasie) in den Reisezug, der auf Gleis 1 vor dem Empfangsgebäude zur Ausfahrt in „westlicher" Richtung (in der Zeichnung nach links) bereitsteht. Wie aus der Trassenskizze zu entnehmen, umrundet der Zug unterirdisch die Anlage, durchfährt mit Modellgeschwindigkeit die Paradestrecke am vorderen Anlagenrand und verschwindet wieder, um eine unsichtbare Wendeschleife zu passieren. Unmittelbar danach durcheilt er erneut, nun in Gegenrichtung, die Parademeile, umrundet die Anlage und läuft auf Gleis 3 des Abgangsbahnhofs ein. Zwei Wermutstropfen fallen in den Freudenbecher: der große Platzbedarf der Anlage und die engen Radien.

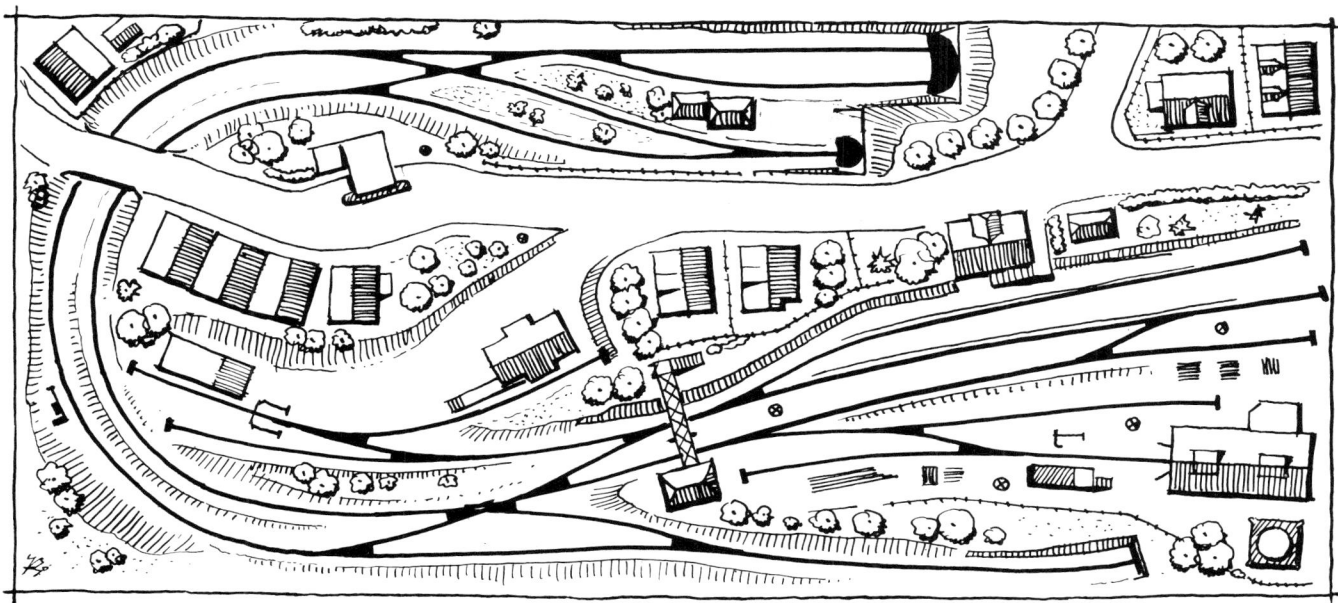

Anlagengröße 2,25 x 1,10 m für H0; 1,22 x 0,60 m für N; 0,89 x 0,43 m für Z

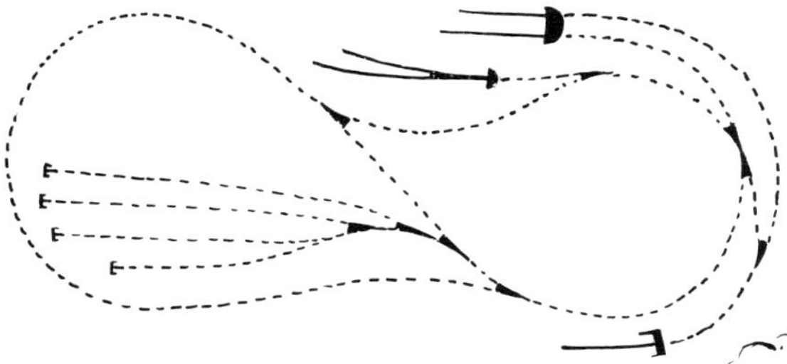

Kopfbahnhof mit Paradestrecke

Es lässt sich nicht leugnen: Die zeichnerische Darstellung dieser Anlage verdeckt ein wenig die Probleme, die ihr praktischer Aufbau bereiten könnte. Wie steil soll man das Gefälle der Trasse am vorderen Anlagenrand eigentlich gestalten, damit die Untertunnelung des Lokschuppens möglich wird? Das Problem lässt sich lösen, wenn man auf die vordere, zweifache Gleisverbindung zwischen der Paradestrecke und der Nebenstrecke zum Kopfbahnhof verzichtet. Diese Maßnahme hat keine gravierenden Folgen für den Betriebsablauf. Da im Untergrund der Anlage Wendeschleifen (inklusive Abstellgleise) vorgesehen sind, kann jeder Zuglauf, der im Kopfbahnhof beginnt, dort auch wieder enden. Man muss also durchaus nicht alle Gleis- und Weichenverbindungen dieses Entwurfs mit sklavischer Disziplin nachahmen. Auch im nicht sichtbaren Anlagenteil würde nur eine Wendeschleife nebst wenigen Abstellgleisen völlig genügen, um regen Modellbetrieb zu gestalten. Wichtig ist nur, dass für Züge aus dem Kopfbahnhof eine Wendemöglichkeit existiert.

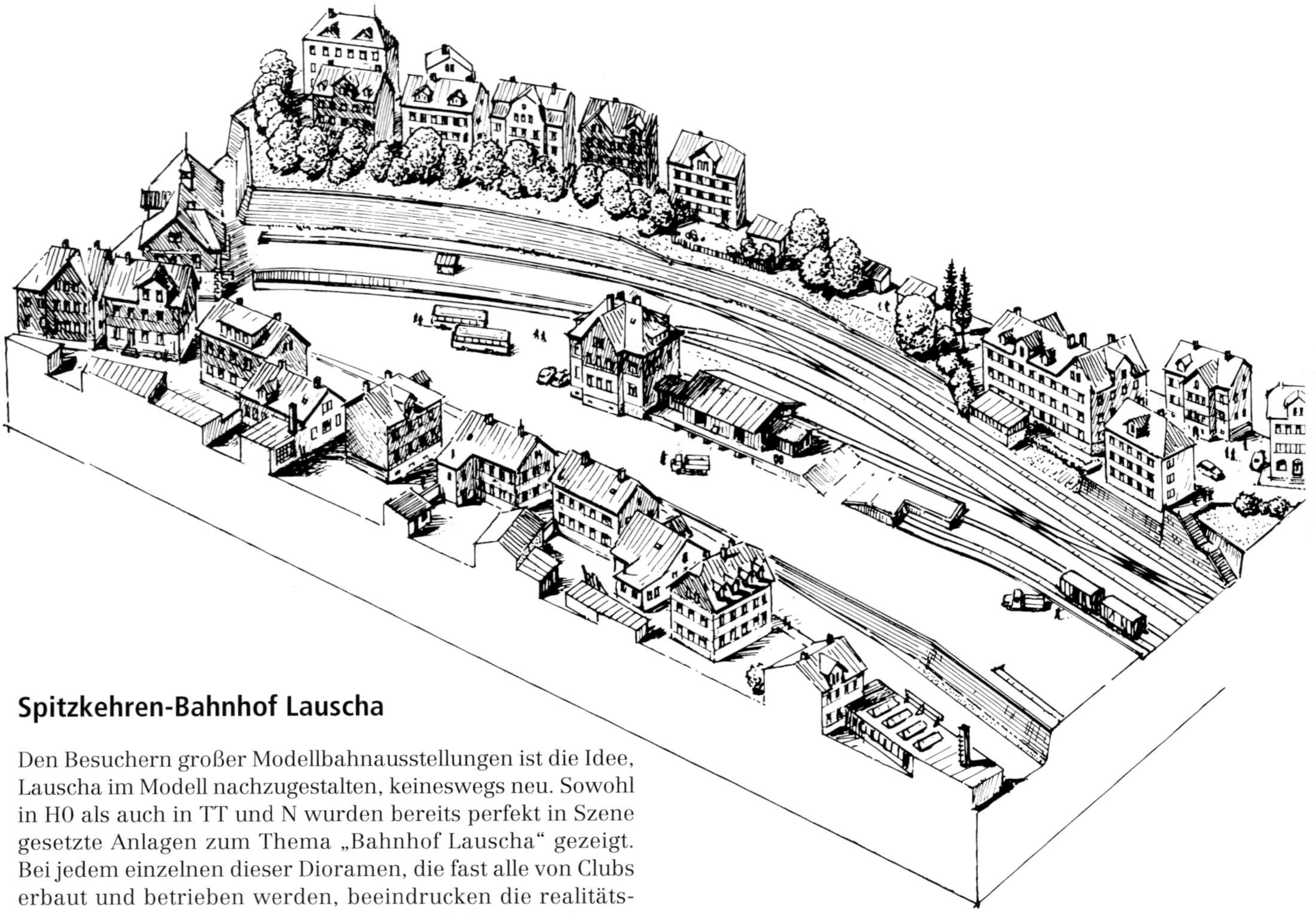

Spitzkehren-Bahnhof Lauscha

Den Besuchern großer Modellbahnausstellungen ist die Idee, Lauscha im Modell nachzugestalten, keineswegs neu. Sowohl in H0 als auch in TT und N wurden bereits perfekt in Szene gesetzte Anlagen zum Thema „Bahnhof Lauscha" gezeigt. Bei jedem einzelnen dieser Dioramen, die fast alle von Clubs erbaut und betrieben werden, beeindrucken die realitätsbezogenen Größenverhältnisse. Weniger bekannt ist hingegen, dass sich auch Pit-Peg intensiv mit Lauscha befasst hat. Schon 1981 (als die deutsch-deutsche Grenze noch ziemlich undurchlässig war) ging er mit verschiedenen zeichnerischen Entwürfen der Frage nach, wie groß, besser: wie klein eine Rechteckanlage sein muss bzw. gerade noch sein darf, wenn man „Lauscha" daheim realisieren möchte.

Nach mehreren Ansätzen entstand der hier dargestellte, wenn auch nicht exakt je Baugröße bemessene Entwurf. Selbst wenn die Anlagenbreite nicht der Längenentwicklung der Gleisanlagen des Vorbilds entspricht, so fand Pit-Peg doch einen Kompromiss, dem man die erforderliche „Stauchung" des Modellbahnhofs Lauscha zunächst kaum ansieht. Der Entwurf verdient daher das Prädikat einer echten Modellbahn. Sie erschien Pit-Peg in N bereits auf drei Metern und in TT auf etwa vier Metern Breite realisierbar. Die Tiefe würde in N 0,60 m und in TT 0,80 m betragen. Die Baugröße H0 erfordert eine Mindestbreite von ca. 5 Metern bei einer Mindesttiefe von ca. 1,30 m. Das ist zwar immer noch ein stattlicher Platzbedarf, dennoch dürfte die Anlage bei manch einem Modellbahner in die Kategorie jener Bauprojekte aufrücken, deren Realisierbarkeit ernsthaft erwogen wird. Im einfachsten Fall reduziert man die angeschlossene freie Strecke auf einen Gleisbogen, der unter dem Berg des rechten Anlagenteils beide Tunnelportale verbindet. Dort kann natürlich auch ein Ausweichgleis liegen um die Zuggarnituren zu wechseln. Im Zentrum des Geschehens steht ja ohnehin nicht die Streckenfahrt durch die Berge, sondern der interessante Betrieb im Bahnhof Lauscha, wo regelmäßig Zugkreuzungen stattfinden.

Eine weitere Lösung zeigt die zweite Skizze auf. Für den unterirdischen Gleisverlauf schlug Pit-Peg keine Wendeschleifen vor, weil die Lokomotiven der BR 95 aus Sicherheitsgründen immer mit dem Schornstein zum Berg fahren müssen. Dies wird mit den Umsetzanlagen an beiden Streckenenden garantiert. Sie symbolisieren die Endbahnhöfe und schmücken sich vorbildorientiert mit den Synonymen „Sonneberg" und „Probstzella".

Die dritte Lösung mit verdecktem Oval ermöglicht die Zusammenlegung der Abstellgleise gut zugänglich am vorderen Anlagenrand. Dadurch wird folgender Betriebsablauf vorstellbar: Der Zug verlässt den Bahnhof Lauscha über das vordere Streckengleis und läuft in den unterirdischen Abstellbahnhof ein. Bis dort fährt die Lok rückwärts, mit dem Schlot ihrem Zug zugewandt. Nachdem sie abgehängt hat, umrundet sie das Gleisoval gegen den Uhrzeigersinn und kuppelt am entgegengesetzten Zugende wieder an. Jetzt steht die Lok, ihrer Weiterfahrt entsprechend, wieder mit dem Schornstein voran an der Zugspitze.

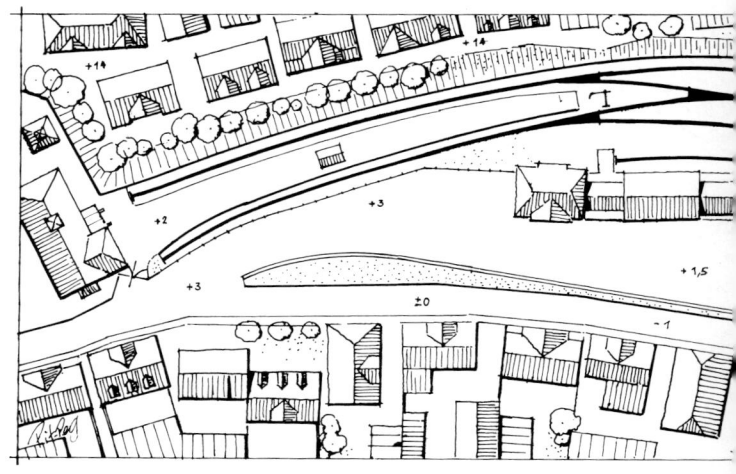

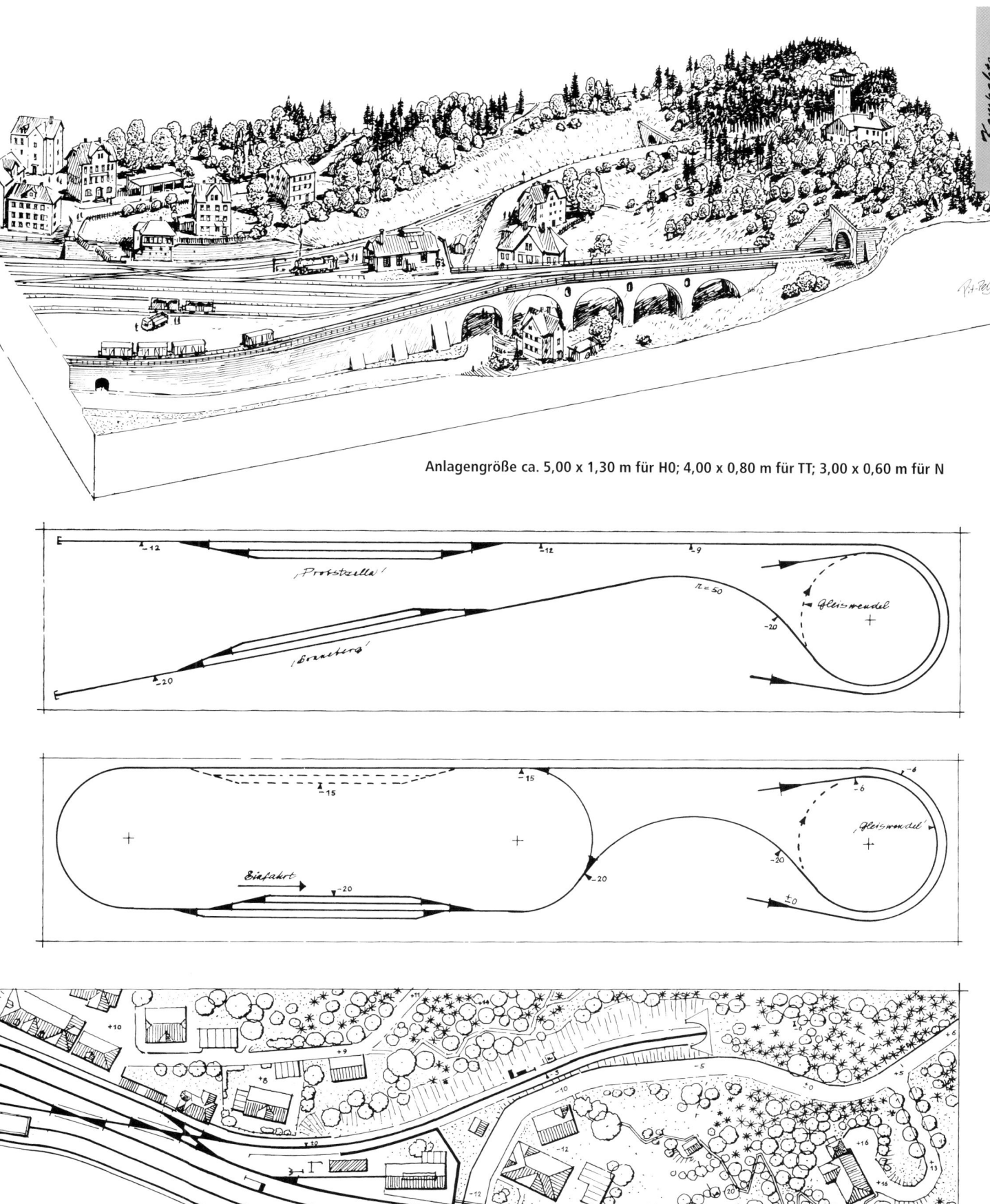

Anlagengröße ca. 5,00 x 1,30 m für H0; 4,00 x 0,80 m für TT; 3,00 x 0,60 m für N

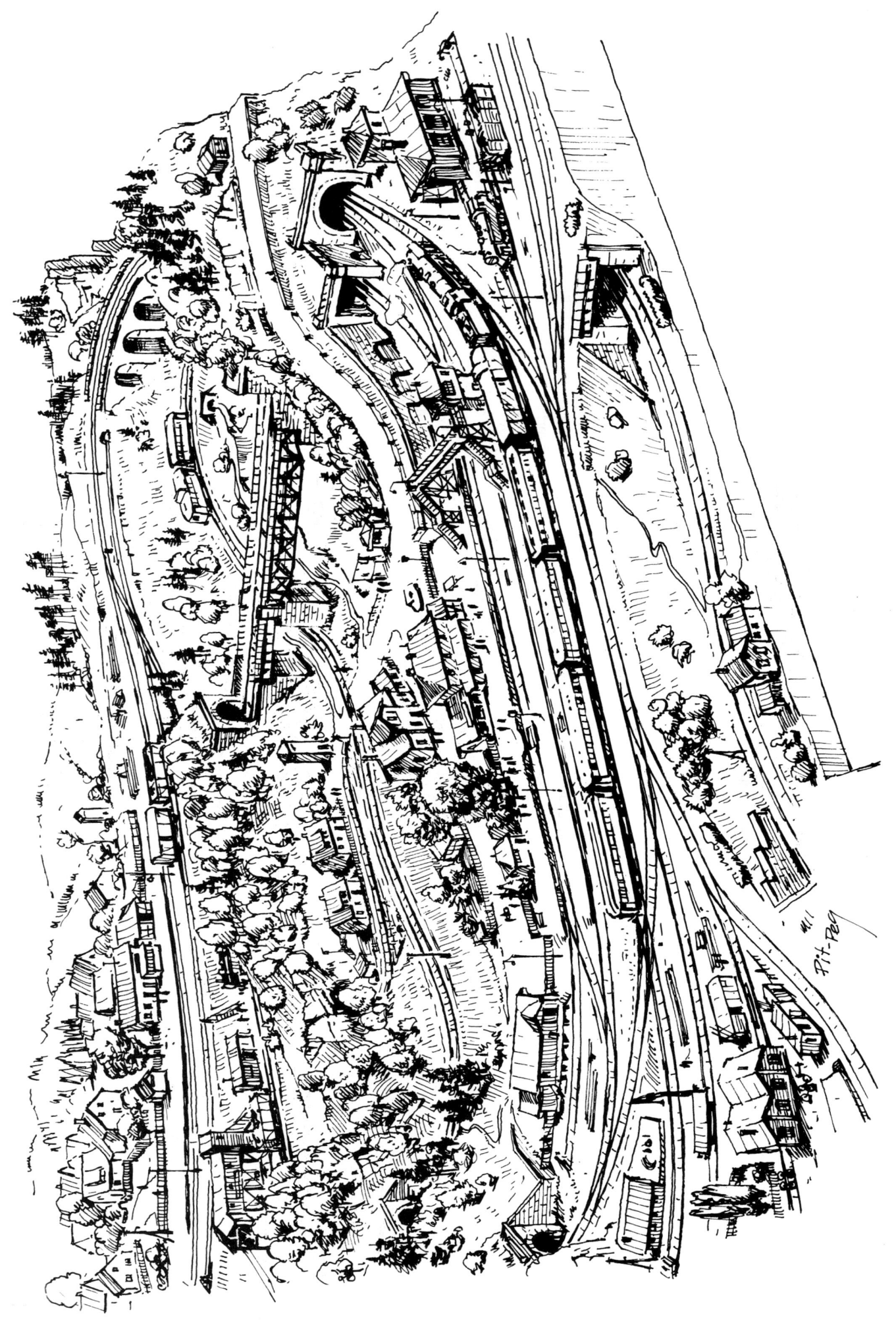

Hauptstrecke mit abzweigender Nebenbahn

Diese großflächig gestaltete Anlage, thematisch sicher schon ein Klassiker der Modellbahngeschichte, bietet sowohl im sichtbaren als auch im verdeckten Teil umfangreiche Betriebsmöglichkeiten. Der mehrgleisige Durchgangsbahnhof fungiert an der eingleisigen Hauptstrecke als Ausgangspunkt einer Nebenbahn, die auf die Hochfläche einer Mittelgebirgslandschaft führt. Der Unterwegsbahnhof der Hauptstrecke wird von den meisten Schnellzügen ohne Halt durchfahren, während kürzere Eilzüge und sämtliche Personenzüge einen Zwischenhalt einlegen. Diese Aufenthalte können längere Zeit in Anspruch nehmen, da planmäßig Zugkreuzungen und Zugüberholungen stattfinden.

Das von Pit-Peg zugrunde gelegte Konzept sichert von vornherein einen regen, interessanten Betrieb, der aus einer relativ großen Zugdichte resultiert. Diese wiederum erforderte entsprechend bemessene Gleisanlagen, alle notwendigen Signale, die dazugehörigen Stellwerke und weitere, möglichst exakt auf den starken Reise- und Güterverkehr zugeschnittene Hochbauten.

Für die vorliegende Situation lässt sich dazu das Folgende denken: Da die Zugdichte auf der Hauptstrecke im Laufe der Jahrzehnte immer mehr zunahm und der Umsteigerverkehr zur (später gebauten) Nebenbahn beständig wuchs, wurde der (einst) schienengleiche Übergang vom Bahnsteig 1 am Empfangsgebäude zu den Bahnsteigen 2 und 3 durch eine Fußgängerbrücke ersetzt. Offenbar erschien der Bahnverwaltung eine Untertunnelung der Gleise 1 und 2 zu teuer, sodass sie die Überbrückung vorzog. Neben ihrer eigentlichen Bedeutung für den Reise- und Umsteigerverkehr ermöglicht diese Brücke auch den Zugang zum Stellwerk am rechten Bahnsteigkopf. Als durchgehendes Hauptgleis, das auch Zugfahrten mit höheren Geschwindigkeiten zulässt, fungiert das Gleis 2. Gleis 3 erscheint diesbezüglich weniger geeignet, da in seinem Verlauf eine doppelte Kreuzungsweiche verlegt werden musste. Gleis 3 wird neben seiner Funktion als Kreuzungsgleis für Reisezüge benötigt um Nahgüterzüge zu behandeln, Waggons abzuholen oder zuzustellen.

Das Gleis 4 dient als Verkehrsgleis und darf nicht mit abgestellten Fahrzeugen besetzt werden, da es sämtliche Rangierfahrten zu den Ladegleisen, zu einem angedeuteten Werkanschluss (vorn ganz links) und zum Lokschuppen bzw. Kohlenbansen zu sichern hat. Die Bekohlungsanlage, am besten mit einem Kanal zum Ausschlacken kombiniert, wird gebraucht um die Tenderloks der Nebenbahn zu restaurieren. Da die Bergstrecke sehr lang ist, müssen die Maschinen nach ihrer Rückkehr aus dem Gebirge sofort in die Lokstation um ihre Wasser- und Kohlevorräte zu ergänzen.

Der Bergbahnhof selbst besteht nur aus einem Bahnsteiggleis, dem Umlaufgleis zum Umsetzen der Zuglok und einem Stumpfgleis zur Abstellung von Reisezugwagen. Der Güterverkehr lebt von der Produktion des Schotterwerks, das über ein eigenes Anschlussgleis verfügt.

Obwohl der Hauptstrecke das geschmälte Oval zugrunde liegt, kann man Pit-Pegs Entwurf durchaus als vollwertige Modellbahnanlage identifizieren. Da die Hauptstrecke als eine in sich verschlungene Acht mit Schattenbahnhof und kurzer Paradestrecke gedacht ist, relativiert sich die Gefahr ständiger, gleich gerichteter Durchfahrten durch den Unterwegsbahnhof. Der Nachteil: Man sieht die Züge der Hauptstrecke fast nur in diesem Bahnhof. Dagegen lässt sich die geruhsame Fahrt eines Nebenbahnzuges recht gut verfolgen, vor allem im Bereich der großen Stahlbrücke im rechten Mittelfeld der Anlage.

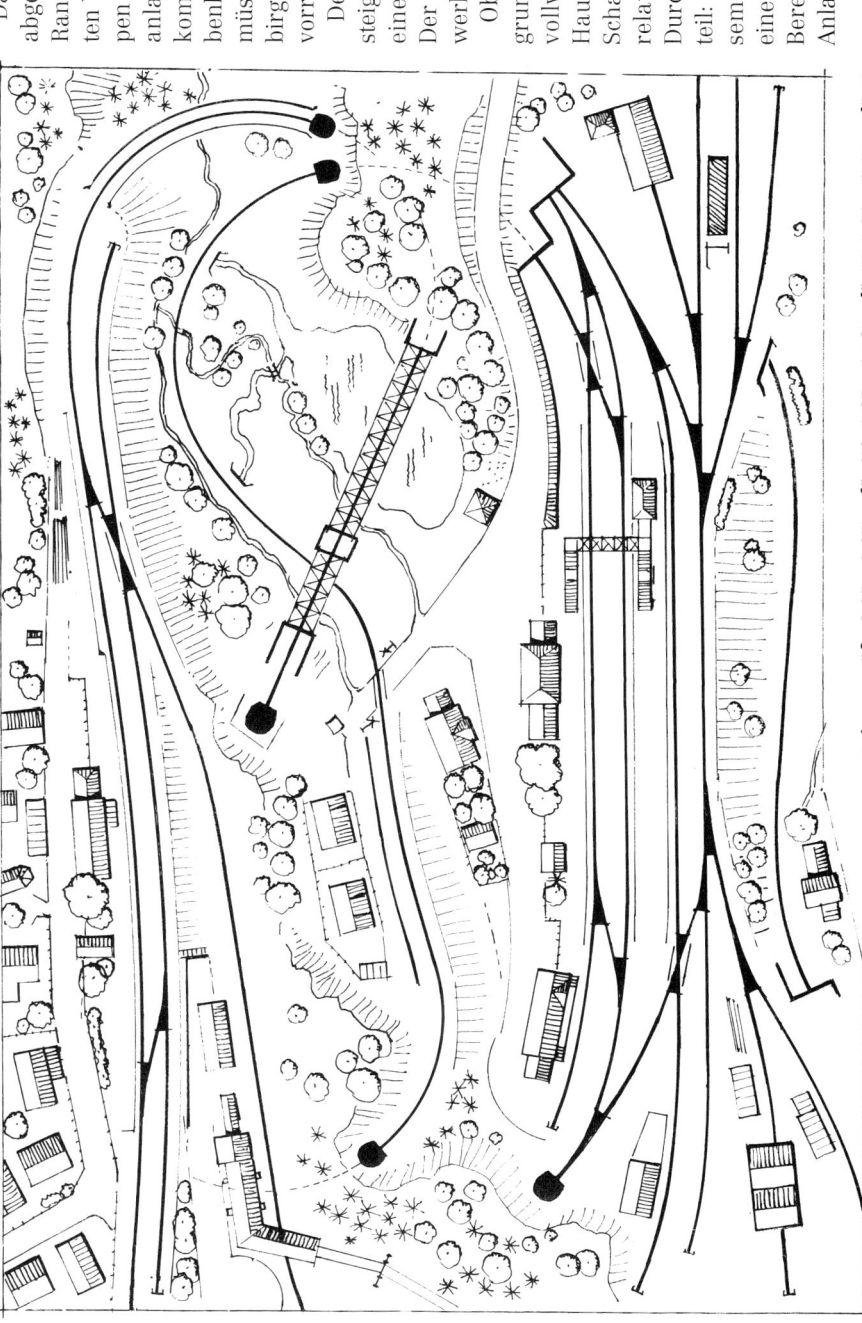

Anlagengröße 3,05 x 2,05 m für H0; 1,65 x 1,12 m für N; 1,20 x 0,81 m für Z

Wie ein Stück aus der Natur: Vieleck-Anlagen

Wer sich trotz der bekannten Nachteile oder wegen ihrer nicht weniger plausiblen Vorteile für den Bau von Kompaktanlagen auf der Grundlage ovaler Ringstrecken entschieden hat, muss sich deshalb noch lange nicht gezwungen fühlen, seine Anlage als strenges Rechteck aufzubauen. Ganz im Gegenteil: Ein geschickt gewähltes „Vieleck" schaut oftmals deshalb überzeugender aus, weil es wie mit dem Spaten aus der Natur herausgestochen wirkt. Ebenso kann der (keineswegs seltene) Fall eintreten, dass eine quadratisch oder rechteckig konzipierte Anlage nicht in den verfügbaren Raum passt, weil der Zugang zu Fenstern oder Türen behindert wird. Der einzige Ausweg bestünde dann tatsächlich darin, statt des konventionellen Rechtecks einen den räumlichen Möglichkeiten ganz individuell angepassten Anlagengrundriss zu ermitteln und anzuwenden.

Bereits anhand dieser Überlegungen wird deutlich: Die tatsächlichen Gründe dafür, kein Recht-, sondern ein Vieleck zu wählen, bei dem es vielleicht nur zwei parallel verlaufende Anlagenkanten gibt, können vielfältig sein. Hat man beispielsweise die ideale Möglichkeit, einen noch leeren Raum zu möblieren und bei dieser Gelegenheit Schränke und Tische (oder was sonst immer da hineinsoll) mit der geplanten Anlage abzustimmen, so entsteht ein interessantes Zusammenspiel von Pflicht (Möblierung) und Kür (Modellbahn), das eine eher langweilige Rechteckanlage von vornherein ausschließt.

Was allerdings Schwierigkeiten bereiten könnte, ist der Rahmenbau einer „vieleckigen" Anlage. Klug beraten darf sich fühlen, wer die Gesamtfläche der geplanten Anlage in mehrere einfache, deutlich kleinere Teilflächen zerlegt und somit aus kleinen, solide rahmenversteiften Platten eine größere Fläche zusammensetzt. Eine andere Möglichkeit liegt darin, auf der Basis eines Rahmengestells die so genannte offene Rahmenbauweise zu wählen und dementsprechend nur durchgehende Trassen (schmale Trassenbänder) für die Gleisverlegung zu montieren. Das kann je nach Anlagenmotiv so weit gehen, dass die Trassenbänder die einzigen fixen Flächen innerhalb des Rahmensystems darstellen.

Vieleckigen Anlagen haftet allerdings ein gravierendes Problem an: Ihre staubsichere Unterbringung fällt oft nicht so leicht wie bei rechteckigen oder quadratischen Anlagen. Ein Hochklappen kann mitunter sogar ausgeschlossen sein. Das muss man wissen, bevor die Planung beginnt.

Ein weiterer Hinweis erscheint wichtig: Auch wenn sichs nicht immer realisieren lässt, sollte man spitze Winkel an den Außenkanten der Anlage tunlichst vermeiden. Sie wirken zumeist unnatürlich und hinterlassen nicht selten den Eindruck einer Verlegenheitslösung. Zudem bereitet die Landschaftsgestaltung erhebliche Probleme. Außenkanten sollten daher immer flachwinklig ausgeführt sein; nur so ergibt sich der eingangs erwähnte Effekt, die Anlage sei ein aus der „Bahnlandschaft" herausgeschnittenes Schaustück.

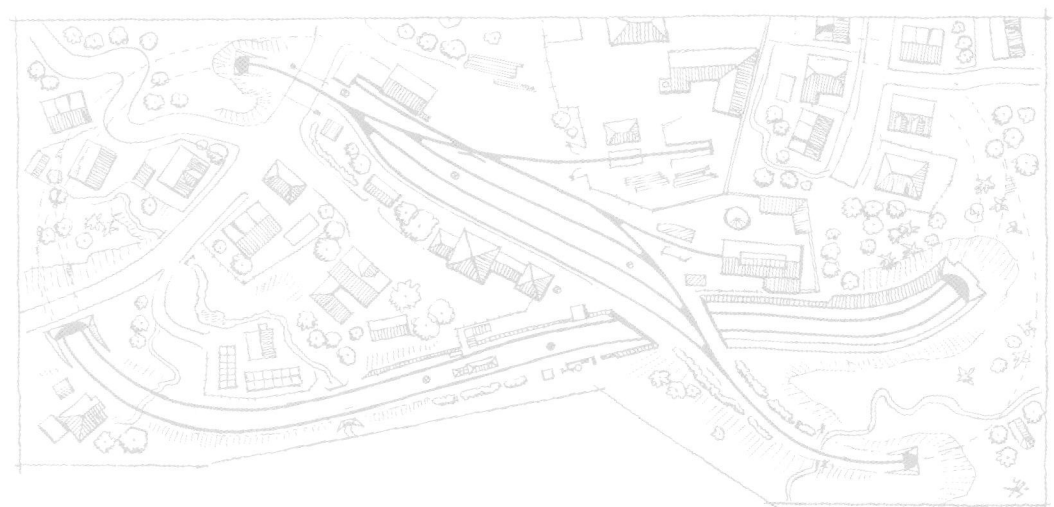

Anlagengröße 3,00 x 1,70 m für H0

Sechseck mit Kreuzung zweier Nebenstrecken

Was mag Pit-Peg zur Wahl der sechseckigen Grundfläche dieser Kompaktanlage veranlasst haben? War es vielleicht eine Tür, die dazu führte, dass der rechte Anlagenrand wesentlich schmaler ausgeführt wurde als die gegenüberliegende Seite? Oder fiel die linke Seite so tief aus, weil Pit-Peg dort deutlich „mehr Eisenbahn" unterbringen wollte?

Wenn man von den beiden engen Gleisradien absieht, präsentiert sich mit diesem Entwurf eine schöne Modellbahnanlage, die jene gefällige Wirkung offenbart, wie sie von Anlagen mit „Vieleck-Grundfläche" nun einmal ausgeht. Es gibt keine spitzen Winkel; der hohe Anlagenrand hinterlässt den Eindruck, als sei hier tatsächlich ein Segment aus einer interessanten Bahnlandschaft herausgeschnitten worden. Stellen Sie sich vor, anstelle der relativ hohen Anlagenkante wäre nur eine dünne Platte sichtbar – die Anlage verlöre sofort ihre positive Wirkung auf den Betrachter!

Geradezu meisterhaft hat es Pit-Peg verstanden, seine Anlagenidee in die sechseckige Grundfläche hineinzuprojizieren. Auch wenn im Vordergrund ein zweigleisiger Streckenabschnitt sichtbar ist, so handelt es sich nicht um eine Anlage mit Hauptbahncharakter, sondern um den (seltenen) Fall zweier sich niveaufrei kreuzender Nebenstrecken.

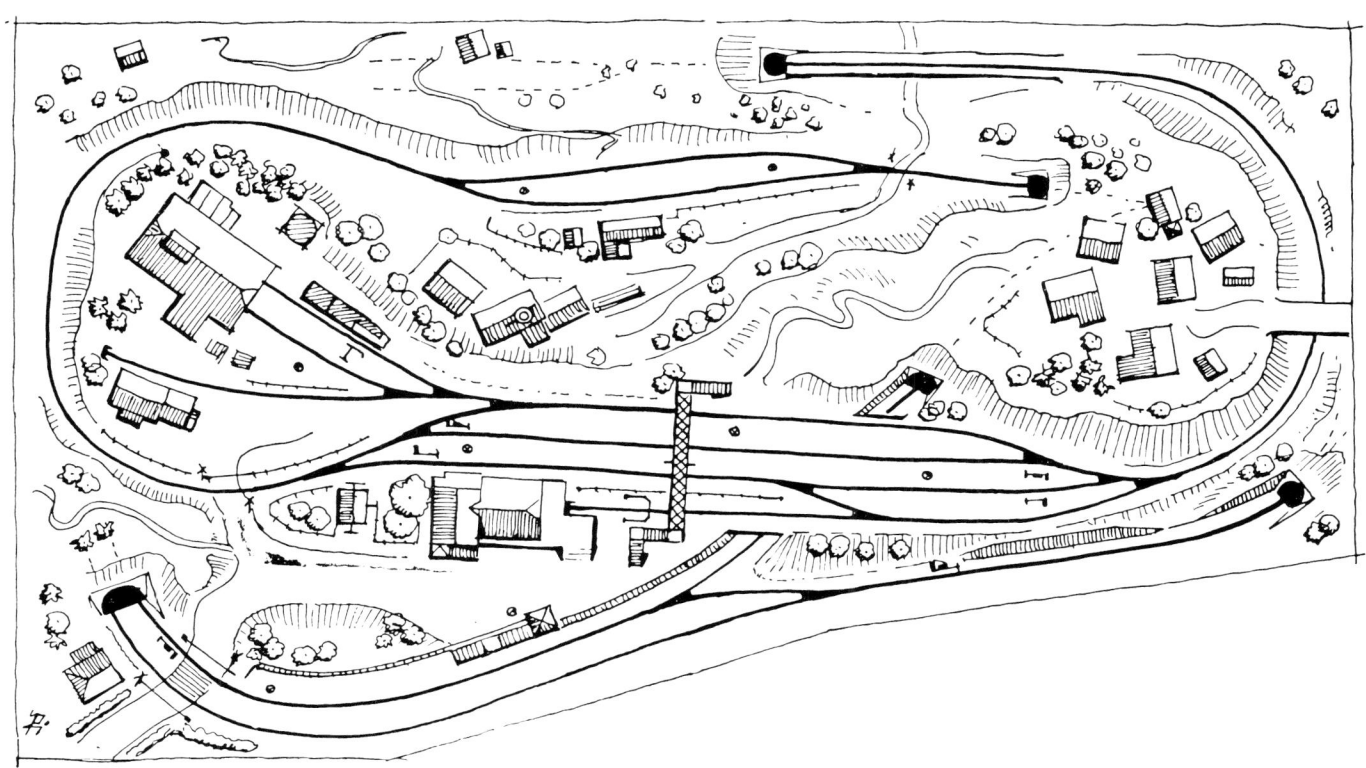

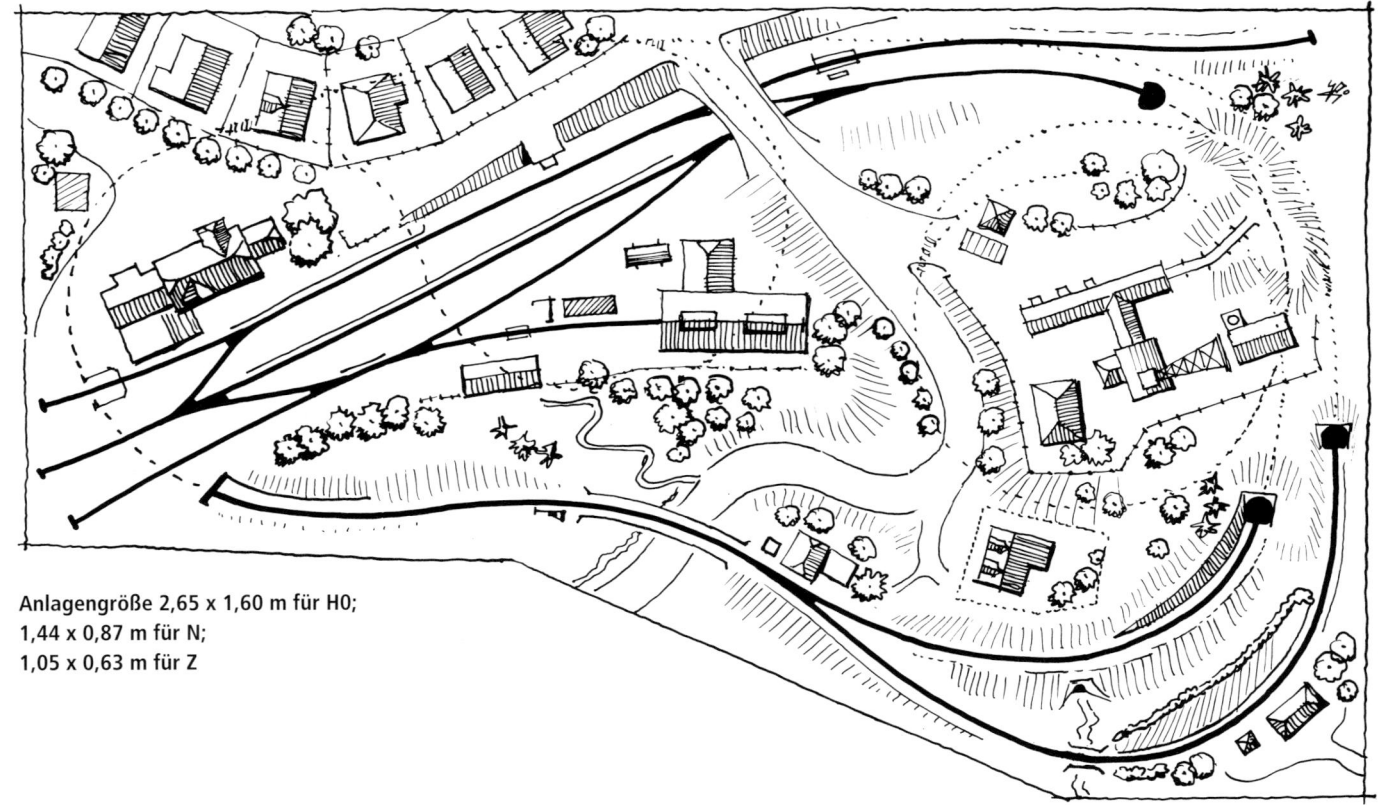

Anlagengröße 2,65 x 1,60 m für H0;
1,44 x 0,87 m für N;
1,05 x 0,63 m für Z

Endstation auf dem Lande

Als die Eisenbahn um die Wende vom 19. zum 20. Jahrhundert ihre große Zeit erlebte, erschloss sie mit hunderten von Stichbahnen ländliche Regionen abseits der großen Magistralen. Die Länderbahn-Verwaltungen versuchten den Bau von Endbahnhöfen je nach Verkehrsaufkommen und Zweckmäßigkeit zu standardisieren. Dabei tat sich vor allem Bayern hervor.

Mit dem Anlagenentwurf „Kopfbahnhof auf dem Lande" hat Pit-Peg versucht eine kleine Endstation mit Lokalbahnromantik zu inszenieren. Das wird vor allem im Hinblick auf das Empfangsgebäude, den angebauten Güterschuppen und die winzige Lokstation samt „Heizhaus" deutlich.

Die ungewöhnliche Tiefe des rechten Teils der Anlage bietet den Vorteil großer Radien, sodass die Rampe zum Endbahnhof nicht allzu steil angelegt werden muss. Auf diese Weise bekommen auch schwächere Tenderloks (etwa die für Lokalbahnen typischen Maschinen der Baureihe 98) die Chance, die Steigung zu bewältigen. Ein weiterer Vorteil dieser Anlage liegt in der Möglichkeit, zugleich und völlig unabhängig voneinander im Bergbahnhof rangieren und auf der „Ringbahn" der Talstrecke fahren zu können. Von daher empfiehlt sich eine Teilautomatisierung der Anlage.

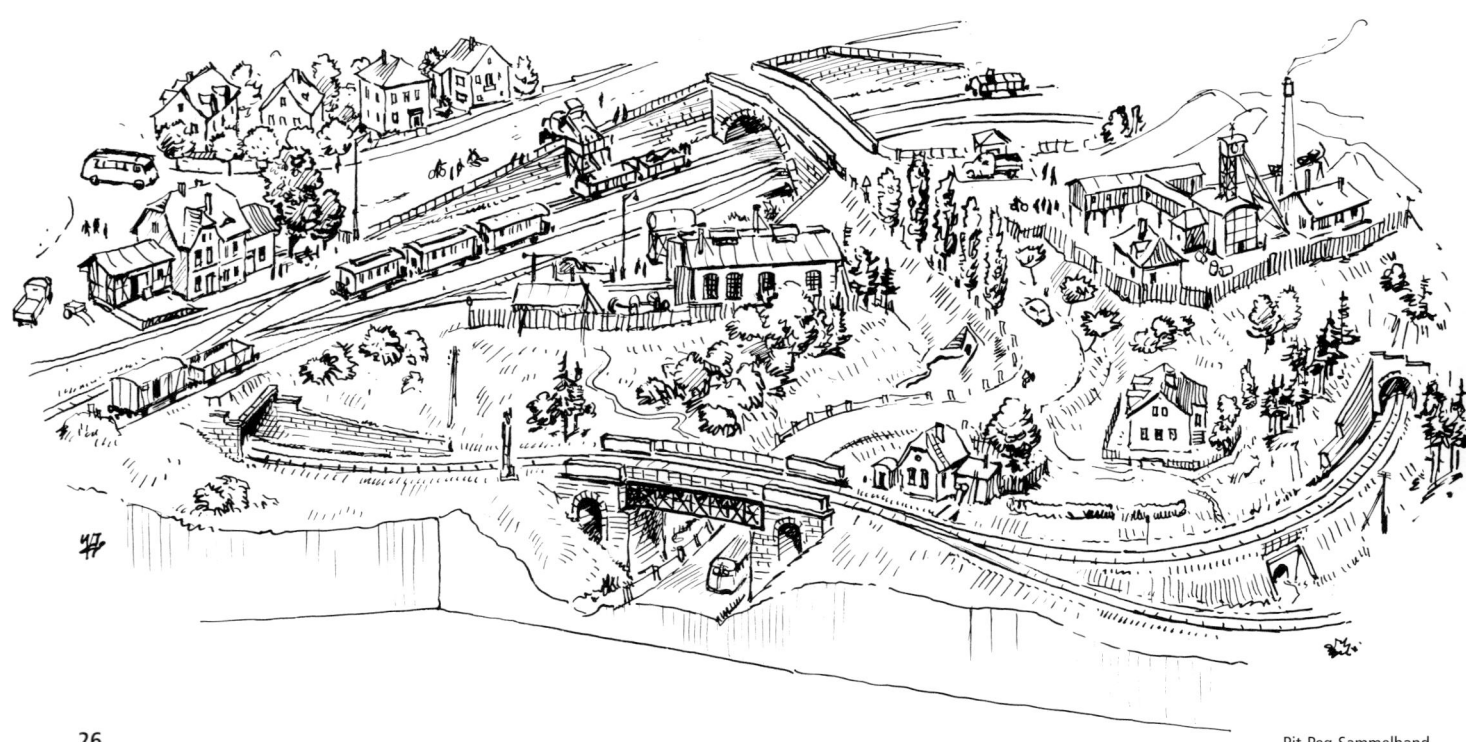

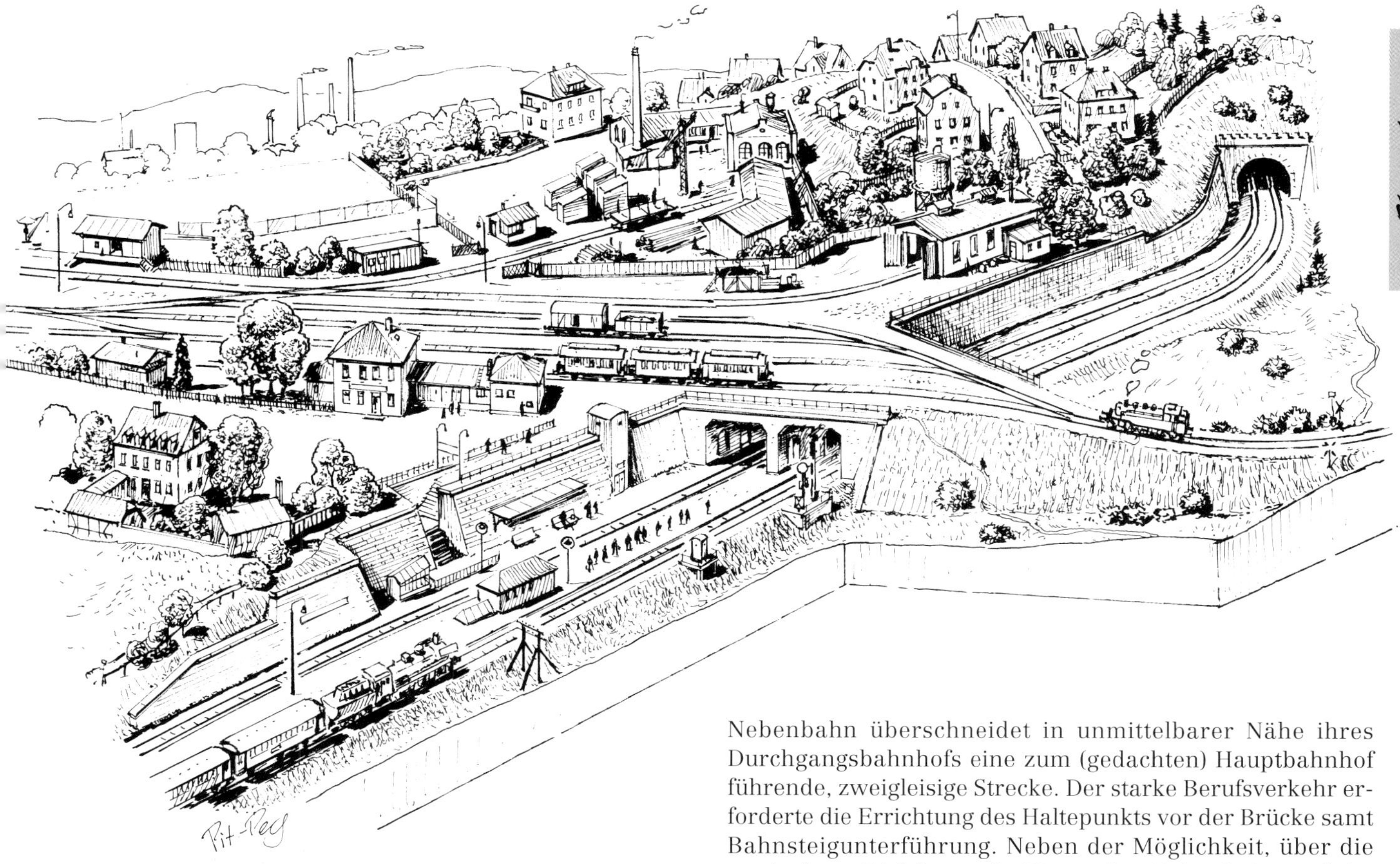

Turmbahnhof am Rande einer Großstadt

Wenn sich Bahnstrecken in unterschiedlicher Höhenlage, mithin niveaufrei kreuzen, entsteht die seltene Form des Turmbahnhofs. Bekanntes Beispiel ist Sömmerda in Thüringen als Kreuzungsbahnhof der Hauptbahn Erfurt–Sangerhausen mit der so genannten „Pfefferminzbahn", der Nebenstrecke Straußfurt–Großheringen. Pit-Peg hat den hier gezeigten Entwurf eines Turmbahnhofs im Zentrum einer mittelgroßen Anlage als Vorortbahnhof beschrieben: Eine Nebenbahn überschneidet in unmittelbarer Nähe ihres Durchgangsbahnhofs eine zum (gedachten) Hauptbahnhof führende, zweigleisige Strecke. Der starke Berufsverkehr erforderte die Errichtung des Haltepunkts vor der Brücke samt Bahnsteigunterführung. Neben der Möglichkeit, über die verdeckten Weichen mit Zügen der Nebenbahn auf die Hauptstrecke zu gelangen bzw. Züge der Hauptstrecke auf die Nebenbahn überzuleiten, können längere Güter- und Schnellzüge „ihre Runden drehen" ohne die Rangierbewegungen im Bahnhof der Nebenstrecke zu behindern. Die Hauptbahn sollte folgerichtig als Oval angelegt werden. Der Entwurf lässt sich wesentlich verbessern, wenn man für die Züge der Nebenbahn eine Wendeschleife integriert. Bei geschickter Erweiterung der unterirdischen Gleisanlagen durch weitere Abstellgleise für verschiedenste Zuggarnituren ergibt sich ein abwechslungsreicher, reizvoller Zugverkehr!

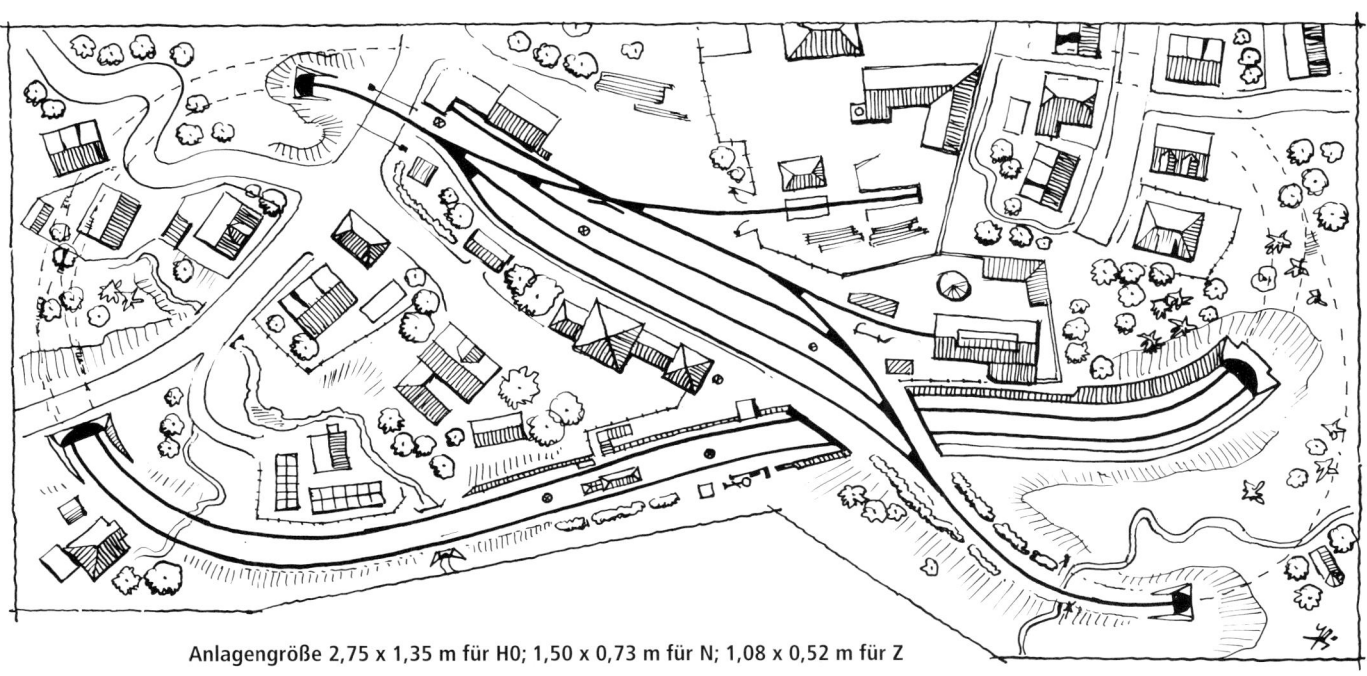

Anlagengröße 2,75 x 1,35 m für H0; 1,50 x 0,73 m für N; 1,08 x 0,52 m für Z

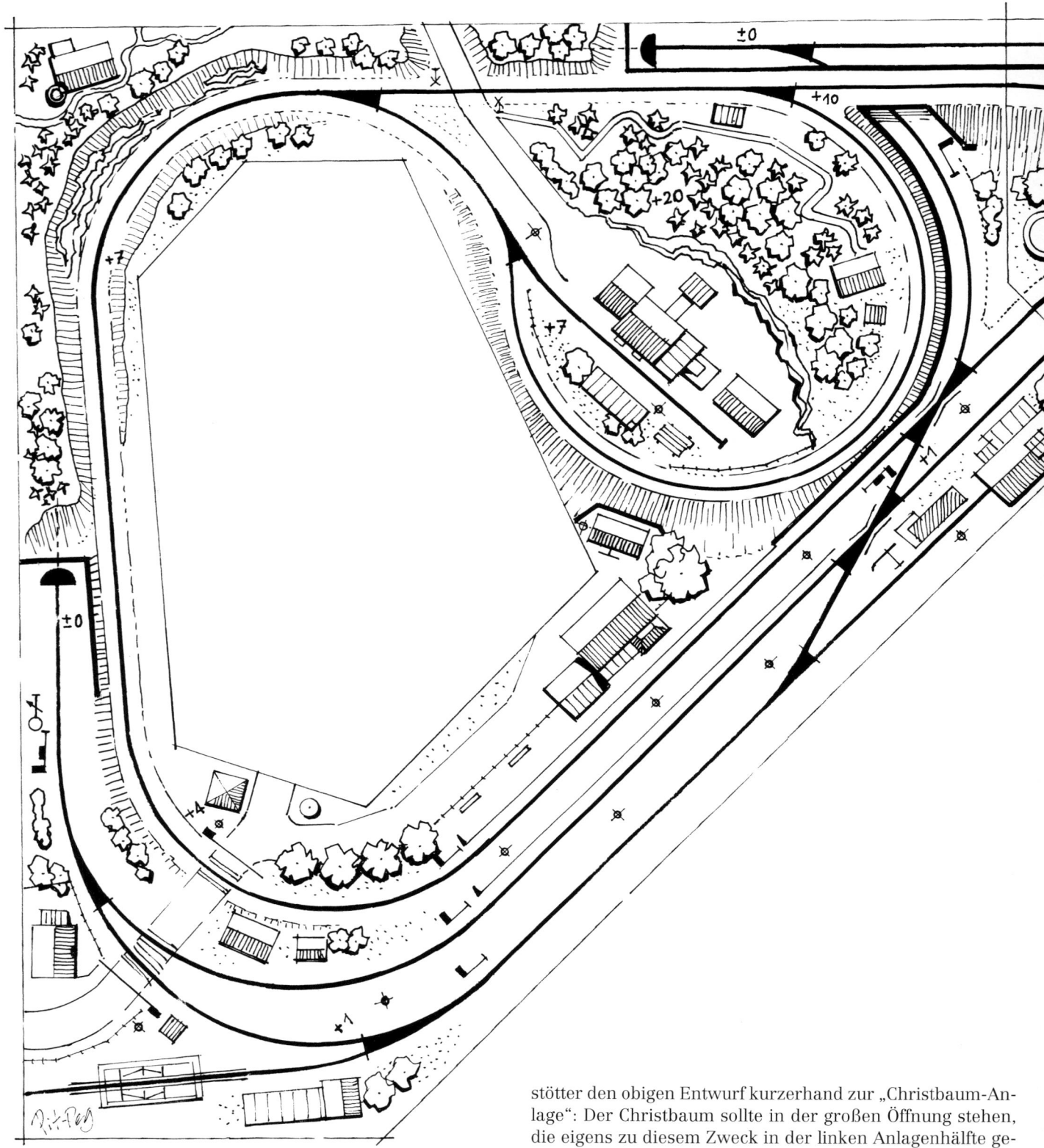

Die „Christbaum-Anlage"

Haben Sie eine Ahnung, warum Pit-Peg diesen ausgefallenen Entwurf als „Christbaum-Anlage" bezeichnete? Nein? Die Sache ist ganz einfach: Sicher ist Ihnen noch das weit verbreitete Klischee in Erinnerung, wonach der Papa die Modelleisenbahn immer nur zu Weihnachten aufbaute. Und weil das Idyll einer unterm Christbaum munter kreisenden „Miniatureisenbahn" gar zu gern reproduziert wurde, erklärte der seinerzeitige MIBA-Verleger Werner Walter Weinstötter den obigen Entwurf kurzerhand zur „Christbaum-Anlage": Der Christbaum sollte in der großen Öffnung stehen, die eigens zu diesem Zweck in der linken Anlagenhälfte gelassen wurde! Pit-Peg, den Ideen seines Auftraggebers aus gutem Grunde getreulich folgend, entwickelte jedenfalls eine interessante Anlage, deren Aufbau und Betrieb er allerdings keineswegs auf die Weihnachtszeit beschränkt wissen wollte. In einem alten Artikel ließ er durchblicken, es müsse ja nicht unbedingt ein Weihnachtsbaum sein, auch ein Gummibaum, ein Blumenständer oder „irgendein anderes Möbel" sei in nämlicher Öffnung gut unterzubringen. Außerdem könne darin ja auch der Modellbahner samt Fahrpult sitzen und sich von den Zügen seiner Ring- und Wendeschleifenbahn lustig umfahren lassen. Eines muss man den Altvorderen der MIBA lassen: Ideen hatten sie!

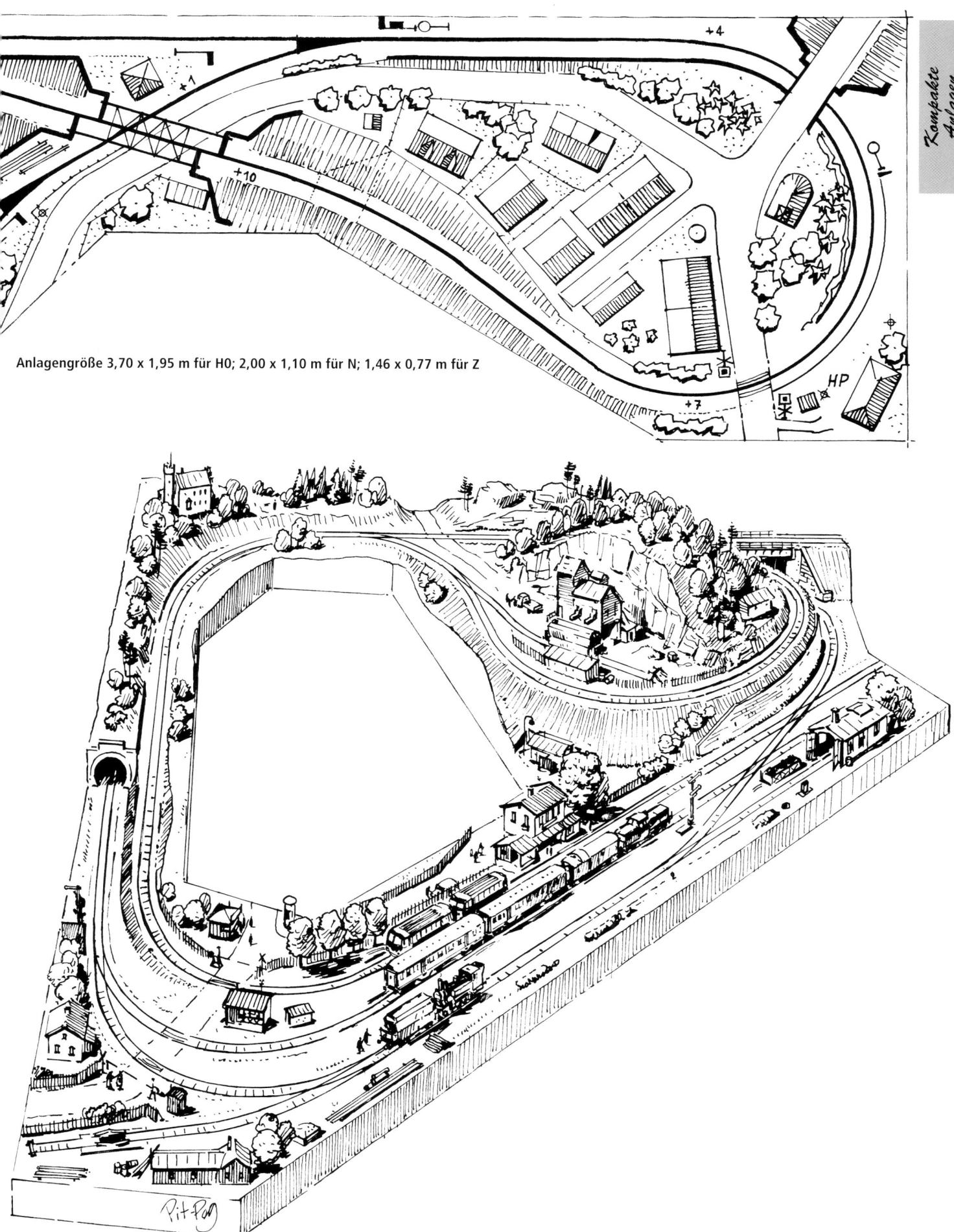

Anlagengröße 3,70 x 1,95 m für H0; 2,00 x 1,10 m für N; 1,46 x 0,77 m für Z

Kompakte Anlagen

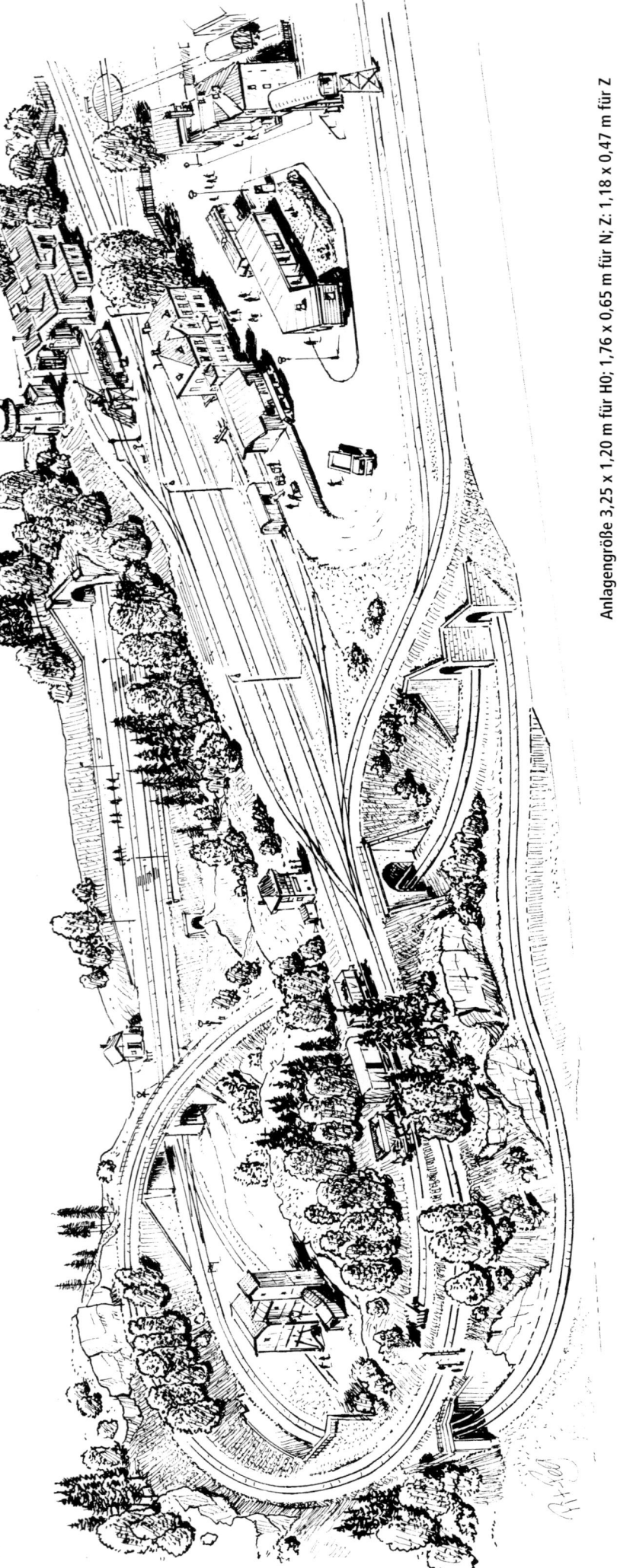

Anlagengröße 3,25 x 1,20 m für H0; 1,76 x 0,65 m für N; Z: 1,18 x 0,47 m für Z

Eine betriebsintensive Endstation

Thema dieses Entwurfs ist ein eher ländlich, bestenfalls kleinstädtisch wirkender Kopfbahnhof auf der Hochfläche einer Mittelgebirgslandschaft. Die dennoch recht umfangreichen Gleisanlagen mit dem Güterschuppen, langen Freiladegleisen, einem Lokbahnhof und einem Werkanschluss mit Waggondrehscheibe lassen auf erheblichen Güterverkehr und umfangreiche Rangiermanöver schließen.

Der Reiseverkehr fällt hingegen deutlich schwächer aus, sodass der kurze Bahnsteig vor dem Empfangsgebäude ausreicht. Wahrscheinlich genügen Reisezüge mit maximal zwei bis drei Wagen oder (an ihrer Stelle) Triebwagen. Da Gleis 1 erheblich länger ist, als es die Bahnsteigkante erfordert, eignet sich dieses Gleis zur Abfertigung planmäßig eingesetzter Personenzüge mit Güterbeförderung. Bei ankommenden Zügen hängen die Reisezugwagen unmittelbar hinter der Lok, dann folgen die verschiedenen Güterwagen. Bei talwärts fahrenden Zügen schaut die Wagenreihung genau umgekehrt aus: Am Zughaken der Lokomotive hängen die Güterwagen, während die kurzen, zweiachsigen Reisezugwagen am Zugschluss mitlaufen.

Derartige, auf vielen Neben- und Kleinbahnen seinerzeit verbreitete Zugbildungen sind heute fast vergessen. Ihre Nachgestaltung trägt allerdings ganz wesentlich zu dem besonderen Reiz dieser Anlage bei. Der offenbar in mehreren Bauphasen zu verschiedenen Zeiten durch Anbauten „gewachsene" Lokschuppen bietet mit seinen drei Ständen zwei kurzen Tenderlokomotiven (hintereinander) und auf einem zweiten Gleis einem Triebwagen Platz. Lokbahnhöfe dieser Anordnung waren seinerzeit weit verbreitet. Eher ungewöhnlich wirkt das Stellwerk, das Pit-Peg an der Bahnhofseinfahrt postiert hat. Aber auch so etwas gab es, vor allem dann, wenn (wie hier) recht viel rangiert werden musste. Passend dazu erhielt der Bahnhof Ein- und Ausfahrsignale. Diesbezüglich stimmen Schaubild und Gleisplan allerdings nicht hundertprozentig überein.

Problematisch mutet auch die „Aufstellung" der vielen Tunnelportale an. Im Zusammenhang mit den engen

Gleisradien entsteht so allzu leicht der Eindruck einer verspielten Achterbahn. Um diesen Eindruck zu relativieren, womöglich ganz auszuschalten, muss zumindest der kurze Streckenbogen in der Mitte der vorderen Anlagenkante „mit Landschaft überdeckt" werden; nur so verschwinden die beiden, an Rattenlöcher erinnernden Tunnelportale. Diese Lösung bietet als weiteren Vorteil die Chance, den Gleisabzweig zur Ladestraße etwas großzügiger anzusetzen und auf die steile Weiche mit dem engen Radius zu verzichten.

Natürlich kann und sollte das Oval der Talstrecke, die eine nur teilweise zweigleisig ausgebaute Hauptbahn andeutet, eine Gleisverbindung zur Bergstrecke aufweisen. Doch zumindest ebenso wichtig wäre eine verdeckte Wendeschleife, damit die vielen Züge der Nebenbahn in einen flüssigen Betriebsablauf eingebunden werden können. Ob man den Haltepunkt im Verlauf der Talstrecke beibehält, ist sicherlich keine Frage regen Betriebs: Würde man statt des Haltepunkts nur eine Blockstelle mit Fabrikanschluss einplanen, ersparte man sich an den Haaren herbeigezogene Begründungen, warum in unmittelbarer Nähe des Bergbahnhofs ein Haltepunkt platziert wurde.

Giftige Betrachter der Anlage könnten gar auf den Gedanken kommen, dass „rüstige" Wanderer den Zug zum Bergbahnhof kaum benutzen dürften, da die zum Bahnhof gehörende Ortschaft in einem kurzen, aber steilen Anstieg vom Haltepunkt aus über den Hang erreichbar wäre! Und wieso hat man dann mit viel Aufwand die Bergstrecke überhaupt gebaut?

Auch unter diesem Gesichtspunkt wäre es wohl tatsächlich die beste Lösung, auf den zweigleisigen Haltepunkt zu verzichten und sich mit einem Anschlussgleis zufrieden zu geben. In diesem Falle kann man dann gleich noch das fragwürdige zweigleisige Tunnelportal unter dem Lokschuppen der Bergbahn „beseitigen".

Glaubwürdig, weil vorbildgetreu und interessant, wirkt hingegen die kleine Wagendrehscheibe, mit deren Hilfe Güterwagen von den Bahnhofsgleisen in das Werksgelände befördert werden können. Entscheidet man sich für ihren Einbau, so kann man auf eine Bauanleitung zurückgreifen, die Pit-Peg auf den Seiten 260-261 vorgestellt. Allerdings muss dann auch die Frage geklärt werden, wie die Wagen bewegt werden sollen. Denkbar wäre beispielsweise eine kleine Seilzuganlage (Spill), denn Lokomotiven, und seien sie auch noch so klein, haben auf der leicht gebauten Waggondrehscheibe nichts zu suchen. Denkbar wäre natürlich auch ein Zwei-Wege-Fahrzeug.

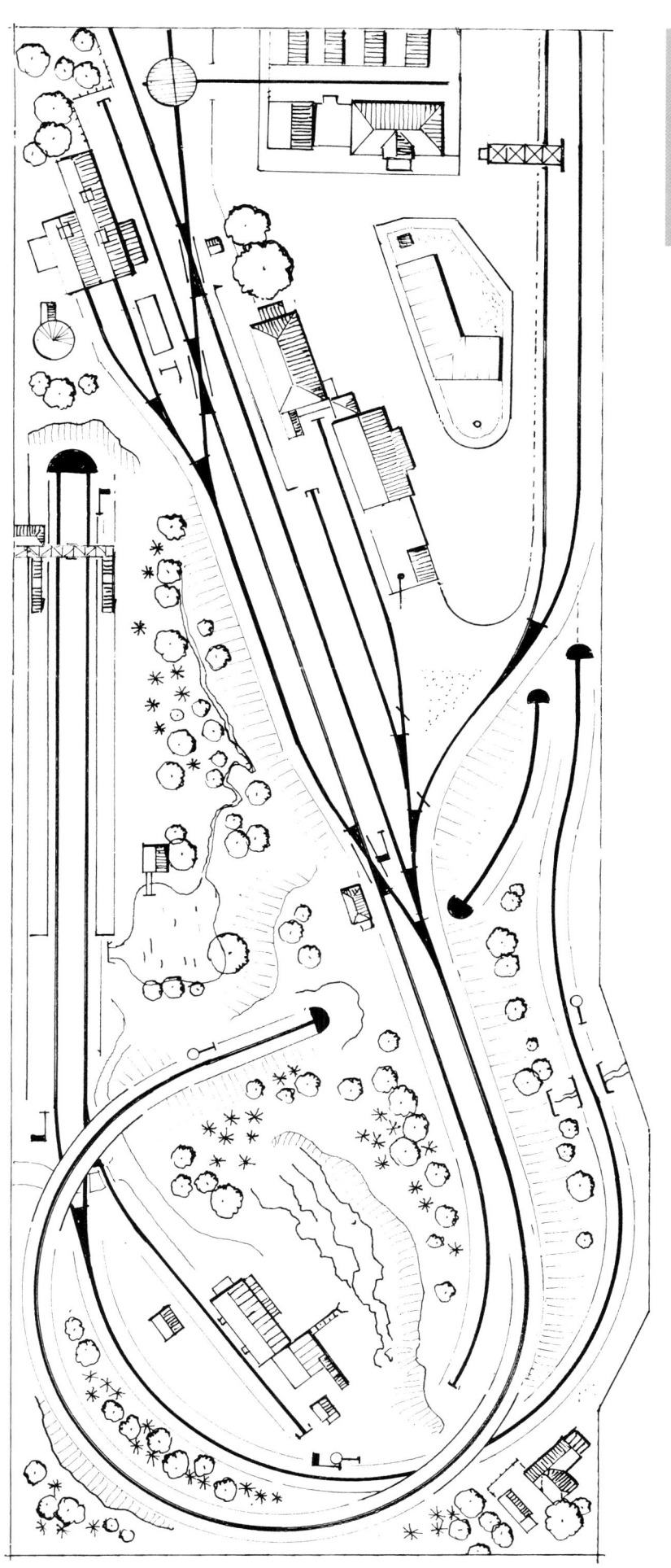

Kompakte Anlagen

Nicht nur an der Wand entlang: Anlagen in L- und U-Form

Die äußere Gestalt einer Modellbahnanlage kann das Ergebnis unterschiedlichster Überlegungen sein. Während die einen klassische Rechteckanlagen mit Basisoval bevorzugen, finden andere schmale Dioramen interessant. Oft ist es auch gar nicht die Vorliebe für eine bestimmte Gestalt und einen bestimmten Grundriss, sondern einfach nur der verfügbare Platz, der über das Erscheinungsbild einer geplanten bzw. gebauten Anlage entscheidet oder entschied.

Natürlich wird jeder Modellbahner versuchen, den ihm zur Verfügung stehenden Raum optimal zu nutzen. Hinzu kommt das Bestreben, die Tiefe der Anlage in jenen Grenzen zu halten, die den ungehinderten Zugang bzw. Zugriff zu den hinteren Bereichen gewährleisten. Wie aus den Entwürfen der ersten beiden Kapitel ersichtlich, können sowohl Rechteck- als auch Vieleck-Anlagen u.a. zur Vermeidung allzu enger Radien (und damit ungewollt) eine Tiefe bekommen, die einwandfreies Arbeiten, beispielsweise unmittelbar vor der Hintergrundkulisse, stark erschwert, wenn nicht gar verhindert. Eine Alternative kann eigentlich nur darin bestehen, auf recht- und vieleckige Anlagenformen zu verzichten und sich unkonventionellen Lösungen zu öffnen. Im Ergebnis dieser und weiterer Überlegungen gelangte auch Pit-Peg schon vor Jahrzehnten zu der Erkenntnis, dass es recht sinnvoll sein kann, Modellbahnanlagen in Grundformen zu entwerfen, die dem Buchstaben „L" gleichkommen oder zumindest ähneln. Während sich auf dem größeren Teil der Anlage etwa eine Hauptbahn (in ovaler Form) mit mehrgleisigem Durchgangsbahnhof unterbringen lässt, kann auf dem kleineren Teil zum Beispiel noch der Kopfbahnhof einer Neben- oder Kleinbahn einen guten und vor allem ausreichenden Platz finden. Der Fantasie sind hier gewiss keine Grenzen gesetzt.

Wenn man das „L" nicht aus zwingenden Gründen wählen muss, kann man es möglicherweise zu einer Grundform nach dem Vorbild des Buchstabens „U" erweitern. Eine solche „75-prozentige Rundumanlage" lässt sich fantastisch gestalten: Der Modellbahner ist auf drei Seiten von seiner kleinen Welt umgeben, die (ein wenig Fantasie vorausgesetzt) das Gefühl verleiht, er sei im wahrsten Sinne des Wortes tatsächlich „mittendrin".

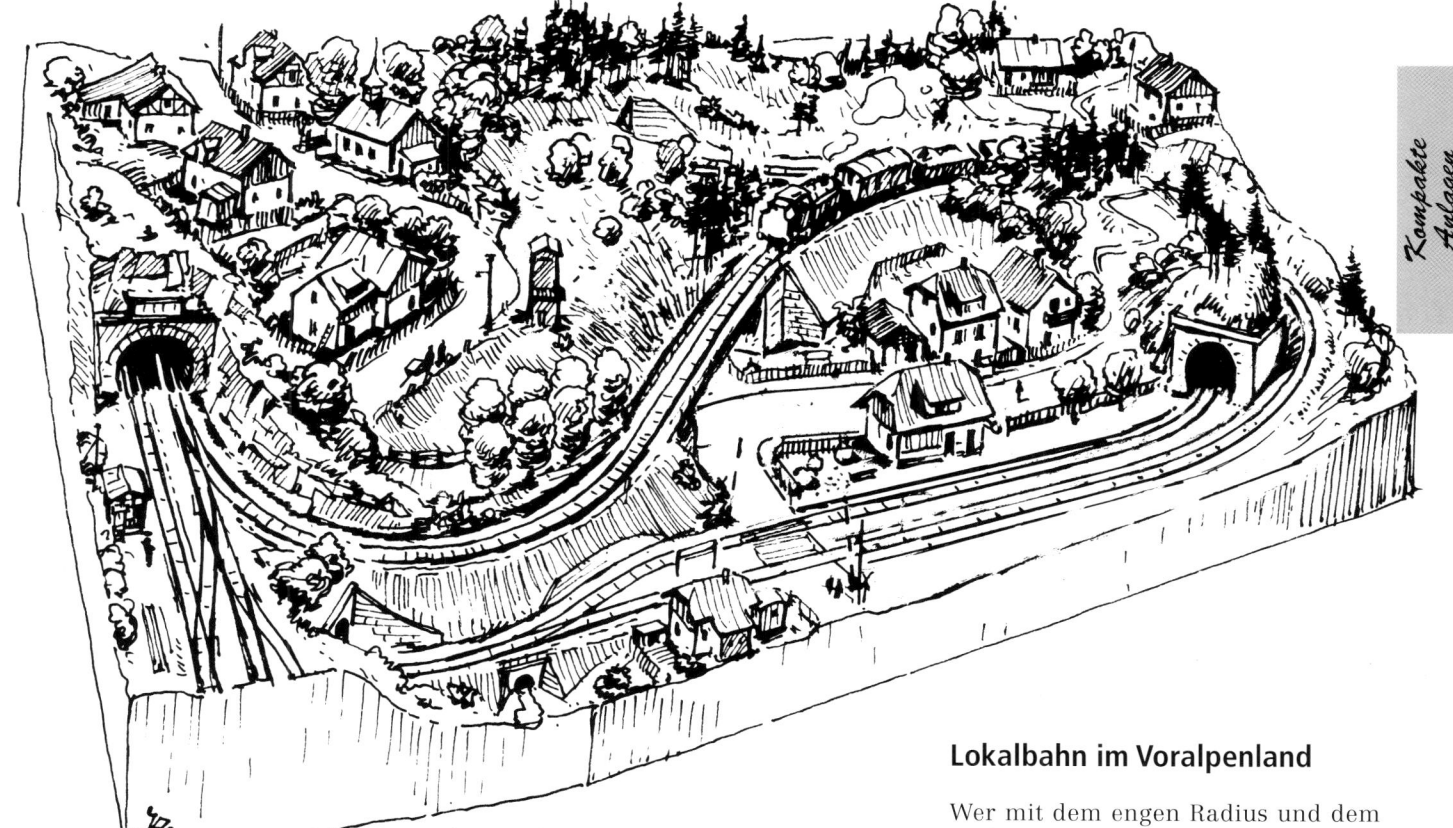

Anlagengröße des Streckenteils 1,60 x 1,10 m und des Ansatzstücks mit Endbahnhof 0,80 x 0,58 für H0

Lokalbahn im Voralpenland

Wer mit dem engen Radius und dem steilen Anstieg der Lokalbahnstrecke an der Vorderkante des rechten Anlagenteils leben kann, erkennt in diesem Entwurf vielleicht auch ein interessantes Betriebskonzept: Während auf dem größeren Teil der L-förmigen Anlage ein Personen- oder Güterzug seine Runden dreht, kann völlig unabhängig von ihm auf dem Kopfbahnhof rangiert werden.

Leider ist es nicht möglich, dass ein Lokalbahnzug vom Kopfbahnhof aus in Richtung Haltepunkt auf dem rechten Anlagenteil fährt und nach Passieren einer verdeckten Wendeschleife wieder „heimwärts" rollt. Unter Beibehaltung der Grundidee mit den beiden Anlagenteilen wäre aber gerade das wünschenswert! Vorschlag zur Korrektur: Die eingleisige Lokalbahn verlässt den Endbahnhof wie in der Zeichnung vorgesehen und führt in einem verdeckten Rechtsbogen über ein nicht zu starkes Gefälle am hinteren Anlagenrand auf den rechten Anlagenteil, wo sie (entgegen der ursprünglichen Idee) in eine teilweise verdeckte Wendeschleife zum „Drehen" der Zuggarnituren einmündet. Nach einem Zwischenhalt im Haltepunkt (der im Gleisverlauf der Wendeschleife liegt) geht es dann zurück zum Kopfbahnhof.

Das zweigleisige Tunnelportal an der Bahnhofseinfahrt gehört nicht zu einer zweigleisigen Strecke, sondern deutet die Einmündung einer weiteren Lokalbahn an. Zwei Tunnelportale wären deshalb glaubhafter.

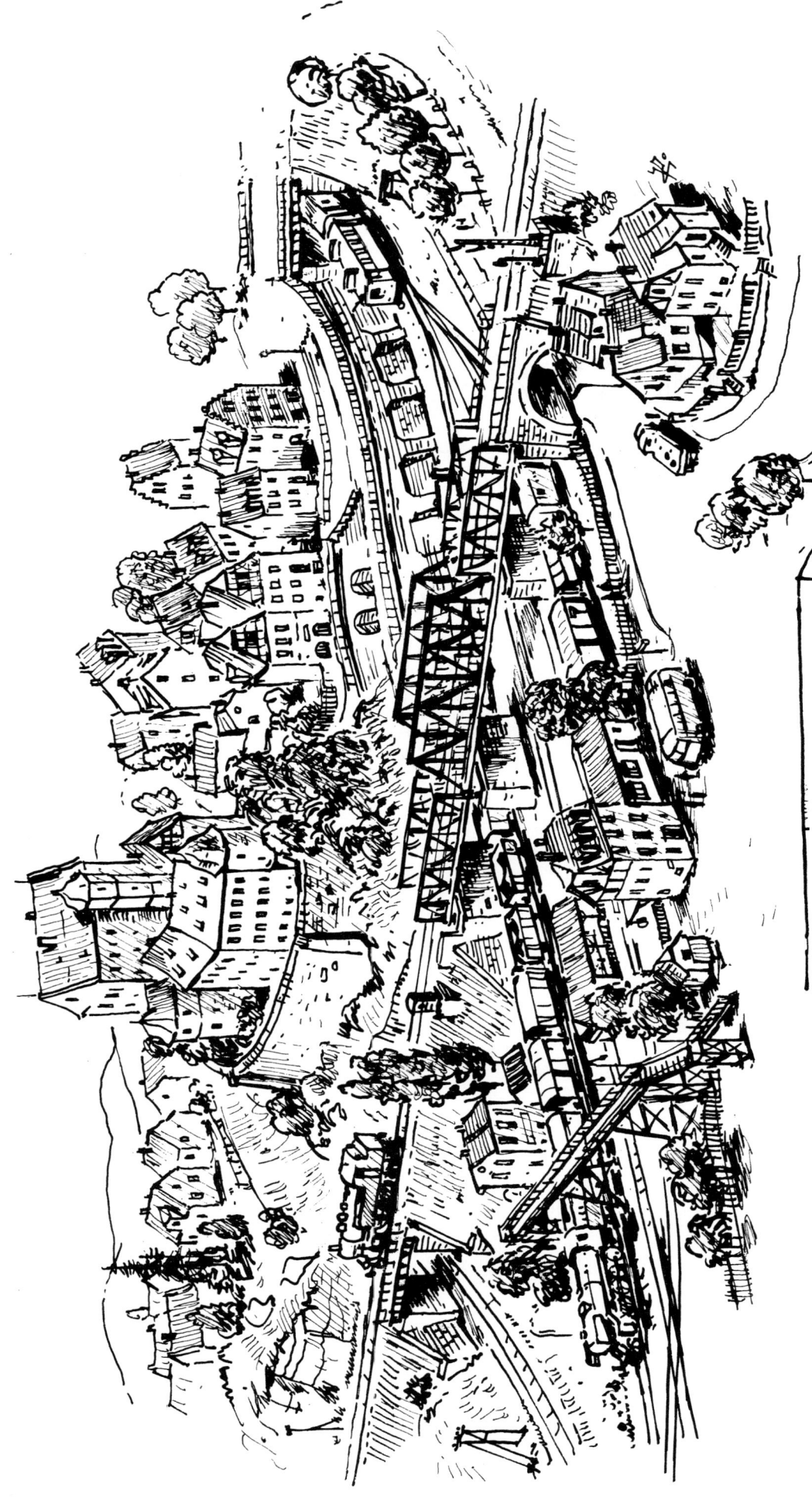

Motiv aus Franken

Als Kunstmaler und Einwohner der Stadt Pegnitz regten Pit-Peg häufig fränkische Motive an und spiegelten sich in seinen Anlagenideen wider. Mit dem obigen Entwurf hat er versucht, das Fluidum einer fränkischen Kleinstadt mit Fachwerkgiebeln, steilen Dächern und Mansarden zu Füßen und in der Umgebung einer mittelalterlichen Burg einzufangen. Nicht zuletzt wegen der übersichtlichen, nicht sonderlich komplizierten Gleisanlagen im sichtbaren Bereich ist ihm dabei ein ausgewogenes Verhältnis von Landschaft, Eisenbahn und Bebauung geglückt. Aus heutiger Sicht verbesserungsbedürftig erscheint allerdings die Gleisführung der im linken Anlagenbereich sichtbaren Kehrschleife, die einen „See" umrundet, der in seiner Lage in der „Bahnschleife" etwas unglücklich wirkt und so vielleicht nicht jedermanns Sache sein dürfte. Auch der enge Radius der Strecke erinnert ein wenig an eine Achterbahn. Wem es gelingt, anstelle des Sees glaubhaftere Geländeteile (vielleicht eine Vorstadt-Siedlung) zu „platzieren" und mit ihnen den engen Radius abzutarnen, dem gerät der Entwurf von Pit-Peg zu einer zweifellos schönen Anlage voller malerischer Partien und Details. Die linke Bahnhofsausfahrt symbolisiert, dass die eingleisige Hauptbahn abschnittsweise zweigleisig ausgebaut wurde. Die Weichenkombination in der Bahnhofseinfahrt rechts sollte dringend entzerrt werden. Ebenso wäre gründlich zu überlegen, wie sich die unterirdischen Gleisanlagen vereinfachen lassen. Besondere Aufmerksamkeit verdient das sicher beeindruckende, diagonale Brückenbauwerk, dessen einzelne Elemente (Pfeiler, Widerlager, Stahlkonstruktion) der Gleislage des Bahnhofs anzupassen sind.

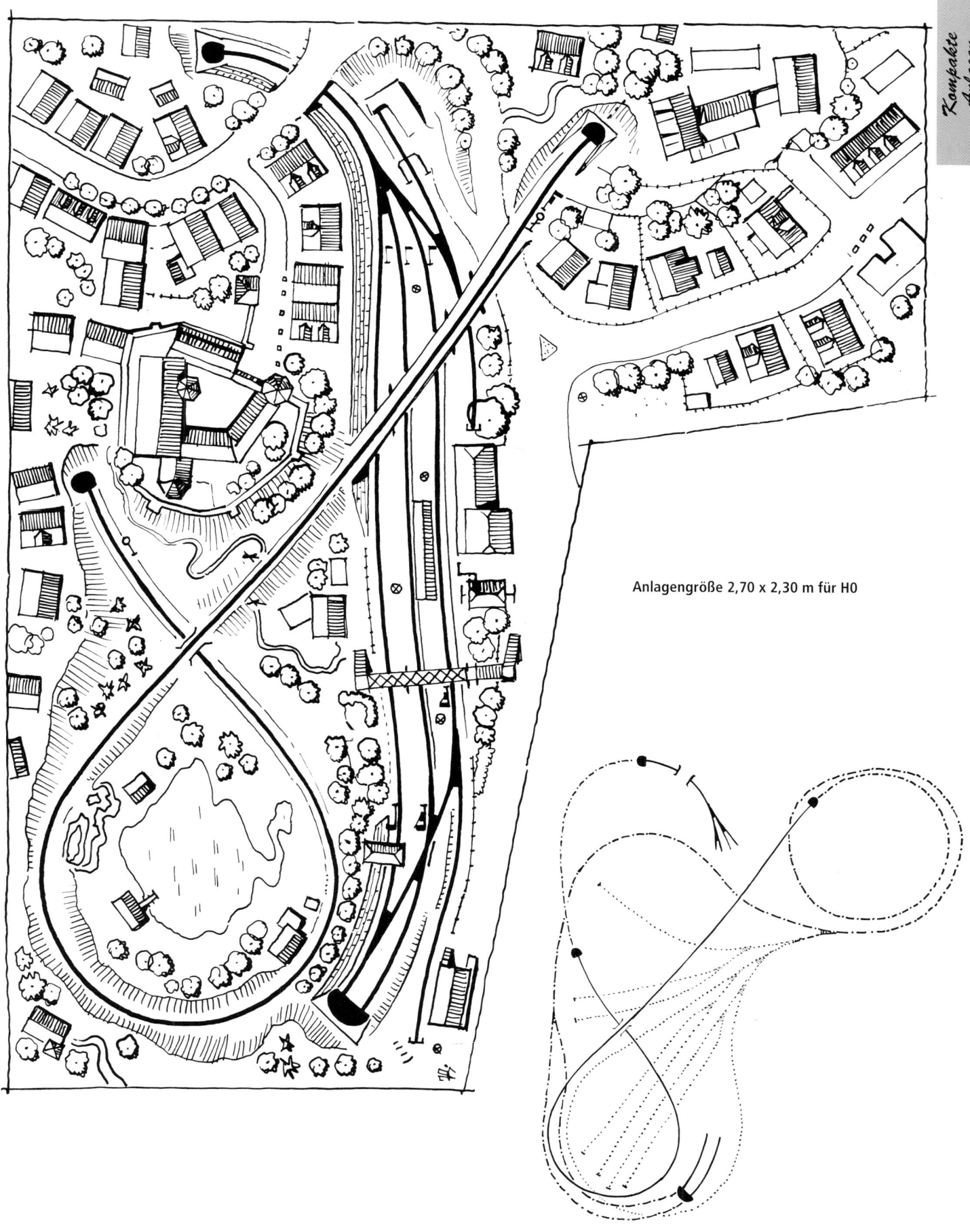

Anlagengröße 2,70 x 2,30 m für H0

Vorstadt mit viel Fahrbetrieb

Das Thema „Eisenbahn in Vorortlage" hat Pig-Peg in seinen Entwürfen häufig bearbeitet. Bei seinen Überlegungen mag ausschlaggebend gewesen sein, dass am Rande größerer Städte stets viele unterschiedliche Zuggarnituren anzutreffen sind, obwohl die Bahnanlagen selbst überschaubar bleiben, weil platzintensive Haupt-, Rangier- und Abstellbahnhöfe nicht dargestellt werden müssen. Die hier gezeigte Eckanlage in L-Form wirkt angesichts des streng geometrischen Gleisbildes mit den vielen Parallelgleisen nach heutigen Maßstäben etwas starr, entbehrt aber vielleicht gerade deshalb nicht eines gewissen Reizes. Bis auf drei Stumpfgleise, die zu Güter- bzw. Lagerschuppen führen, hat Pit-Peg auf rangierintensive Gleisanlagen verzichtet. Sein Entwurf lebt vom pausenlos rollenden Fahrbetrieb mit verschiedensten Zuggarnituren. Angesichts der nicht sonderlich glücklich gewählten Anbindung der drei Anschlussgleise sollte man allerdings überlegen, ob man sie nicht besser weglässt.

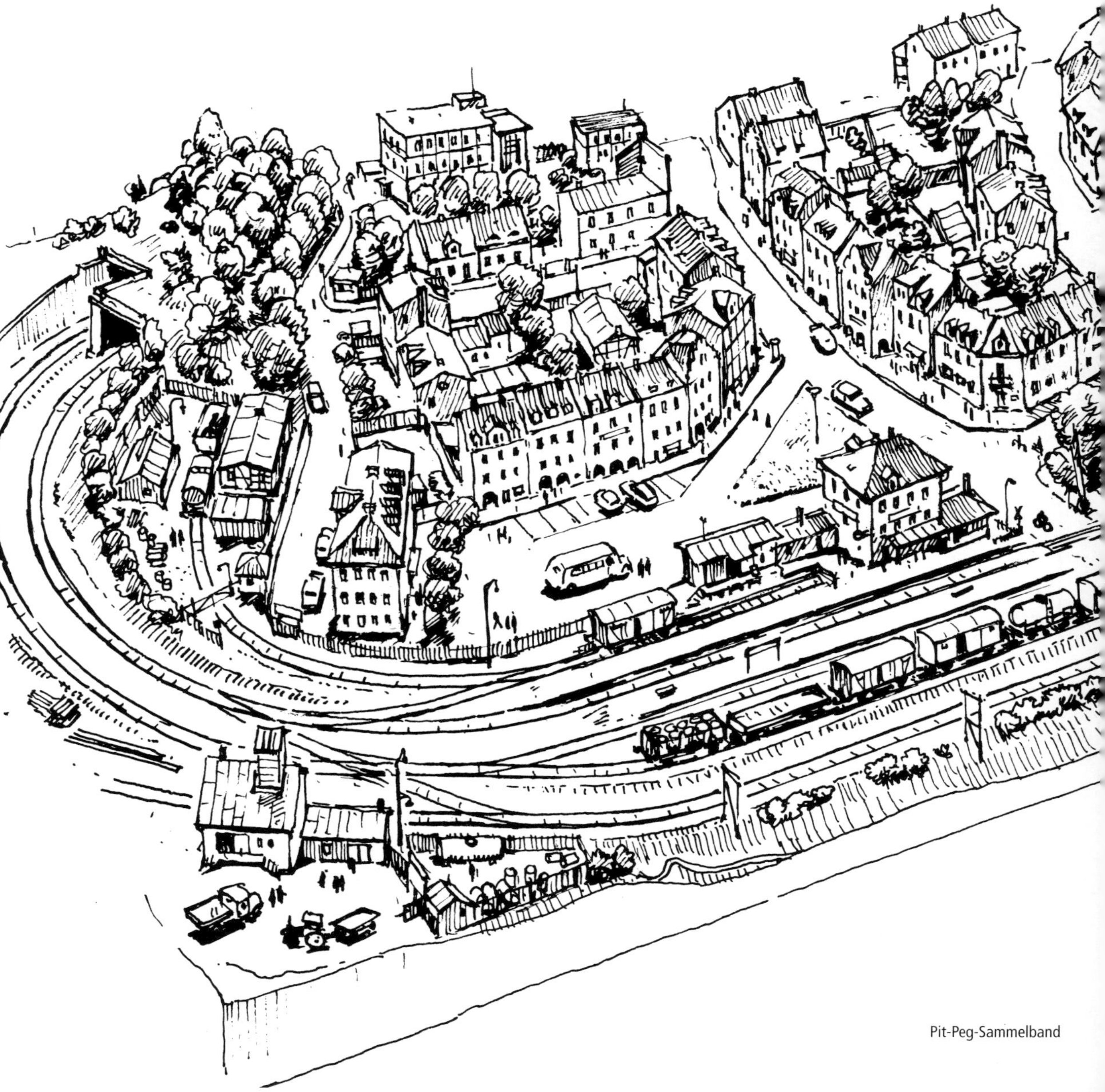

Kompakte Anlagen

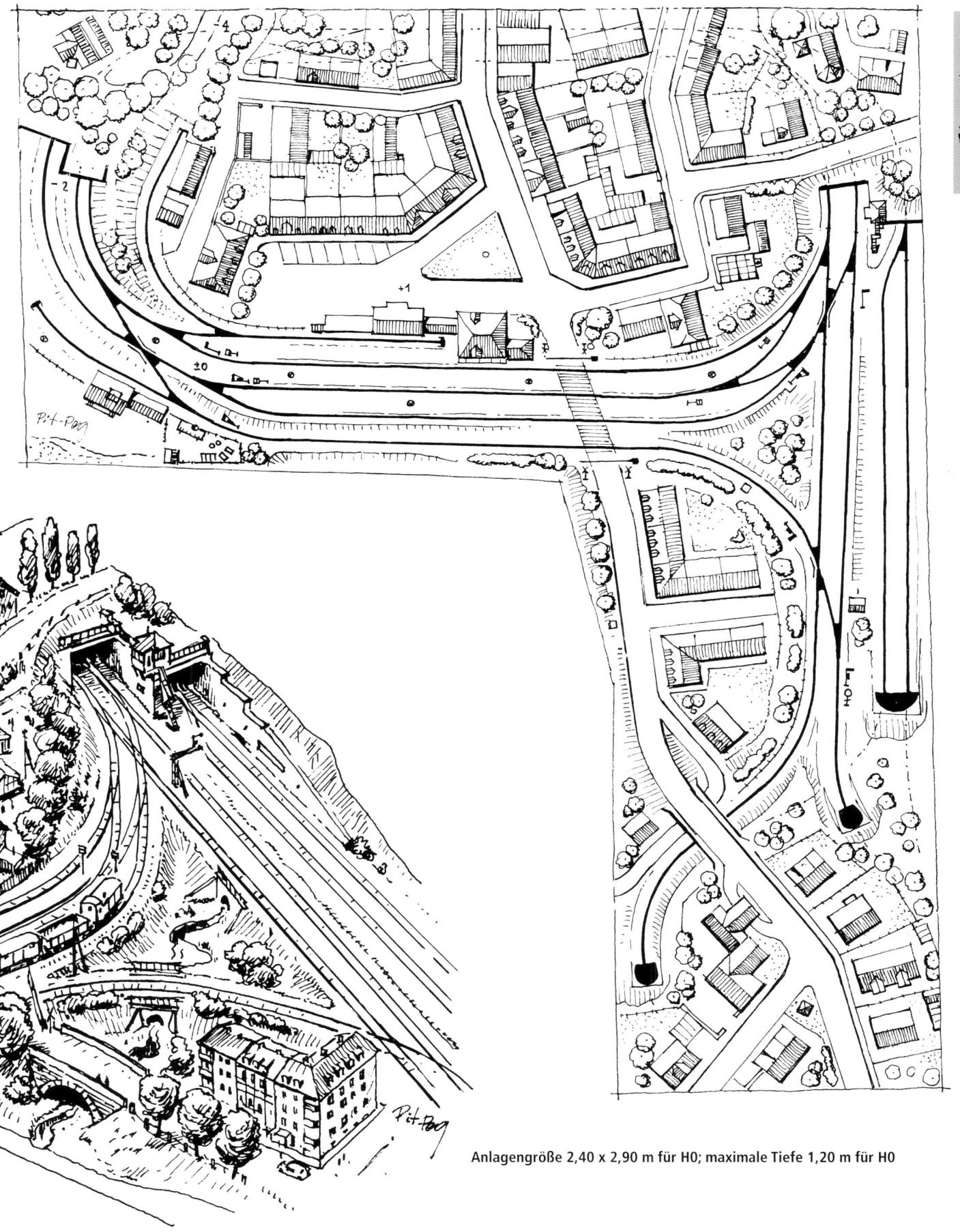

Anlagengröße 2,40 x 2,90 m für H0; maximale Tiefe 1,20 m für H0

Pit-Peg-Sammelband

37

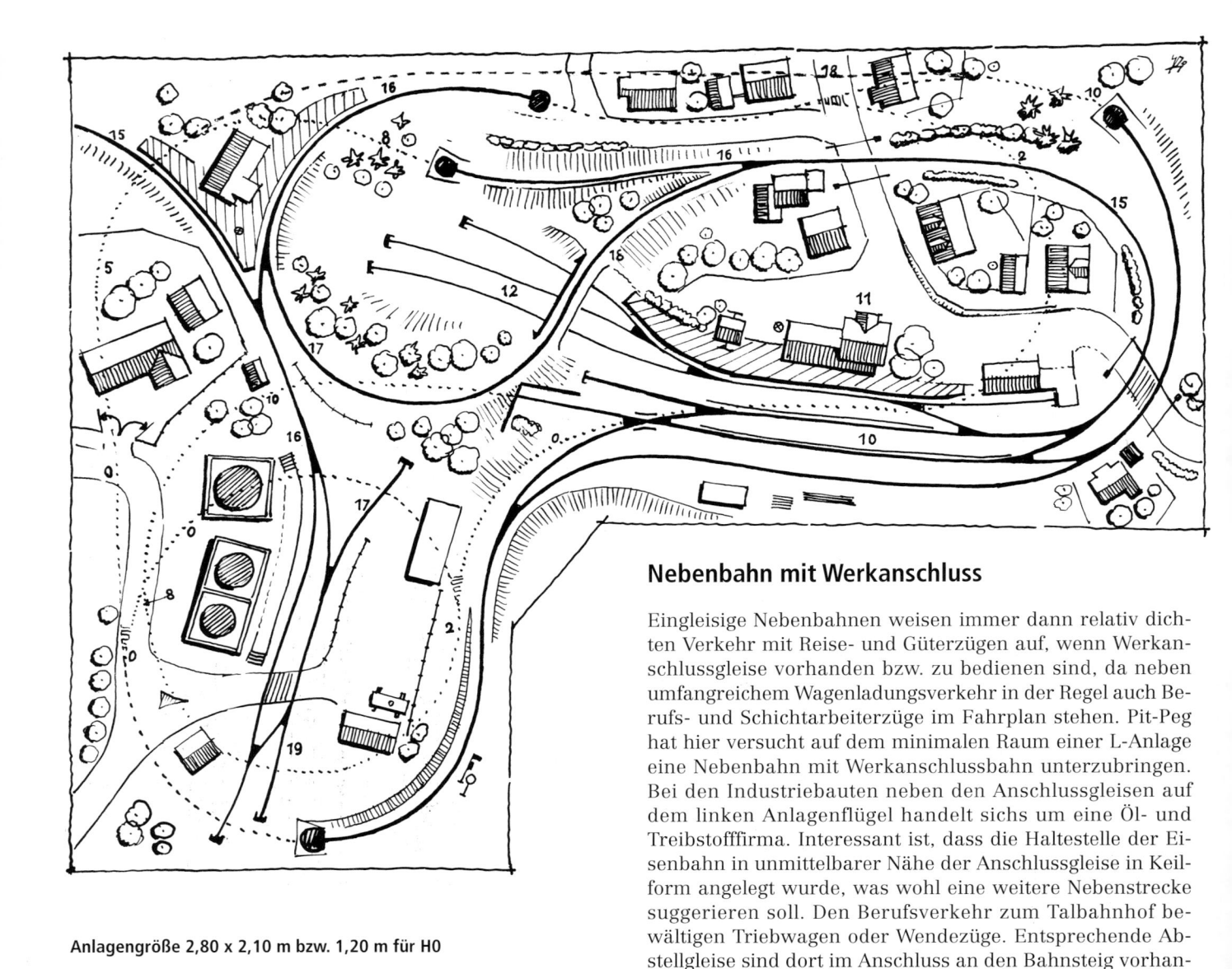

Anlagengröße 2,80 x 2,10 m bzw. 1,20 m für H0

Nebenbahn mit Werkanschluss

Eingleisige Nebenbahnen weisen immer dann relativ dichten Verkehr mit Reise- und Güterzügen auf, wenn Werkanschlussgleise vorhanden bzw. zu bedienen sind, da neben umfangreichem Wagenladungsverkehr in der Regel auch Berufs- und Schichtarbeiterzüge im Fahrplan stehen. Pit-Peg hat hier versucht auf dem minimalen Raum einer L-Anlage eine Nebenbahn mit Werkanschlussbahn unterzubringen. Bei den Industriebauten neben den Anschlussgleisen auf dem linken Anlagenflügel handelt sichs um eine Öl- und Treibstofffirma. Interessant ist, dass die Haltestelle der Eisenbahn in unmittelbarer Nähe der Anschlussgleise in Keilform angelegt wurde, was wohl eine weitere Nebenstrecke suggerieren soll. Den Berufsverkehr zum Talbahnhof bewältigen Triebwagen oder Wendezüge. Entsprechende Abstellgleise sind dort im Anschluss an den Bahnsteig vorhanden. Ob man die aufwändigen unterirdischen Gleisanlagen exakt nachbaut, dürfte individuell zu entscheiden sein.

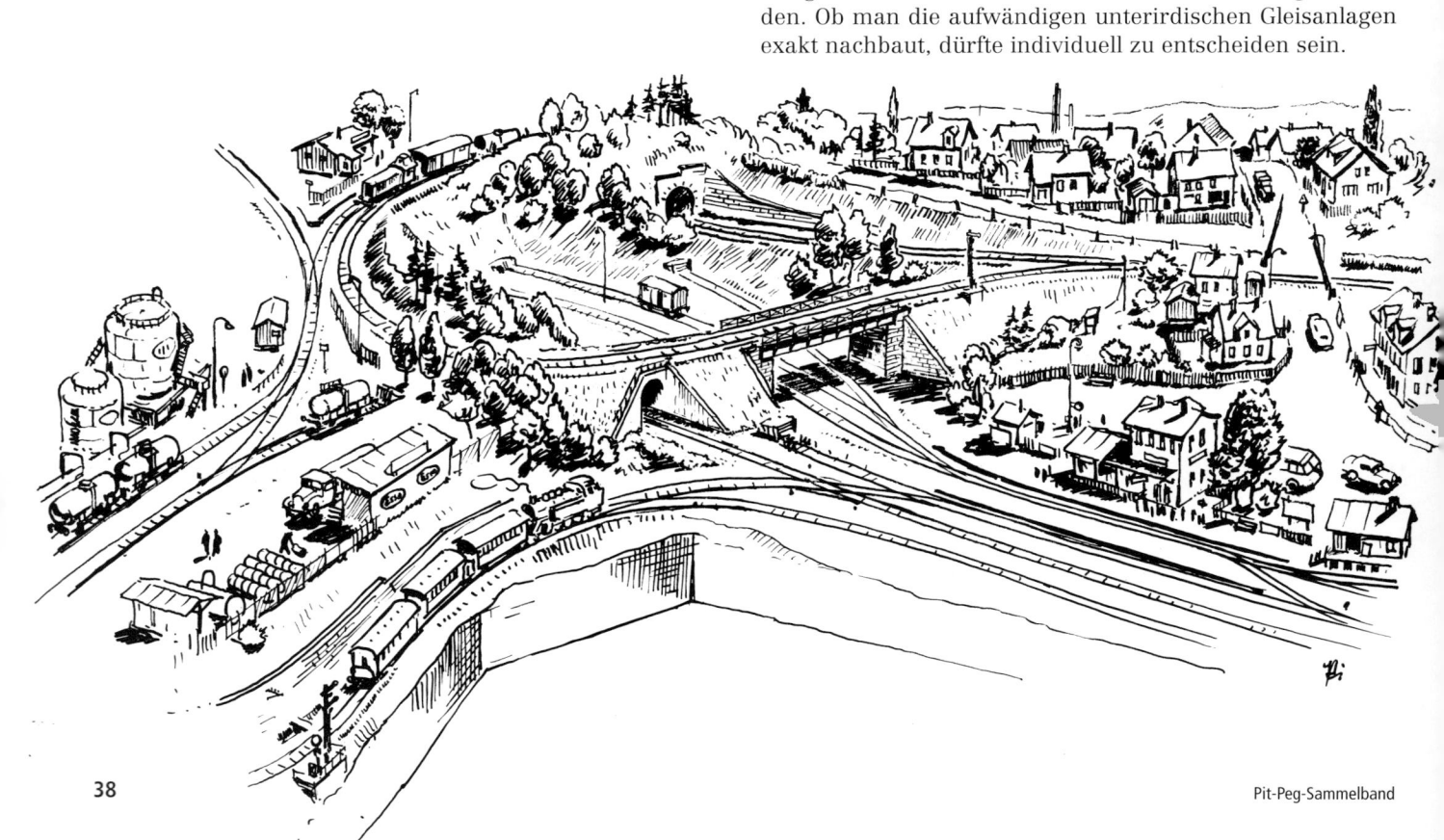

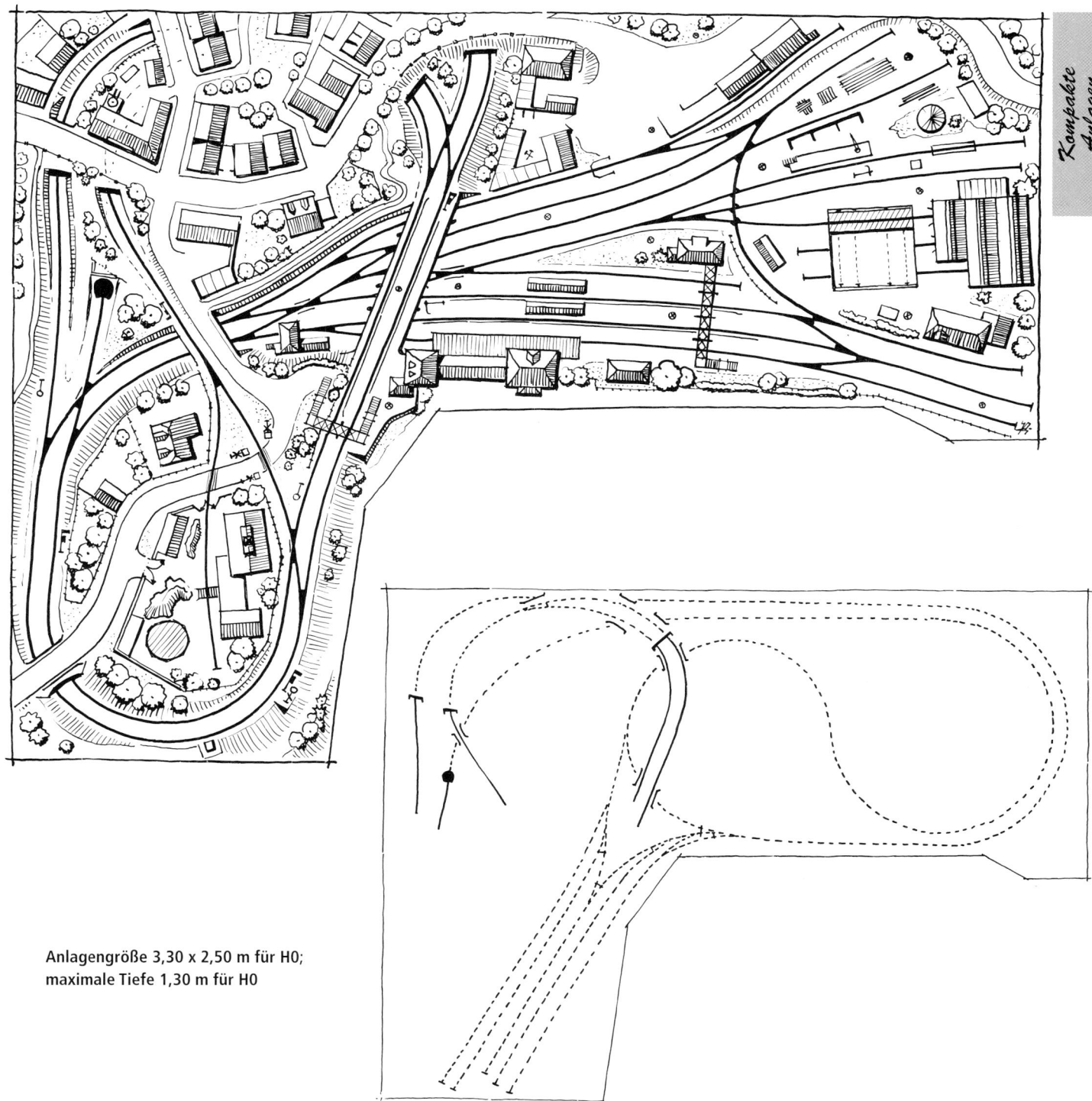

Anlagengröße 3,30 x 2,50 m für H0;
maximale Tiefe 1,30 m für H0

Turmbahnhof mit Gleisdreieck

Das notorische Bestreben der Modellbahner in den Sechziger- und Siebzigerjahren des vorigen Jahrhunderts, auf der vorhandenen Anlagenfläche so viel Eisenbahn wie irgend möglich unterzubringen, veranlasste Pit-Peg immer wieder, das Thema „Turmbahnhöfe" aufzugreifen. Nur auf diese Weise ließ sich die hohe Dichte sowie das „Drunter und Drüber" mehrgleisiger Bahnanlagen mit intensivem Zugverkehr motivisch rechtfertigen. Auch aus heutiger Sicht dürfte es interessant sein, welch eine Fantasie und wie viel Erfindungsreichtum dem Zeichner und Kunstmaler Pit-Peg die Feder führten. Im obigen Beispiel wird dem Betrachter eine teilweise zweigleisig ausgebaute Hauptbahn vorgestellt, von der eine zweigleisige, sehr kurze Strecke abzweigt. Dieser Streckenast endet in einem eigenwilligen Bahnhof, der als Kopf- und Turmstation zugleich fungiert. Die Gleisanlagen für den Güter- und den Reiseverkehr sind durch die keilförmige Anlage voneinander getrennt. Über eine Verbindungskurve können die Loks der Güterzüge zum Personenbahnhof und die Loks der Reisezüge zum Güterbahnhof gelangen. Der Raum im Innenbogen der Kurve nimmt ein modernes Bahnbetriebswerk mit Schiebebühne sowie die Dampflokbehandlungsanlagen auf. Auch wenn dieser Entwurf durch seine unkonventionelle Gleislage und vielfältige Betriebsmöglichkeiten durchaus Freunde finden dürfte, erfordert die Verlegung des Verbindungsgleises mit seinen Kreuzungspunkten einige Erfahrungen im Selbstbau von Gleisen.

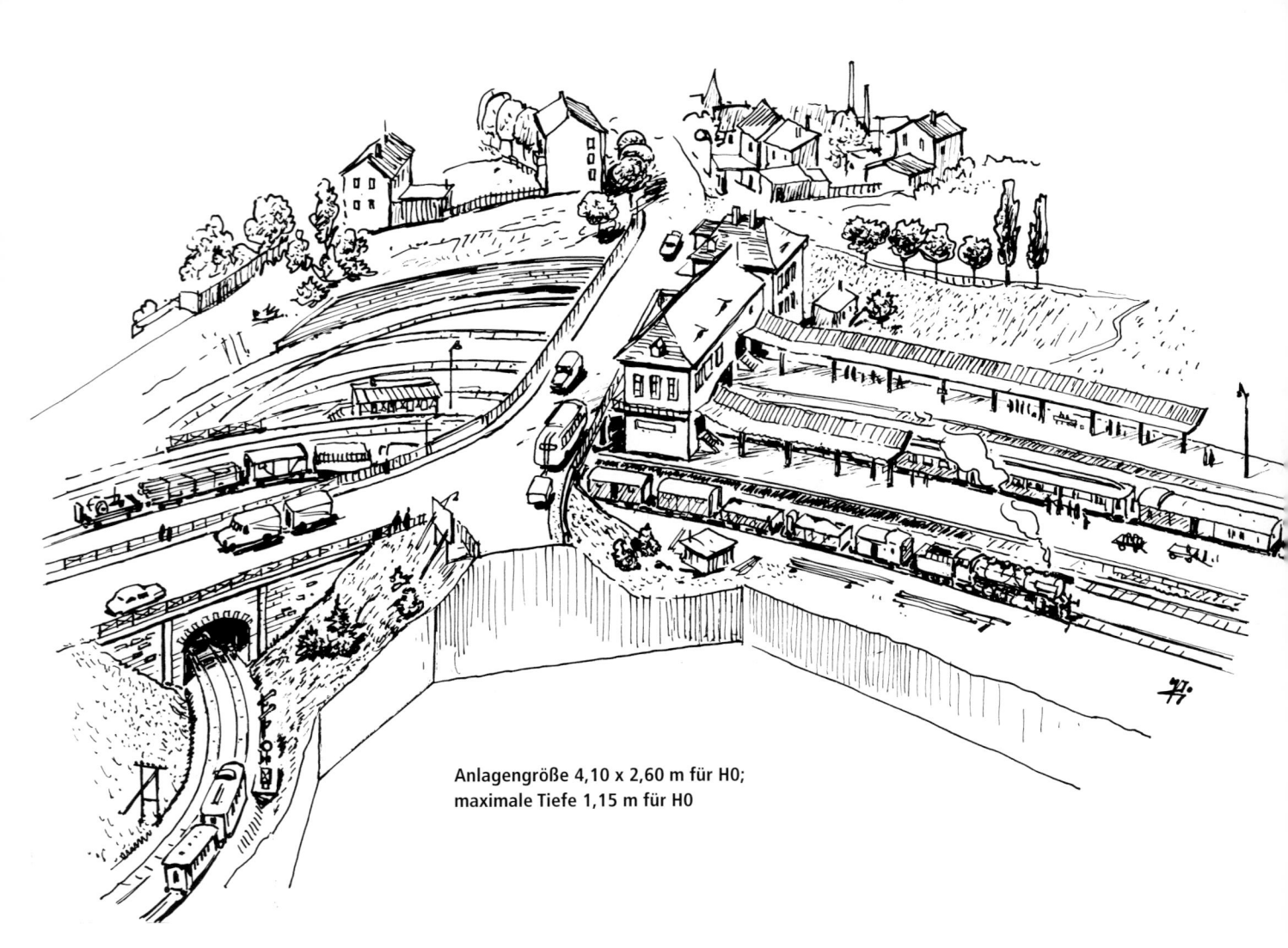

Anlagengröße 4,10 x 2,60 m für H0;
maximale Tiefe 1,15 m für H0

Tückischer Entwurf eines Durchgangsbahnhofs

Sollten Sie schon einmal Gleispläne entworfen haben, dann dürfte Ihnen nicht fremd sein, dass die schönste Idee scheitern kann, weil der Fehler im Detail steckt. Schauen Sie sich unter diesem Gesichtspunkt einmal die hier gezeigte L-Anlage an! Haben Sie den Fehler entdeckt? Die beiden zweigleisigen Hauptstrecken, die links den Bahnhof verlassen, können sich unmöglich bereits unmittelbar hinter dem Stellwerk per Über- bzw. Unterführung kreuzen! Verbesserungsvorschlag: Beide Strecken werden in der Ebene belassen und ohne niveaugleiche Kreuzung den Tunnelöffnungen auf dem linken Teil der L-Anlage zugeführt, und zwar die hintere Strecke dem hinteren Tunnelmund, die vordere Strecke in einer S-Krümmung den beiden vorderen Tunnelportalen. Diese Lösung dürfte zwar eine Verbreiterung bzw. Vertiefung des linken Anlagenflügels zur Folge haben, ist aber realisierbar, was man vom ursprünglichen Entwurf wohl kaum behaupten kann.

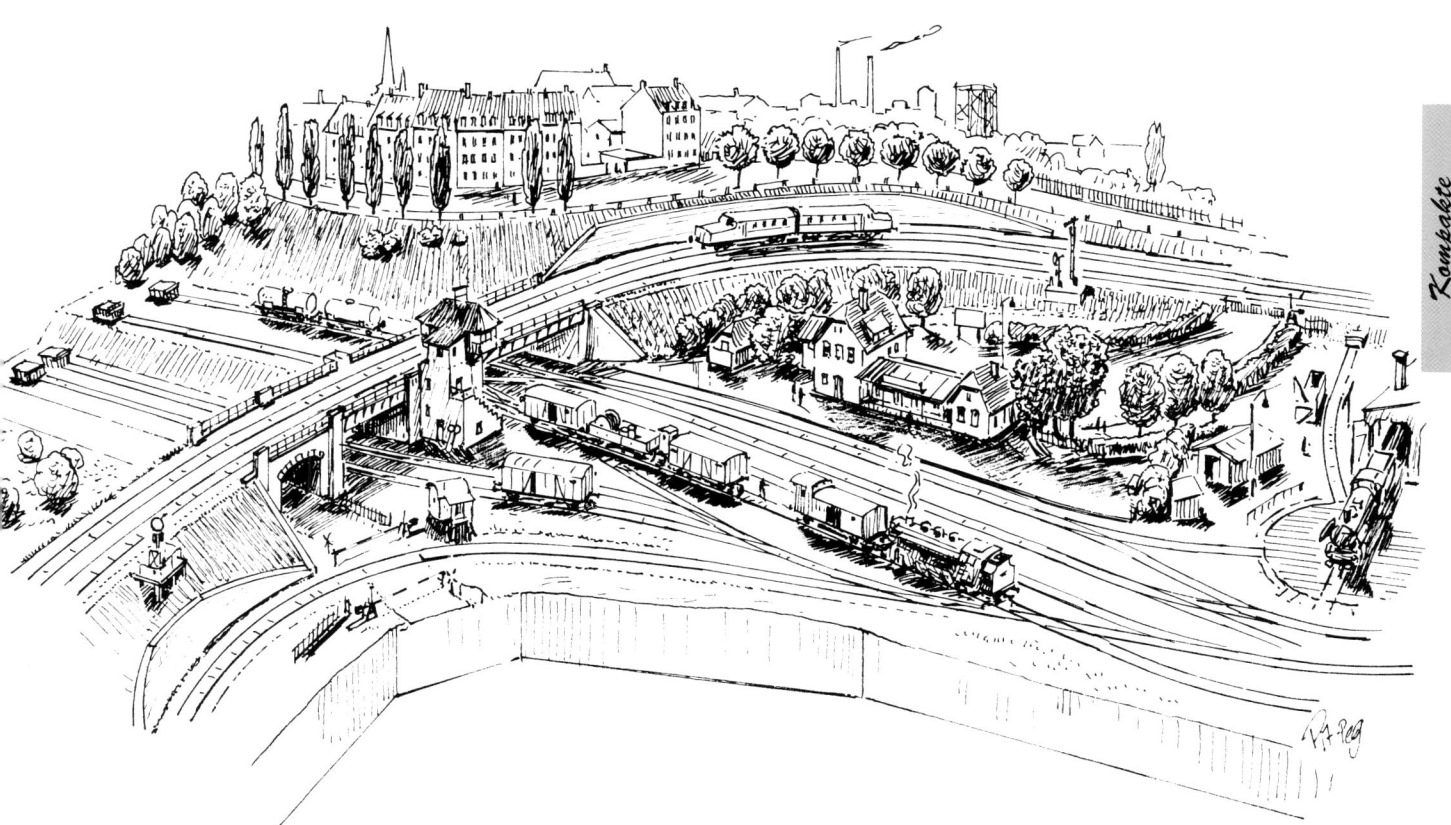

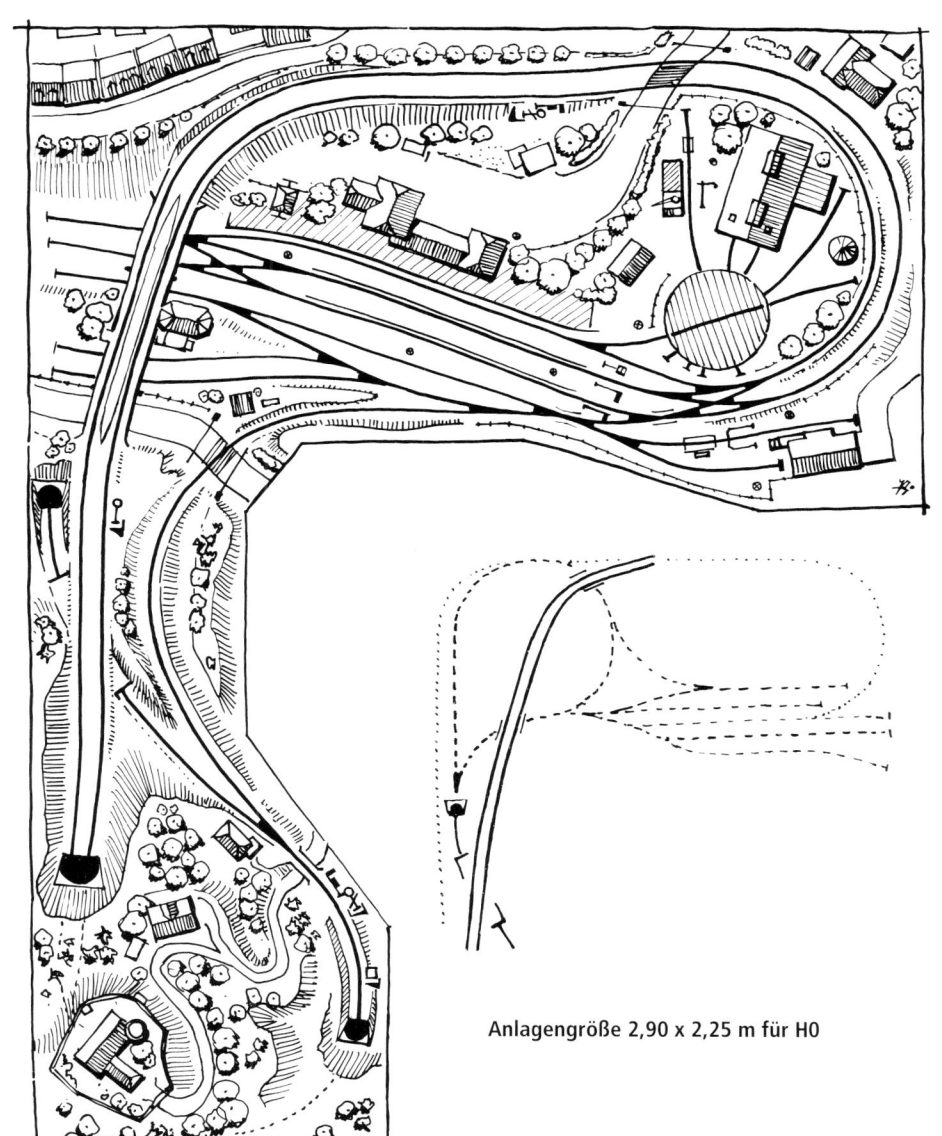

Kopfbahnhof mit Drehscheibe

Auch wenn Sie's nicht glauben, selbst kleinere Kopfbahnhöfe verfügten zur Dampflokzeit über Drehscheiben, vor allem an Strecken im Mittelgebirge, wo die Lokomotiven stets mit dem Schlot voran bergauf fahren mussten. Man wollte auf diese Weise sichern, dass die Feuerbüchsen stets vom Wasser „umspült" wurden um so ihr Ausglühen zu verhindern. Ungewöhnlich wirkt hingegen, dass Pit-Peg auf einen Rundschuppen verzichtet hat. Platz genug wäre vorhanden, um wenigstens einen sechsständigen Schuppen zu platzieren. Ähnlich ungewöhnlich, aber prinzipiell nicht falsch, erfolgte auch die Anbindung der eingleisigen Strecke am vorderen Anlagenrand. Sicherlich hat Pit-Peg dabei an eine eher untergeordnete Verbindungsbahn gedacht, wie sie beim Vorbild Güterzügen dient, von planmäßigen Schnell- und Personenzügen jedoch nicht befahren wird. Auch bei diesem Entwurf sollte vor einer möglichen Realisierung gründlich geprüft werden, ob man die umfangreichen unterirdischen Gleisanlagen auch tatsächlich alle benötigt und ob ihre hier vorgeschlagene, komplizierte Anordnung mit mehreren Wendeschleifen und Gleisdreiecken in jeder Hinsicht zweckmäßig erscheint. Auch hier gilt: Viel hilft nicht immer viel!

Anlagengröße 2,90 x 2,25 m für H0

Romantischer Landbahnhof und Paradestrecke

Dank der gewählten L-Form der Anlage ist es Pit-Peg hier gelungen, auf relativ kleiner Fläche und mit erstaunlich wenig Aufwand an Gleisen, Weichen und Gebäuden eine zwar ruhig und aufgeräumt wirkende, doch hochinteressante Anlage zu gestalten. Neben dem fern jedweder Hektik ablaufenden Lokalbahnbetrieb können auf dem zweigleisigen Hauptbahnabschnitt Oldtimer-Elloks mit kurzen Zügen verkehren. Das schlichte Empfangsgebäude der Bergstrecke verrät, dass Pit-Peg Motive aus Oberbayern oder dem Allgäu im Auge hatte.

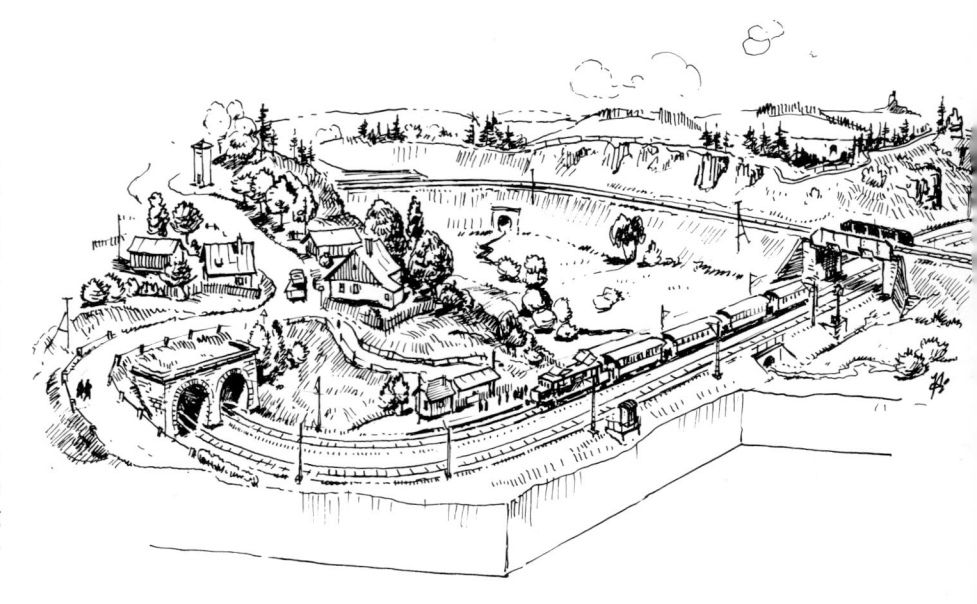

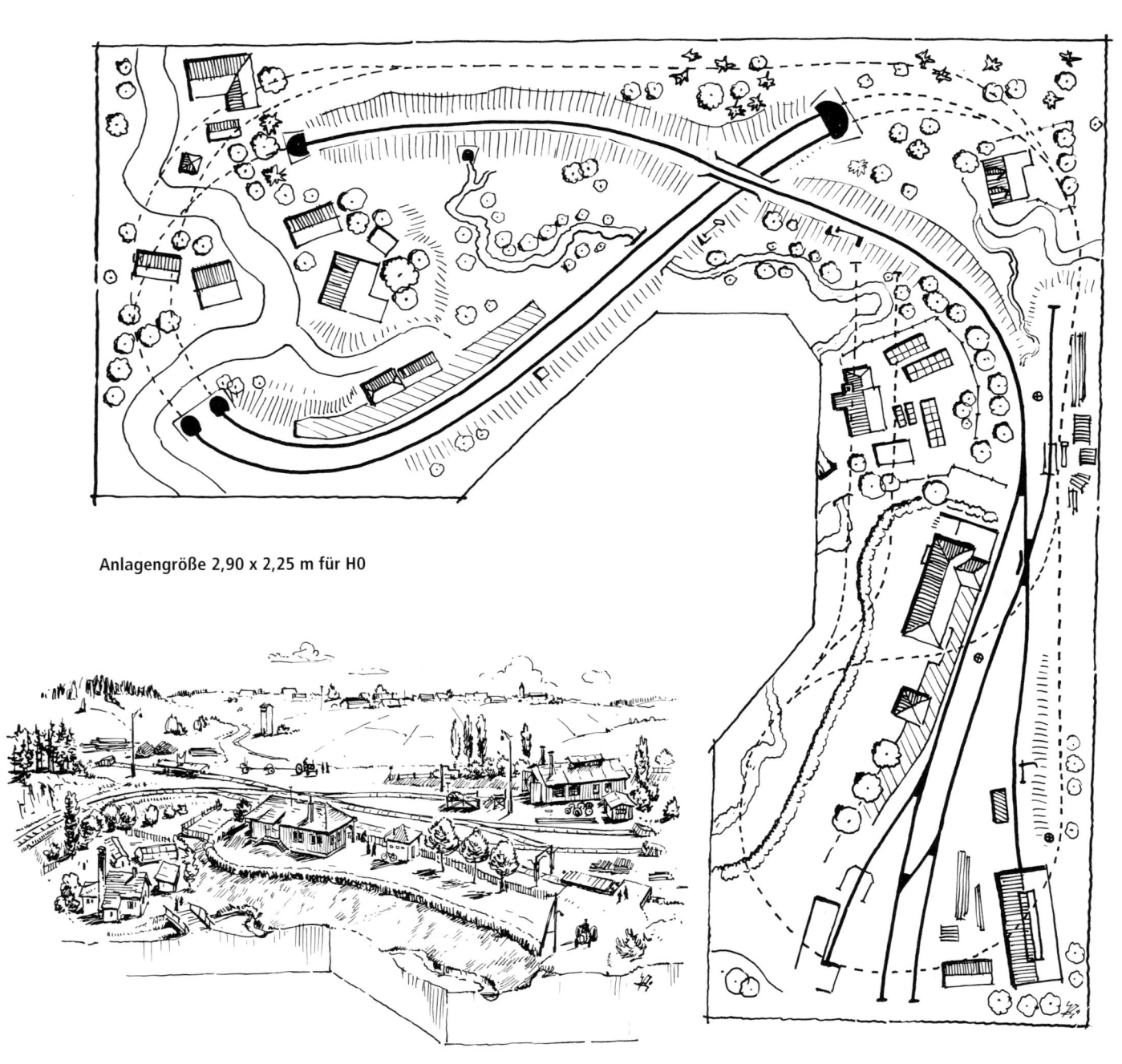

Anlagengröße 2,90 x 2,25 m für H0

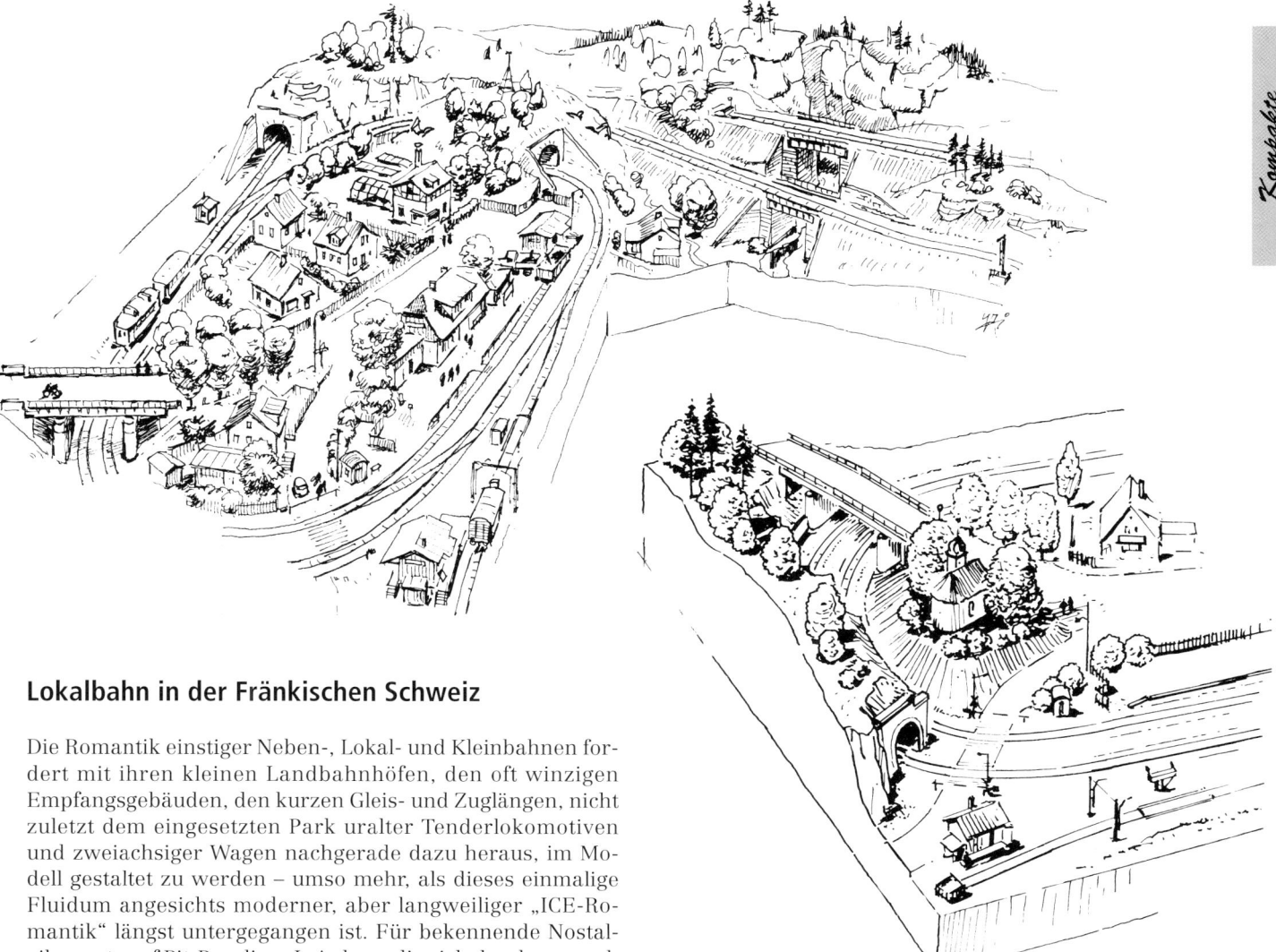

Lokalbahn in der Fränkischen Schweiz

Die Romantik einstiger Neben-, Lokal- und Kleinbahnen fordert mit ihren kleinen Landbahnhöfen, den oft winzigen Empfangsgebäuden, den kurzen Gleis- und Zuglängen, nicht zuletzt dem eingesetzten Park uralter Tenderlokomotiven und zweiachsiger Wagen nachgerade dazu heraus, im Modell gestaltet zu werden – umso mehr, als dieses einmalige Fluidum angesichts moderner, aber langweiliger „ICE-Romantik" längst untergegangen ist. Für bekennende Nostalgiker entwarf Pit-Peg diese L-Anlage, die sich durchaus noch erweitern und ausbauen lässt. Während die kleine Station

Anlagengröße 2,62 x 1,32 m für H0; größte Anlagentiefe 0,90 m für H0

auf dem rechten Anlagenteil als Kopfbahnhof fungiert, läuft die Strecke auf dem linken Anlagenteil nach Passieren eines bescheidenen Trennungsbahnhofs in eine unterirdische Wendeschleife zum „Drehen" der eingesetzten Zuggarnituren ein. Auf dem abzweigenden Streckenteil, der als Torso in einem Tunnel endet, kann ein Oldtimer-Triebwagen im Pendelverkehr eingesetzt werden.

Bahnbetriebswerk für Dampflokomotiven

Es gab sie auch schon zu Pit-Pegs Zeiten, die Sammler von Dampflokmodellen, die keine Anlage bauten, weil sie für ein glaubhaftes Motiv mit großem Bahnbetriebswerk inklusive Ringlokschuppen, Drehscheibe und Bekohlungsanlage partout „zu wenig Platz" hatten. Dabei gingen sie stets von der Notwendigkeit aus, dass zu einem „ordentlichen" Betriebswerk grundsätzlich auch die Darstellung eines großen Rangier- oder Personenbahnhofs gehöre. Das ist prinzipiell zwar richtig, doch lässt sich deren aufwändiger Nachbau durchaus auch umgehen. Pit-Peg fand eine Lösung, die ohne ausgedehnte Rangiergleise mit Ablaufbergen und Richtungsgruppen und ohne gewaltige Bahnhofshallen auskommt. Da nun der alleinige Bw-Betrieb nach seiner Ansicht auch nicht voll befriedigen konnte, gliederte er seinem Anlagenentwurf noch eine zweigleisige Paradestrecke und eine Abstellgruppe für Reisezuggarnituren auf einem (erfreulich schmalen!) Anlagenteil an. Dieses Konzept erlaubt regen Zugverkehr und erzeugt den Eindruck, als befände sich ein großer Personenbahnhof „in Reichweite". Die Abstellgruppe im typischen Erscheinungsbild eines ausgedehnten Bahnhofsvorfelds fungiert als Anfangs- und Endstation zugleich: Die Lokomotiven bringen leere Zuggarnituren um anschließend ins Bw zu rollen. Restaurierte Loks fahren hingegen vom Bw zur Abstellgruppe um Züge für die Bereitstellung im Hauptbahnhof abzuholen. Natürlich können während des Lokaufenthalts im Bw planmäßige Züge über die zweigleisige Hauptstrecke rollen. Für diesen Fall erscheint eine Automatik empfehlenswert.

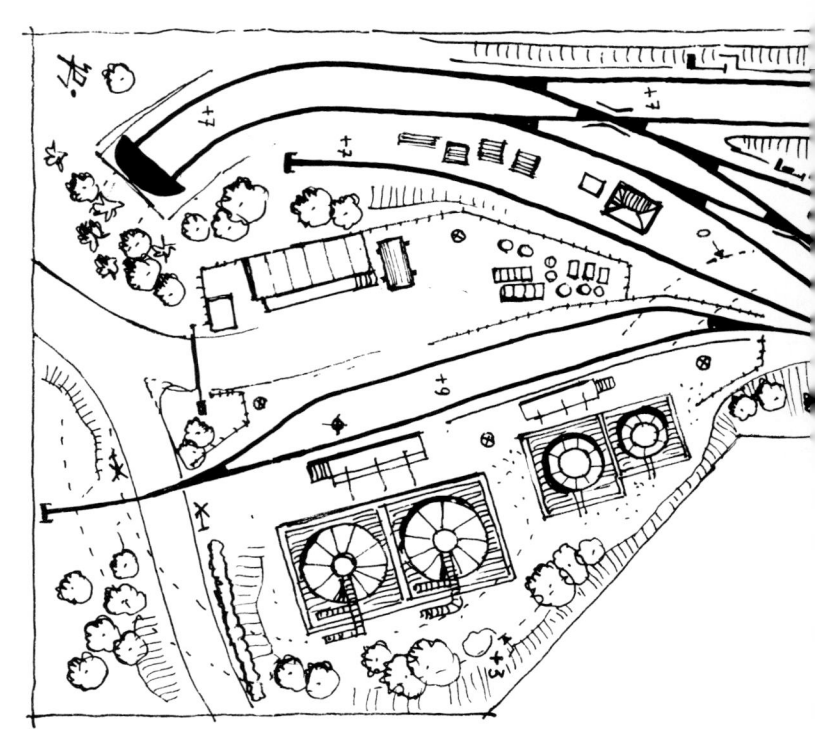

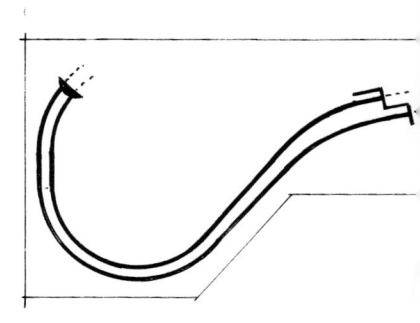

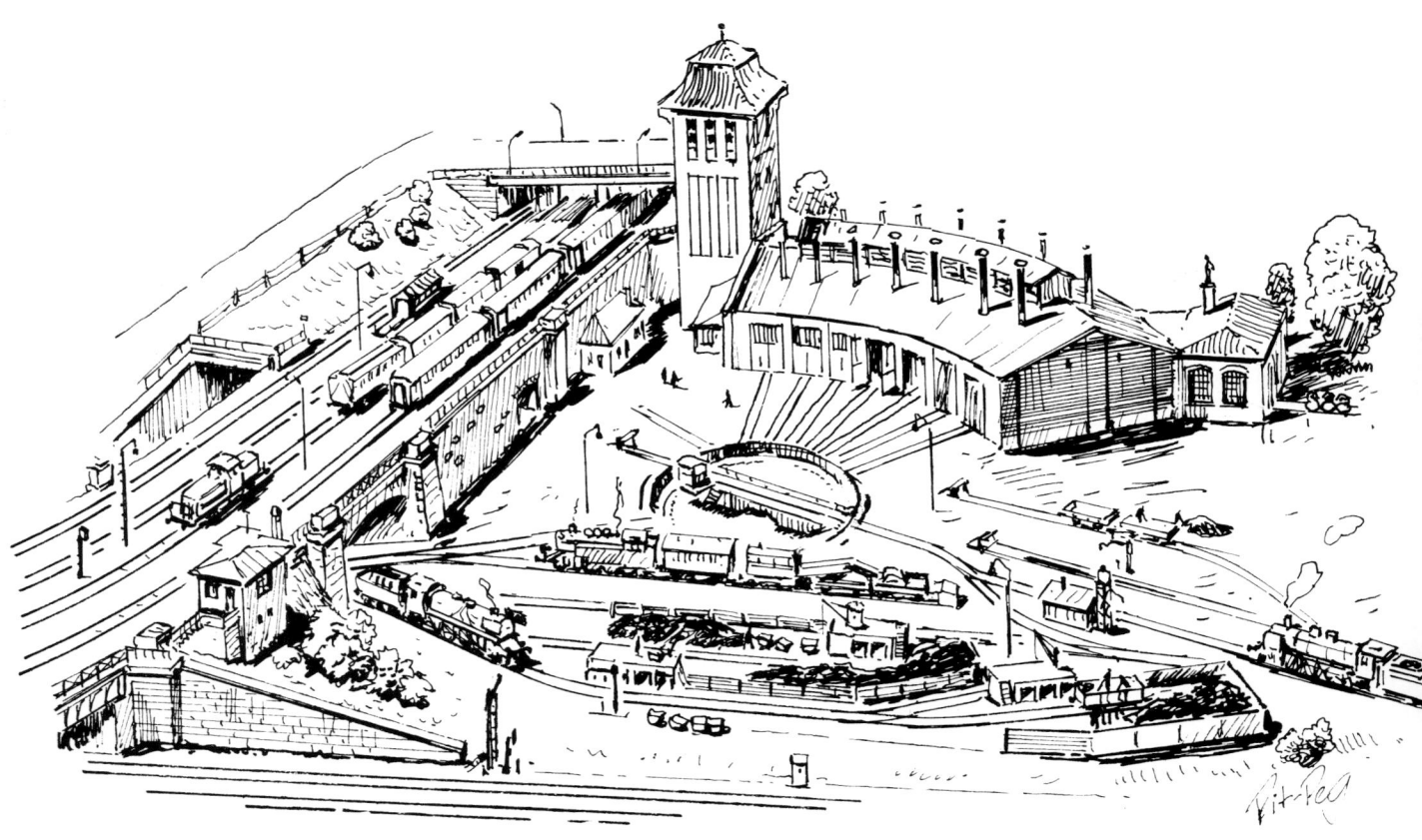

Kompakte Anlagen

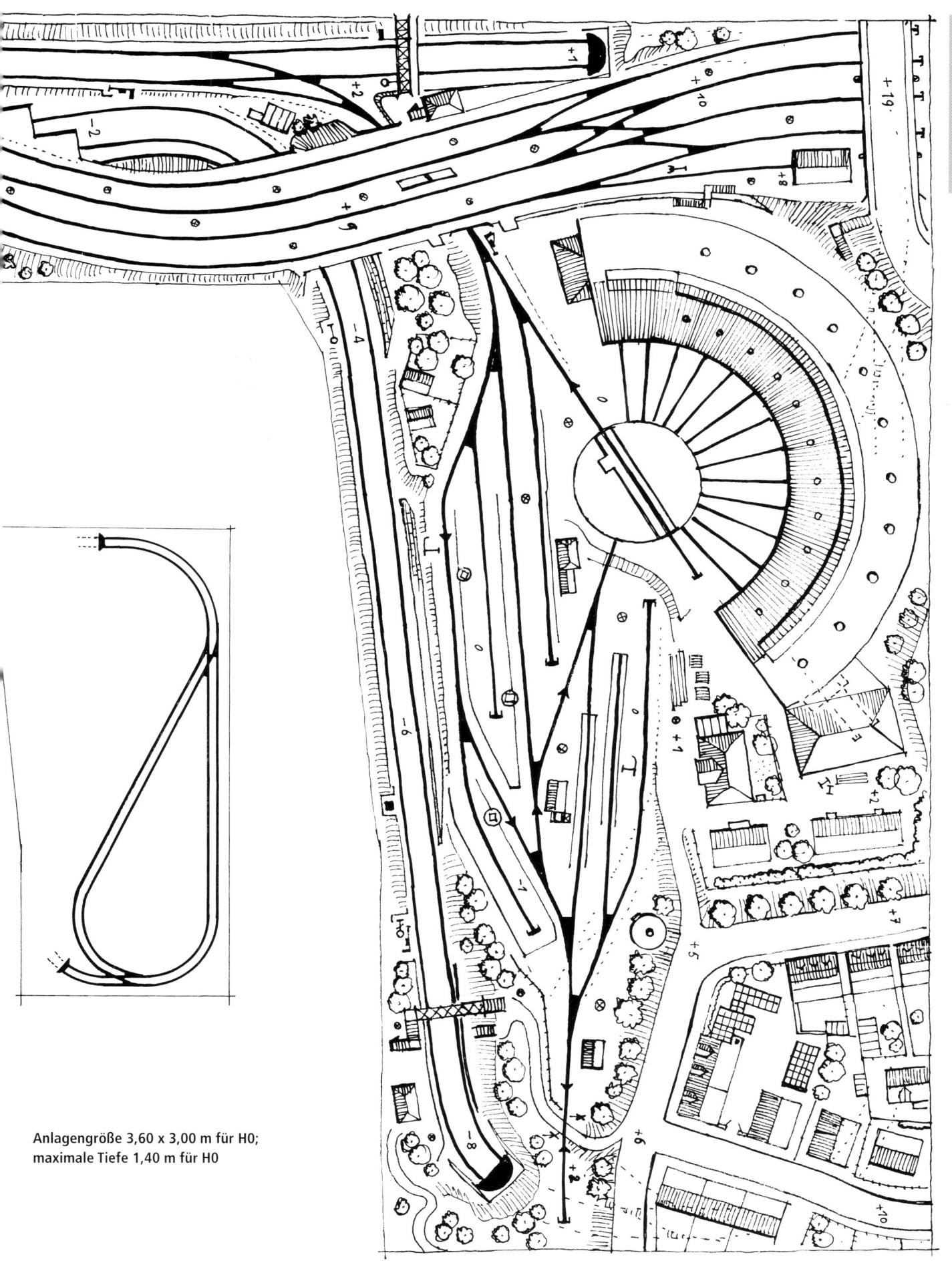

Anlagengröße 3,60 x 3,00 m für H0;
maximale Tiefe 1,40 m für H0

Pit-Peg-Sammelband

45

Ausflugsbahn im Mittelgebirgsraum

Wer eine U-Anlage plant und baut, verfügt in aller Regel über einen eigenen Raum für seine Modellbahn. Um einen Entwurf wie den hier vorgeschlagenen zu verwirklichen, wird in den meisten Fällen das schmale Mittelstück zwischen dem linken und dem rechten Anlagenflügel den Raumverhältnissen anzupassen, mithin zu kürzen oder zu verlängern sein.

Diese von Pit-Peg recht großzügig gestaltete U-Anlage erfüllt den Wunsch all jener Modellbahner, die ihre Zuggarnituren und Triebwagen über eine möglichst lange Strecke sozusagen „um sich herum" fahren lassen möchten.

Durch die Wahl einer Nebenbahn im Mittelgebirge vermied Pit-Peg eine Überladung des reizvollen Motivs. Da es sich bei der Streckenführung um ein verschlungenes Oval handelt, entfallen bei Zweileiter-Gleichstrombetrieb auch all jene aufwändigen Schaltungsmaßnahmen, wie sie bei Wendeschleifen erforderlich sind.

Innerhalb der Tunnelstrecke sollte man trotz des Nebenbahncharakters der Anlage einen mehrgleisigen Schattenbahnhof einplanen um die Zahl auswechselbarer Zuggarnituren zu erhöhen. Ferner wäre zu überlegen, wie die linke Bahnhofsausfahrt mit der Gleiskreuzung im Bogen (!) vermieden werden kann um mögliche Risiken für die Betriebsführung weitgehend auszuschalten.

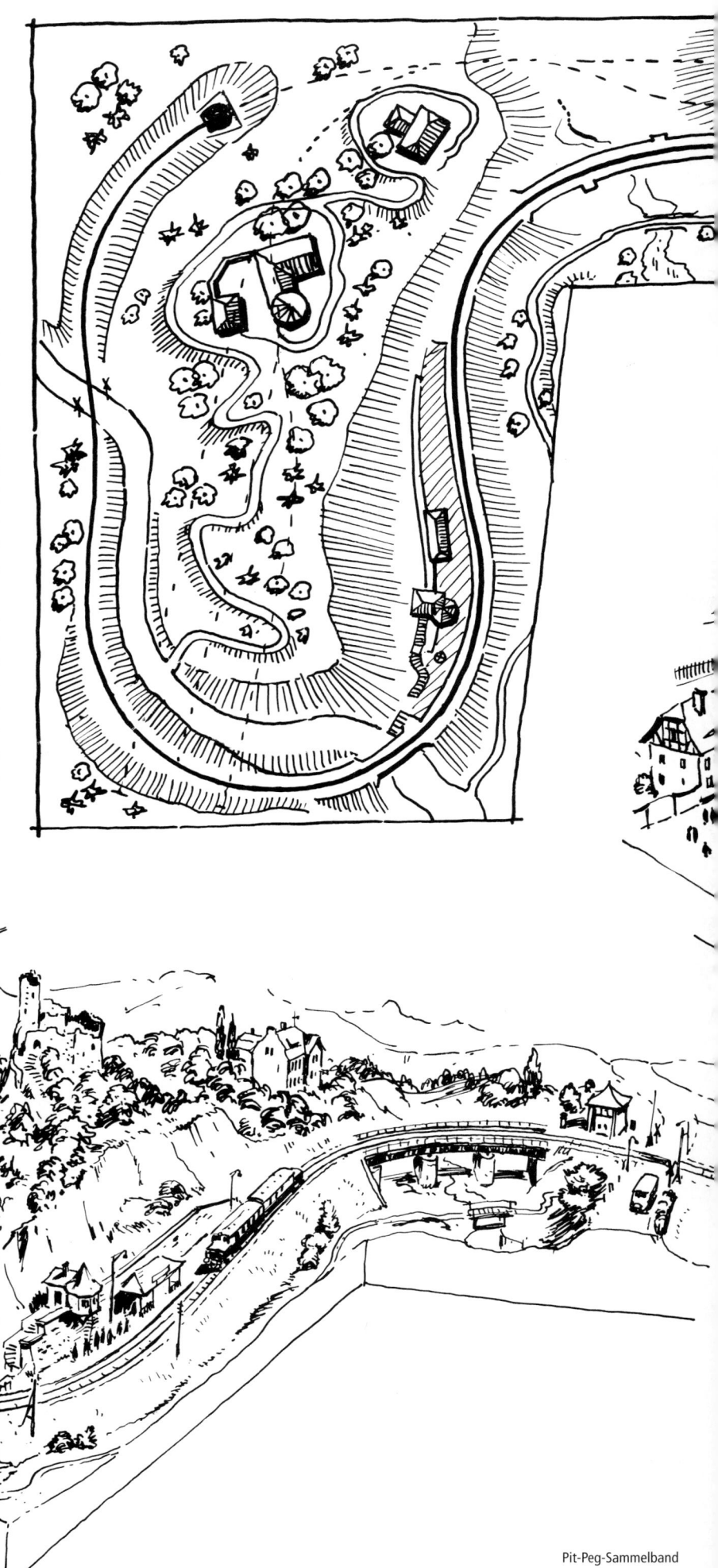

Kompakte Anlagen

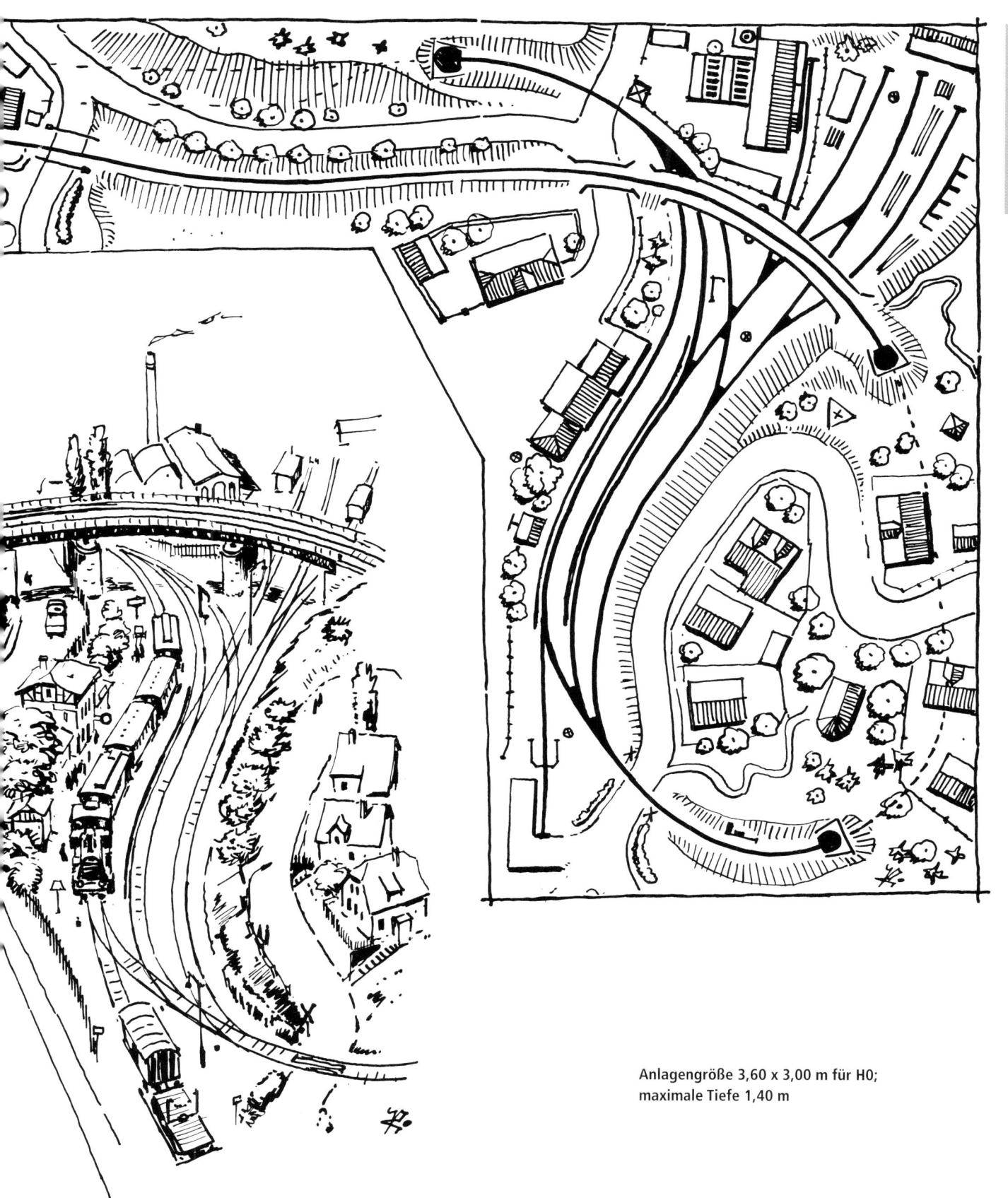

Anlagengröße 3,60 x 3,00 m für H0;
maximale Tiefe 1,40 m

Eine Modellbahn-Anlage für den Zweimann-Betrieb

Diese in U-Form für den Bau an der Wand entlang geplante Anlage bietet die Möglichkeit eines interessanten Zweimann-Betriebs, der von zwei Fahrdienstleitern mit Verantwortung für jeweils einen der beiden Bahnhöfe wahrgenommen wird. Beide Bahnhöfe sind durch eine kurze, allerdings zweigleisige Hauptstrecke miteinander verbunden. Als historischer Hintergrund kann angenommen werden, dass der zweigleisige Ausbau seinerzeit notwendig wurde, weil in beide Bahnhöfe jeweils zwei (!) eingleisige Strecken einmünden. Zwei dieser vier Strecken erscheinen zwar als selbstständige Nebenbahnen, verbinden jedoch zusätzlich (und für den Betrachter nur schwer erkennbar) die beiden Bahnhöfe am Anfang und am Ende der zweigleisigen Hauptbahn. Sie stellen also nur ein und dieselbe Nebenbahn dar. Haben Sie das System erkannt, das sich Pit-Peg hier ausgedacht hat? Wenn ja, dann können Sie sicher nachvollziehen, dass beide Fahrdienstleiter sehr viel zu tun haben, um den Betrieb in ihren Bahnhöfen, auf den ein- und zweigleisigen Hauptbahnabschnitten und auf der eingleisigen Verbindungsbahn in den Griff zu bekommen.

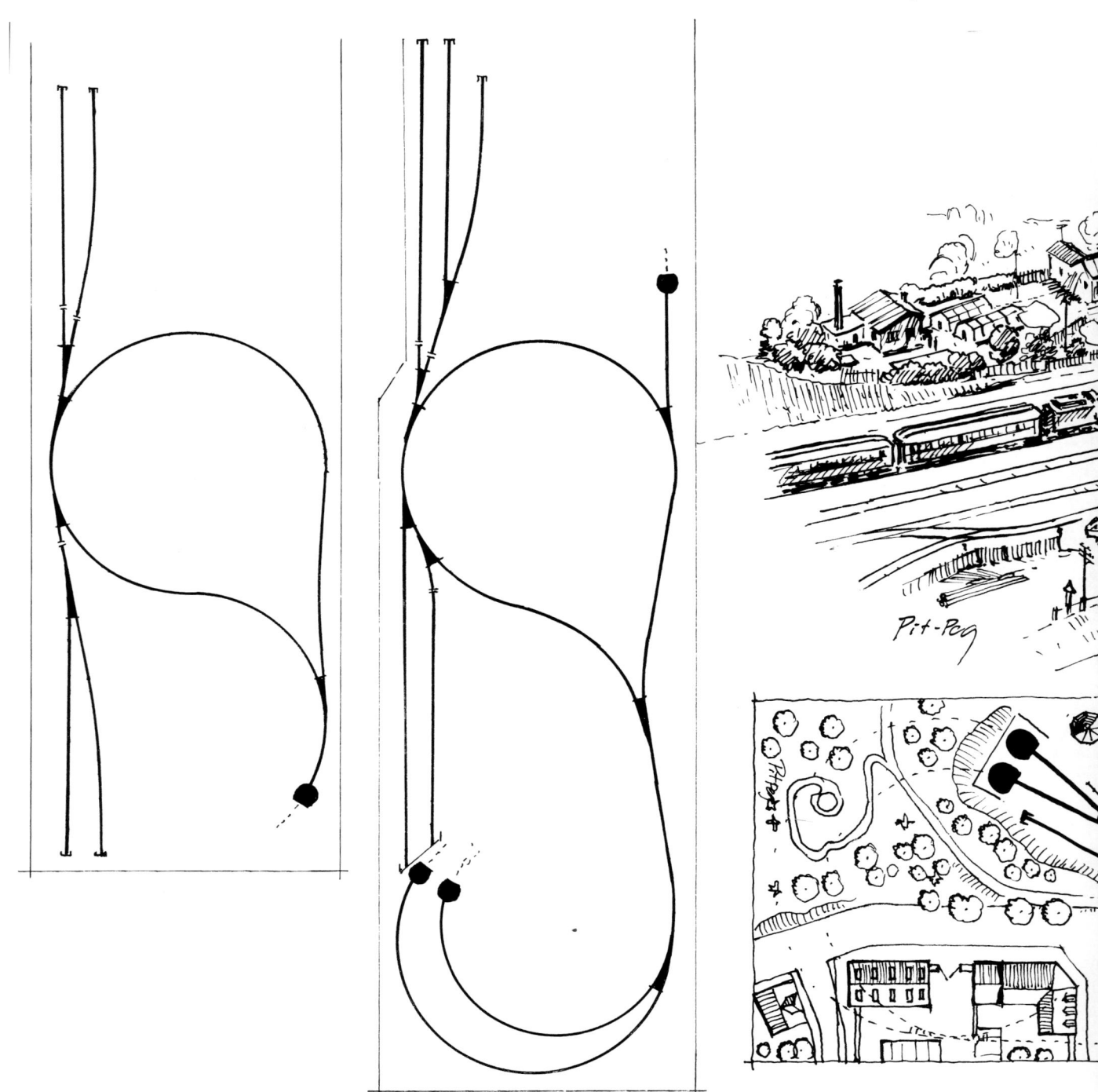

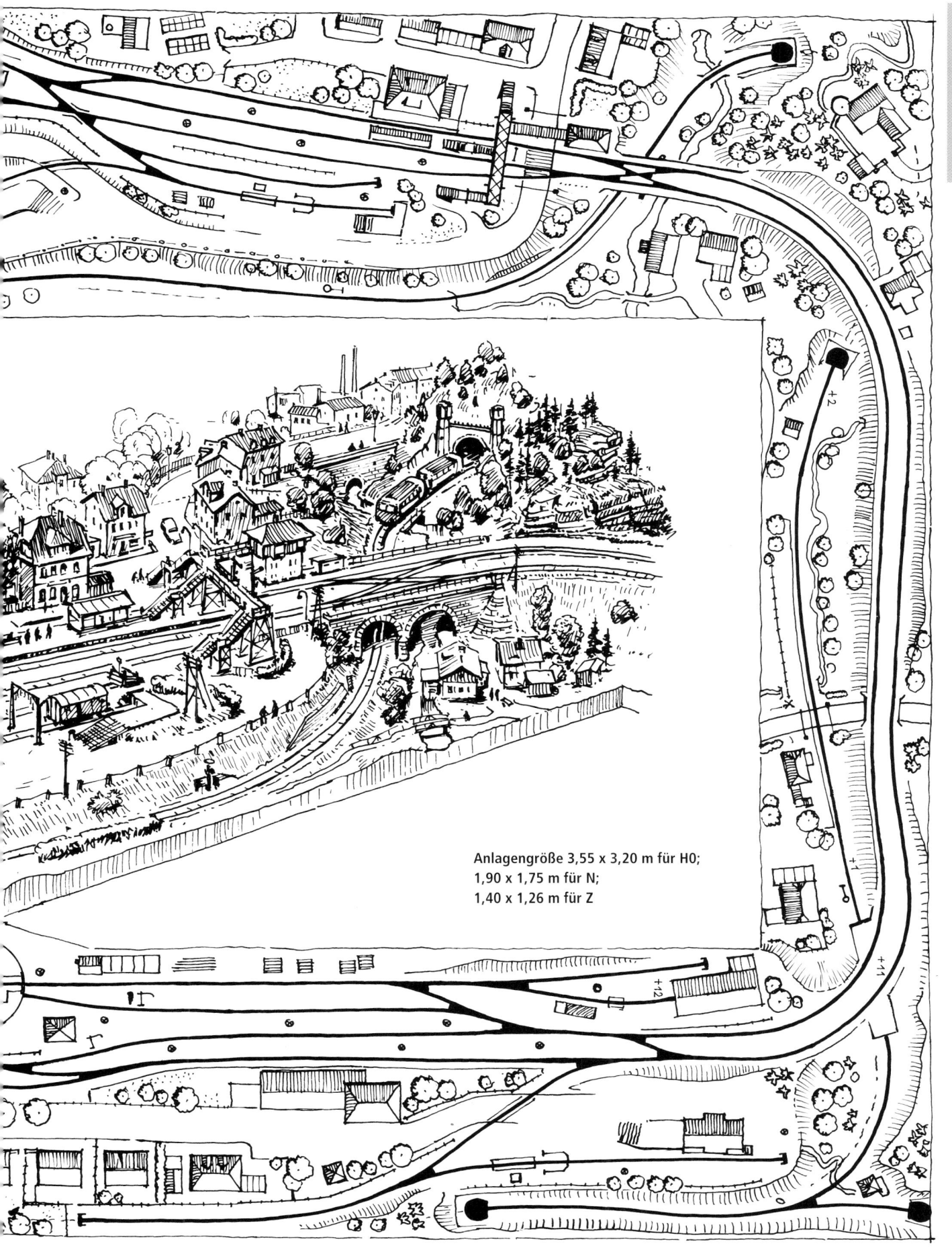

Anlagengröße 3,55 x 3,20 m für H0;
1,90 x 1,75 m für N;
1,40 x 1,26 m für Z

Kompakte Anlagen

Teilweise komplett: Anlagenfragmente

Teilweise komplett – mit diesen beiden Worten hat Pit-Peg seinerzeit eine Reihe seiner Skizzen, Anlagenpläne und Bauprojekte umschrieben. Teilweise komplett – ein Widerspruch? Spätestens beim Betrachten der nachfolgenden Gleispläne und Schaubilder werden Sie herausfinden, was der Künstler mit diesen Worten sagen wollte. Allen Anlagenvorschlägen ist nämlich eines gemeinsam: Obwohl sie auf den ersten Blick vollendet, mithin komplett erscheinen, wird bei genauerem Studium der Details deutlich, dass viele der dargestellten Strecken im Grunde nur Fragmente sind. Sie enden unmittelbar hinter Tunnelportalen, Brückenbögen oder (wie abgeschnitten) ganz einfach am Anlagenrand.

Pit-Peg wollte damit andeuten – und hat dies im Einzelfall durchaus überzeugend vermocht –, dass sein jeweiliger Vorschlag einen aus der Natur „herausgeschnittenen" Teil eines größeren Ganzen darstellt. Dem Modellbahner, der sich von diesen Vorschlägen anstecken lässt und gedanklich Nachbau-Pläne wälzt, bieten sich nun zwei Möglichkeiten: Entweder übernimmt er Pit-Peg's Projekte so, wie sie sind, und akzeptiert damit ihre bewusst fragmentarische Gestaltung, oder er vervollkommnet sie, indem er die Anlagen erweitert und die Strecken vollendet. Letzteres würde natürlich viel zusätzlichen Platz erfordern.

Pit-Peg hat seinen Zeichnungen noch einen weiteren Gedanken zugrunde gelegt: Seine Entwürfe enthalten eine Vielzahl interessanter Detailüberlegungen, anregender Motive, bemerkenswerter Gleisentwicklungen und nicht zuletzt ansprechend gestalteter Landschaftspartien. Man muss seine Vorstellungen ja nicht sklavisch nachbauen, sondern kann und sollte sich (und gerade darin lag ein wesentlicher Gedanke Pit-Peg's) von ihnen zu eigenen Vorhaben anregen lassen. In diesem Sinne verstand Pit-Peg die nachfolgenden Gleispläne und Schaubilder vor allem als Vorbilder und Vorschläge, niemals jedoch als Vorschriften!

Anlagengröße 3,85 x 1,80 m für H0;
2,09 x 0,98 m für N;
1,52 x 0,71 m für Z

Fragmente und Hintergründe

Hauptbahn-Kreuzung mit Kleinbahn-Anschluss

Dieser Plan verkörpert zunächst eine weitere Variante der von Pit-Peg gern und fantasievoll gestalteten Thematik „Turmbahnhöfe". Die beiden zweigleisigen Hauptstrecken stellen jene Fragmente dar, von denen in der Einleitung zu diesem Kapitel die Rede war: Die obere Hauptstrecke kommt völlig unvermittelt vom linken Anlagenrand und wird abrupt am Anlagenrand vorn rechts unterbrochen; die untere Hauptstrecke erscheint nach Einmündung in ein Tunnelportal wenigstens einseitig vollendet. Aber auch sie stellt letztlich nur ein Fragment dar. Auf beiden Hauptstrecken ist dennoch Fahrbetrieb möglich, der sich allerdings einer eingleisigen Verbindungsbahn bedienen muss. Die Strecke zweigt am linken Kopf des unteren Bahnhofs mit starker Steigung in einer engen Rechtskurve ab und mündet in den oberen Bahnhof der Turmstation ein. Am rechten unteren Anlagenrand verlässt sie die Hauptstrecke wieder und führt in einem engen Kehrtunnel zurück zum unteren Bahnhof. Die Züge müssen je nach Fahrtrichtung vorschriftsgemäß das jeweils rechte Streckengleis der Hauptstrecke benutzen. Ein völlig selbstständiges „Leben" führt dagegen die schmalspurige Kleinbahn, die auf dieser Anlage sowohl einen eigenen Anfangs- als auch einen Endbahnhof besitzt.

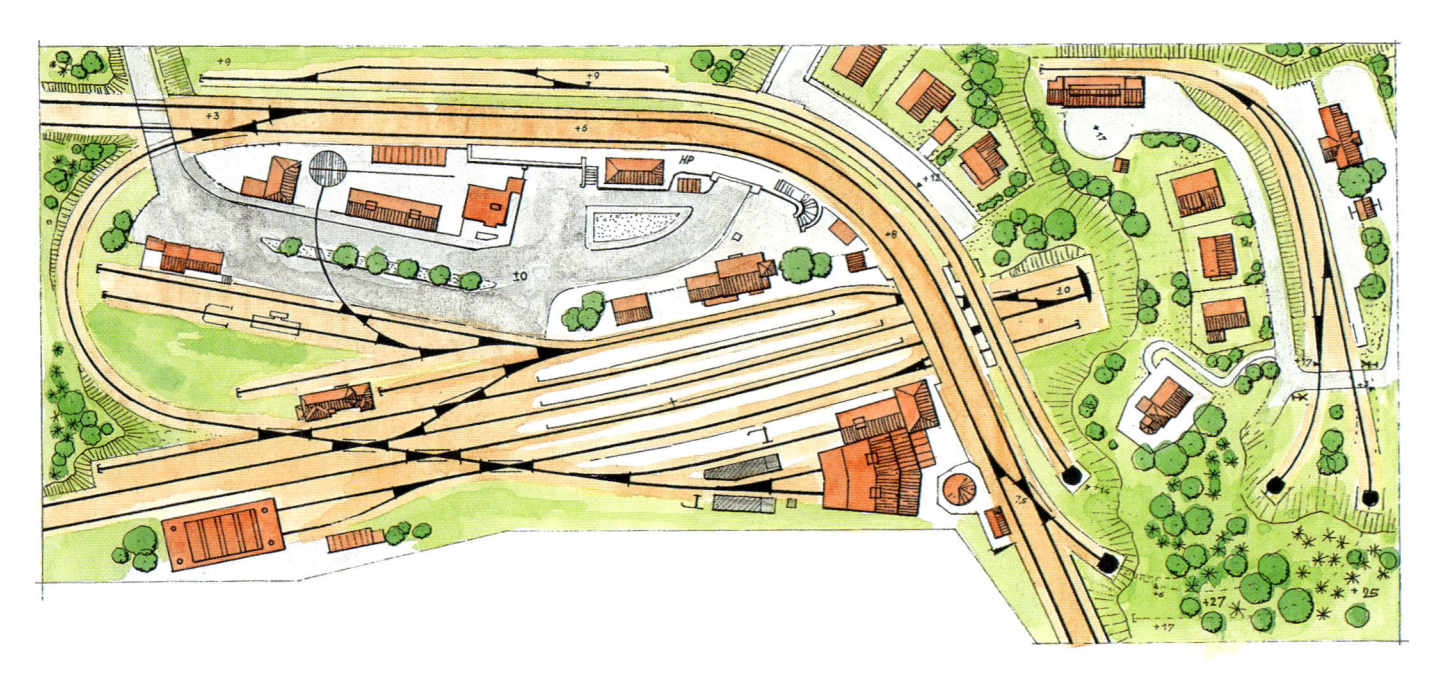

Pit-Peg-Sammelband

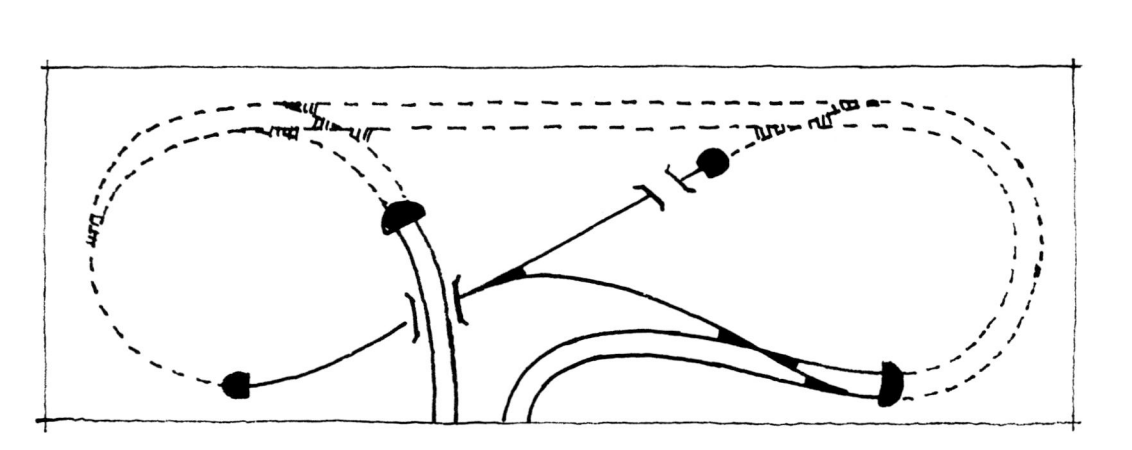

Anlagengröße 4,00 x 2,70 m für H0;
2,17 x 1,47 m für N;
1,58 x 1,07 m für Z

Zwei Hauptbahnen, eine Nebenbahn

Als sicher auffälligstes Teilstück dieser T-förmigen Anlage präsentiert sich ein Eisenbahnknoten, der am Schnittpunkt zweier jeweils zweigleisiger Hauptstrecken entstand und von dem eine eingleisige Nebenbahn abzweigt. Obwohl als Durchgangsbahnhof angelegt, können die ausgedehnten Gleisanlagen nur als Kopfbahnhof betrieben werden, da beide Hauptbahnen unmittelbar hinter den Tunnelportalen abrupt enden. Tatsächlich handelt es sich aber nur um *eine* Hauptstrecke, deren Anlage als Wendeschleife zeichnerisch geschickt getarnt wurde. Um dennoch den (bewusst trügerischen) Eindruck zweier Hauptstrecken zu verfestigen, sollte man bei einem Nachbau dieses Entwurfs beide Teile des großen Bahnhofs mit Gleisen und Bahnsteigen für den Reiseverkehr ausstatten. Das einem „Umsteigebahnhof" angepasste und deshalb repräsentative Empfangsgebäude muss in diesem Falle seinen Platz unbedingt in zentraler Insellage mit möglichst gleichem Abstand zu beiden Bahnhofsteilen finden. Die dem Güterumschlag dienenden Stückgut- und Ladegleise können sich zwar auf nur eines der beiden Gleisfelder beschränken, sollten jedoch über Rangierfahrten von beiden Seiten erreichbar bleiben.

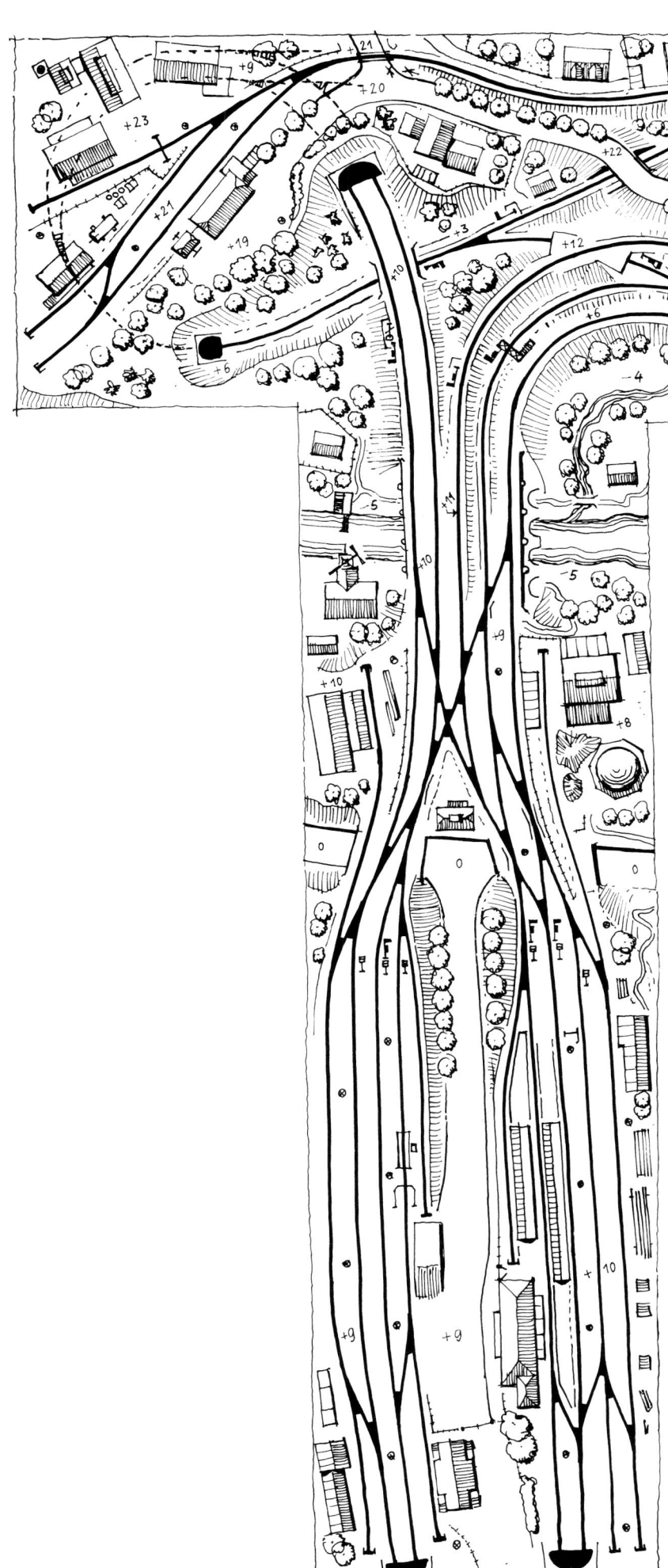

Um den Durchgangsbahnhof (der betrieblich nur als Kopfbahnhof funktionieren kann) unabhängig vom pausenlosen Verkehr auf der zweigleisigen Hauptstrecke zu betreiben, hat Pit-Peg eine eingleisige Verbindungsbahn vorgesehen. Diese teilweise sichtbare Strecke kann natürlich auch von Schnellzügen befahren werden, ist jedoch nicht mit der Nebenbahn zu verwechseln, die in langen Steigungen auf eine Hochfläche führt.

Obwohl der Entwurf dieser T-Anlage eigentlich alles zu besitzen scheint, was eine komplette Anlage auszeichnet, seien hier zwei Ergänzungen gestattet: Erstens ist zu überlegen, ob man die beiden (unterbrochenen) Hauptstrecken am „unteren" Bahnhofskopf nicht doch über einen 180-Grad-Gleisbogen (als verborgene Tunnelstrecke) miteinander verbindet, und zweitens erscheint es durchaus zweckmäßig, für die beiden Tenderloks der Nebenbahn alle notwendigen Lokomotivbehandlungsanlagen samt einem zweiständigen Lokschuppen einzuplanen.

Vorfeld eines größeren Bahnhofs

Haben Sie eigentlich schon einmal daran gedacht, auf einen großen Personenbahnhof zu verzichten, seine (vermutliche) Existenz aber durch die Gestaltung großzügig bemessener Vorfeld-Gleisanlagen anzudeuten? Dazu gehört Mut!

Pit-Peg, offensichtlich immer wieder fasziniert vom intensiven Eisenbahnbetrieb auf den Gleisen des Nürnberger Hauptbahnhofs, versuchte mehrfach dieses Thema „modellbahnerisch" umzusetzen. Seinem Vorschlag „Bahnbetriebswerk für Dampflokomotiven" (S. 44/45) folgt an dieser Stelle ein ähnlich unkonventionell gedachter Entwurf für jene Modellbahner, die auf ihrer Anlage möglichst viele Lok- und Wagenmodelle präsentieren möchten.

Dem Fahrbetrieb mit Reisezügen steht nur ein zweigleisiger Haltepunkt auf dem linken Anlagenteil zur Verfügung. Dafür, so schrieb Pit-Peg über diesen Entwurf, sei „für reichliche und reichhaltige Rangierbewegungen gesorgt durch Zugauflösungen und Zugzusammenstellungen, Beistellen und Abziehen von Kurswagen, eine Wagenwaschanlage, einen Kühlhausanschluss und eine Güterabfertigung".

Im Hinblick auf den Güterverkehr kann man den Intentionen Pit-Peg's sicherlich zustimmen, da die Güterzüge im Vorfeld des (nur angedeuteten) Personenbahnhofs enden. Bei Personen-, Eil- und Schnellzügen wird die Sache aber problematisch, da diese Züge weder aus- noch einfahren können, weil der Personenbahnhof halt doch nicht wirklich existiert. So clever die Lösung mit der großen Brücke zur Tarnung der zu kurzen Kopfgleise am rechten Anlagenrand auch erscheint – im Hinblick auf die Simulation regen Reisezugverkehrs sind die Möglichkeiten bescheiden. Genau genommen ist vorbildgerechter Reiseverkehr gar nicht möglich. Eine Beschränkung auf umherstehende „Leerreisezüge" dürfte auf Dauer kaum befriedigen.

Doch es gibt eine Lösung: Wenn man das kurze Ziehgleis mitsamt seiner Weiche links neben dem Brückenstellwerk weglässt und dafür den breiten Bahnsteig bis zur Kreuzungsweiche mit den beiden Gleissperr- und Formhauptsignalen vorzieht, erhält man zwei lange Bahnsteiggleise, die Reisezügen zur Verfügung stehen. Derartige Außenbahnsteige außerhalb der Bahnhofshallen waren bei einigen Personenbahnhöfen durchaus üblich, wie die Beispiele München Hbf. bzw. Leipzig Hbf. bis heute zeigen. Im Hinblick auf den Anlagenentwurf ist dies zwar auch noch keine Ideallösung, allerdings kann man nun doch Reisezüge auf die Strecke schicken, was die Konzeption der Anlage wesentlich glaubhafter macht.

Wer nur etwa einen Meter zusätzlichen Platz zur Verlängerung der acht Kopfgleise aufbringt, kann auf die Kompromisslösung mit dem Bahnsteig zwar verzichten, aber selbst diesem „Glücklichen" dürfte der überlange Außenbahnsteig entgegenkommen. Eine weitere Chance besteht darin, die acht Kopfgleise in durch „städtische Überbauung" verdeckten, engen Rechtskrümmungen auf einem rechtwinklig angesetzten „Erweiterungsbrett" zu verlängern.

Die von Pit-Peg gezeichneten, dreidimensionalen Schaubilder (siehe dazu auch S. 56) stellen bereits eine Erweiterung der Anlage dar, mit der Großstadtfluidum angedeutet werden soll. Zur Großstadtatmosphäre darf auch die Straßenbahn gezählt werden, die auf dem linken Anlagenteil verkehrt. Sie lässt sich noch glaubhafter gestalten, wenn die Gleise nicht am Anlagenrand hinter dem Kühlhaus enden, sondern ihre Fortsetzung angedeutet wird.

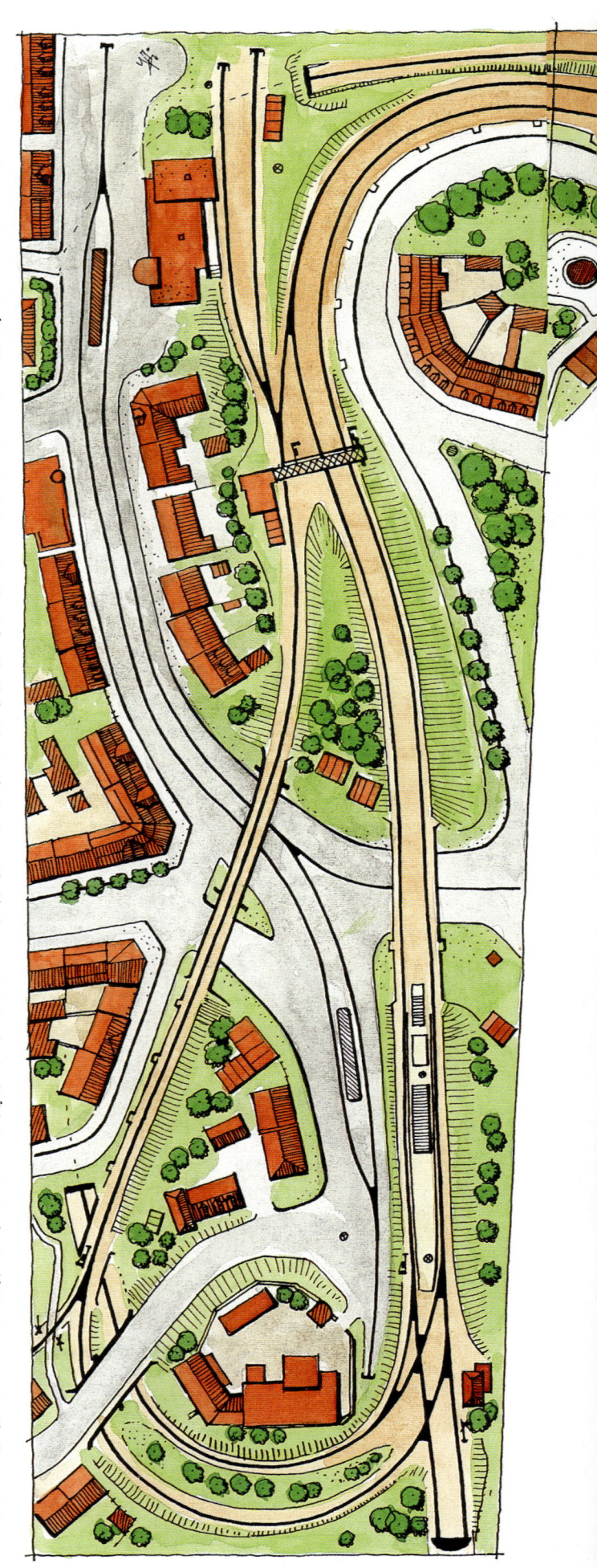

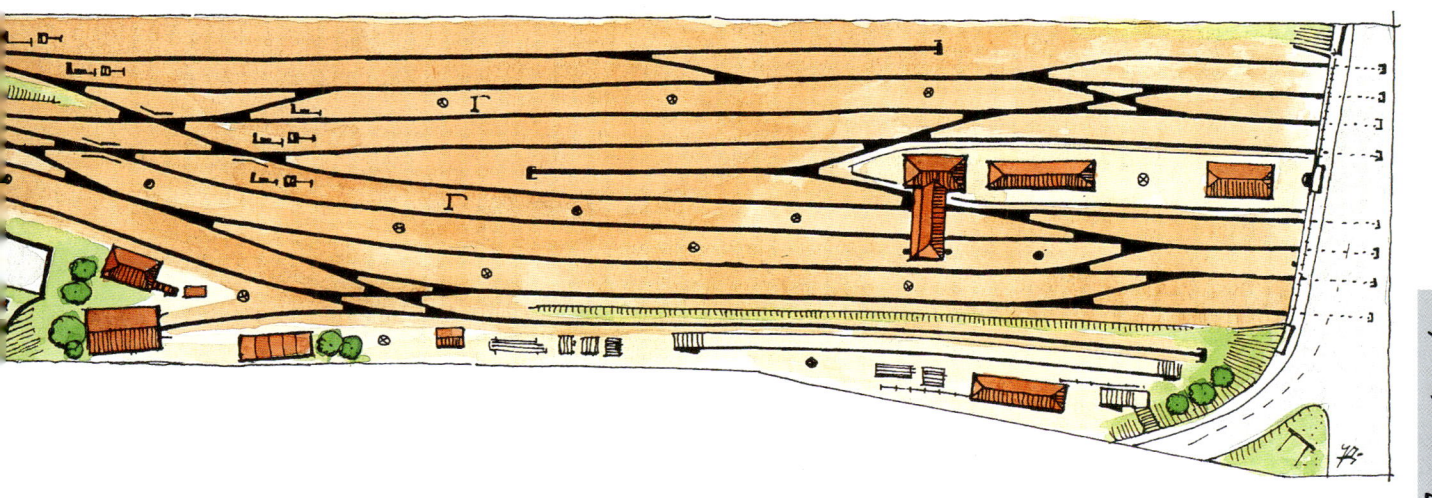

Anlagengröße 3,95 x 1,35 m max. + 3,10 x 0,90 m max. für H0;
2,14 x 0,73 m max. + 1,68 x 0,49 m max. für N;
1,56 x 0,53 m max. + 1,22 x 0,35 m max. für Z

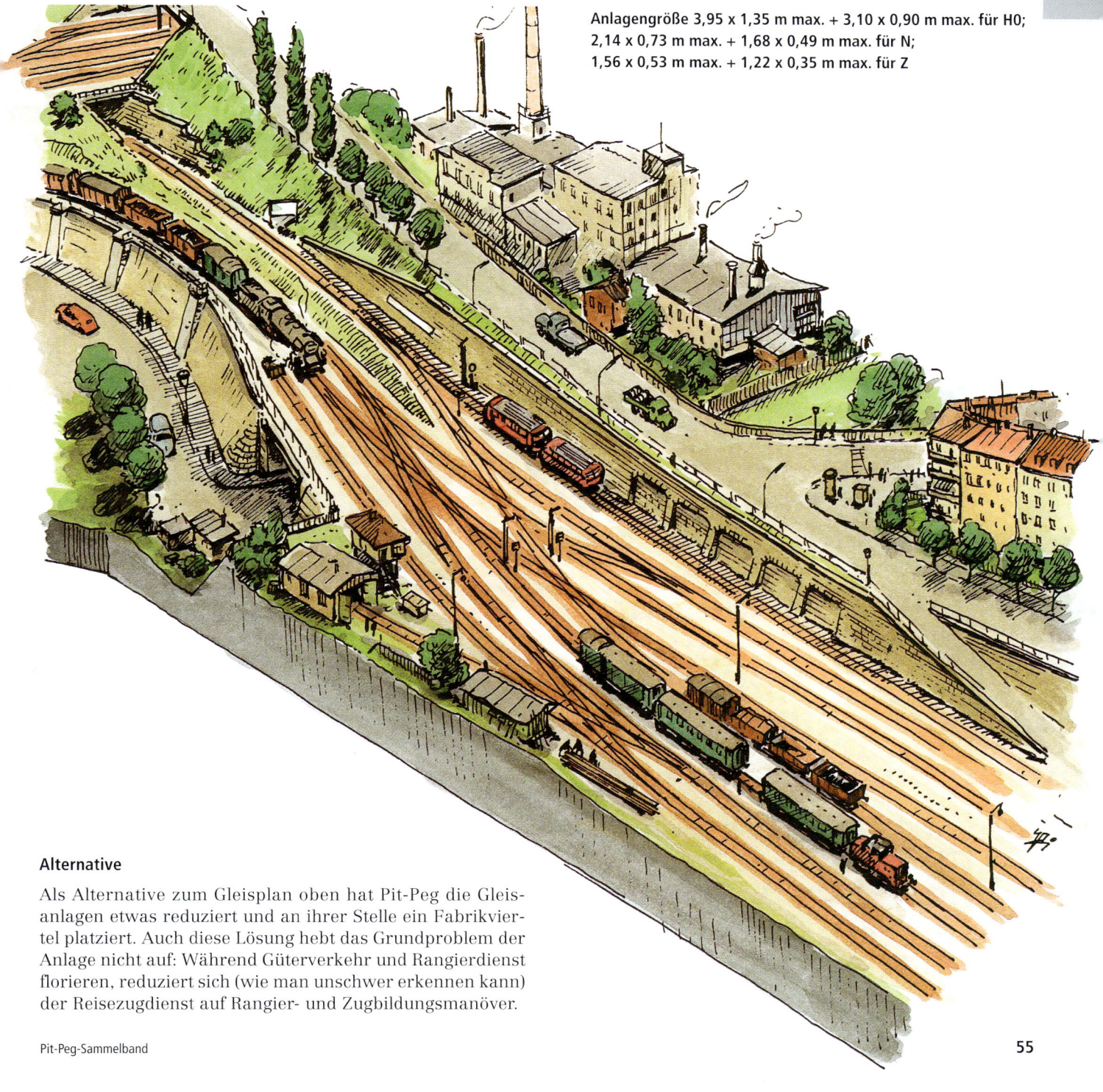

Fragmente und Hintergründe

Alternative

Als Alternative zum Gleisplan oben hat Pit-Peg die Gleisanlagen etwas reduziert und an ihrer Stelle ein Fabrikviertel platziert. Auch diese Lösung hebt das Grundproblem der Anlage nicht auf: Während Güterverkehr und Rangierdienst florieren, reduziert sich (wie man unschwer erkennen kann) der Reisezugdienst auf Rangier- und Zugbildungsmanöver.

In Fortsetzung des Anlagenvorschlags auf den vorangegangenen Seiten 54 und 55 zeigen diese beiden Schaubilder, wie sich Pit-Peg das Stadtviertel auf dem linken Anlagenteil und den Einfahrbereich in den Personenbahnhof vorstellte. Letzterer weicht von den anderen Entwürfen insofern ab, als nun eine Ortsgüteranlage mit Lademaß und Stückgutschuppen hinzugekommen ist. Auch dieses Bild verdeutlicht, dass man den Bahnsteig in Bildmitte problemlos verlängern könnte.

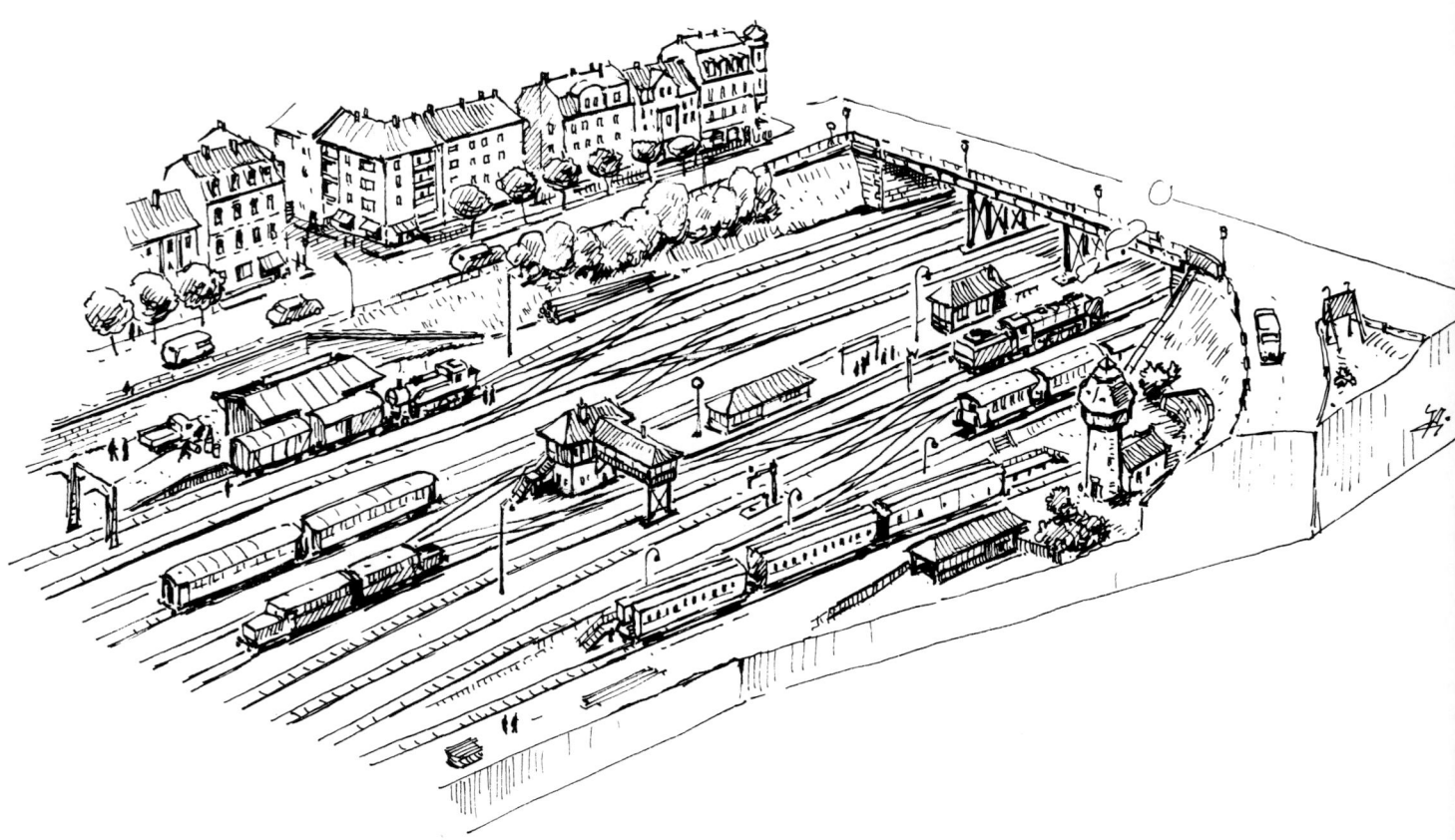

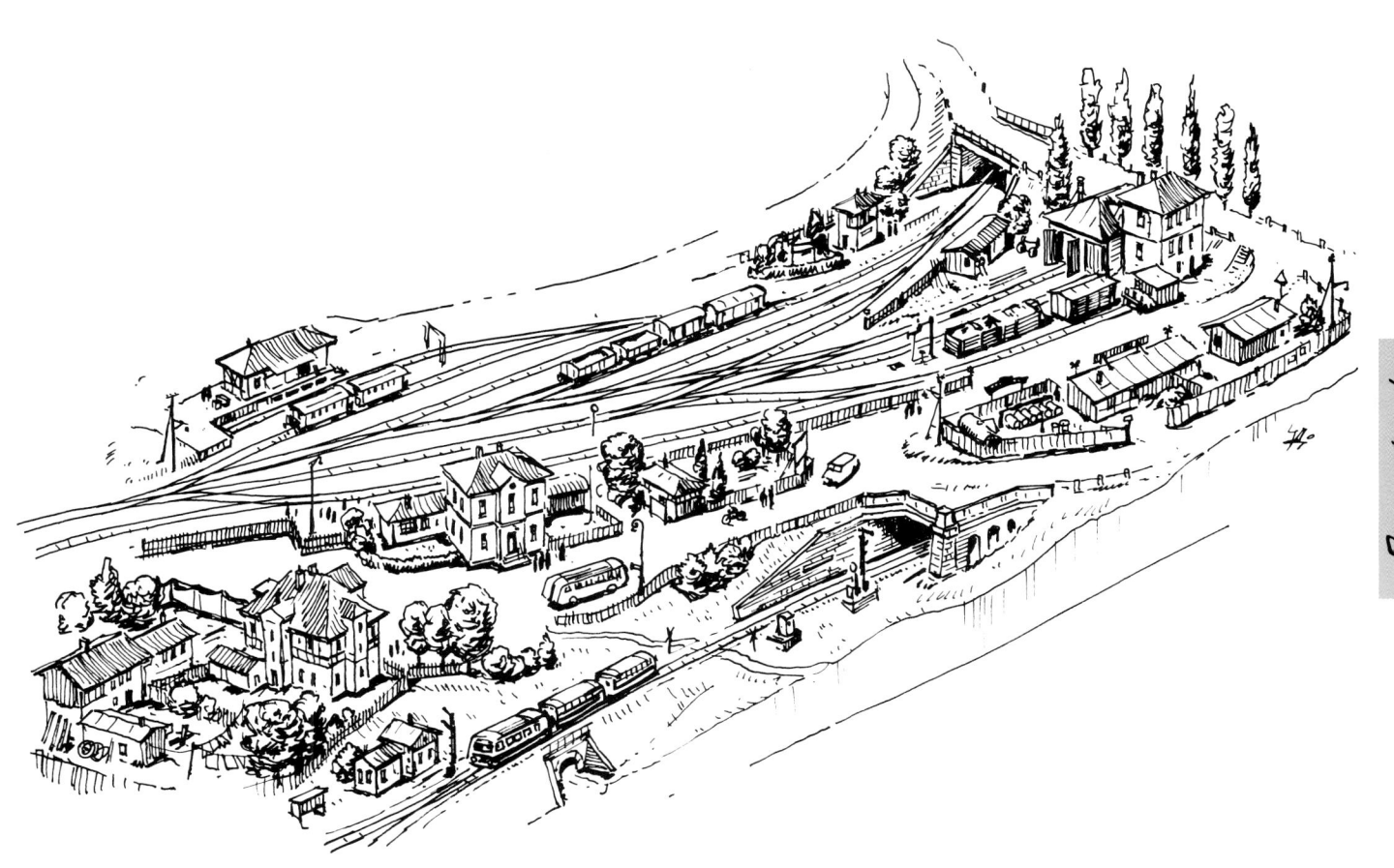

Ungewöhnliches Bahnhofs-Fragment

Dieser Anlagenentwurf zeigt eine Bahnhofsanlage, die aus mehreren Gründen besondere Aufmerksamkeit verdient. Zunächst fällt auf, dass es kein durchgehendes Hauptgleis gibt, obwohl am linken und am rechten Anlagenrand eine Streckenfortsetzung angedeutet wird. Reisezüge fahren grundsätzlich am Hausbahnsteig vor dem Empfangsgebäude ein. Ihre Weiterfahrt ist nicht möglich, denn Gleis 1 endet an einem Prellbock neben dem Lokschuppen. Für die Rückfahrt in Gegenrichtung muss die Lok über Gleis 2 umlaufen. Bei der Weiterführung des Streckengleises unter der Straßenbrücke am rechten Anlagenrand hindurch handelt es sich um eine Anschlussbahn, die ausschließlich dem offenbar starken Güterverkehr dient und von Reisezügen nicht benutzt werden kann. Da der Bahnhof neben dem Güterschuppen und einer kurzen Ladestraße (im „Spurplan" mit Gleiswaage dargestellt) mehrere Abstellgleise aufweist sowie über eine Lokstation mit zweigleisigem „Heizhaus" und Bekohlungsanlage verfügt, dürfte es sich um den Betriebsmittelpunkt einer privaten Klein- oder Lokalbahn handeln. Die zwar nicht sonderlich langen, aber unkonventionell (und ohne Maßangaben) skizzierten Gleisanlagen versprechen einen interessanten, nicht alltäglichen Betrieb.

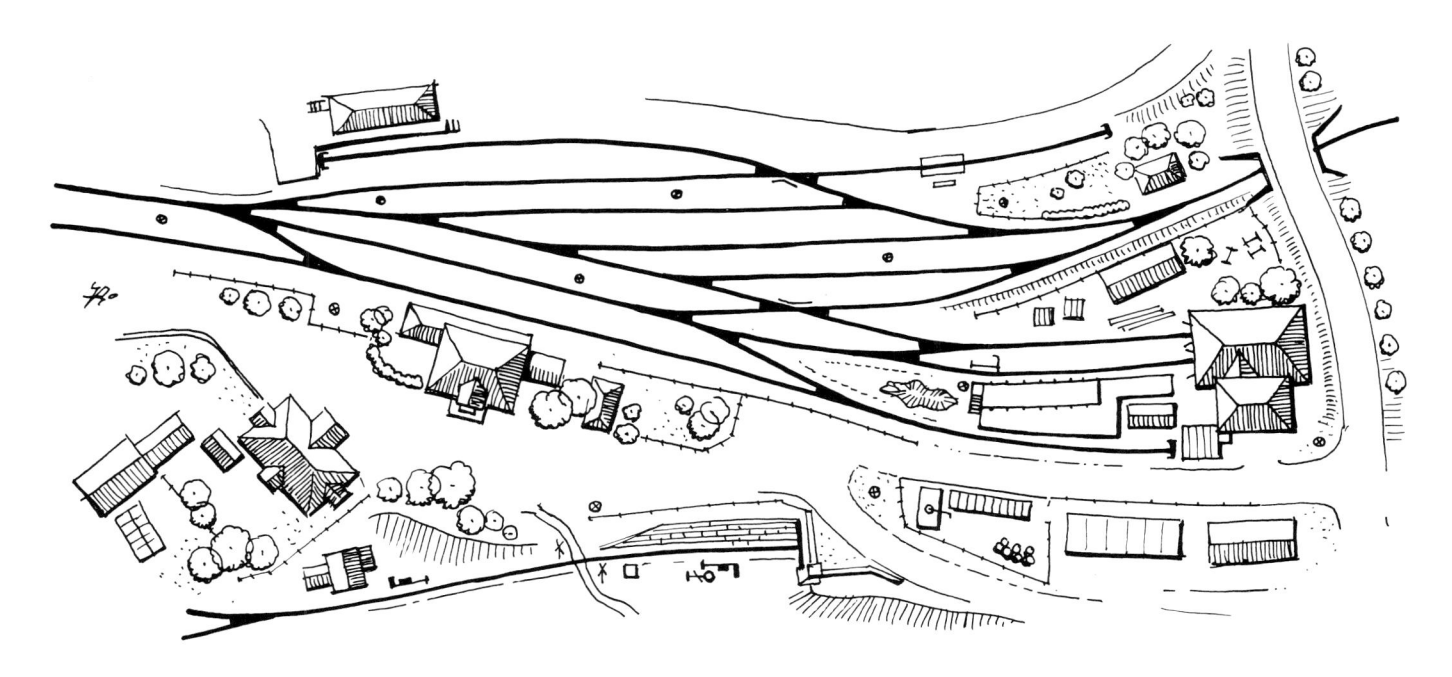

Fragment mit Raffinessen

Mit diesem L-förmigen Anlagenentwurf setzte Pit-Peg die von ihm bevorzugte Reihe „Eisenbahnstrecken am Rande der Großstadt in den Sechzigerjahren" fort. Wie schon bei den anderen Zeichnungen und Skizzen zu diesem Thema dominiert auch bei diesem Entwurf wieder ein intensiver Zugverkehr mit unterschiedlichsten Zuggattungen.

Auf Ladegleise, Güterschuppen, Lokbehandlungsanlagen und Anschlussgleise hat Pit-Peg bewusst verzichtet. Der örtliche Reiseverkehr beschränkt sich auf zwei Haltepunkte. Der größere von beiden befindet sich am vorderen Rand des linken Anlagenteils. Er fällt durch sein (für damalige Verhältnisse) modern gestaltetes „Abfertigungsgebäude" auf. Der andere Haltepunkt liegt im Stadtinneren des zeichnerisch angedeuteten Vororts, besitzt eine kurze Bahnsteigüberdachung und wird von Triebwagen bedient.

Natürlich kann man auf dieser Anlage auch reguläre Eil- und Schnellzüge einsetzen. Da sie jedoch planmäßig nicht halten, dürfen sie länger sein, als es etwa der Bahnsteig am modernen Haltepunkt zulässt. Das ist keineswegs so vorbildwidrig, wie es zunächst scheinen mag, und war bei der großen Bahn durchaus üblich. Für den Güterzugdienst gilt in ähnlicher Weise: Sofern die Güterzüge nicht etwa an der „Blockstelle Wasserturm" im Zentrum der Gleisanlagen gestoppt werden, fahren auch sie ohne Zwischenhalt durch.

Wie schon bei den vorausgegangenen Anlagenfragmenten bleibt es auch hier jedem Modellbahner selbst überlassen, ob und wie er die einzelnen Streckenteile vervollständigt. Mit der zusätzlichen Skizze unterbreitete Pit-Peg einen Vorschlag, wie sich die Gleisverzweigung an der „Blockstelle Wasserturm" alternativ gestalten lässt.

Wofür man sich im Einzelfall auch immer entscheidet – der Künstler und Modellbahner Pit-Peg wies schon damals vorsorglich darauf hin, dass die Realisierung seiner raffinierten Ideen nicht ohne einschlägige Erfahrungen im Selbstbau von Gleisen und Weichen zu bewerkstelligen ist. Letzteres gilt insbesondere für die Gleisgestaltung am Wasserturm.

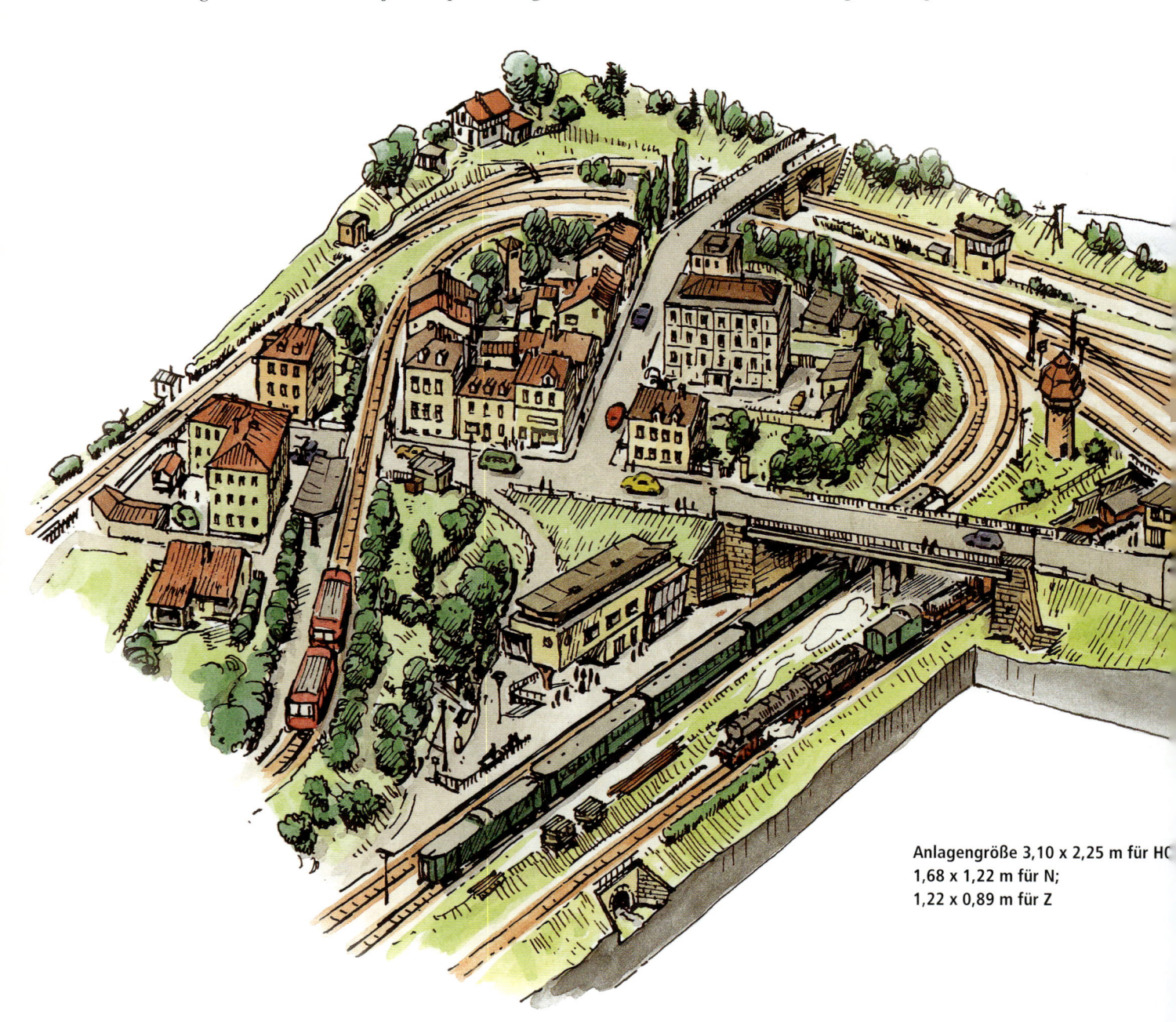

Anlagengröße 3,10 x 2,25 m für H0
1,68 x 1,22 m für N;
1,22 x 0,89 m für Z

Fragmente und Hintergründe

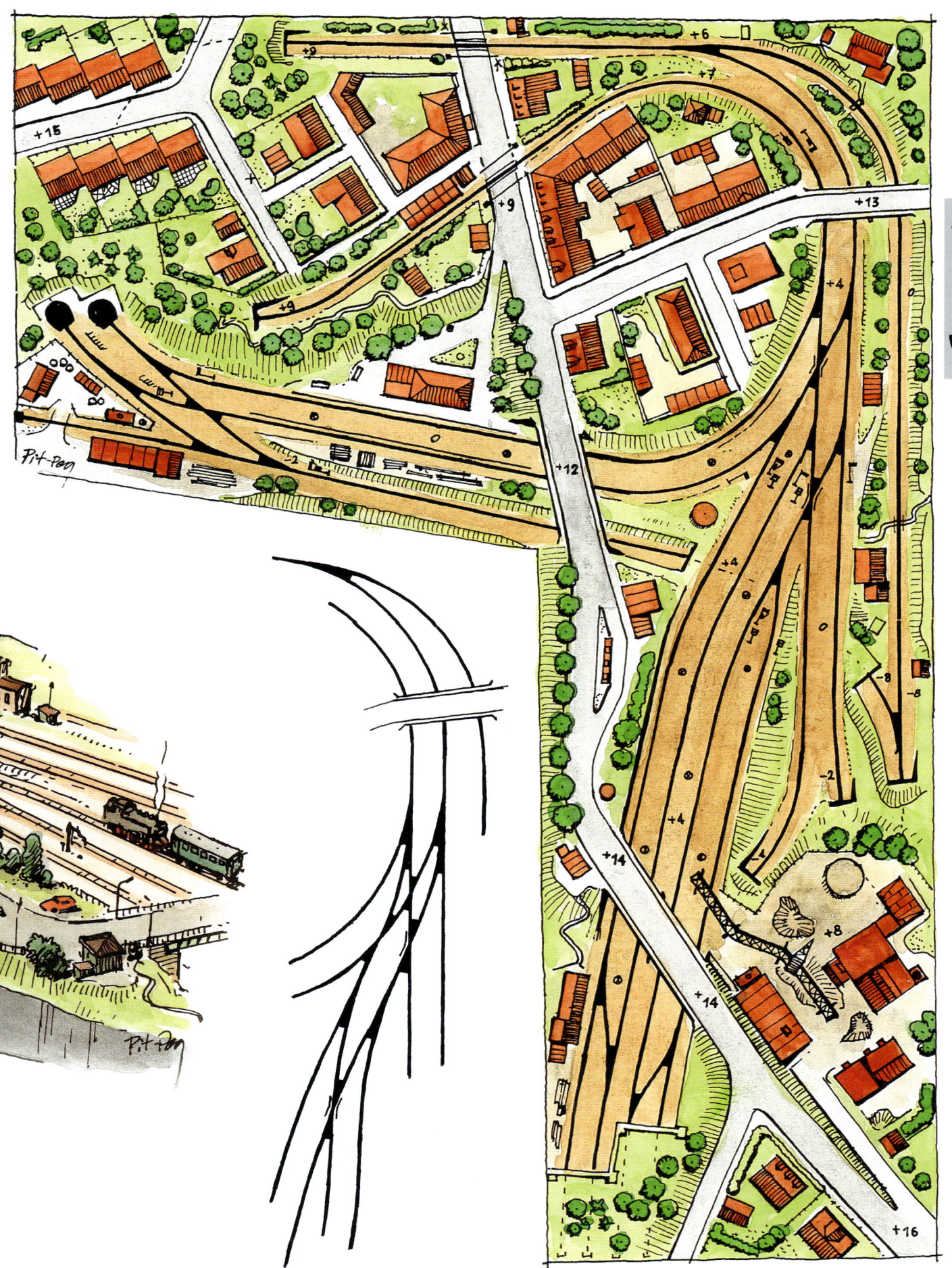

Pit-Peg-Sammelband

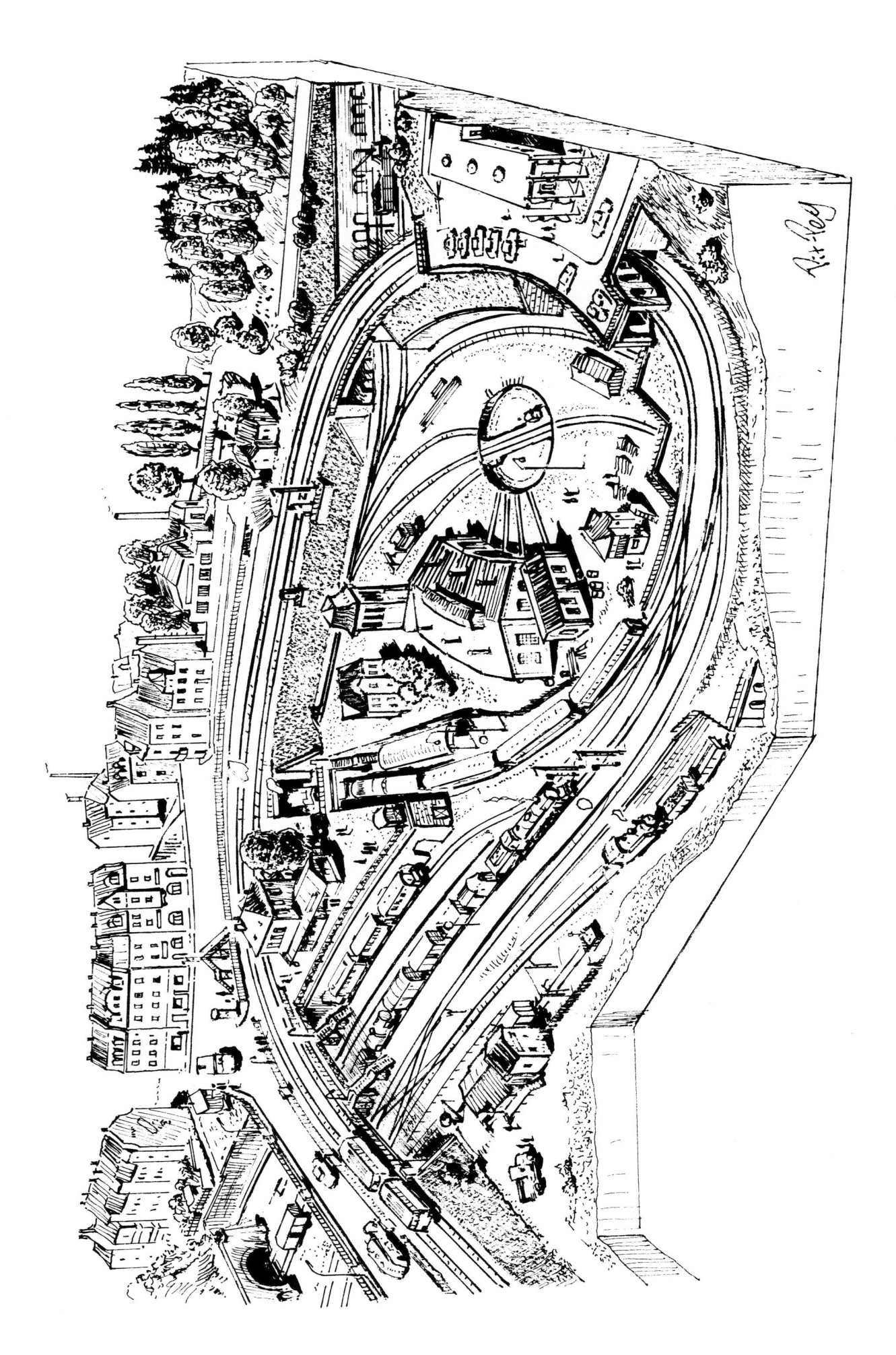

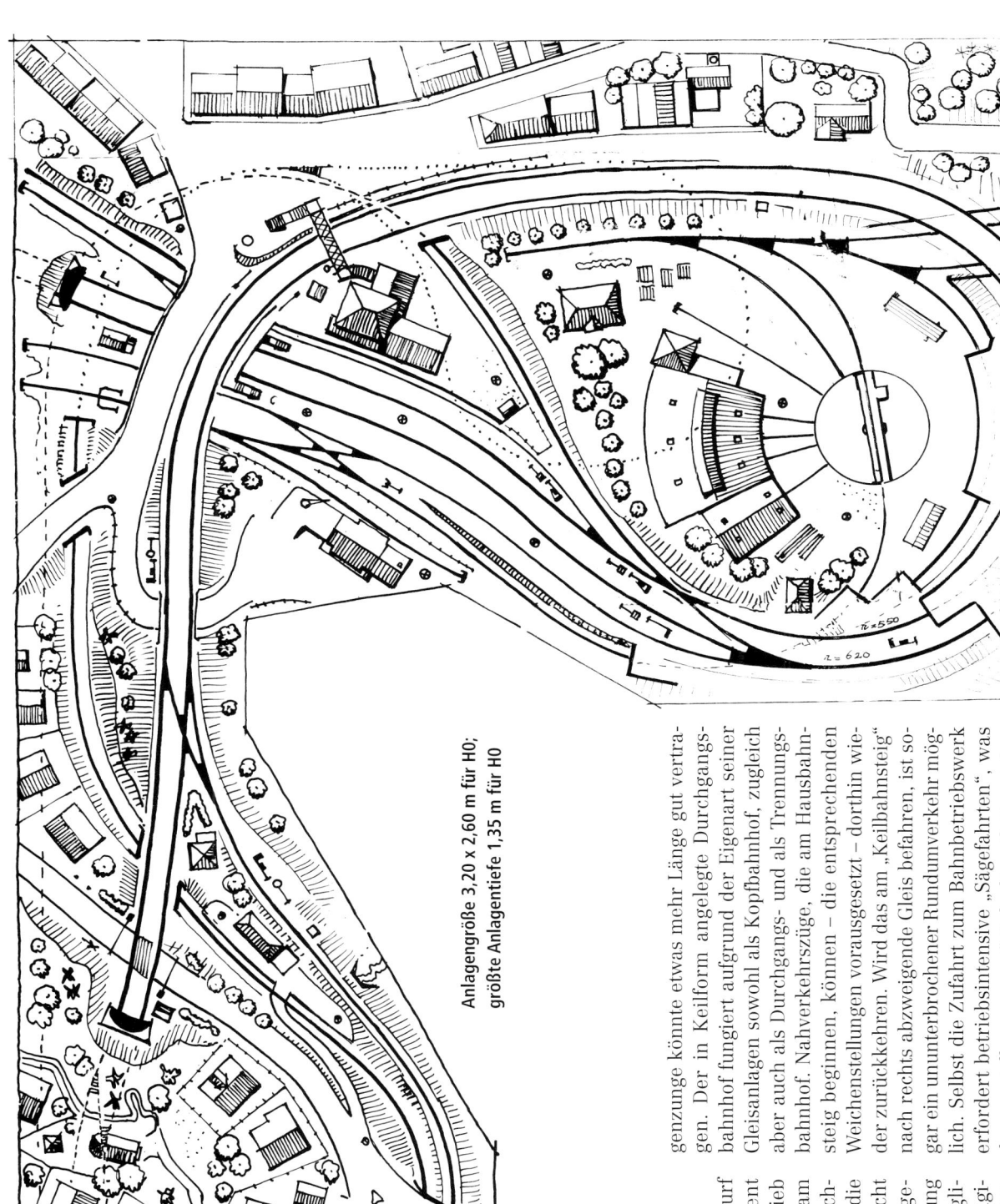

Anlagengröße 3,20 x 2,60 m für H0;
größte Anlagentiefe 1,35 m für H0

Multifunktional-Bahnhof

Mit dieser Anlage stellte Pit-Peg einen Entwurf vor, der letztlich zwar auch nur ein Fragment darstellt, aber selbst dann interessanten Betrieb gestattet, wenn die zweigleisige Hauptstrecke am linken Bahnhofskopf des (vermeintlichen) Durchgangsbahnhofs ohne Fortsetzung bleibt. Wenn die engen Gleisradien und kurzen Steilrampen nicht stören, den dürfte diese Anlage ob ihrer geschickten, nicht sofort erkennbaren Gleisführung faszinieren. Die Grundkonzeption reizt möglicherweise dazu, den Entwurf weitaus großzügiger zu realisieren, als in den Zeichnungen vorgesehen. In diesem Falle sollte vor allem der Gleisbogen, der im rechten Anlagenteil das Bahnbetriebswerk „umrundet", wesentlich größer und eleganter ausfallen. Auch der zweigleisige Streckenabschnitt auf der linken Anlagenzunge könnte etwas mehr Länge gut vertragen. Der in Keilform angelegte Durchgangsbahnhof fungiert aufgrund der Eigenart seiner Gleisanlagen sowohl als Kopfbahnhof, zugleich aber auch als Durchgangs- und als Trennungsbahnhof. Nahverkehrszüge, die am Hausbahnsteig beginnen, können – die entsprechenden Weichenstellungen vorausgesetzt – dorthin wieder zurückkehren. Wird das am „Keilbahnsteig" nach rechts abzweigende Gleis befahren, ist sogar ein ununterbrochener Rundumverkehr möglich. Selbst die Zufahrt zum Bahnbetriebswerk erfordert betriebsintensive „Sägefahrten", was dem „spielbesessenen" Fahrdienstleiter sicher entgegenkommt. Sofern man diese Anlage für Zweileiter-Gleichstrombetrieb aufbaut, ist zu beachten, dass die mehrfach vorhandenen Wendeschleifen besonderer schaltungstechnischer Maßnahmen bedürfen.

Spitzkehrenbahn

Bahnlinien mit Spitzkehren stellten selbst im Streckennetz deutscher Bahngesellschaften keine Seltenheit dar. Neben berühmten Spitzkehren-Bahnhöfen wie in Lauscha (vgl. S. 20/21) oder am Rennsteig im Thüringer Wald gab es auch weniger bekannte Bahnhöfe, etwa Rauenstein, Bruchstedt, Lenzkirch oder Löbejün. Spitzkehren wurden dann gebaut, wenn bei widrigen, insbesondere gebirgigen Geländeverhältnissen auf kurzen Distanzen große Höhenunterschiede bewältigt werden mussten. Gleich mehrere, aufeinander folgende Spitzkehren hatte in Deutschland wahrscheinlich nur die (heute längst verschwundene) Schmalspurbahn von Steinhelle nach Medebach im Sauerland zu bieten. Für Pit-Peg bildete sie dennoch eine Anregung, das Thema Spitzkehren zum Gegenstand eines Anlagenentwurfs zu machen.

In seinem zeichnerischen Plan überwindet eine stark frequentierte Schmalspurbahn in vier (!) Spitzkehren den eindrucksvollen Höhenunterschied von 24 Zentimetern bei einem Maximalanstieg von 4 %. Der Clou dieses Entwurfs liegt dadurch in einer beachtliche Fahrzeit, die sich aus vier zum Fahrtrichtungswechsel notwendigen Fahrtunterbrechungen ergibt. Da der Zug abschnittsweise geschoben werden muss, sollte dem Gleisbau erhöhte Aufmerksamkeit zukommen. Nur bei einwandfreier Gleislage wird angesichts der engen Krümmungen und der häufigen Neigungswechsel entgleisungsfreier Betrieb möglich sein. Die regelspurige, zweigleisige Hauptstrecke auf dem linken Anlagenteil sorgt mit regem Zugverkehr (Wendezüge und Triebwagen im Pendeleinsatz) für willkommene, zusätzliche Betriebsmöglichkeiten.

Doch nicht nur die „Spitzkehren-Idee" ist in den faszinierenden Entwurf Pit-Peg's eingeflossen. Auch einige Details wirken außergewöhnlich und motivieren zum Nachbau, darunter die Segmentdrehscheibe (Segmentweiche) und der Lokschuppen mit Wohnanbau auf dem linken Anlagenteil. Für all das existieren reale Vorbilder! Wer noch einen Schritt weitergehen und anstelle der Schmalspurbahn eine regelspurige Spitzkehrenbahn bauen möchte, kann bei der Gleisplangestaltung zwar auf die eingangs genannten Beispiele zurückgreifen, muss dann jedoch erheblich mehr Platz einplanen.

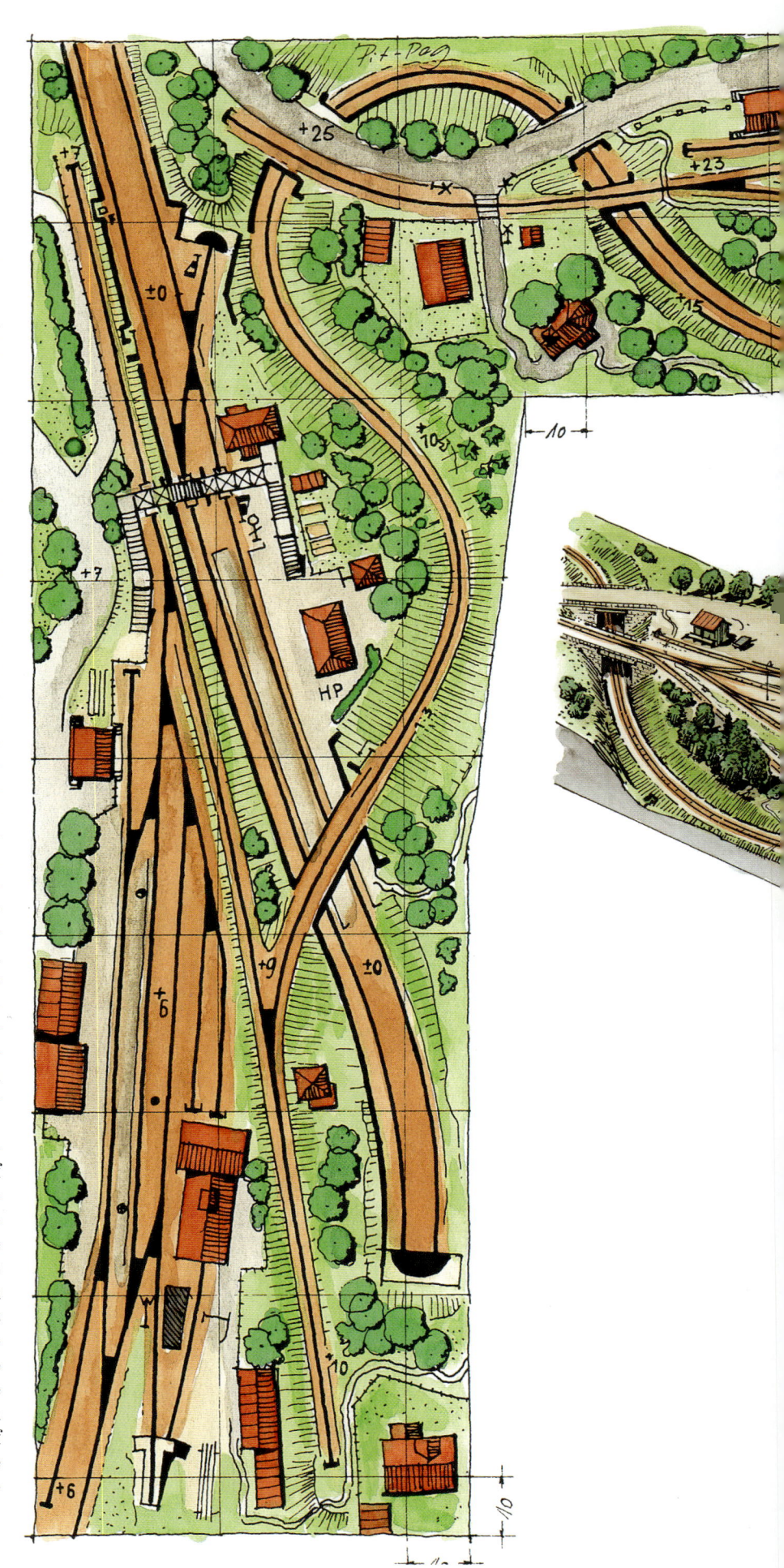

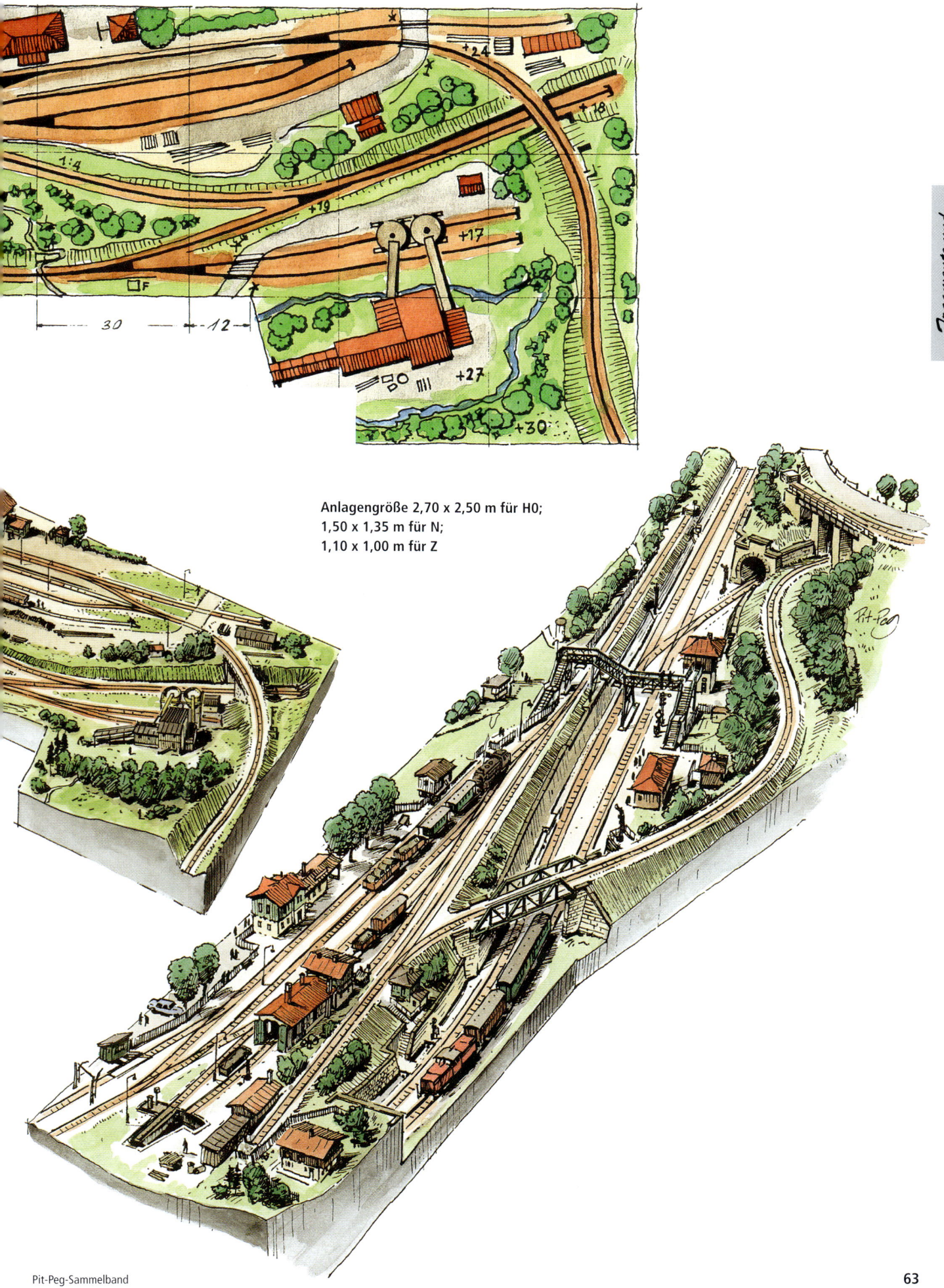

Anlagengröße 2,70 x 2,50 m für H0;
1,50 x 1,35 m für N;
1,10 x 1,00 m für Z

Fragmente und Hintergründe

Pit-Peg-Sammelband

Bis in den letzten Winkel: Gestaltete Anlagenecken

Kennen Sie die Ungeduld, die während des Anlagenbaus aufkommt, sobald der erste Zug rollt? Vor lauter Fahrspaß gerät dann die landschaftliche Ausgestaltung manch einer Ecke leicht in Vergessenheit. Während Tunnelstrecken samt Portalen, Empfangsgebäude, Bahnsteige und Lokschuppen gerade noch rechtzeitig an Ort und Stelle gelangen, gähnt in den Ecken peinliche Leere.

Viele Anlagenbauer fragen sich ohnehin, wie man die lästigen Ecken optimal ausgestaltet. Auch Pit-Peg kannte das Problem. Nach seiner Meinung entscheidet aber gerade die Detaillierung der oft vernachlässigten Eckflächen über die glaubhafte Wirkung einer an der Realität orientierten und damit vorbildgerechten Anlage.

Mit den nachfolgenden Beispielen verdeutlichte er seinen Grundsatz, dass sich nicht die (modellierte) Natur nach der (Modell-) Eisenbahn, sondern Letztere nach der Natur zu richten habe. Mit seinen Worten hieß das: „Nur, wenn sich beim Betrachter der Eindruck einer Landschaft mit Eisenbahn statt einer Modellbahn mit Landschaft einstellt, ist auch tatsächlich eine Modell-Eisenbahn entstanden."

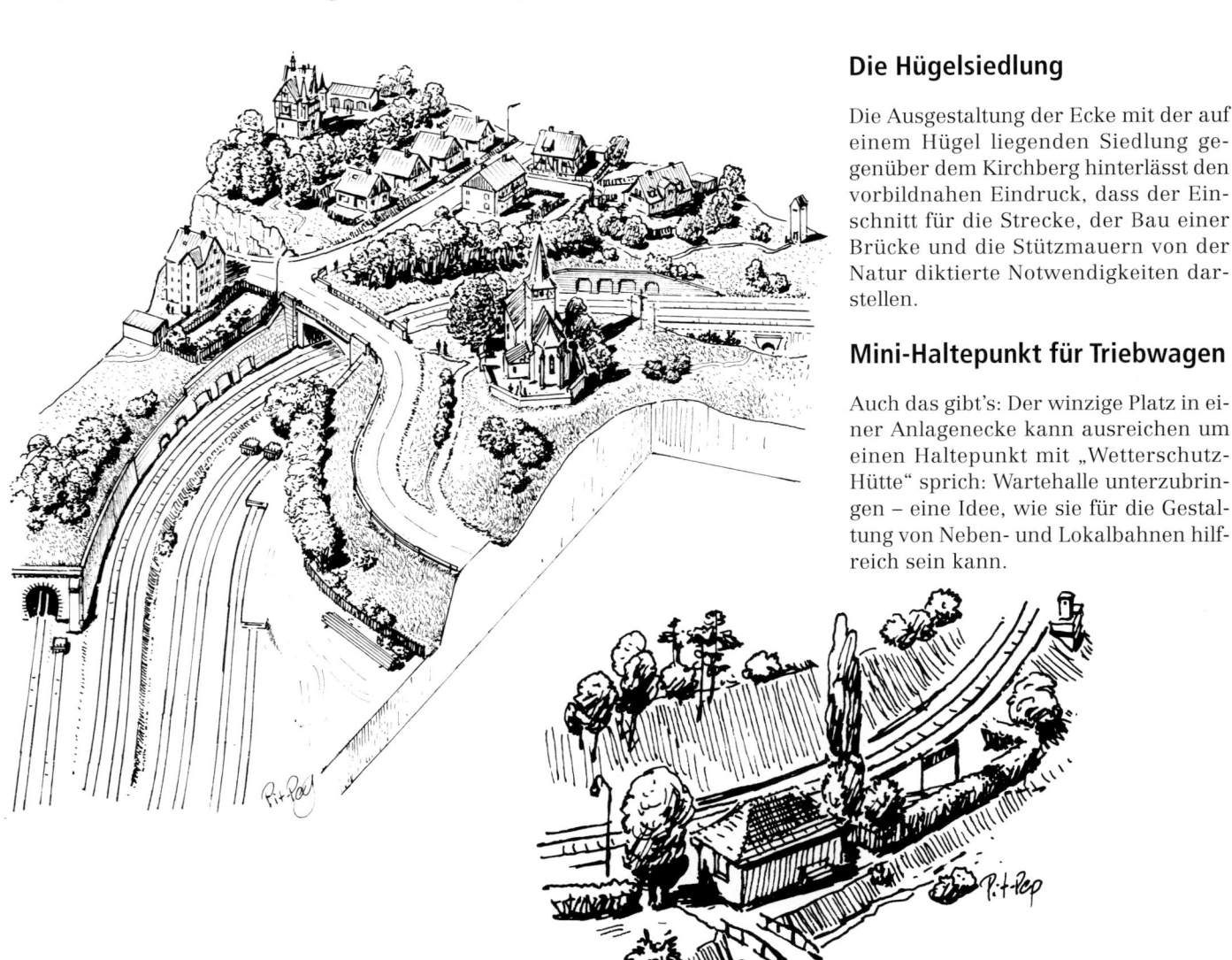

Die Hügelsiedlung

Die Ausgestaltung der Ecke mit der auf einem Hügel liegenden Siedlung gegenüber dem Kirchberg hinterlässt den vorbildnahen Eindruck, dass der Einschnitt für die Strecke, der Bau einer Brücke und die Stützmauern von der Natur diktierte Notwendigkeiten darstellen.

Mini-Haltepunkt für Triebwagen

Auch das gibt's: Der winzige Platz in einer Anlagenecke kann ausreichen um einen Haltepunkt mit „Wetterschutz-Hütte" sprich: Wartehalle unterzubringen – eine Idee, wie sie für die Gestaltung von Neben- und Lokalbahnen hilfreich sein kann.

Angeschnittener Felshang mit Brücke

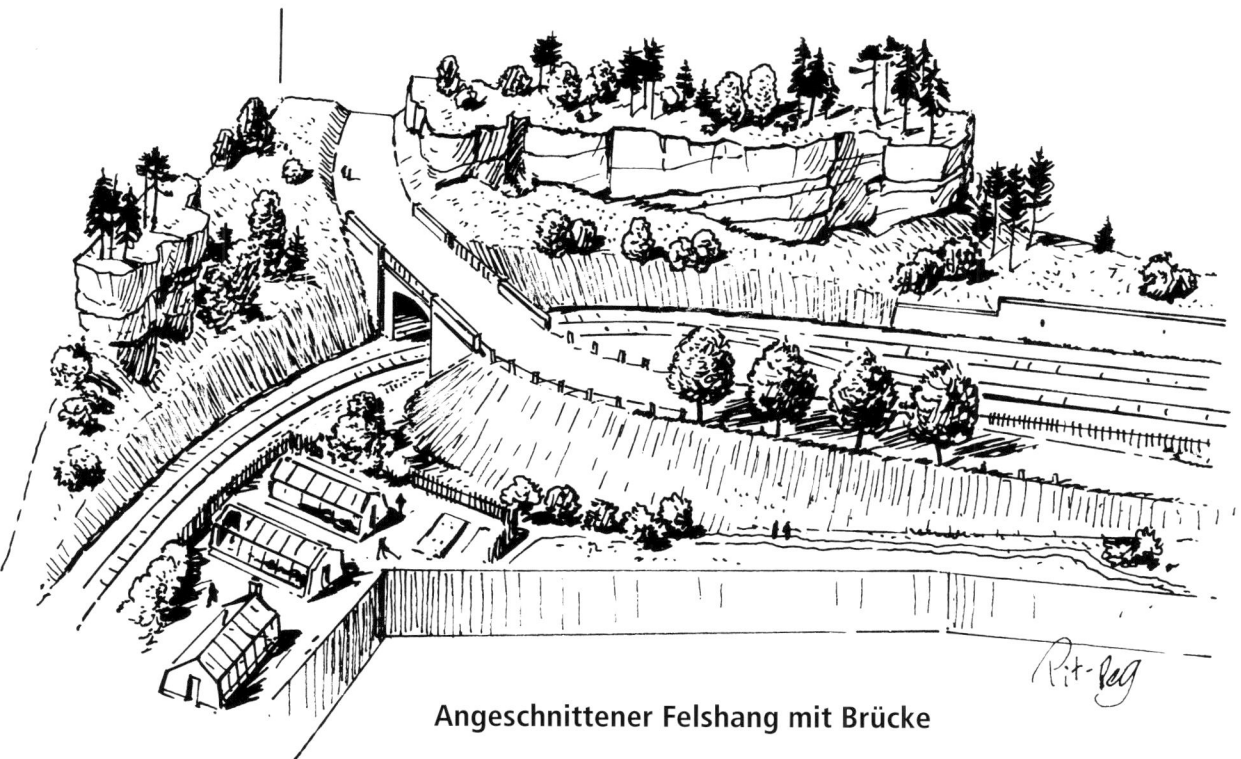

Es muss nicht unbedingt irgendeine Siedlung herhalten, wenn es darum geht, den Bau einer Straße in die (noch nicht ausgestaltete Anlagenecke) zu begründen. In dem hier gezeigten Beispiel führt die Straße quasi in die Hintergrundkulisse hinein und damit aus der Anlage heraus. Als man die Bahnlinie erbaute, musste der felsige Geländehang in seinem vorderen Teil abgesprengt werden. Damit ergaben sich zwangsläufig der Bau der Brücke und die Aufschüttung eines Damms für die Brückenzufahrt.

Verdichtung von Details

Nicht nur an den Anlagenrändern und in „entlegenen Ecken" besteht die Gefahr, dass „tote Winkel" entstehen. Auch inmitten von größeren Anlagen mit mehreren Strecken kann mangelhafte Detailplanung zu eher langweilig wirkenden Partien führen. Um dieser Gefahr zu entgehen, hat Pit-Peg hier auf kleiner Fläche eisenbahntypische Details mit geschickter Landschaftsgestaltung „verwoben": Ob Tunnelportal oder Brücke, Haltepunkt oder Schrankenposten mit Wärterhaus – die Verdichtung der Detailfülle wirkt bei weitem natürlicher und glaubhafter als eine nüchterne Verkleidung mit einfarbig-gleichförmigen Grasmatten.

Zusatzbrett mit Lokbahnhof

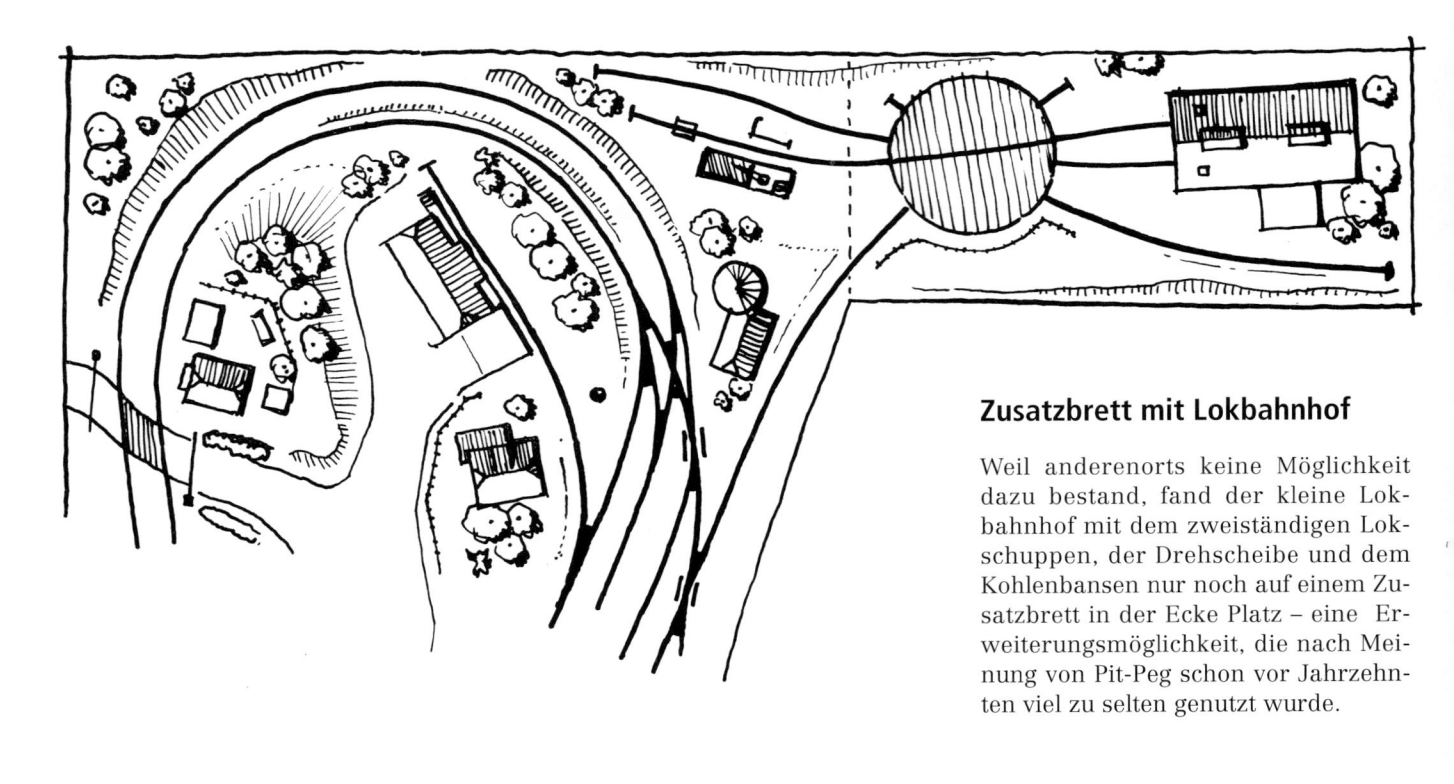

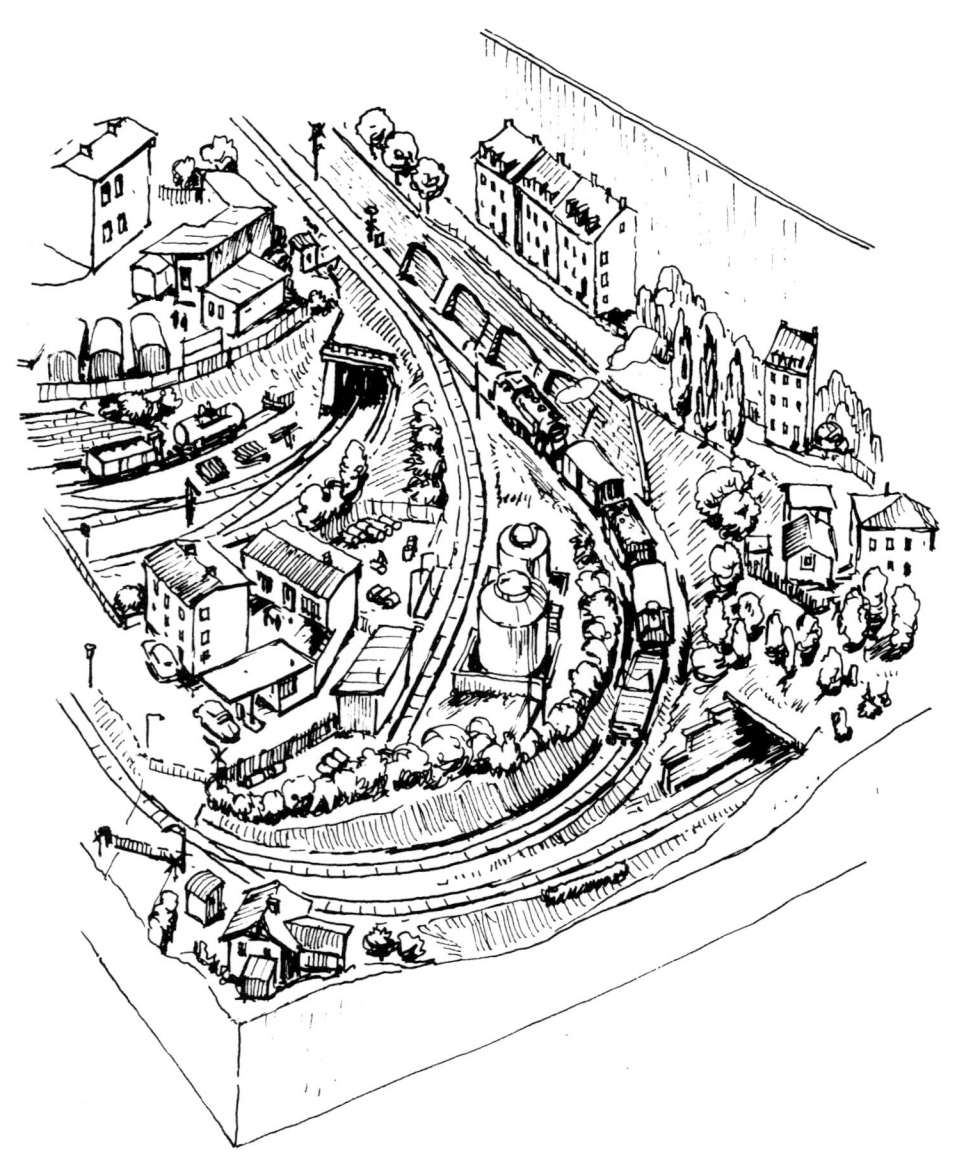

Weil anderenorts keine Möglichkeit dazu bestand, fand der kleine Lokbahnhof mit dem zweiständigen Lokschuppen, der Drehscheibe und dem Kohlenbansen nur noch auf einem Zusatzbrett in der Ecke Platz – eine Erweiterungsmöglichkeit, die nach Meinung von Pit-Peg schon vor Jahrzehnten viel zu selten genutzt wurde.

Stadtrand am Anlagenrand

Wer sich zutraut, industriell gefertigte Stadthaus-Bausätze in Halbreliefbauweise für die Übergangszone von der Anlage zur Hintergrundkulisse zu nutzen, kann bei geschickter Anordnung eine erstaunliche Tiefenwirkung erzielen. Auch fotorealistische Ausschneidbögen eignen sich bestens für die Halbreliefbauweise im Hintergrund der Anlage. Wichtig dabei ist, dass die modellierte „Eckregion" mit ihren Geländeelementen, mit Bäumen und Häusern die Bahntrasse überragt.

Die gewollte Illusion: Hintergrundkulissen

Diesem Kapitel des Schaffens von Pit-Peg sei ein Zitat vorangestellt: „Die Tiefenwirkung einer gestalteten Anlage oder eines Dioramas steht und fällt mit dem Vorhandensein eines auf das Anlagenthema passend abgestimmten Hintergrundes. Die beste Detailgestaltung verliert sofort an Reiz, wenn sich unmittelbar hinter der Anlagenkante etwa eine stark gemusterte Tapete befindet oder sich der Blick in die Räumlichkeiten hinein verliert. Die Illusion des gestalteten Motivs wird beim Betrachter sofort zerstört, wenn auf diese Weise realitätsfremde Gegenstände den Blick ablenken."

Dieses Plädoyer für die sorgfältige Planung, Auswahl und Gestaltung von Hintergrundkulissen (die Formulierungen stammen von dem bekannten Modellbahn-Profi und Fachautor Bruno Kaiser) bringt konzentriert auf den Punkt, wozu der Kunstmaler und Modellbahnplaner Pit-Peg schon vor über dreißig Jahren anregen wollte. Eine seiner Kernaussagen von damals lautete: „Eine Modellbahnanlage hört nicht am Plattenrand auf." Natürlich gibt es längst fotorealistische Hintergrundkulissen im Handel, mit denen sich bei sachgerechter Verwendung verblüffende Wirkungen erzielen lassen. Wozu also noch die Skizzen und Entwürfe von Pit Peg? Die Antwort läßt sich nicht auf einen Satz beschränken.

Zunächst ist es fraglich, ob sich im Handel überhaupt ein Hintergrund auftreiben lässt, der zum bereits gewählten Motiv passt. Wer sein Anlagendiorama beispielsweise in Norddeutschland ansiedelt, dürfte wohl kaum einen Alpenhintergrund verwenden, auf dem sich braune Milchkühe vor schneebedeckten Gipfeln tummeln. Und wer eines der Lieblingsmotive von Pit-Peg, den Turmbahnhof im Vorortbereich großer Städte wählt, braucht kein ländliches Fluidum als Hintergrundkulisse seiner Anlage.

Noch wichtiger als der wirklich passende Hintergrund ist die Gestaltung des so genannten kritischen Bereichs, genau jener Zone, in der die „Anlagenplatte" endet und die senkrechte „Wand" beginnt. Wie verwischt man diesen „harten Winkel", den Pit-Peg „Brechpunkt" nannte? Sehen Sie selbst, was der Meister so alles vorschlug, um von der dreidimensionalen in die zweidimensionale Illusion hinüberzuleiten.

Altmühl oder Rocky Mountains?

Auch wenn Pit-Peg die Antwort auf die Frage schuldig blieb, ob dieses Motiv aus den USA oder doch eher aus Mittelfranken stammen könnte – seine Zeichnung zeigt allemal, wie man den Übergang von der dreidimensionalen Anlage zur zweidimensionalen Hintergrundkulisse mittels einer halbplastischen, davor gesetzten Felswand bewerkstelligen kann. Die Felswand bildet die linke Begrenzung des Einschnitts; bei den darauf „wachsenden" Fichten stutzt man die hinteren Äste oder klebt sie direkt auf die Kulisse. Die Farbe der aufgemalten Waldsilhouette sollte allerdings weitgehend dem Farbton der Modellfichten entsprechen.

Ausgerundete Kulisse

Die Wirkung einer Hintergrundkulisse erhöht sich wesentlich, wenn sie durch eine harmonische Ausrundung verdeckt, dass die Anlage auf einer rechtwinkligen Grundplatte erbaut und gestaltet wurde. Diese Wirkung lässt sich allerdings nur dann erzielen, wenn die Ausrundung großzügig erfolgt, das heißt, wenn der Radius der „gebogenen" Hintergrundkulisse nicht zu klein gewählt wird. Ebenso wichtig ist der allmähliche Übergang von der „Flachstrecke" der Kulisse zur Ausrundung. Besonders gelungen ist die Sache dann, wenn sich der Beginn der Ausrundung kaum noch feststellen lässt.

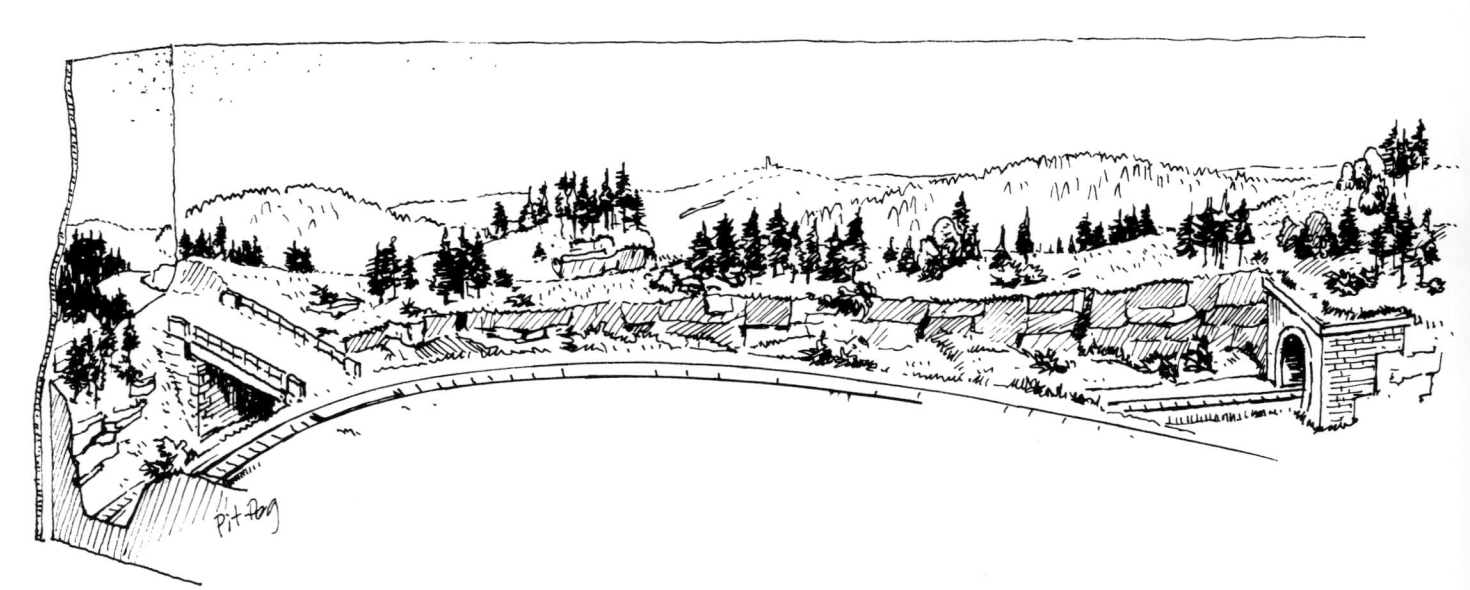

Bahnstrecke auf einem Hochplateau

Diese Zeichnung, der vorangegangenen nicht unähnlich, zeigt zweierlei: Erstens beweist sie, dass eine nicht ausgerundete Hintergrundkulisse die Illusion räumlicher Tiefe abrupt zerstören kann. Zweitens (und dies wiederum ist positiv zu vermerken) wird deutlich, dass die niedrigere Silhouette der Berge auf der Kulisse zu dem Eindruck führt, die Bahnstrecke verlaufe nicht, wie im Falle der ersten Skizze, in einem Tal, sondern auf einer Hochebene.

Obwohl die Kulisse bereits fertig montiert ist und eine Ausrundung so ohne weiteres nicht mehr möglich sein dürfte, lässt sich der störende Eindruck der rechtwinkligen Ecke mildern, indem man unmittelbar davor große und besonders dicht belaubte Bäume „pflanzt". Das hilft!

Die ideale Hintergrundkulisse

Gibt es sie überhaupt, die ideale Hintergrundkulisse? Nach Ansicht von Pit-Peg „braucht man sie eigentlich gar nicht". Wie bitte? Eine optimale Tiefenwirkung werde nämlich bereits erzielt, so fuhr der Künstler fort, „wenn der Brechpunkt zwischen dreidimensionaler und zweidimensionaler Illusion ganz verschwindet".

Bei eingehender Betrachtung der obigen Zeichnung wird im wahrsten Sinne des Wortes transparent, was er damit meinte. Die Felswand, die S-förmig scheinbar in die Kulisse hineinführende Straße und der mit Büschen und Bäumchen bewachsene Hang sind „echt", sprich: dreidimensional. Sie erheben sich mit wenigen Zentimetern Abstand vor dem Hintergrundpanorama und verstellen dem Betrachter den Blick auf den gefürchteten „Brechpunkt", den rechten Winkel, mit dem die Hintergrundkulisse auf der „Grundplatte" steht. Vor allem die (am Anlagenrand tatsächlich endende) Straße, die scheinbar talwärts weiterführt, erhöht und verfestigt den Eindruck enormer Tiefe.

Man müsse, so wusste Pit-Peg alle künstlerisch weniger Begabten zu trösten, „kein Kunstmaler sein um die dazu nötige Hintergrundkulisse anzufertigen". Man komme auch ohne Berge aus; es genüge „die Luft" zu malen.

Und wie? Nach Pit-Peg so: „Im Zenit des (vorerst noch wolkenlosen) Himmels mit einem etwas satteren Blau beginnen (etwas Weiß zusetzen), das sich dem Horizont zu mehr und mehr aufhellt und in einem grau-violetten Farbton endet. Dass der Farbauftrag stets mit horizontal geführtem (breiten) Pinsel erfolgen soll, versteht sich fast von selbst. Wahrnehmbare Pinselspuren, wie man sie zum Beispiel von gewissen Ölgemälden her kennt, sind nicht nur zu vermeiden, sondern auch gänzlich unerwünscht! Das Aussehen eines Modellbahnhimmels muss eher dem einer Farbfotografie gleichen; eine irgendwie künstlerisch wirkend sollende Pinselstrichmanier würde dem Gesamteindruck nur abträglich sein." Wer kann, sollte den Himmel „in Anbetracht der feinen Farbabstufungen und im Hinblick auf die erwünschte fleckenlose Arbeit" ohnehin am besten spritzen oder auch spritzen lassen.

Der Kurven-Trick

Man kann die Probleme mit dem „Knickpunkt" zwischen dreidimensionalem Vordergrund und zweidimensionalem Hintergrund auch dadurch umgehen, wenn man (wie hier) eine Straße kurz vor der senkrecht aufsetzenden Hintergrundkulisse in eine enge Kurve übergehen und (für den Betrachter nicht sichtbar) hinter dem Felsen enden lässt. Der Baumbestand rechts im Bild sollte zur Erhöhung der Tiefenwirkung im vorderen Bereich vollplastisch und unmittelbar vor der Hintegrundkulisse als Halbrelief aufgebaut werden. Auf ein Problem sei jedoch hingewiesen: Nur bei optimaler Ausleuchtung von oben lassen sich Schlagschatten (etwa des Felsens auf der Kulisse) vermeiden.

Zonengrenze

Im Gegensatz zur vorangegangenen Zeichnung hat Pit-Peg hier die Straße vom Vordergrund auf den Hintergrund weitergeführt. Ein Felsvorsprung verdeckt die Strassenbreite unmittelbar hinter dem Brechpunkt. Die gestrichelte Linie markiert die Zonengrenze zwischen dem dreidimensionalen Vorder- und dem zweidimensionalen Hintergrund.

Fragmente und Hintergründe

Tücken im Objekt

Setzt sich eine rechtwinklig auf den Anlagenrand zulaufende Straße auf der Kulisse fort, so hat das seine Tücken: Nur bei rechtwinkliger Draufsicht gelingt die Illusion. Geht der Betrachter nach links oder rechts, entsteht ein Knick. Die Lösung liegt darin, die Straße schräg in einer Kurve bzw. über eine kleine Kuppe hinweg in die Kulisse hineinzuführen.

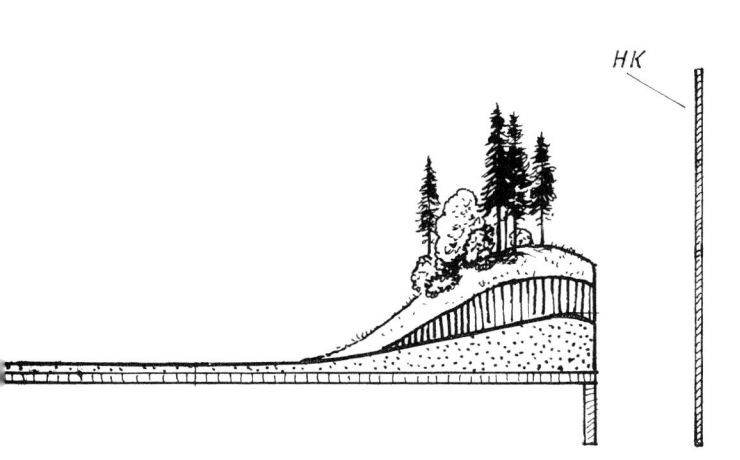

Pit-Peg-Sammelband

Von der Nordseeküste nach Franken

Diese drei Beispiele veranschaulichen, wie Hintergrundkulissen nach unterschiedlichen landschaftlichen bzw. regionalen Vorbildern den Charakter einer Modellbahn ganz erheblich verändern können.

Während die eingleisige Nebenbahntrasse im Vordergrund in allen drei Zeichnungen identisch ist, zeigt das obige Beispiel eine typisch norddeutsche Kulisse, angesiedelt etwa im Hinterland der Nordseeküste, mit flachwelliger, weiter Landschaft und einem hohen Wolkenhimmel darüber. Bis auf die weit entfernten Silhouetten zweier Windmühlen (die bis in die frühe Epoche III hinein noch produziert haben dürften) sieht man keinerlei Gebäude oder Ansiedlungen.

Die nächste Zeichnung (Seite 73 oben) folgt von der Idee her in etwa der Moränenlandschaft Mecklenburgs mit ihren flachen Hügeln und den blinkenden Gewässern der mecklenburgischen Seenplatte.

Auch hier kam Pit-Peg durch seine unmittelbare Orientierung am Vorbild, zu der er nach eigenem Bekunden gern Geografie-Lehrbücher, Ansichtskarten und sogar Landschaftsgemälde heranzog, ohne Gebäude und Ansiedlungen aus. Letzteres birgt keinerlei Nachteile, sondern kann sich sehr vorteilhaft auswirken. Denn aufgemalte Gebäude, die in ihrer perspektivischen Darstellung bzw. von ihre Größe her nicht exakt mit der Anlage harmonieren, können unter Umständen die schönste Landschaftsillusion empfindlich stören, wenn nicht gar völlig zerstören.

Aus genau demselben Grund schaut das dritte Beispiel zunächst einfacher aus, als es sich praktisch nachgestalten lassen dürfte. Die kleine Ortschaft nach offensichtlich fränkischem Vorbild muss nicht nur im Hinblick auf den Baustil, sondern auch in perspektivischer Hinsicht exakt „stimmen". Während bei einem Hügel, einem See oder einem einzelnen Baum niemand ohne weiteres entscheiden kann, ob sie „zu groß" oder „zu klein" geraten sind, verlangen Gebäude wesentlich mehr Sorgfalt und Gefühl im Hinblick auf ein harmonisches Gesamtbild. Ihre perspektivische Größenwirkung hängt weitaus stärker vom Standpunkt des Malers ab, als etwa der Eindruck von Seen, Wiesen und Hügeln, die man irgendwann ohnehin mit dem Dunst der Ferne verschwimmen lässt.

Bei der Darstellung von Ortschaften schleicht sich hingegen allzu leicht mannigfacher optischer Widerspruch zwischen den Gebäuden auf der Anlage und den von eigener Hand gemalten Häusern auf der Hintergrundkulisse ein. Offensichtlich aus eigener Erfahrung heraus warnte daher Pit-Peg: „Sobald man nach vollbrachtem Werk den Standpunkt ändert, ist's aus mit der Herrlichkeit – die Kulisse harmoniert nicht mehr mit der Anlage."

Die Schlussfolgerung für den selbst malenden Anlagenbauer kann insofern nur lauten: Wer auf Ansiedlungen, Dörfer oder gar Städte auf seiner mühevoll entstehenden Hintergrundkulisse verzichten kann, ist mit einer am Horizont allmählich verschwimmenden „reinen" Landschaftsdarstellung ohne Häuser allemal besser beraten.

Fragmente und Hintergründe

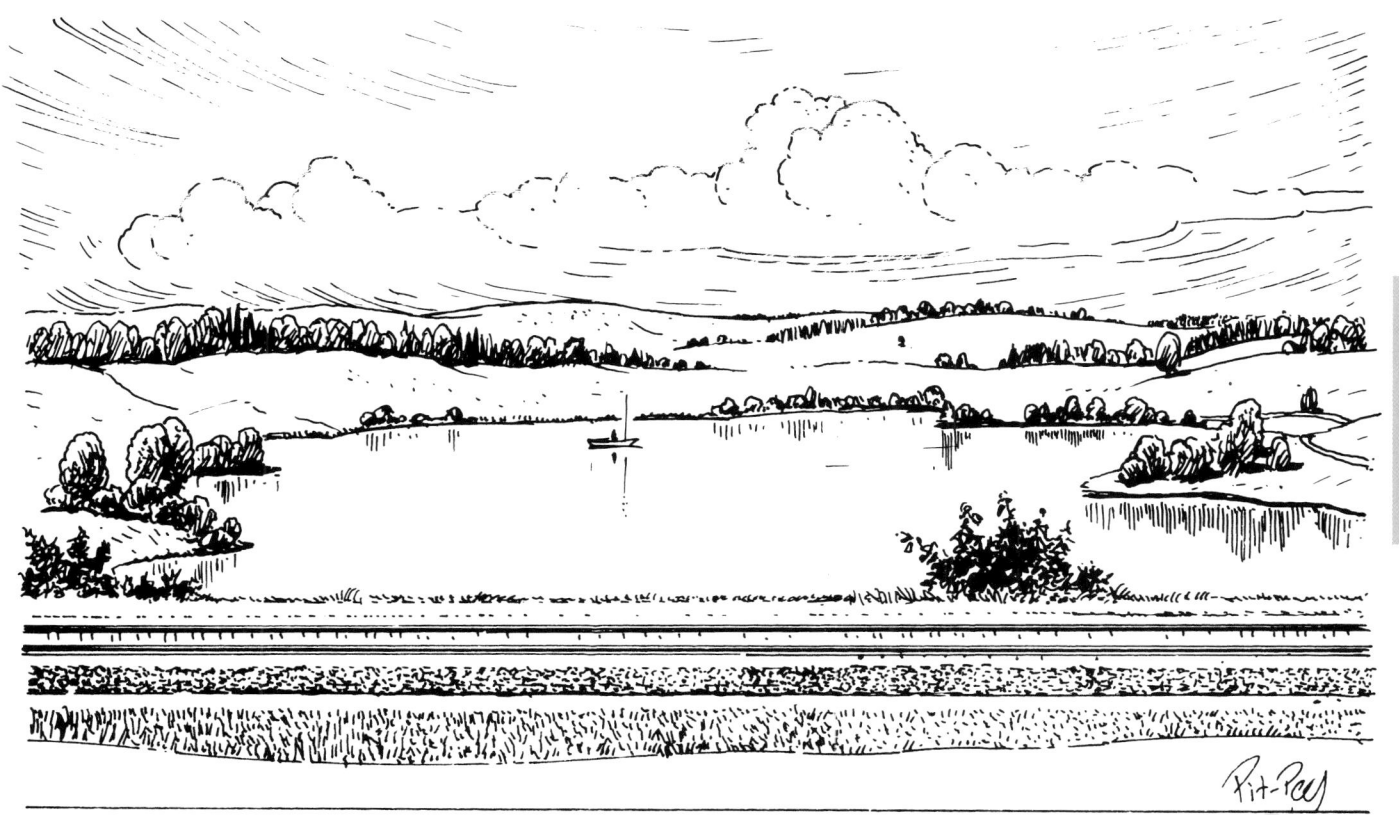

Mittelgebirgskulisse

Bei entfernt liegenden Waldrändern kommt man ohne Details wie etwa einzelne Stämme und Äste aus. Es genügt, eine Art „Waldteppich" in grau-grünlich bis leicht bläulicher Tönung wiederzugeben, während der Waldsaum blau-violett bis violett-grau erscheinen kann.

Hochgebirgskulisse

Der in jeder Hinsicht malerische Voralpensee mit dem dünnen Waldsaum stellt das Bindeglied zwischen dem dreidimensionalen Bahndamm und der zweidimensionalen Hintergrundkulisse mit dem Hochgebirgsmassiv dar. Der Bahndamm sollte allerdings so hoch wie möglich gestaltet werden, denn nur so lässt sich der Brechpunkt dauerhaft abtarnen.

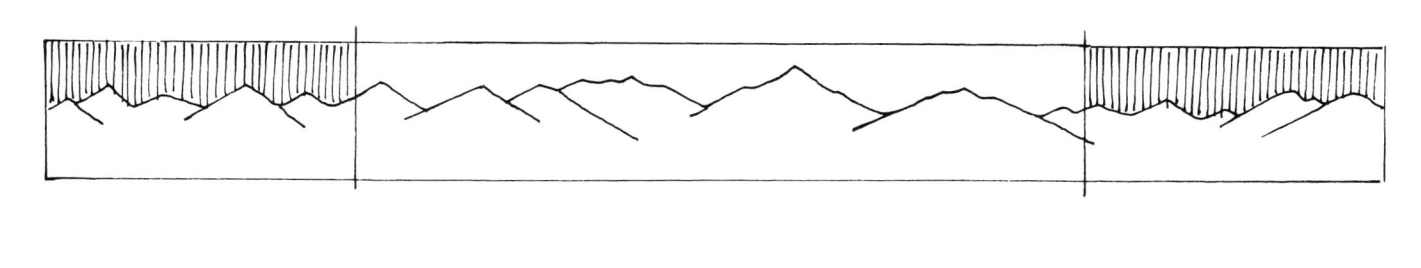

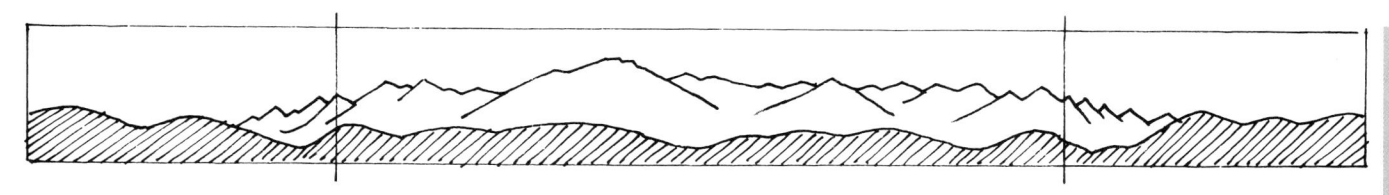

Kulissenzauber

Die obere Kulissenskizze stellt ein Hochgebirge mit vorgelagertem Höhenzug dar, die jedoch beide an den Ecken rechtwinklig abknicken, statt dass sich zumindest die hintere Bergkette in der Längsachse fortsetzt. Pit-Peg wußte Rat, den er an einem Beispiel erläuterte: „Nehmen Sie transparentes Papier, zeichnen Sie die untere Skizze ab und übertragen Sie diese auf einen Streifen Zeichenkarton. Wird in dieser Zeichnung der vordere Höhenzug nachgezogen (am besten farblich deutlich abgesetzt – siehe Schraffur) und das Ganze an den Umrisskanten beschnitten, rechtwinklig abgeknickt und auf einen himmelblaugrauen Hintergrund geklebt, kommt es zu dem beabsichtigten Kulissenzauber: Wenn Sie Ihr kleines Werk mit zusammengekniffenen Augen betrachten, entsteht der Eindruck, dass sich die Bergkette nach hinten krümmt und logisch fortsetzt. Dieser Eindruck verstärkt sich bei entsprechender Farbgebung, wenn nämlich am Ende der Kulisse Bergsilhouetten und Himmel miteinander zu verschmelzen scheinen. Der ganze Trick beruht darauf, dass die Berghöhen des Hochgebirges von der Mitte aus zum Kulissenende hin nicht nur stetig abnehmen, sondern auch immer enger aneinander rücken."

Das unten dargestellte Dioramensegment zeigt diese Wirkung in der Praxis des Anlagenbaues. Der Überlegung von Pit-Peg kommt zugute, dass der bewaldete Geländehang zum Hintergrund hin ansteigt. Noch perfekter dürfte die Ausrundung der Hintergrundkulisse wirken.

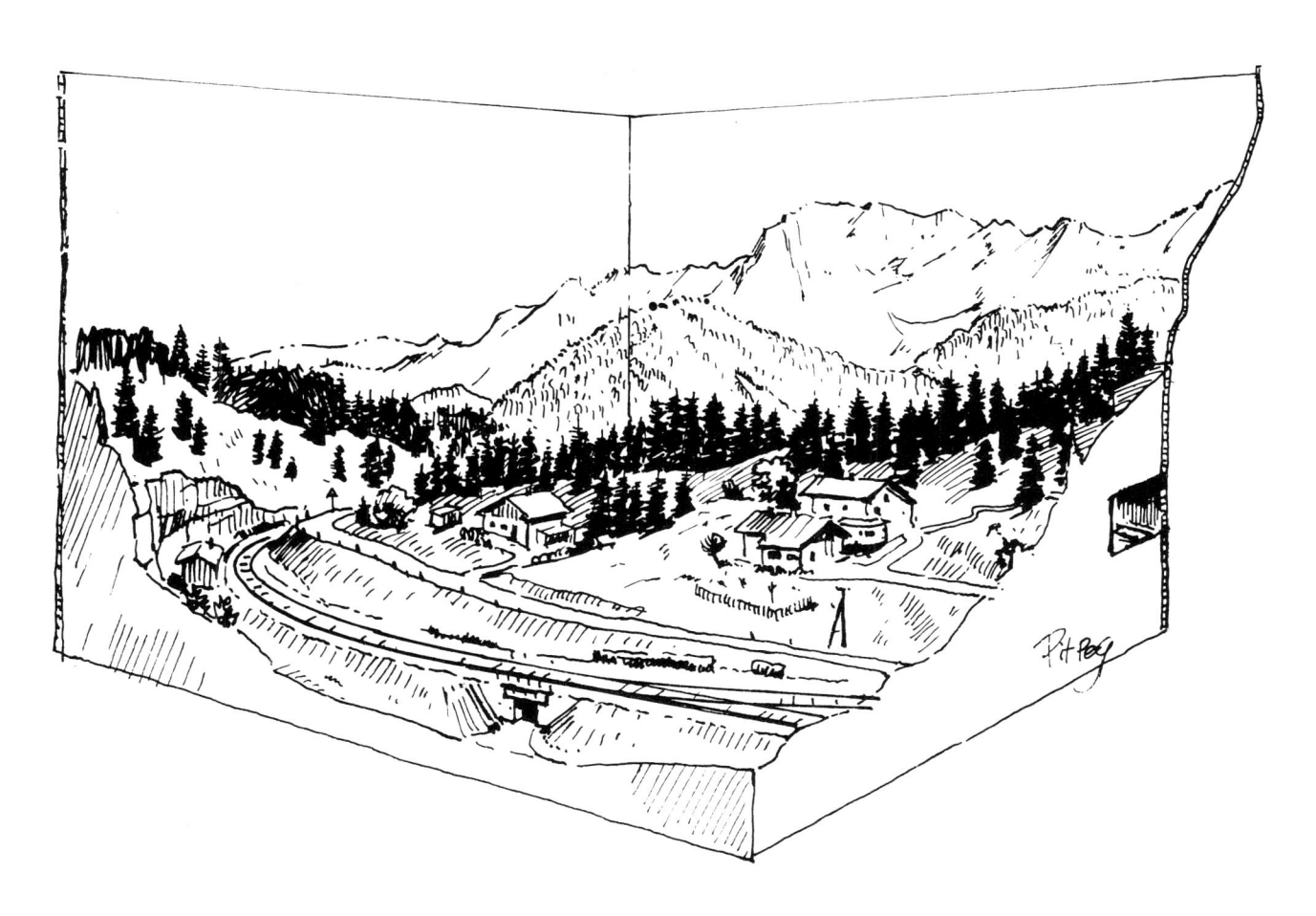

Stimmen die Proportionen? Bahndämme und Stützmauern

Wer mit der Planung und dem Bau einer Modellbahn Ernst macht, begeht schnell diesen oder jenen Fehler, der angesichts heutiger Preise für Gleise und Weichen, aber auch für Materialien zur Landschaftsgestaltung besser vermieden werden sollte. Mit seinen beispielhaften Zeichnungen wollte Pit-Peg vor nunmehr über 30 Jahren nicht nur zum Nachbau anregen, sondern auch zeigen, wie sich gravierende Fehler vermeiden lassen, was richtig und was falsch wäre, was geht und was nicht geht.

Einer der häufigsten Fehler, der sich bei den Planungen und beim Bau von Modellbahnanlagen einschleichen kann, betrifft die unbedarfte Verwendung von Bahndämmen und Stützmauern. In der Absicht, möglichst „viel Eisenbahn" auf die Platte zu bringen, werden Bahndämme vorgesehen und entworfen, die meist zu hoch, zu steilwinklig und mit viel zu engen Radien ausgestattet sind. Werden solche „Kunstbauten" dann auch noch realisiert, weil ihre wirklichkeitsfremde Gestaltung niemandem rechtzeitig genug auffiel, so hinterlassen sie einen vorbildwidrigen, bizarren und – was wohl das Schlimmste ist – einen spielzeughaften Eindruck.

Der häufigste Fauxpas liegt wohl in der Wahl falscher Böschungswinkel, die aus Platzgründen zumeist viel zu steil ausfallen. MIBA-Verleger Werner Walter Weinstötter und der langjährige Redakteur Michael Meinhold, die seinerzeit viele der Zeichnungen und Motive von Pit-Peg mit fachlich notwendigen Kommentaren begleiteten, warnten an dieser Stelle: „Ein Bahndamm muss nunmal die richtige Schräge haben. Bei Platzmangel darf dieser Damm nicht dadurch schmäler gemacht werden, dass man die Böschung so steil macht, dass in natura die Erde abrutschen würde!" Dem braucht wohl nichts hinzugefügt zu werden.

Da „Dammrutschungen", wie sie der Oberbau-Fachmann nennt, aus den verschiedensten Gründen allerdings auch dann eintreten können, wenn die vorgeschriebenen Böschungswinkel eingehalten wurden, nutzt das Vorbild die stabilisierende Wirkung von Stützmauern. Selbstverständlich kann der Modellbahner das auch tun. Er dürfte sogar (im Sinne effektiver Platzersparnis) weitaus häufiger davon Gebrauch machen, als es beim Vorbild geschieht. Doch auch bei Stützmauern wird häufig überzogen und ohne Orientierung an der Realität derart übertrieben, dass baustatisch unmögliche Gebilde entstehen. Es empfiehlt sich, die Bauweise der verschiedenen Stützmauern genauestens zu studieren und die eigenen Vorhaben gegebenenfalls zu korrigieren.

Die nachfolgende Seiten mit einem Ausschnitt aus dem reichhaltigen Zeichnungsfundus von Pit-Peg zeigen anhand von Musterbeispielen, was richtig, möglich und ansprechend ist und was sich schlicht und einfach verbietet, selbst wenn damit arge Raumprobleme gelöst werden könnten. Auch hier gilt: Weniger kann durchaus mehr sein!

Falsch!

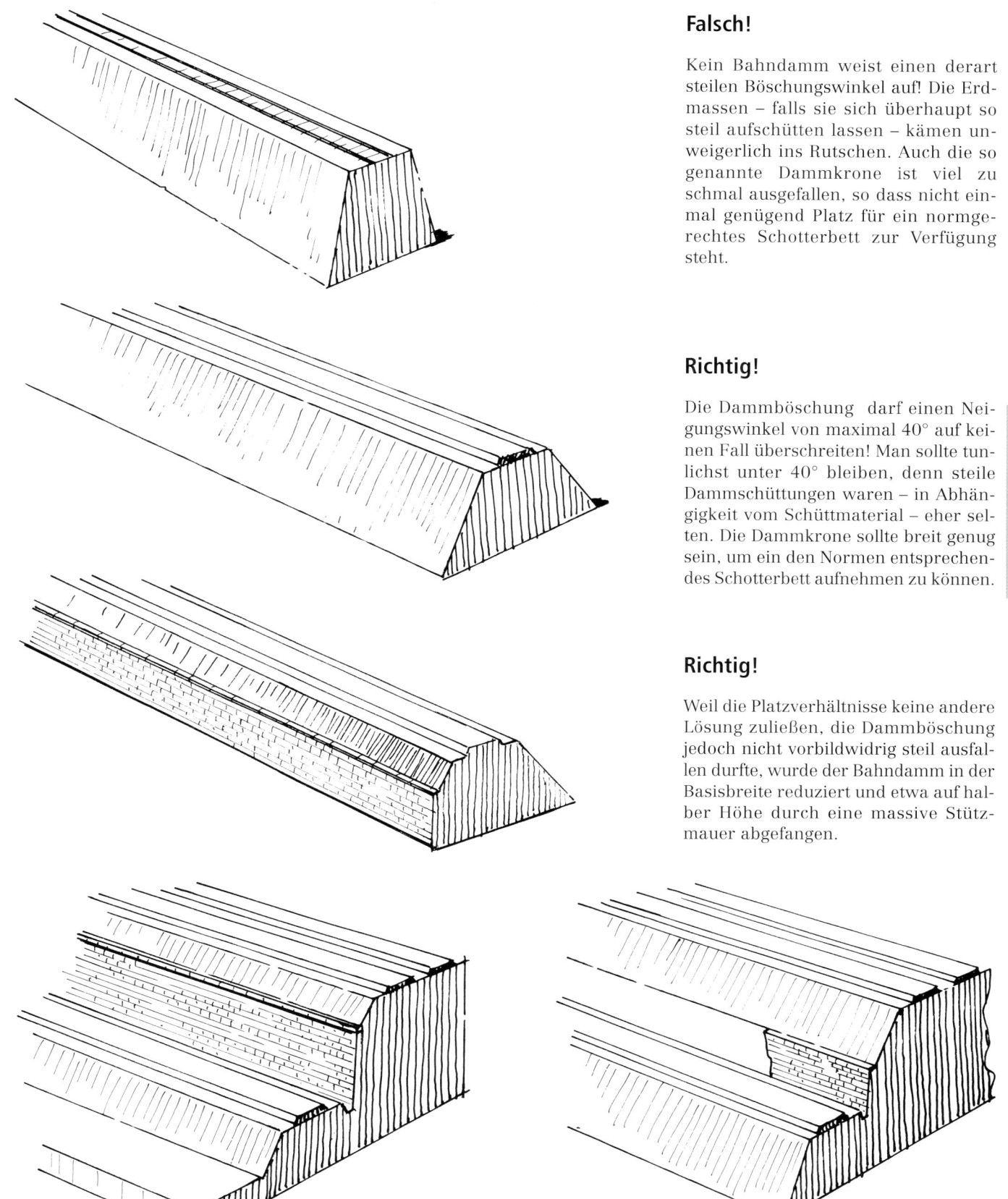

Kein Bahndamm weist einen derart steilen Böschungswinkel auf! Die Erdmassen – falls sie sich überhaupt so steil aufschütten lassen – kämen unweigerlich ins Rutschen. Auch die so genannte Dammkrone ist viel zu schmal ausgefallen, so dass nicht einmal genügend Platz für ein normgerechtes Schotterbett zur Verfügung steht.

Richtig!

Die Dammböschung darf einen Neigungswinkel von maximal 40° auf keinen Fall überschreiten! Man sollte tunlichst unter 40° bleiben, denn steile Dammschüttungen waren – in Abhängigkeit vom Schüttmaterial – eher selten. Die Dammkrone sollte breit genug sein, um ein den Normen entsprechendes Schotterbett aufnehmen zu können.

Richtig!

Weil die Platzverhältnisse keine andere Lösung zuließen, die Dammböschung jedoch nicht vorbildwidrig steil ausfallen durfte, wurde der Bahndamm in der Basisbreite reduziert und etwa auf halber Höhe durch eine massive Stützmauer abgefangen.

Doppelter Dammanschnitt

Sowohl der Damm der zweigleisigen als auch der niedrige Damm der eingleisigen Strecke wurden zur Platzersparnis einseitig (oben) bzw. rückseitig (unten) angeschnitten.

Geneigte Stützmauern

Stützmauern sollten stets leicht (etwa 1:3) zur Dammkrone hin geneigt sein. Ihre Dicke kann der Modellbahner durch breite Abdeckleistchen als oberen Abschluss andeuten.

Richtig!

Um eine längere, hohe Stützmauer zu stabilisieren, wurden beim Vorbild so genannte Pfeilervorlagen in das aufgemauerte Stützsystem integriert. Auf der Modellbahn dienen die Pfeilervorlagen als wirkungsvolle optische Auflockerung.

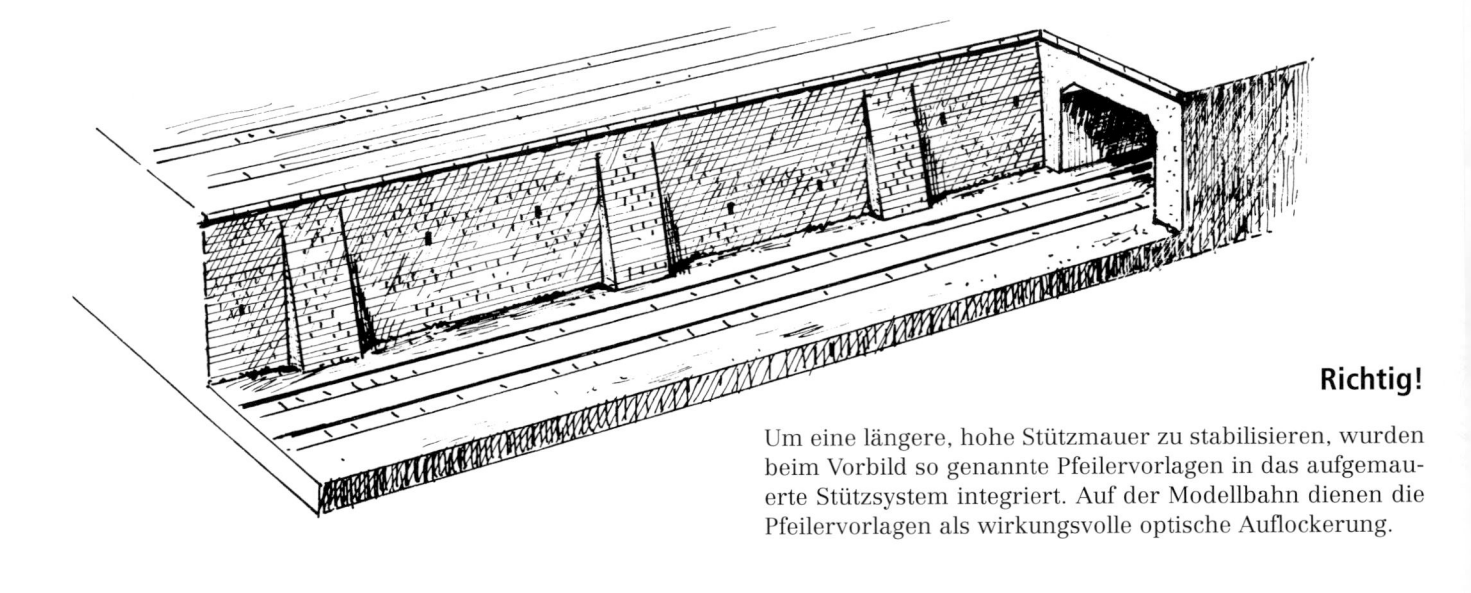

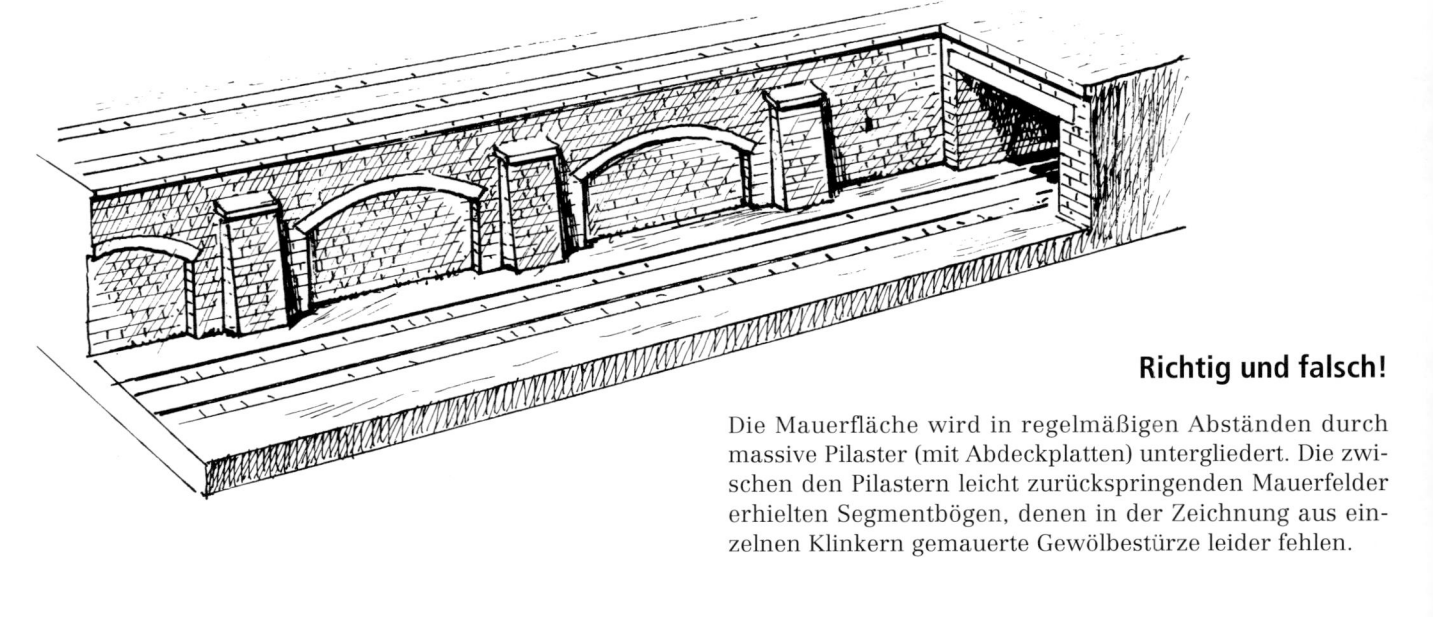

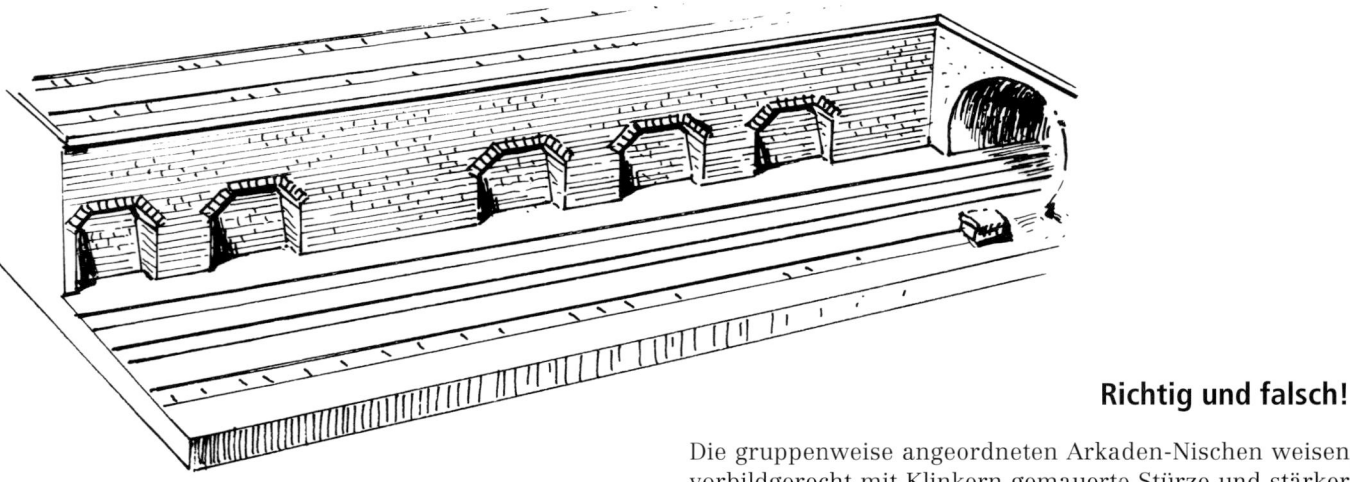

Richtig und falsch!

Die Mauerfläche wird in regelmäßigen Abständen durch massive Pilaster (mit Abdeckplatten) untergliedert. Die zwischen den Pilastern leicht zurückspringenden Mauerfelder erhielten Segmentbögen, denen in der Zeichnung aus einzelnen Klinkern gemauerte Gewölbestürze leider fehlen.

Richtig und falsch!

Die gruppenweise angeordneten Arkaden-Nischen weisen vorbildgerecht mit Klinkern gemauerte Stürze und stärker geneigte Hintermauerungen auf. Im Widerspruch dazu offenbart das Tunnelportal in der Zeichnung rechts insofern einen schwer wiegenden Mangel, als ihm ein gemauerter Gewölbebogen und ein glaubhaftes „Deckgebirge" fehlen!

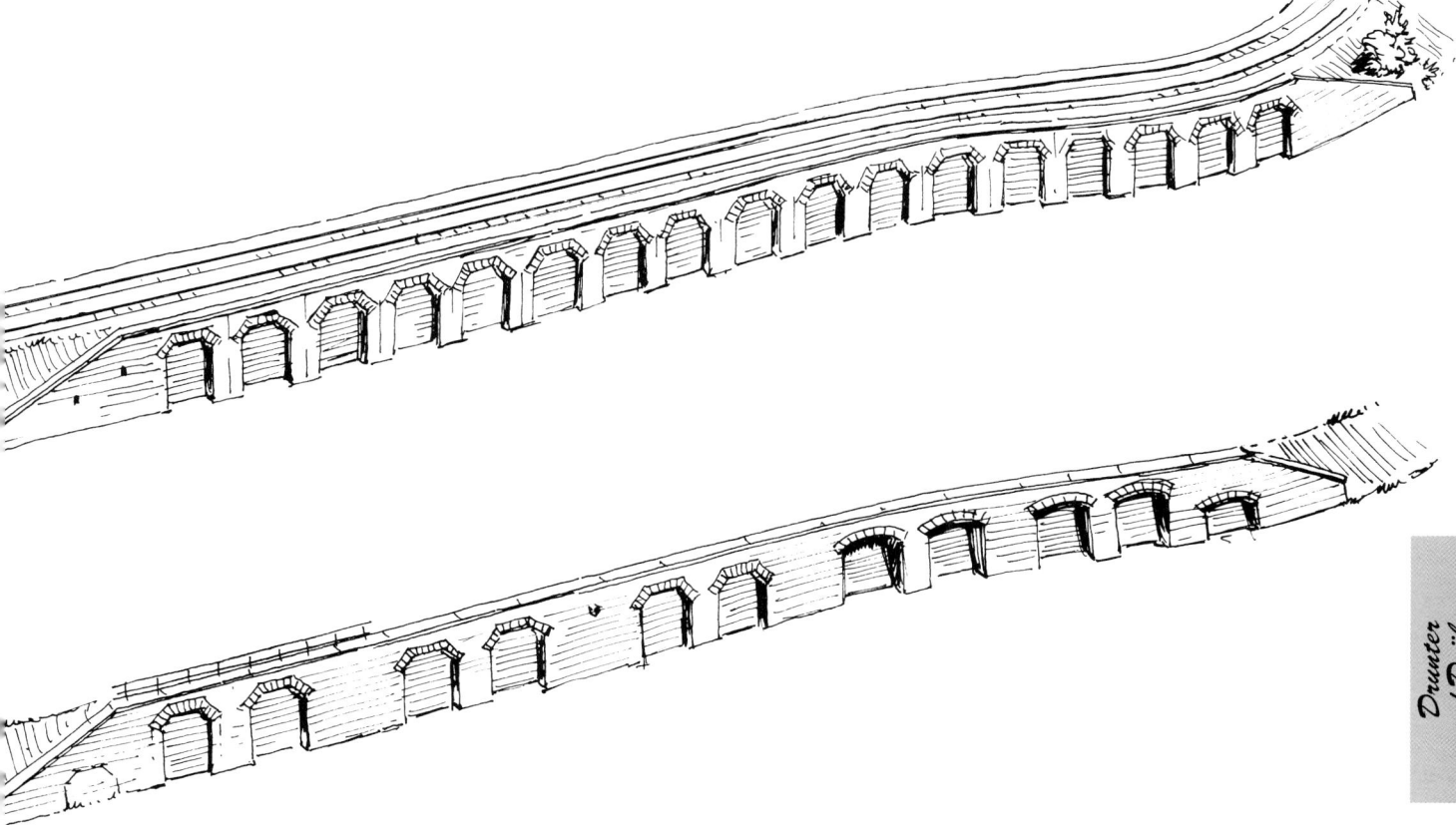

Stützmauer-Arkaden in Varianten

Mit diesen drei zeichnerischen Beispielen wollte Pit-Peg verdeutlichen, dass auch die Auflösung einer längeren, an sich eher monotonen Stützmauer in einzelne Arkaden allein noch nicht ausreicht um ein abwechslungsreiches Gesamtbild zu vermitteln.

So enthält die erste der drei Zeichnungen (ganz oben) rein sachlich bzw. bautechnisch zwar keinerlei Fehler, wirkt aber architektonisch einfallslos und sieht wenig vorbildgerecht aus. Die eng aneinander gereihten Arkaden hinterlassen zudem einen auf den Betrachter eher unruhig wirkenden, nicht sonderlich harmonischen Gesamteindruck.

Die mittlere Zeichnung, die eine unregelmäßige Aufgliederung der Mauer in einzelne Arkadenpaare zeigt, macht zwar einen besseren Eindruck, kann aber auch nur als eher schwache Problemlösung gewertet werden.

Die dritte Abbildung (ganz unten) mit dem Sockelabsatz für ein Signal, der stählernen Treppe und dem auf der Mauerkrone montierten Zaun bringt im Zusammenspiel mit den paarweise angeordneten Arkaden so etwas wie echte Eisenbahnatmosphäre ins Spiel.

Die an sich strenge Geschlossenheit einer langen Mauer wird hier am Anfang und am Ende durch niedrigere, teilweise abfallende Stützmauerpartien mit anschließenden, geneigten Dammböschungen aufgelockert, was im Hinblick auf die Begrünung auch farblich abwechslungsreicher wirkt. So wird Vielfalt ermöglicht, wo zuvor Monotonie drohte. Wer zu einer solchen Lösung platzmäßig in der Lage ist, dem sei diese Idee vorbehaltlos zur Nachahmung empfohlen.

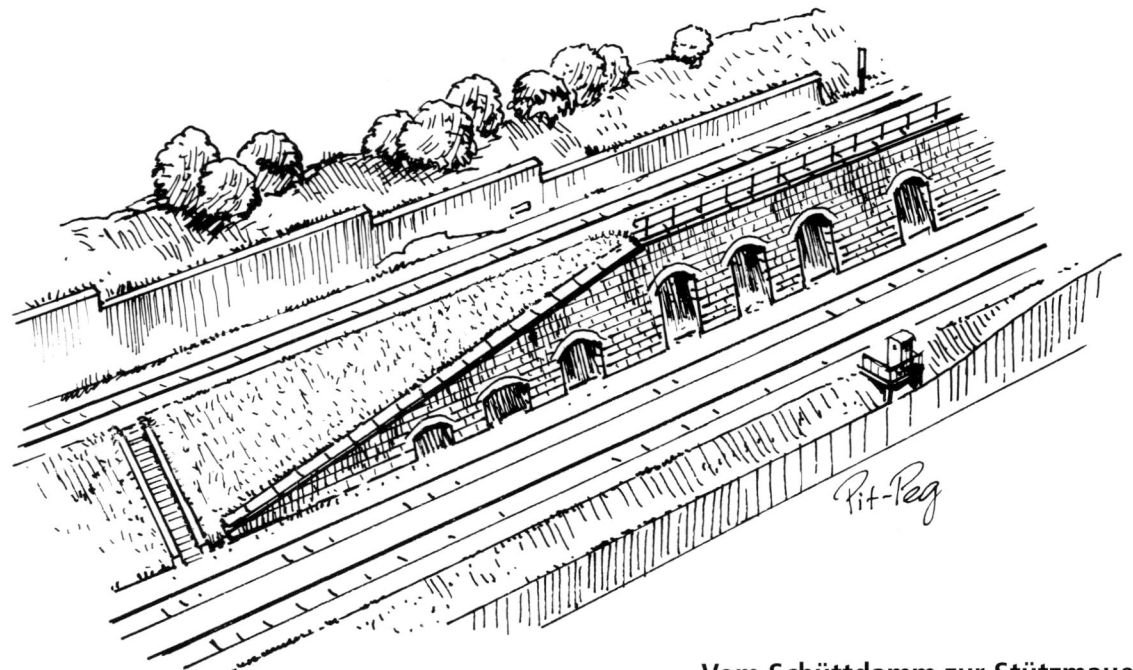

Vom Schüttdamm zur Stützmauer

So könnte der Übergang vom grasbewachsenen Bahndamm zu einer geneigten Stützmauer aus Hausteinen aussehen: Die Mauer beginnt mit einem lang gezogenen spitzen Winkel unter einer Krone aus Sandsteinplatten und setzt sich als Arkadenwand fort. Die Stützmauer im oberen Teil der Zeichnung besteht aus Beton und ist daher steiler (1:5) geneigt.

Stützmauerpartie statt Dammböschung

Entsprechend der unterschiedlich hohen Stützmauer wurden auch die Arkaden samt Nischen in verschiedenen Höhen ausgeführt. Die stark geneigte Arkadenhintermauerung und die Mächtigkeit der Stützmauer mit der Pfeilervorlage (vorn links) verdeutlichen den Druck der Dammaufschüttung.

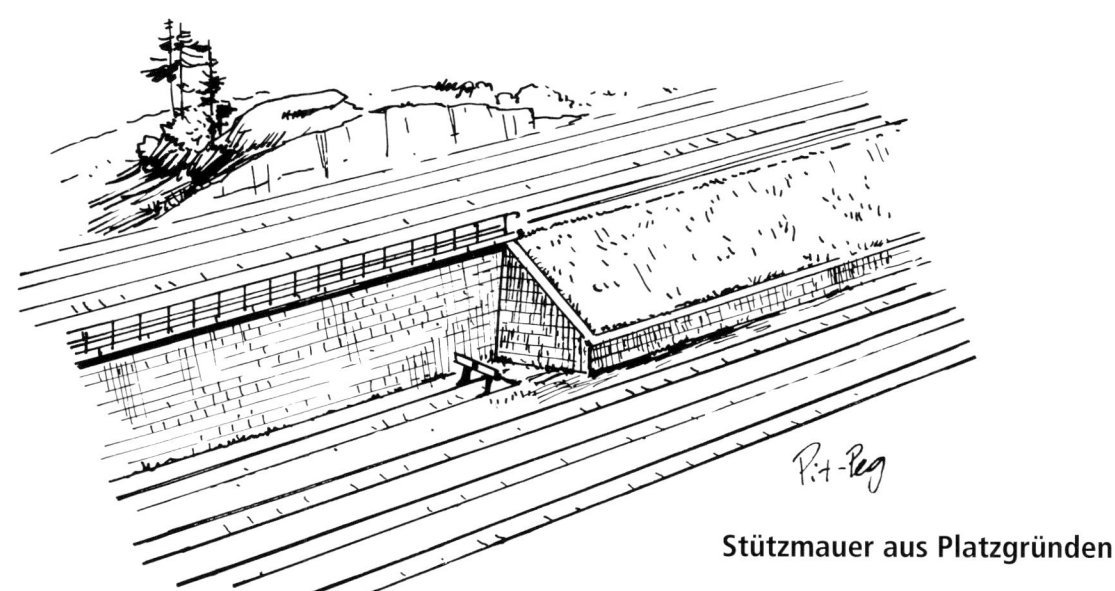

Stützmauer aus Platzgründen

Wegen der offenbar erst nachträglich notwendig gewordenen Verlegung eines betrieblich sehr wichtigen Stumpfgleises wurde ein Teil des Bahndammes abgebaggert und durch eine fast senkrecht abfallende Stützmauer ersetzt.

Stützmauer mit Fußgängertunnel

Eine lange, gleichförmige Stützmauer muss nicht langweilig sein. Sowohl der Eingang zum Fußgängertunnel als auch das auf Höhe der Mauerkrone liegende Abstellgleis und nicht zuletzt die ansteigende Straße bringen Abwechslung ins Bild.

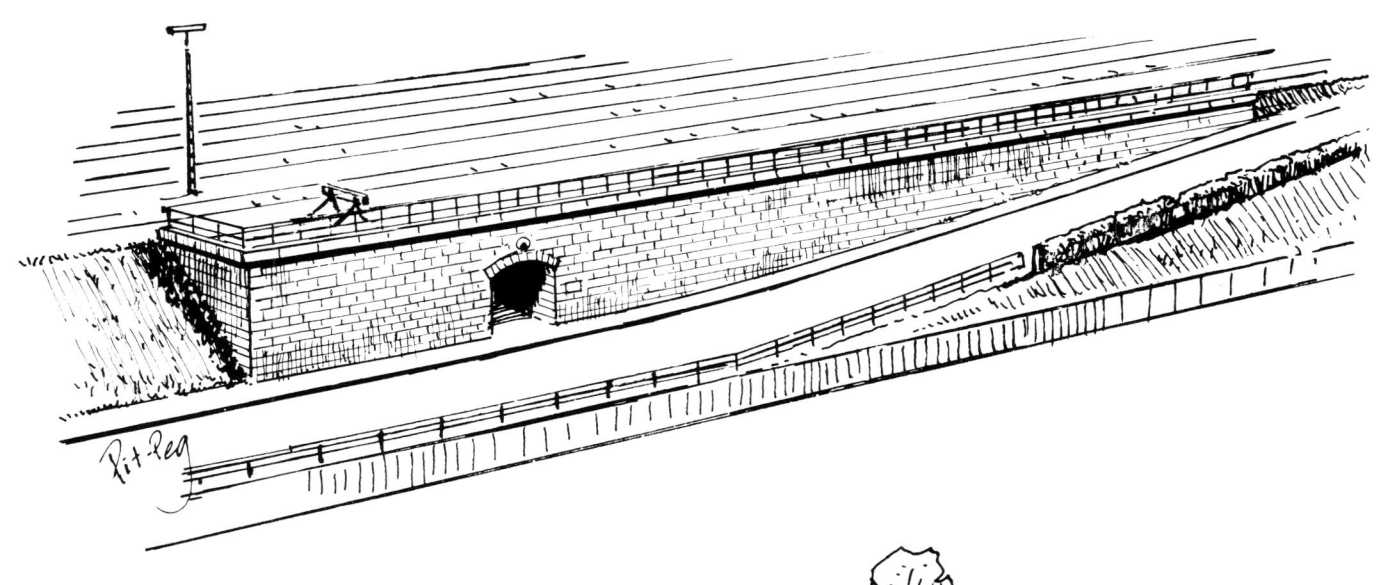

Unterführung mit Flügelmauern

Auch ein aufgeschütteter Bahndamm wirkt interessanter, wenn er durch eine Unterführung aufgelockert wird, deren Bauweise sich allerdings exakt am großen Vorbild orientieren sollte. Um beispielsweise den Seitendruck der Dammschüttung aufzufangen, wurden hier so genannte Flügelmauern erforderlich, die in ihrer Schrägstellung (1:4) weitgehend den Stützmauern entsprechen.

Auskragende Stützmauer

Weil ein Fußgängerweg für Eisenbahner erforderlich war, hat man eine im oberen Bereich auskragende Stützmauer gebaut. Die Wahl von Beton erzeugt ein kompakt wirkendes Bild und macht gemauerte Arkadenbögen überflüssig.

Stützmauer im Stadtgebiet

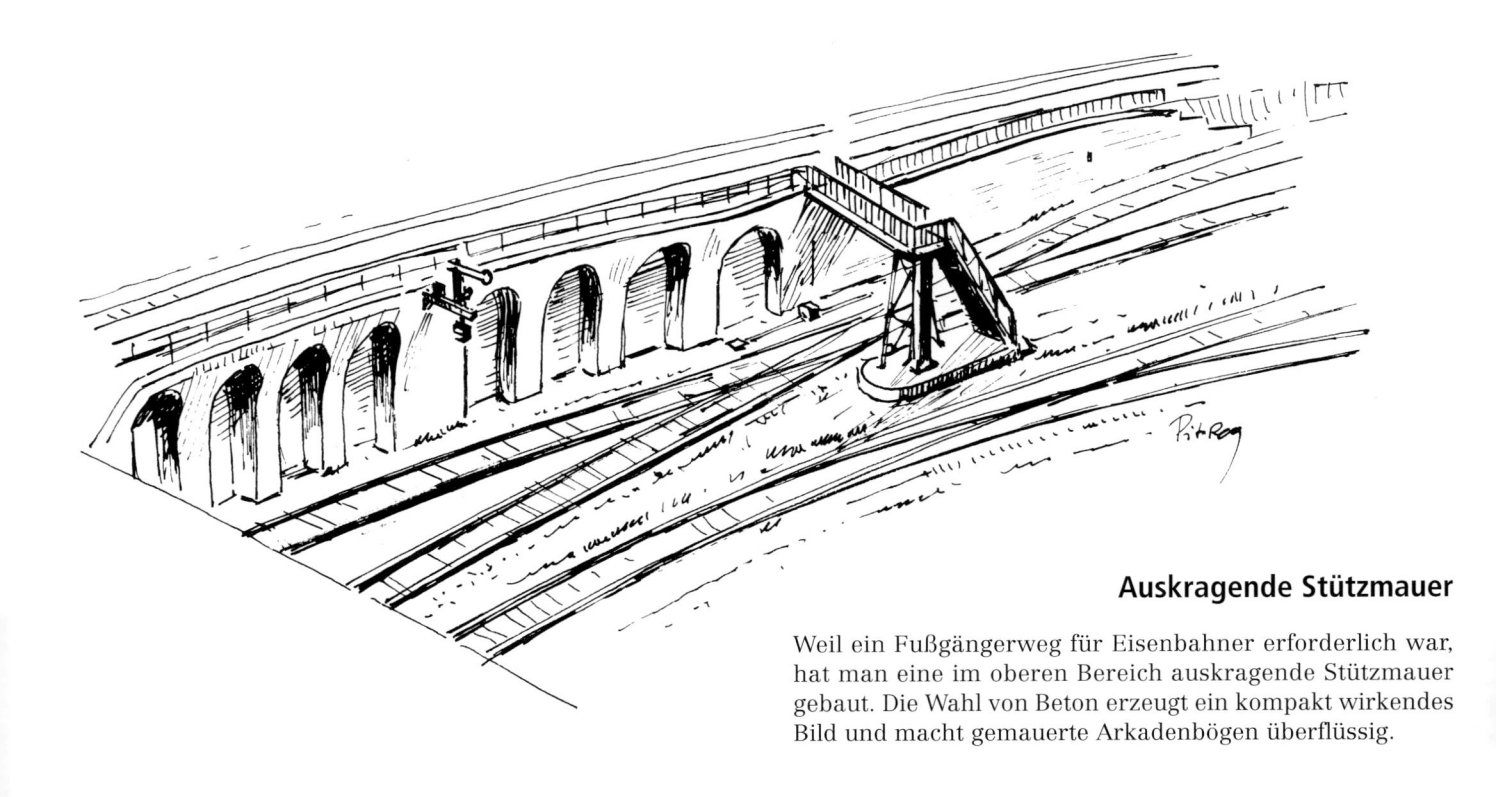

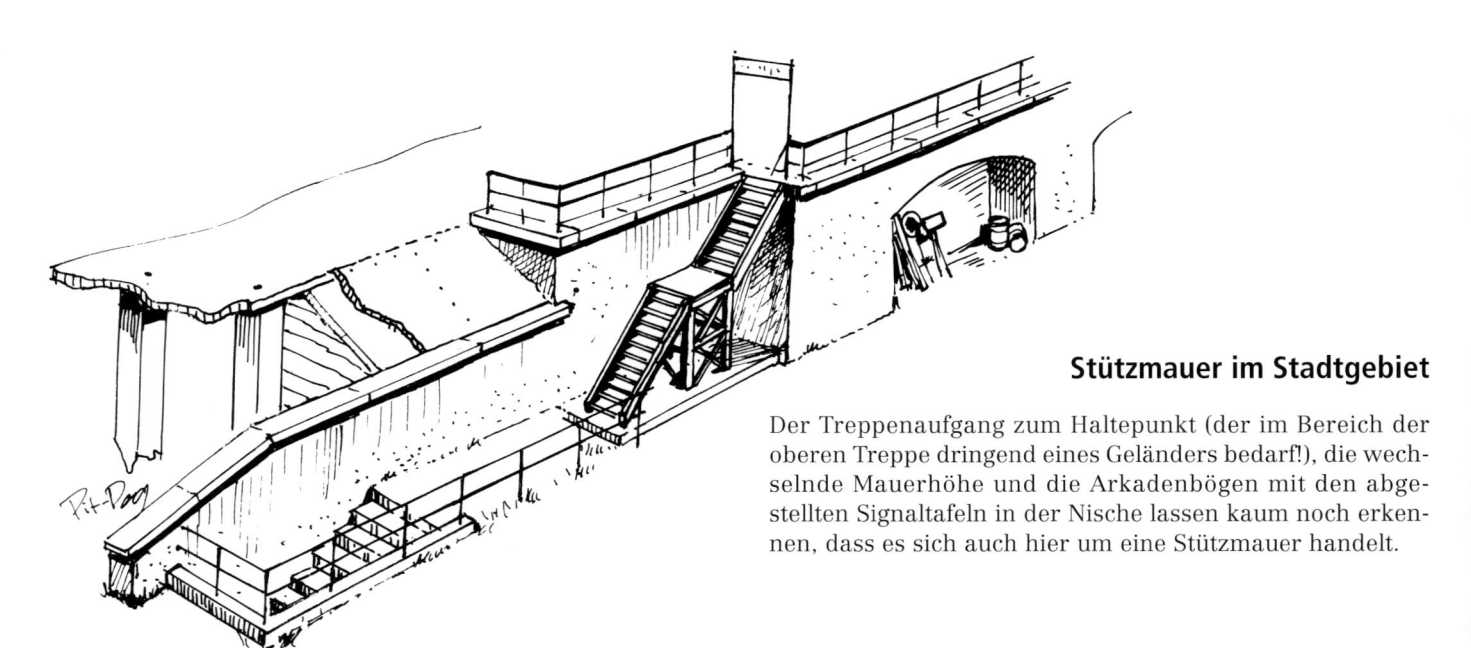

Der Treppenaufgang zum Haltepunkt (der im Bereich der oberen Treppe dringend eines Geländers bedarf!), die wechselnde Mauerhöhe und die Arkadenbögen mit den abgestellten Signaltafeln in der Nische lassen kaum noch erkennen, dass es sich auch hier um eine Stützmauer handelt.

Stützmauer mit Verladeanlage

Neben ihrer eigentlichen Aufgabe können Stützmauern vielfältigen anderen Zwecken dienen. In seiner Zeichnung schlägt Pit-Peg eine Schüttgut-Verladeanlage mit Dosiereinrichtung vor. Was da auch immer den ungewöhnlichen Weg von der Straße auf die Schiene nimmt – der optischen Auflockerung der Stützmauer im Stadtgebiet dient die kleine Anlage allemal!

Flügelmauer mit Entwässerung

Auch bei Stützmauern, die unmittelbar im Anschluss an Tunnelportale gebaut werden um den Seitendruck des Gebirges aufzufangen, spricht man (wie schon bei Durchlässen) von Flügelmauern. Die hier gezeigte Steilhangverbauung bedurfte zusätzlicher Pfeilervorlagen. Um des ständigen Sickerwassers Herr zu werden, hat man Rohre ins Mauerwerk integriert.

Alpine Flügelmauer

Bei vielen seiner Zeichnungen hielt sich Pit-Peg an existierende Vorbilder, selbst wenn manche von ihnen höchst ungewöhnlich wirken. Dazu zählt wohl auch diese stark gekrümmte, in ihrem oberen Abschluss fast elegant geschwungene, steil abfallende Flügelmauer alpinen Ursprungs. Die Pfeilervorlagen lockern das Bild zwar auf, zeigen aber auch die ganze Wucht des Bauwerks. Die Mauerkrone hat man mit einem so genannten Mörtelglattstrich der Geländeneigung angepasst.

Flügelmauer mit Arkaden

Der ohnehin schon seltene Fall einer Flügelmauer mit Arkaden bedient sich hier zusätzlicher, vermutlich zu einem späteren Zeitpunkt angebauter Pfeilervorlagen aus Beton.

Stützmauer im Bahnhof

Mit Rücksicht auf den Baustil des (in der Zeichnung nicht sichtbaren) Empfangsgebäudes entstand dieser durchgestaltete Stützmauerverbau mit Stationsschild. Die in Bruchsteinmanier errichtete „Wand" wird durch hohe Arkadennischen optisch aufgelockert. Die Hintermauerung der Nischen hat man verputzt. Die Mauerkronen tragen Sandsteinplatten. Das sich aufwärts verjüngende Mauerwerk zwischen den Arkadennischen erzeugt bewusst den Eindruck von Pfeilern, die „historisierend" an mittelalterliche Burgen erinnern sollen.

Zusätzliches Abstützbauwerk

Hoher Massendruck durch den Berghang erforderte zusätzlich zur großflächigen Mauerverbauung ein aus Beton bestehendes Abstützbauwerk. Die Pflasterung der Dammoberfläche erhöht die Festigkeit der Dammschüttung.

Falsch!

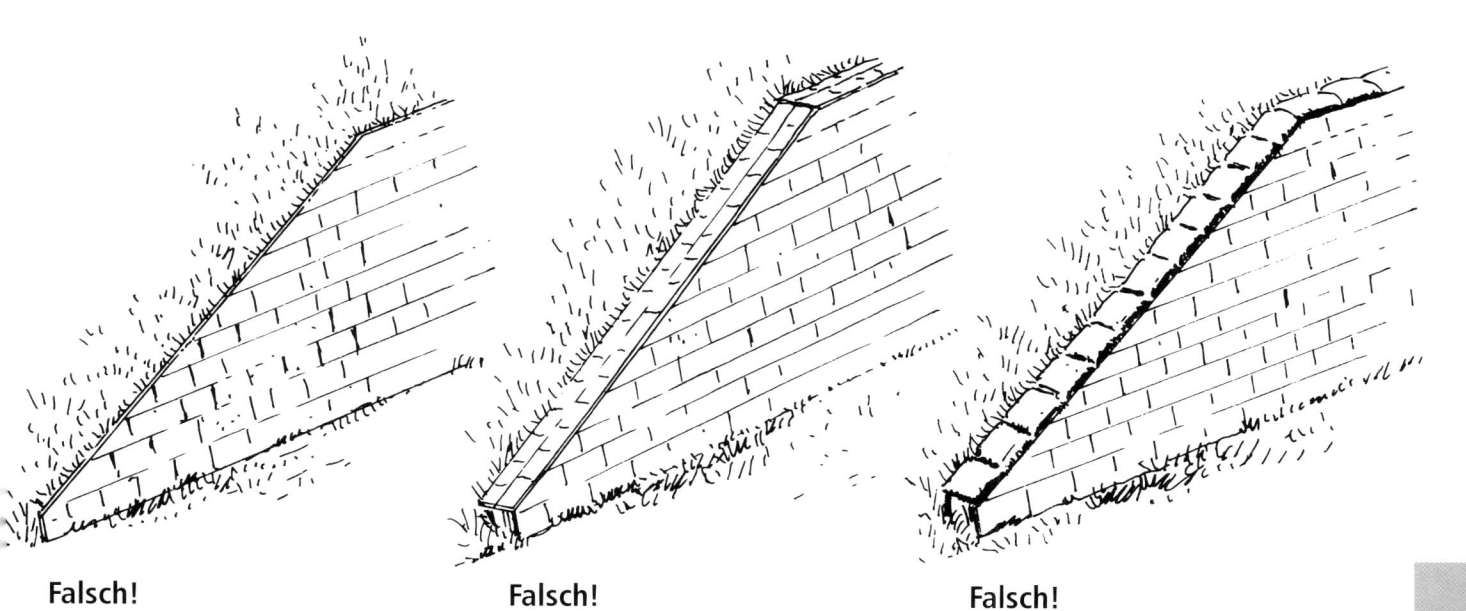

Die Mauer ist zu dünn, die obere Abdeckung wurde vergessen.

Falsch!

Die obere Abdeckung erfolgt nur mit Steinplatten in voller Mauerbreite.

Falsch!

Die Abdeckplatten müssen glatt sein, damit das Regenwasser ablaufen kann.

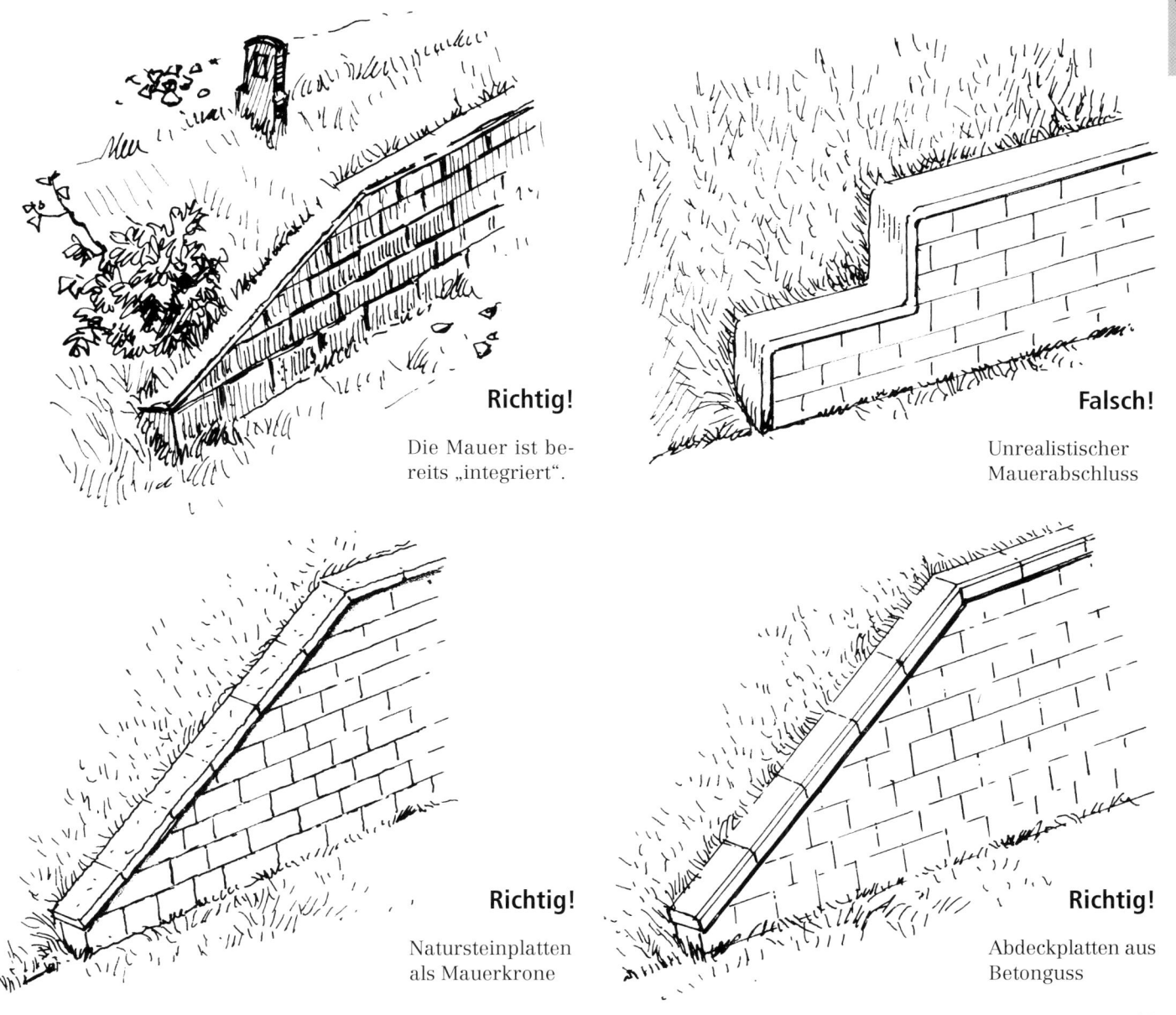

Richtig!

Die Mauer ist bereits „integriert".

Falsch!

Unrealistischer Mauerabschluss

Richtig!

Natursteinplatten als Mauerkrone

Richtig!

Abdeckplatten aus Betonguss

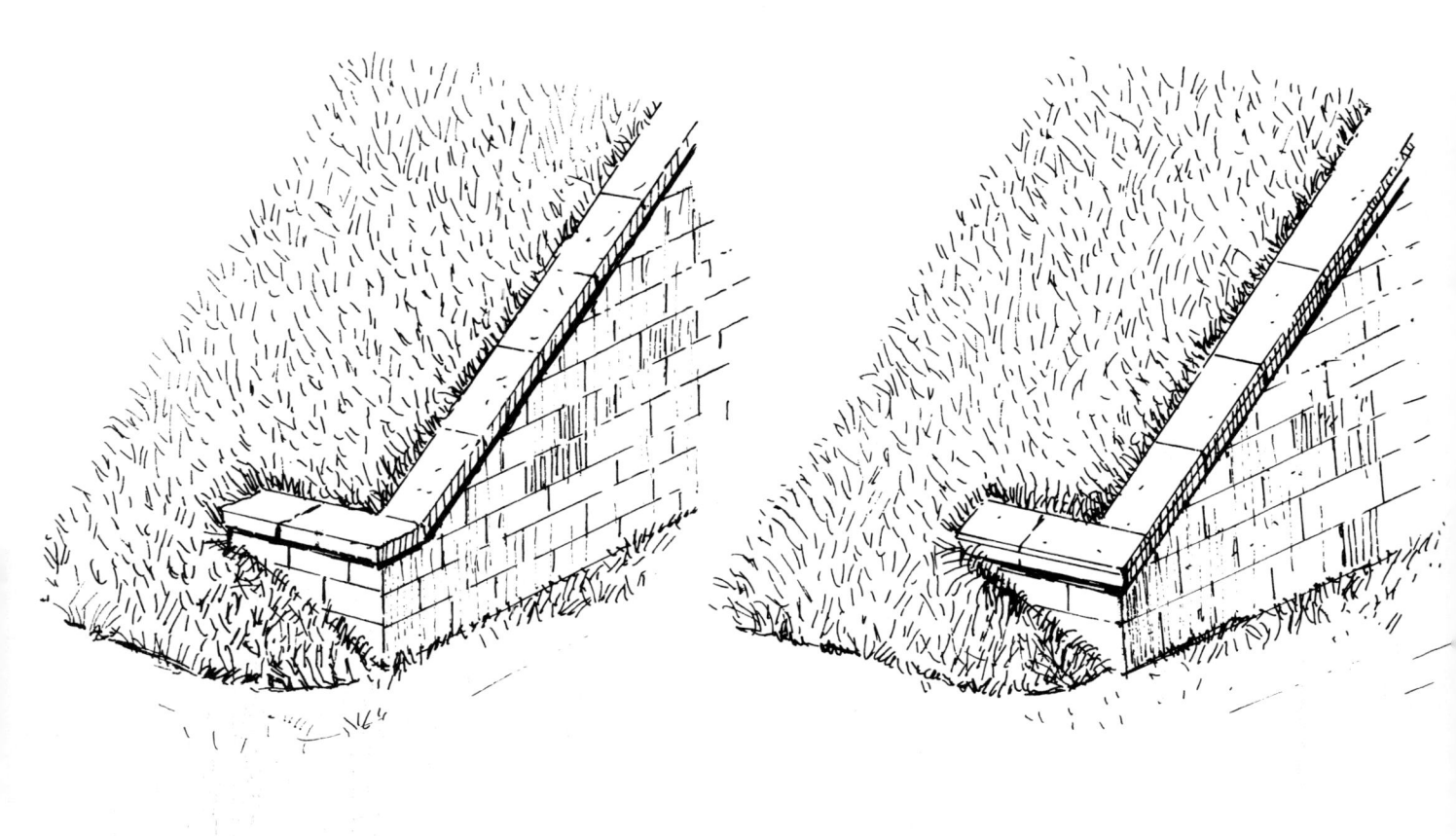

Mauerkronen

Selbst kleine und niedrige Mauern bedürfen grundsätzlich einer oberen Abdeckung, die dem Schutz vor Regenwasser dient, daneben jedoch auch ästhetischen Gründen Rechnung trägt. Man verwendet zumeist vorgefertigte Sandsteinplatten, doch es sind auch Werksteinplatten und aus Beton gegossene Platten üblich. Bei Stützwänden aus „Vollbeton" in Stampf- oder Stahlbetonbauweise verzichtet man zwar oft auf eine obere Abdeckung, nimmt damit aber, wie aus der Skizze unten rechts ersichtlich ist, einen ästhetisch eher unbefriedigenden Gesamteindruck in Kauf.

Immer auf der Höhe: Dammbauwerke in Städten

In geschlossenen Stadtgebieten, wo breite Dammschüttungen aus Platzgründen nicht möglich waren, hat man die in aller Regel zwei- und mehrgleisigen Strecken auf zumeist stabil gemauerte, in späterer Zeit auch betonierte Dammbauten verlegt. Dabei war man stets bemüht, die notwendigerweise sehr kompakt wirkenden Mauerflächen gestalterisch aufzulockern: Man verwendete Halbbögen, Segmentbögen, Pfeilervorlagen (teilweise im Flachrelief), aber auch brückenartige Hohlkörper, in denen Ladengeschäfte, kleine Gewerbebetriebe, Lagerräume und Garagen ihr Domizil fanden.

In ihrer konkreten Ausführung ordneten sich die Dammbauwerke insgesamt, sowie in ihren gestalterischen Details architektonisch der Umgebung und dem jeweils herrschenden Zeitgeist unter. Bisweilen gab es aber auch reine Zweckbauwerke. Sehr bekannt geworden sind die Dammbauten der Stadtbahnen in Berlin und Hamburg.

Dem Modellbahner eröffnen gemauerte oder auch betonierte Dammbauwerke die Möglichkeit, trotz mehrgleisiger Streckenführungen mit relativ wenig Platz auszukommen, weil die enorme Basisbreite, wie sie aufgeschüttete, hohe Eisenbahndämme erfordern, von vornherein entfällt. Bei aller Platzersparnis ist jedoch zu bedenken, dass lange und breite Dammbauwerke aus Klinkern oder Beton ein Privileg von Fernbahnen innerhalb großer Städte sind.

Vorort-Haltepunkt

Natürlich können betonierte Dammbauwerke bei entsprechender Breite auch einmal den überdachten Bahnsteig eines Haltepunktes der Vorortbahn aufnehmen und deshalb eine Fußgängerbrücke als Zugang erfordern. Mit sehr massiv wirkenden Damm-, Stütz- und Flügelmauern lässt sich eine hoher Massendruck des Geländes vortäuschen.

Unterbau eines Stützmauersystems

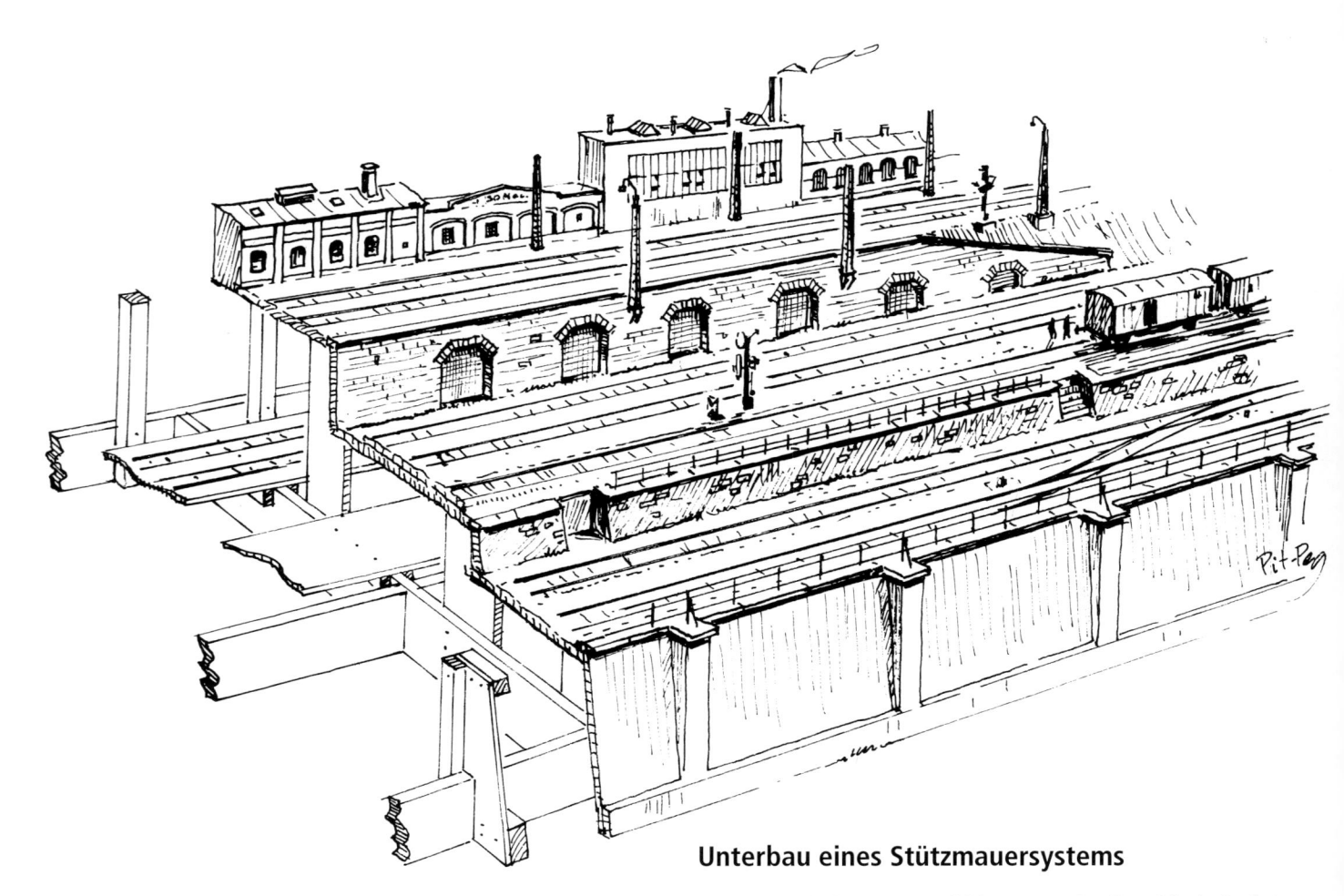

Am Beispiel des Gleisvorfeldes eines Großstadtbahnhofs im Modell demonstrierte Pit-Peg, dass und wie man die Verwendung von gemauerten und betonierten Dammbauten bereits bei der Planung und beim Bau der Unterkonstruktion berücksichtigen sollte.

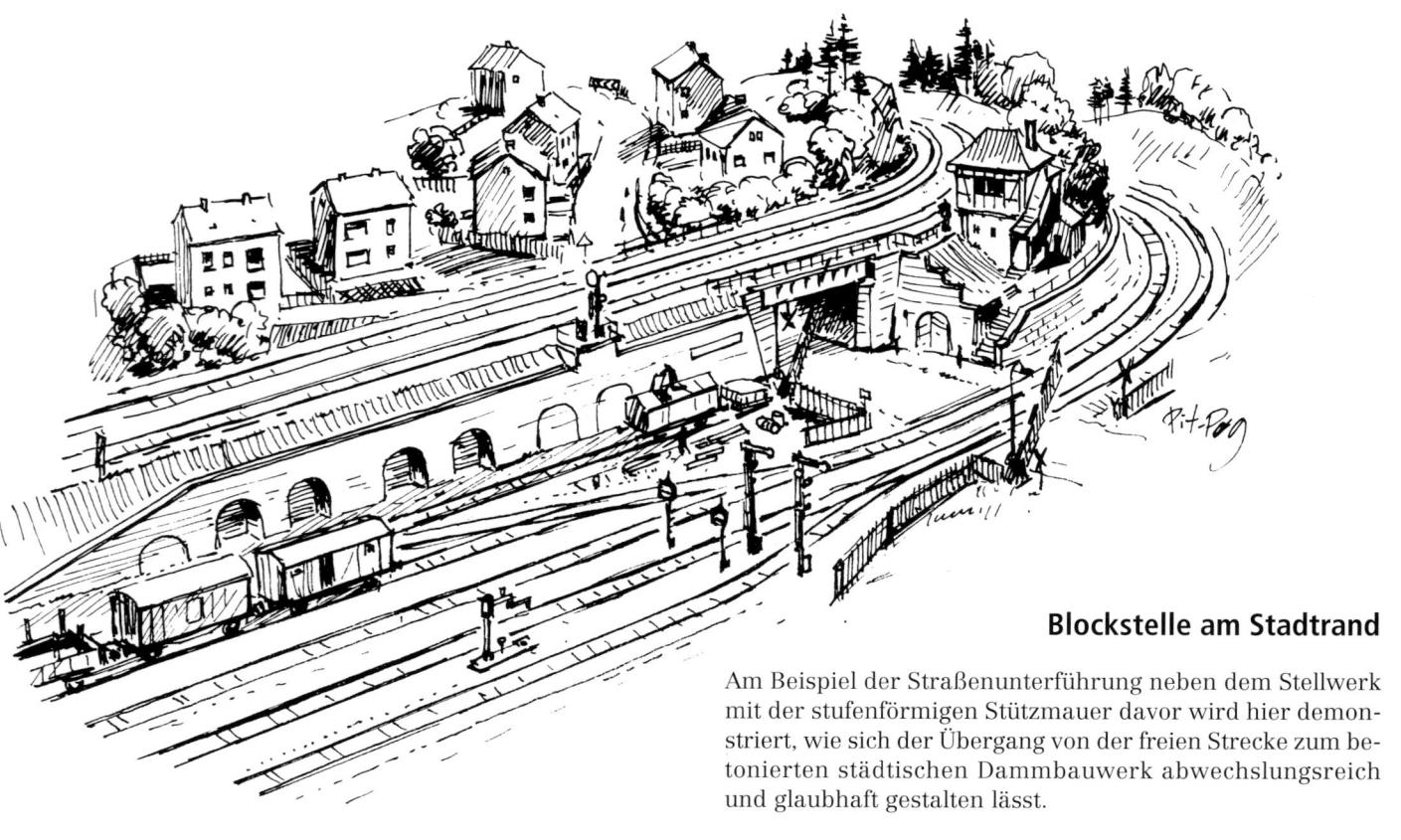

Blockstelle am Stadtrand

Am Beispiel der Straßenunterführung neben dem Stellwerk mit der stufenförmigen Stützmauer davor wird hier demonstriert, wie sich der Übergang von der freien Strecke zum betonierten städtischen Dammbauwerk abwechslungsreich und glaubhaft gestalten lässt.

Bahndamm mit Gewölbebögen

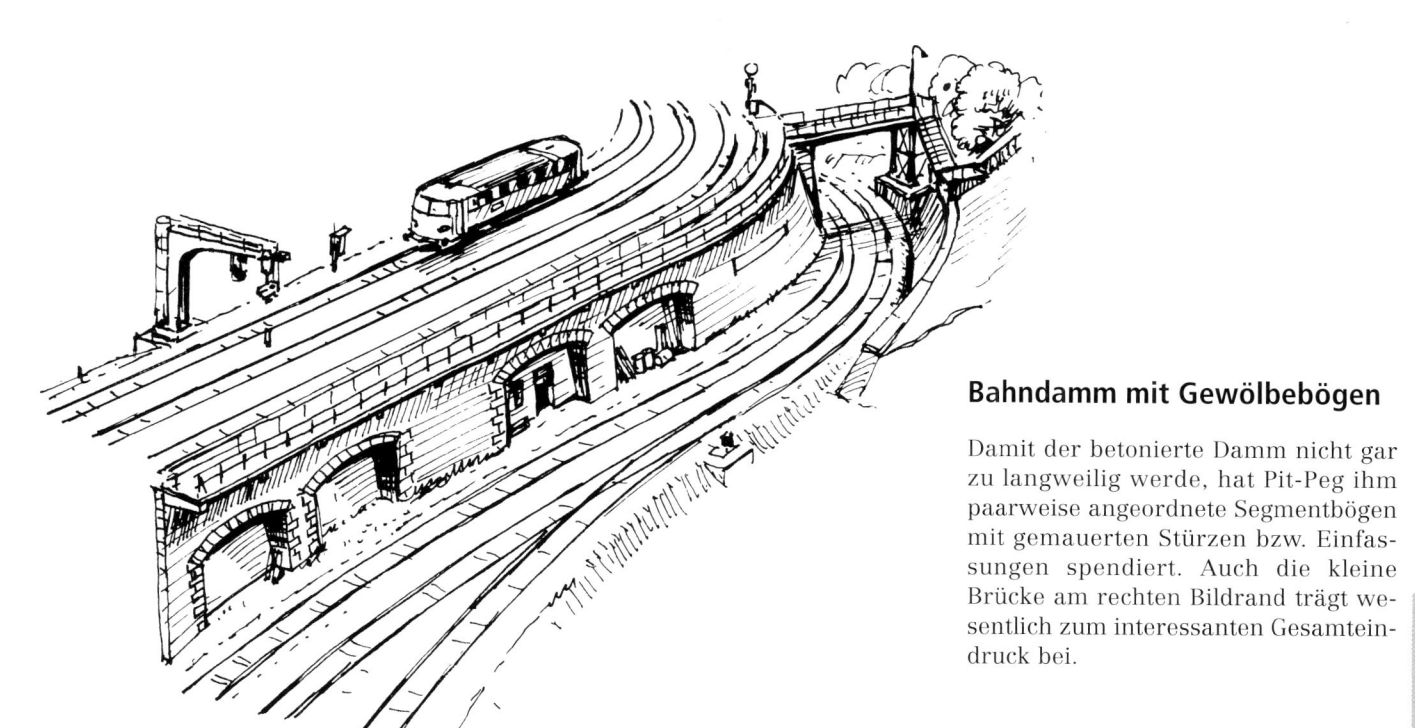

Damit der betonierte Damm nicht gar zu langweilig werde, hat Pit-Peg ihm paarweise angeordnete Segmentbögen mit gemauerten Stürzen bzw. Einfassungen spendiert. Auch die kleine Brücke am rechten Bildrand trägt wesentlich zum interessanten Gesamteindruck bei.

Kombinierte Dammbauweise

Ob gemauerter oder aufgeschütteter Damm – der Aufwand für den Rahmen in der Bauphase der Anlage ist nahezu gleich. Deutlich wird anhand dieser Kombination zweier Dammbauweisen allerdings auch, dass gemauerte Dämme eine wesentlich geringere Basisbreite benötigen.

Eingleisiges Dammbauwerk

Die eingleisige Variante eines gemauerten und verputzten Dammbauwerks tritt zwar eher selten auf, macht aber in der von Pit-Peg skizzierten Weise mit den beidseitigen Geländern und den verbretterten Gewölberäumen durchaus Sinn.

Vorstadtmotiv

Wie aus den vorangegangenen Kapiteln und vielen Anlagenvorschlägen ersichtlich ist, bevorzugte Pit-Peg Vorstadtmotive mit Hauptstrecken. Auch viele seiner Skizzen von Kunstbauten der Eisenbahn widmeten sich immer wieder diesem Thema. Hier stellte er dar, wie die Gewölberäume innerhalb des gemauerten Dammes als Geschäftsräume für kleinere Ladenlokale genutzt wurden. Beachtlich ist die Auffahrt, die auf die obere Dammebene führt, wo sich der kleine Güterschuppen des Vorstadtbahnhofs befindet.

Viadukt statt Mauer

Als Begrenzung eines höher liegenden Bahnhofsareals mit mehreren, parallel verlaufenden Gleisen gegenüber einer deutlich tiefer liegenden, dreigleisigen Hauptstrecke fand hier statt eines voluminös aufgeschütteten Dammes oder einer durchgängig aufgemauerten Dammsicherung eine Art Viadukt Anwendung.

Die von den Bögen überwölbten Räume lassen sich allerdings nicht anderweitig nutzen. Zur Sicherheit für das Bahnpersonal (Rangierer, Streckenläufer) wurden Geländer aufgesetzt.

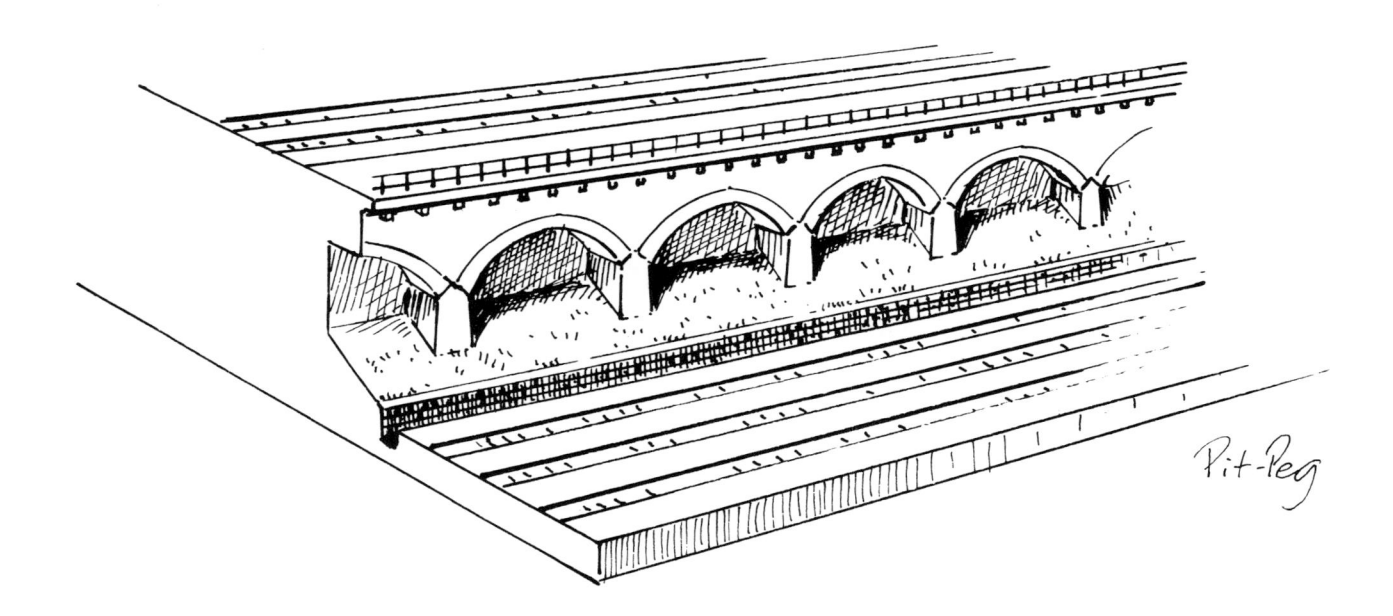

Viadukt in Hanglage

Es müssen erhebliche Platzgründe gewesen sein, die irgendwann einmal dazu führten, dass man in der Hanglage eines bereits aufgeschütteten Eisenbahndammes die Pfeiler des Viadukts für eine weitere, nachträglich zu bauende Strecke fundieren musste.

Profilschnitt eines Viadukts in Hanglage

Es dürfte die unterschiedliche Höhenlage der beiden Bahntrassen gewesen sein, die dieses höchst ungewöhnliche, aber glaubwürdige Nebeneinander von Schüttdamm und Viadukt verursachte.

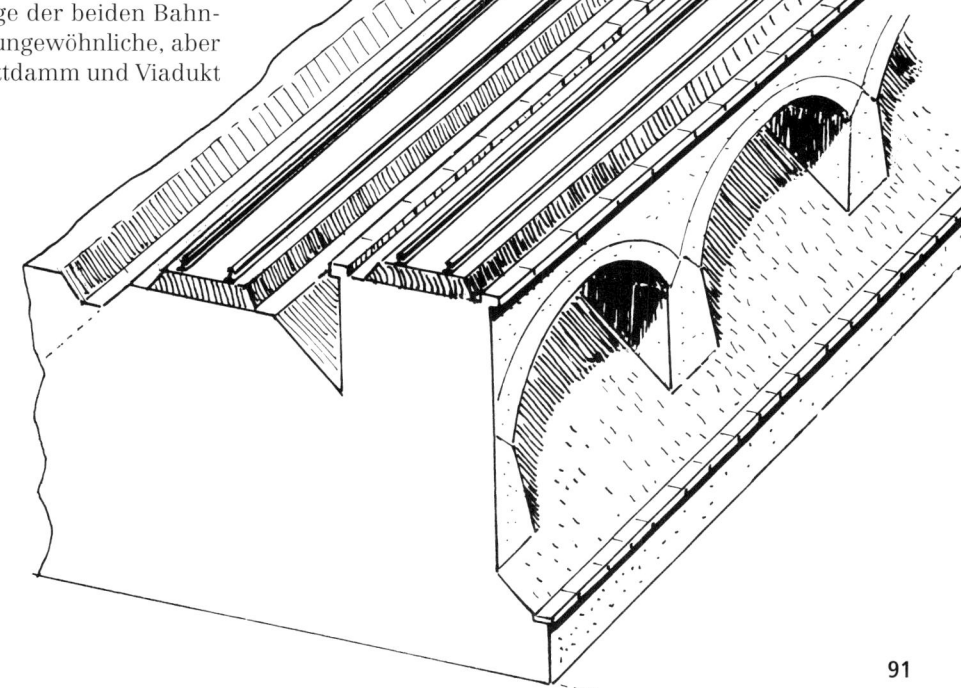

Pit-Peg-Sammelband

Gegliederte Stützmauer

Diese Stützmauer erhielt ihre architektonische Gliederung durch einen ungewöhnlich hohen, deutlich vorspringenden Sockel und einzelne Mauerpfeiler. Die beengten Platzverhältnisse dürften bei der Wartung und Pflege des Gittermastes der Oberleitung erhebliche Probleme bereiten.

Stützmauer mit Doppelfunktion

Die bessere Variante: Hier ersetzt die hohe Stützmauer des Dammbauwerks mit ihren vorspringenden Pfeilern die teuren Gittermasten, die für aufwändige Installation der Fahrleitung erforderlich gewesen wären – eine auch im Modell praktikable und vor allem sparsame Lösung.

Dammbauwerk im Gleisbogen

Dammbauwerke vertragen durchaus auch leichte Krümmungen. Die voll verputzten, leicht geneigten Stützmauern sind durch Pfeilervorlagen gegliedert, deren Köpfe als so genannte Austritte mit Schutzgeländern versehen wurden.

Verkehrskreuz

Dieses Dammbauwerk stellt eine Art Verkehrskreuz aus Landstraße, Wasserstraße und Schienenwegen in unterschiedlicher Höhenlage dar. Neben dem eigentlichen Dammbau für die Bahn waren dazu drei Brücken, eine Straße und die Uferbefestigung nötig.

Haltepunkt der S-Bahn

Der Zugang „zu den Zügen" erfolgt über Treppen im Inneren des Dammbauwerks, das auch die seinerzeit erforderlichen Fahrkartenschalter samt Bahnsteigsperren aufnahm.

Vorstadt-Haltepunkt

Diese Variante eines Haltepunkts lässt die nahe Großstadt ahnen, worauf besonders der breit angelegte Dammkörper, die sorgfältige Brückenarchitektur und nicht zuletzt die Straßenbahngleise hinweisen.

Bahnsteige in unterschiedlicher Höhe

Einige Großstadtbahnhöfe (etwa Dresden Hbf) besitzen Bahnsteige in unterschiedlicher Höhenlage, was Pit-Peg zu diesem Vorschlag anregte. Die „fußläufige Verbindung" vom oberen zum unteren Bahnhofsteil erfolgt über einen Tunnel mit anschließender Treppe, was eine eher seltene Lösung darstellt.

Dammbauwerk als Empfangsgebäude

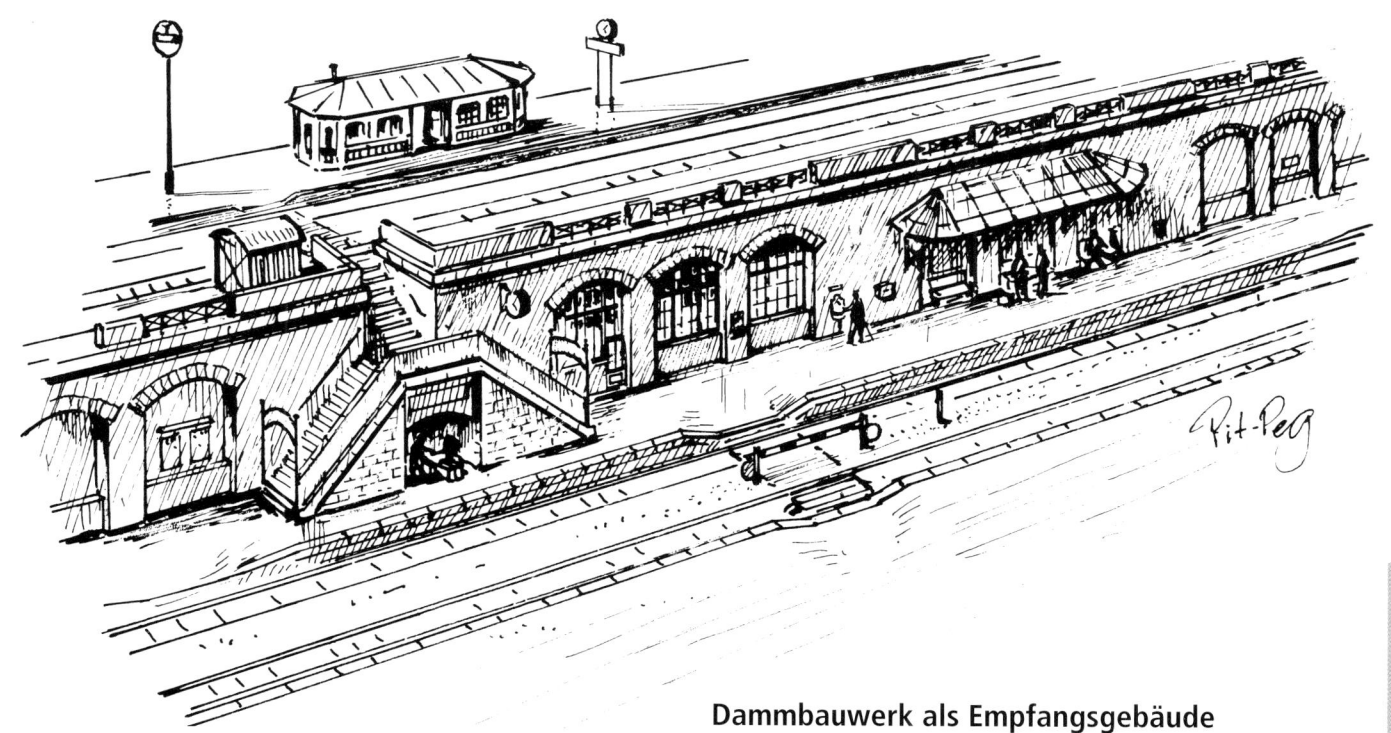

Hier wurde ein Dammbauwerk zur Unterbringung von Dienst- und Warteräumen genutzt, eine seinerzeit sehr verbreitete Lösung. Die kleine Wellblechbude gehört zu einem Aufzug. Vermeiden sollte man allerdings die gefährliche Einmündung der oberen Treppe direkt ins Gleisfeld. Außerdem fehlen jegliche Bahnsteigüberdachungen.

Mehrere Dammbauwerke

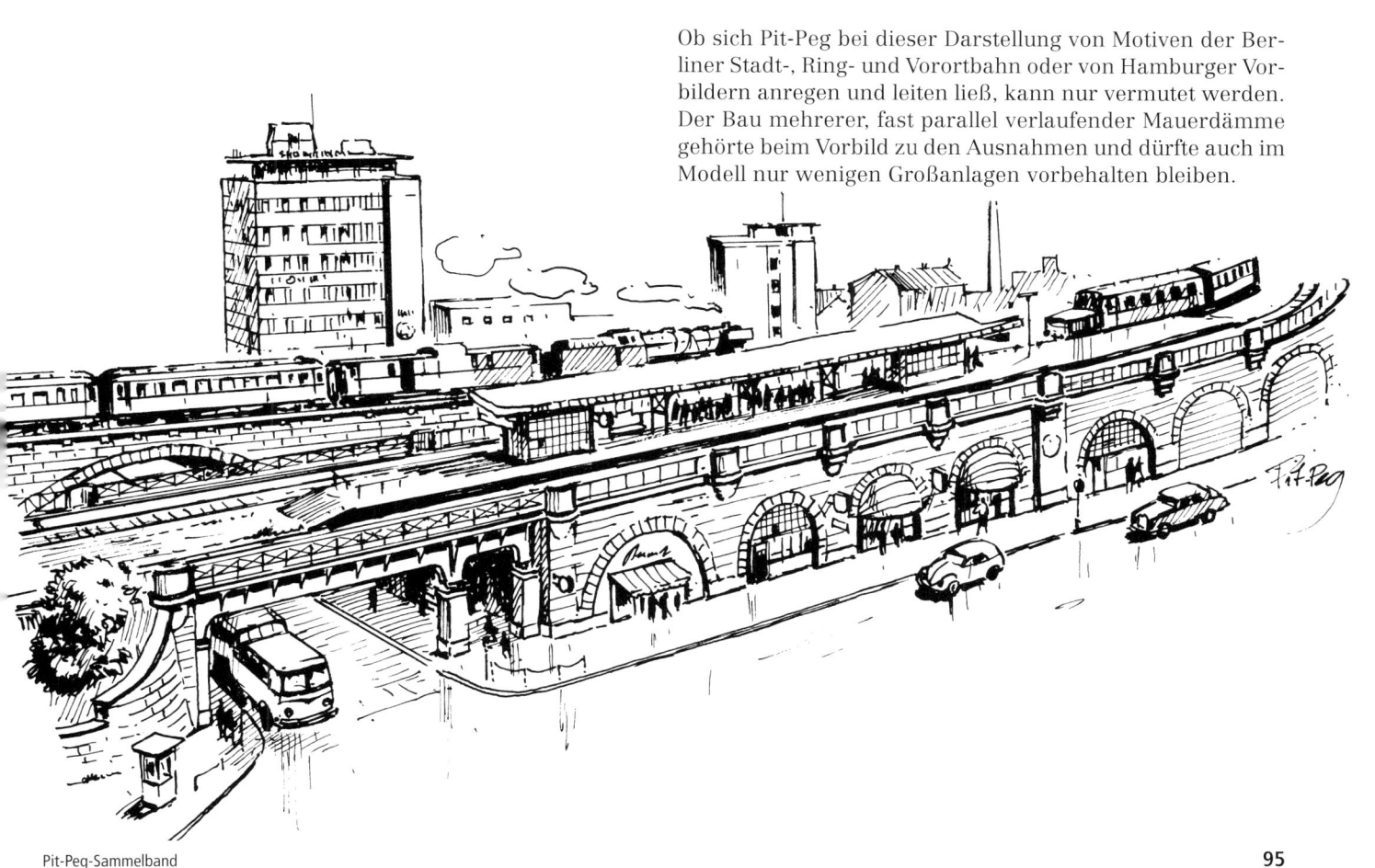

Ob sich Pit-Peg bei dieser Darstellung von Motiven der Berliner Stadt-, Ring- und Vorortbahn oder von Hamburger Vorbildern anregen und leiten ließ, kann nur vermutet werden. Der Bau mehrerer, fast parallel verlaufender Mauerdämme gehörte beim Vorbild zu den Ausnahmen und dürfte auch im Modell nur wenigen Großanlagen vorbehalten bleiben.

Großstadt-Atmosphäre …

… wollte Pit-Peg mit diesen beiden Skizzen vermitteln. Für die obere Zeichnung hat der Kunstmaler ganz offensichtlich den Südausgang des Nürnberger Hauptbahnhofs als Vorbild ausgewählt und die Situation vor Ort nahezu vorbildgetreu wiedergegeben.

Die untere Zeichnung widmet sich zwar ebenso dem Thema „Großstadt", stellt allerdings eine eher bescheidene „Variation" dar. Der aufmerksame Betrachter dürfte im Hinblick auf die wohl nur behelfsmäßig errichtete Fußgängerbrücke feststellen, dass es sich um die Nachkriegszeit handelt, als nicht nur große Bahnhofshallen, sondern selbst Bahnsteigüberdachungen fehlten.

Während die obere Skizze auf eine Bauweise mit vorgefertigten Betonteilen hinweist, handelt es sich in der unteren Zeichnung um ein gemauertes und verputztes Bauwerk mit vorspringenden Pfeilern, die wohl eher der optischen Auflockerung der Wand dienen und vermutlich keine statische Funktion besitzen.

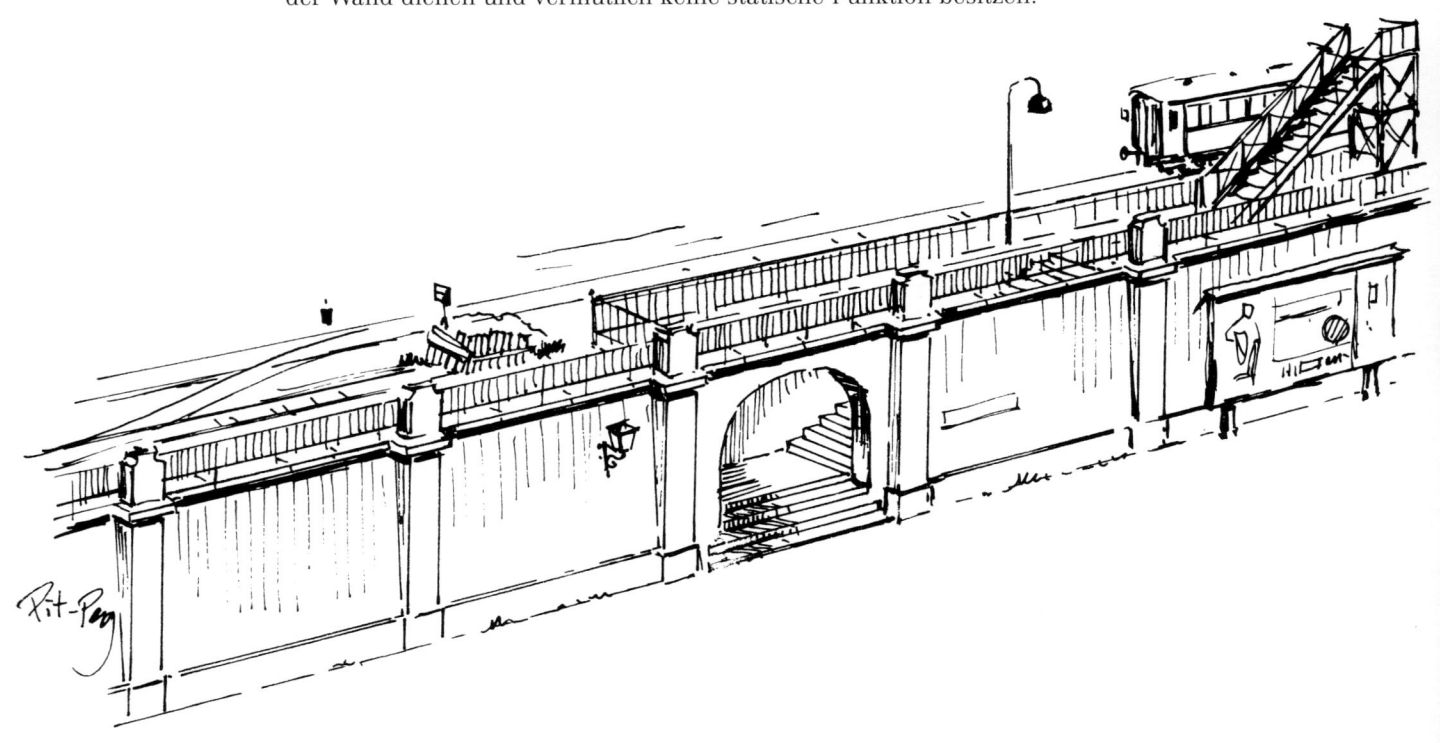

Die richtige Trassierung: Einschnitte und Anschnitte

Das Finden eines für die Eisenbahn im Gelände geeigneten Fahrwegs bezeichnete man bereits im 19. Jahrhundert als „Trassieren". Während es im Flachland – mit Ausnahme mooriger oder sumpfiger Gegenden – eher als Nebenleistung des Projektierens galt, konnte die oft aufwändige Ermittlung einer realisierbaren Trasse in gebirgigen Gegenden entscheidend dafür sein, ob eine Eisenbahnverbindung überhaupt gebaut wurde. Trassieren galt daher als große Kunst, die durchaus nicht jeder Projektant beherrschte. Zu den wichtigsten Elementen der Trassierung gehören die Einschnitte, die von den großen Könnern der Frühzeit des Streckenbaues gern als „künstliche Täler" bezeichnet wurden. Bot sich eine Trassierung in Hanglage an, half der einseitige Materialabtrag in Gestalt von Anschnitten. Beide Methoden kann natürlich auch der vorbildorientierte Modellbahner anwenden. Dazu muss er nicht an die Orte selbst reisen, denn die Überlegungen und realistischen Skizzen von Pit-Peg dürften der Hilfe genug bieten.

Drunter und Drüber

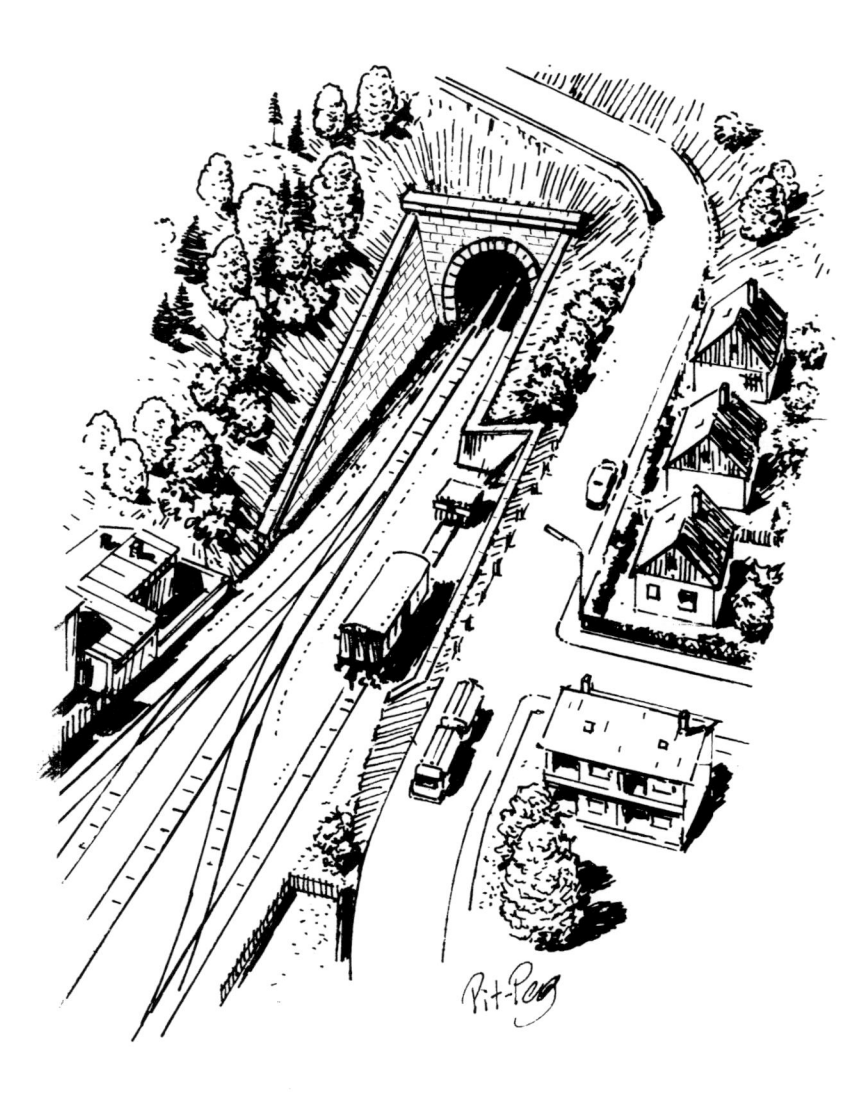

Bahnhof im Einschnitt

Inmitten einer Mittelgebirgslandschaft galt es hier, den kleinen Durchgangsbahnhof eines wesentlich höher liegenden Luftkurorts „unterzubringen". Dazu war die Schaffung eines riesigen Einschnitts erforderlich, an den sich eine Tunnelstrecke zur Unterquerung des Gebirgskamms anschloss.

Die von Pit-Peg per Skizze vorgeschlagene Lösung erinnert an den Bahnhof des bekannten Wintersportzentrums Oberhof in unmittelbarer Nähe des Brandleitetunnels im Thüringer Wald. Um den enormen Seitendruck des Gebirges abzufangen, wurde der Einschnitt innerhalb der Tunnelzufahrt mit Stützmauern bewehrt.

Hanganschnitt mit Kurztunnel

Der sichtlich durch Sprengung hergestellte Hanganschnitt ließ sich nicht durchgängig verwirklichen. Offenbar war es billiger, für einen Teil der Trasse eine kurze Untertunnelung vorzusehen. Als ein Teil der abgesprengten Felswand in späterer Zeit abzurutschen drohte, wurde eilends eine Futtermauer davor gesetzt. Auf der anderen Seite des Tunnels half eine längere, wenn auch niedrige Stützmauer, das unruhige Gelände zu fixieren. Geschickt hat Pit-Peg in seinem Modellvorschlag angedeutet, dass es wohl nur so gewesen sein kann. Das Geländerelief überzeugt auch durch das Schnittprofil an der vorderen Anlagenkante.

Hanganschnitt mit Steinschlagschutz

So werden absturzgefährdete Felspartien durch eine Betonmauer mit Steinschlagschutz gesichert. Hinter der aus demontierten, aber noch hoch stabilen Schienenprofilen und altbrauchbaren Schwellen hergestellten Schutzwand befindet sich ein so genannter Fangkessel. Wie erkennbar ist, handelt es sich um eine Mulde, in der abrollendes Gestein gefahrlos aufgefangen wird und liegen bleibt.

Futtermauer, Variante 1

Futtermauern sichern instabiles Felsgestein. Die Skizze zeigt eine nicht gemauerte Ausführung in Stampfbeton, die man wegen der nur geringen Alterungsbeständigkeit dieses Materials heute nicht mehr anwendet.

Futtermauer, Variante 2

Hier handelt es sich im Wortsinne schon eher um Futterausmauerungen, wie sie auch genannt werden. Sie verlangen zwar keinen großen Aufwand und lassen sich den örtlichen Verhältnissen relativ gut anpassen, unterliegen jedoch wesentlich stärker der Erosion als beispielsweise Stützmauern aus (allerdings teurem) Stahlbeton.

Futtermauer, Variante 3

Pit-Pegs Reliefdarstellung verdeutlicht, dass die hier verwendete Futtermauer aus Stahlbeton einer tief gehenden Verankerung im Gestein bedurfte. Durch die Kombination mit einer Dammvermauerung entstand ein Wassergraben, der zur Ableitung schädlichen Sickerwassers dient. Die nahe „Verwandtschaft" mit einer Stützmauer fällt auf.

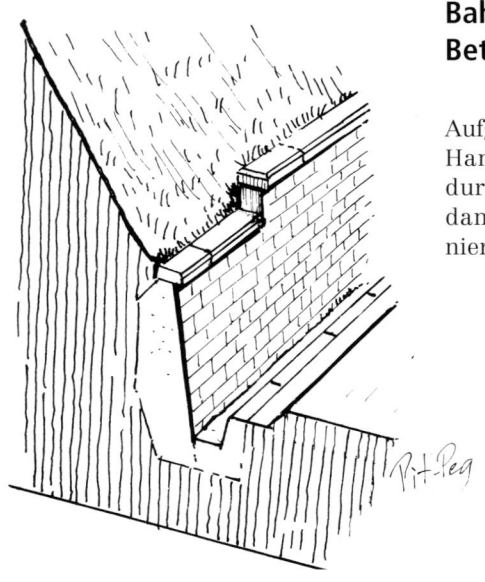

Bahndamm mit Betonfuß

Aufgrund des steilen Hanganschnitts bedurfte die Bahndamm eines betonierten Fuß-Sockels.

Hanganschnitt mit Stützmauer

Der steil abfallende Hang konnte nur durch eine aus Werksteinen bestehende Stützmauer gesichert werden. Auch der Wassergraben erhielt eine Ausmauerung. Den oberen Abschluss der Stützmauer bilden Sandsteinplatten mit abgeschrägter Kante.

Hanganschnitt im Wald

Um der Gefahr von Waldbränden (bei Dampfbetrieb) vorzubeugen, erhielt dieser Hanganschnitt als oberen Abschluss eine Brandschutzmauer. Die steile Hanglage vom Wassergraben bis zur Mauer darf nicht mit Gebüsch bewachsen sein.

Eingesenkte Gleisjoche

Manche Hanganschnitte erbrachten so wenig Platz, dass die Trassierung neben der Stützmauer eines Kunstbaues aus vermauerten Werksteinen bedurfte. Das Gleis liegt in diesen Kunstbau eingesenkt, die Schwellenoberkanten und die Mauerabdeckung bilden niveaulich eine Ebene.

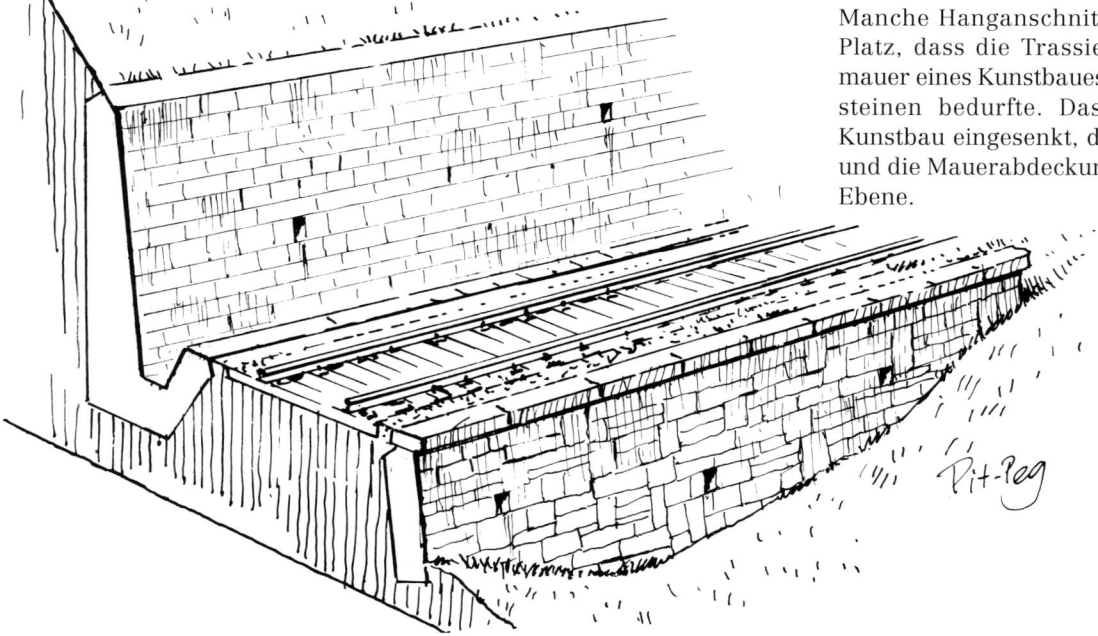

Provisorium

Zu verschiedenen Zeitpunkten stabilisierte man den unruhigen Felsanschnitt sowohl mit Futtermauern als auch einem Fangzaun gegen Steinschlag. Dabei entstand eines jener Provisorien, von denen behauptet wird, dass sie lange halten.

Für besondere Ansprüche: Mauern und Stützpfeiler

Zwar bietet die Zubehörindustrie innerhalb der Modellbahnbranche schon seit Jahrzehnten Mauerwerk vor allem aus geprägtem Karton, verschiedenen Kunststoffen und aus Papier (auf fotorealistischer Basis) an, doch nicht immer wurden (und werden) diese Materialien den jeweiligen Ansprüchen des einzelnen Modellbahners gerecht. Ebenso stimmen nicht alle Erzeugnisse unbedingt mit dem Vorbild überein. Vieles scheint der Fantasie entsprungen; manches wirkt gar spielzeughaft.

Besonders im Falle von „Ziegelmauerwerk" widersprachen schon oft Größe und Farbgebung der einzelnen Ziegel der Realität. Auch im Hinblick auf das Angebot an „fertigen" Mauerteilen für die Gestaltung von Stützmauern oder für gemauerte Eisenbahn-Dammbauten wurde häufig gesündigt.

Da fehlten Stützpfeiler-Vorlagen, gemauerte Segmentbögen wurden oft einfach „vergessen" und kaum jemand dachte an die Abdeckplatten für die Mauerkronen. Waren diese Teile dann endlich vorhanden, stimmten häufig die Proportionen nicht. Überdies wussten viele Bastler nicht wirklich, woran sie sich orientieren sollten, um die zumeist recht teuren Mauerplatten vorbildgerecht zu „verbauen".

Für Pit-Peg war dies alles Anlass, entsprechend beispielhafte Zeichnungen anzufertigen. Zwar ließ er dazu die ihm eigene Fantasie spielen, doch fast immer gab es konkrete Vorbilder, von denen er sich anregen ließ. Statische „Unmöglichkeiten" sucht man daher vergeblich.

Gut detailliert, sprechen die ersten drei Skizzen dieses Kapitels für sich und bedürfen wohl keines Kommentars.

Pit-Peg-Sammelband 103

Stützsystem

Um die Gleistrasse gegen die hoch liegende Straße abzusichern, baute man ein ganz spezielles Stützsystem, das eine Art Kurztunnel darstellt, tatsächlich aber die Funktion eines Stützpfeilers erfüllt. Der stufenartige obere Abschluss stellt eine architektonisch nicht uninteressante Zugabe dar.

Lawinengalerie

Zum Schutz gegen Schneelawinen baute man vor allem in den Alpen spezielle Lawinengalerien. Ihre Wirksamkeit ergab sich aus der Kombination von Stützmauern mit stabilen Stützpfeilern und sicheren Überdachungen. Wer alpine Motive bevorzugt, sollte sich an dieser Skizze orientieren.

Drunter und Drüber

Pit-Peg-Sammelband 105

Alpine Modellbahn

Obwohl dieses Anlagenfragment nach heutigen Maßstäben eher überladen erscheint, demonstrierte Pit-Peg mit seinem detailreichen Panorama das Zusammenspiel der verschiedenen Kunstbauten, ohne die keine Eisenbahnstrecke in den Alpenländern denkbar wäre.

Moderne Trassenführung: Gleise auf Stützen und Stelzen

Während man in früheren Zeiten die besonderen Probleme bei der Trassenführung in großen Städten und im Zentrum von Verkehrsknotenpunkten mithilfe aufwändiger, über relativ lange Strecken massiv gemauerter Dammbauwerke bewältigte, bot die Erfindung der Stahl- und Spannbetonbauweise die Möglichkeit, ein- und mehrgleisige Strecken „aufzuständern".

Und im Modell? Die auf einem System aus Stahlbetonpfeilern, ebensolchen Balken und Verbundplatten ruhenden Gleis-Trassen vermögen, wie Pit-Peg schrieb, „einer Anlage ein aufgelockertes modernes Flair zu verleihen, besonders wenn auf derart aufgeständerten Strecken schnittige S-Bahn-Triebzüge dahingleiten".

Die Schaubilder und Entwürfe, die Pit-Peg zum Thema „Bahnen auf Stützen und Stelzen" vor über dreißig Jahren in der MIBA erstmalig vorstellte, wirkten damals hochmodern. Einige von ihnen lassen sich aus der Sicht ihrer Zeit durchaus mit dem Prädikat „futuristisch" belegen. Unter heutigen Gesichtspunkten muss man die Bauvorschläge des Künstlers längst in das Kapitel „Architektur- und Baugeschichte" einordnen. Doch gerade das macht sie so interessant, vor allem für die vergleichsweise große Gruppe jener Modellbahner, deren Herz für die Epoche III schlägt.

Pit-Peg zeigte in seinen Schauskizzen nicht nur verschiedene Versionen, sondern vermittelte auch zeichnerische Hinweise für eine fachlich korrekte Ausführung auf der Modellbahn. Neben der detaillierten Darstellung einzelner Bauwerke veranschaulichte der Zeichner in einer großen Panoramaskizze auch das Zusammenspiel moderner Verkehrsbauten aus Stahlbeton.

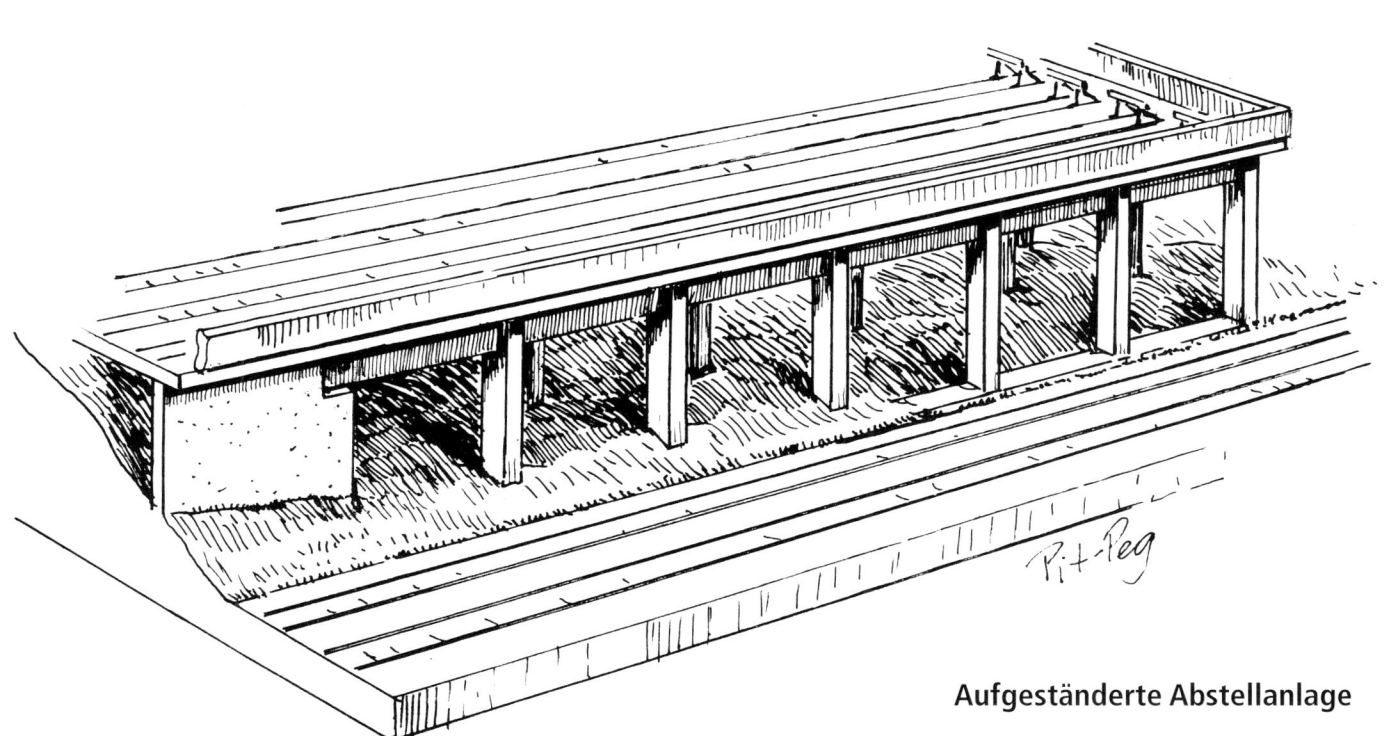

Aufgeständerte Abstellanlage

Statt eines Schütt- oder Mauerdamms dient eine aufgeständerte Fläche der Verlegung zusätzlicher Abstellgleise. Das Bauwerk entstand in Stahlbeton-Skelettbauweise. Wichtig für die glaubwürdige Umsetzung ins Modell ist die Nachbildung der stabilen Brüstung, die um die Fläche herumläuft.

Eisenbahn auf drei Ebenen

Die Nutzung der modernen Stahlbetonbauweise ermöglichte auch (wie am Beispiel der beiden Skizzen auf der linken Seite erkennbar) die Verlegung von Gleisanlagen auf drei unterschiedlichen Höhenebenen. Wer auch immer es wagt, derartige Bauten auf der eigenen Modellbahn nachzubilden, der sollte allerdings das Zusammenspiel der einzelnen Bauelemente möglichst genau studieren und jedes Detail dieser Bauweise beachten.

Mit einem einfachen, mehr oder weniger wahllosen „Drunter und Drüber" von betongrau angemalten Säulen, Ständern, Platten (in Gestalt von dünnen Brettchen), Trägern und Streben ist es keinesfalls getan. Allzu leicht wirkt so etwas im Modell unglaubwürdig, vielleicht sogar bizarr oder einfach nur naiv.

Mit der Skizze auf der rechten Seite wollte Pit-Peg das Zusammenspiel der verschiedenen Elemente moderner Beton- bzw. Stahlbetonbauten demonstrieren. Sein Entwurf verdeutlicht die Gefahr einer Überladung der Landschaft mit Beton!

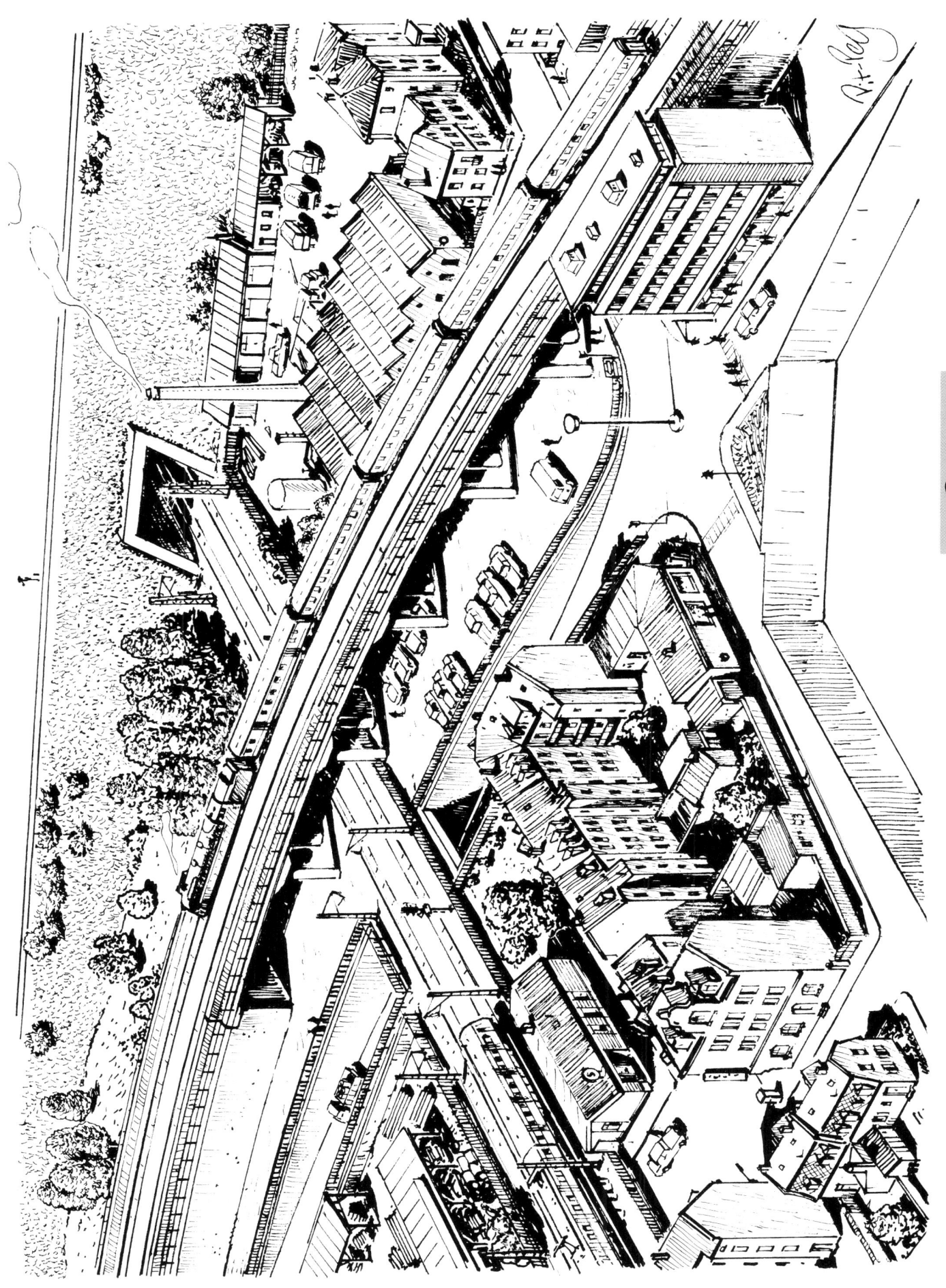

Drunter und Drüber

Pit-Peg-Sammelband

Bahnlinie im Stadtgebiet, Variante 1

So könnte eine im Stadtgebiet aufgeständerte Eisenbahnstrecke aussehen. Für diesen Pit-Peg-Entwurf stand ein Vorbild in Oldenburg Pate. Der Platz zwischen den Betonpfeilern sollte auch im Modell zweckmäßig als Parkfläche für Personenkraftwagen dienen.

Bahnlinie im Stadtgebiet, Variante 2

Es geht auch so! Die eingleisige Strecke ruht auf einem trogförmigen Unterbau, der wiederum nur durch einzelne Pfeiler getragen wird. Die breiten Fundamente der Pfeiler können natürlich auch unter die Oberfläche verlegt werden.

Niveaufrei: Unterführungen und Kreuzungsbauwerke

Der dichte Schienenverkehr in den großen Knotenpunkten der Eisenbahn erforderte im Sinne eines möglichst flüssigen Betriebsablaufs, vor allem im Vorfeld ausgedehnter Gleisanlagen, die Errichtung von Unterführungs- und Kreuzungsbauwerken. Weil sich im Ergebnis dieser Baumaßnahmen der Eisenbahn- bzw. Straßenverkehr auf unterschiedlichem Höhenniveau abwickeln lässt, spricht der Fachmann von „niveaufreien" Kreuzungen. Ihre Bauweise konnte – je nach Entstehungszeit, Anforderungen und geografischer Lage – recht unterschiedlich ausfallen. Im Allgemeinen dominiert die Betonbauweise, nicht selten mit Natur- oder Werksteinverkleidungen. Doch auch Ziegel- und Klinkerbauten waren üblich, oft in Kombination mit Stahlbrücken, wobei auch dabei wieder verschiedenste Formen Anwendung fanden. Pit-Pegs Übersicht enthält, wie immer, viele Motive, die er nach realen Vorbildern gestaltete.

Mehrfaches Kreuzungsbauwerk

Haben Sie mal gezählt, wie viele Strecken sich hier kreuzen bzw. begegnen? Es sind fünf eingleisige und eine zweigleisige Strecke! Außer den Unter- bzw. Überführungsbauwerken waren dazu Stützmauern und Dammschüttungen erforderlich.

Kreuzungen mehrgleisiger Strecken

Während sich im vorangegangenen Beispiel mehrere eingleisige Strecken mit nur einer zweigleisigen Magistrale kreuzten bzw. einander berührten, stellte Pit-Peg mit diesen beiden Skizzen großzügige Kreuzungsbauwerke für mehrgleisige Hauptstrecken vor.

Man hat die „Einfahröffnungen" (es wäre sicher falsch von „Tunnelportalen" zu sprechen) auf keinen Fall parallel und nur selten „schräg" zum Verlauf der oberen Gleisachsen gebaut, sondern meist in etwa rechtwinklig zu den Gleisachsen der unteren Strecken. Der Grund: Die Öffnungen würden ein Vielfaches an Breite erfordern und erhebliche bautechnische, insbesondere statische Probleme bereiten.

Straßenüberführung

Obwohl der Gedanke nahe liegt, handelt es sich hier nicht um eine Brücke, sondern eindeutig um ein Überführungsbauwerk, das angesichts der beiden zweigleisigen Hauptstrecken und der angrenzenden Siedlung sehr viel zweckmäßiger erschien, als ein Bahnübergang mit Schrankenanlagen oder gar eine Brücke mit entsprechend großer Spannweite. Überdies tragen derartige Überführungen zur Lärmbegrenzung bei – ein nicht unwichtiger Aspekt!

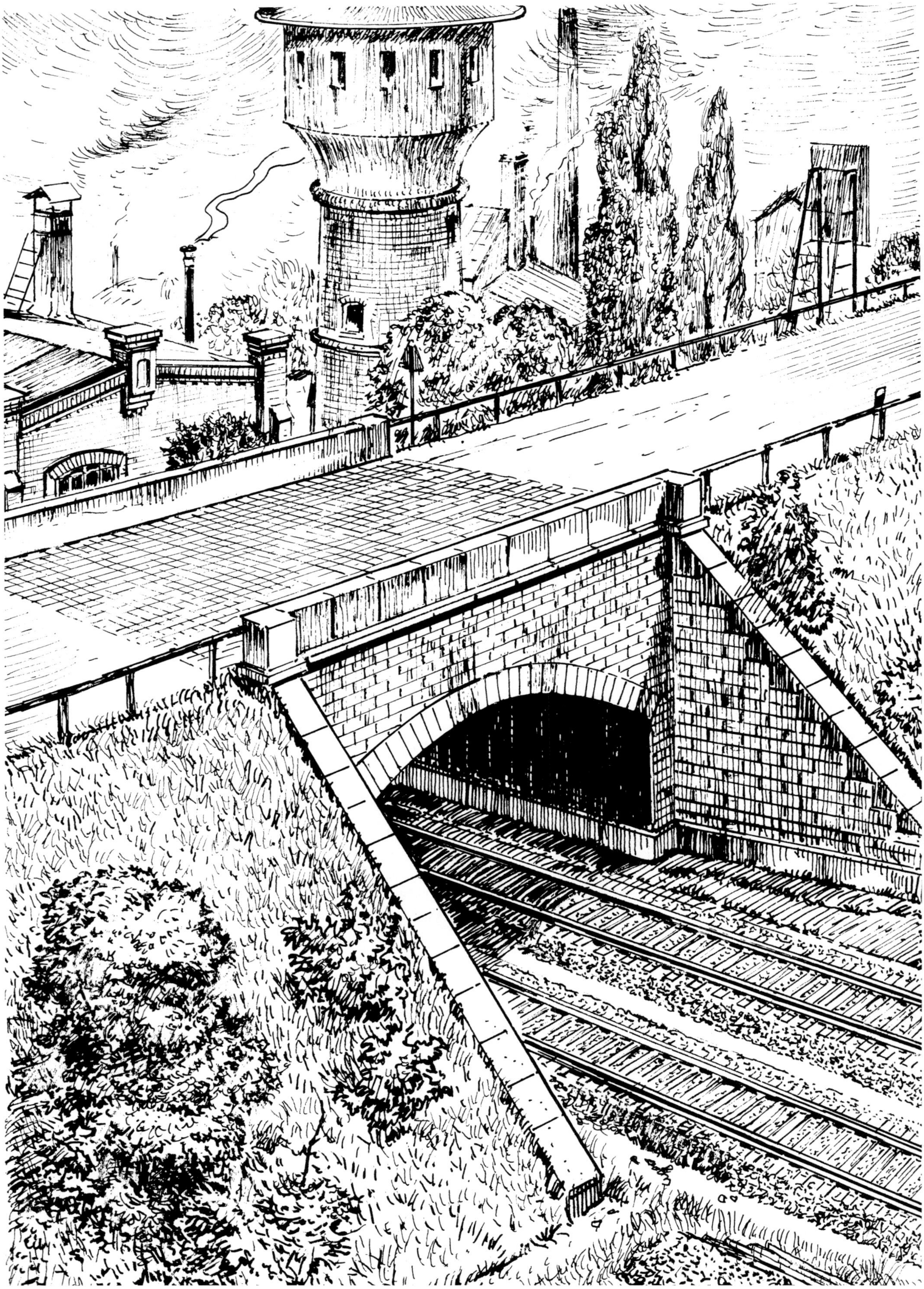

Am Wasserturm

Die typische Atmosphäre der guten alten Eisenbahn: Wer sie nachgestalten will, sollte den Böschungswinkel genauso beachten wie den gemauerten Gewölbebogen und die Flügelmauern mit den Steinplatten für ihre Abdeckung.

Dammüberführungen

So eng und platzsparend diese Bauten auch anmuten, sie brauchen erheblichen Raum und sollten unter allen Umständen dem Lichtraumprofil der eingesetzten Fahrzeuge (insbesondere beim Betrieb mit elektrischer Oberleitung) entsprechen. Bei Gleisbögen ist zu beachten, dass lange Modellfahrzeuge erheblich „ausschwenken" können.

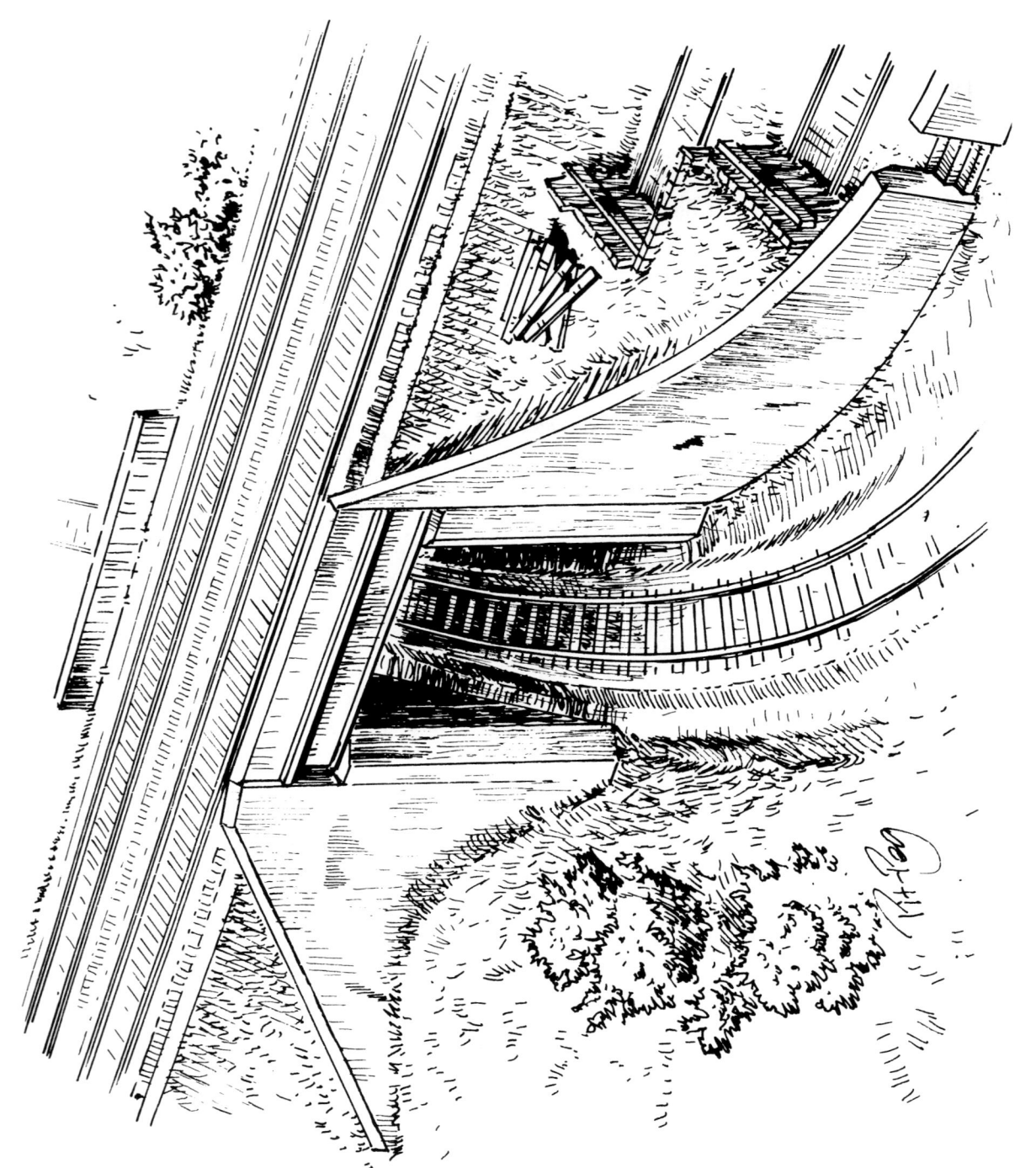

Unterführung einer Werkbahn

Die „Ästheten" unter den Modellbahnern haben es sicher sofort erkannt: Im Hinblick auf den sehr engen Radius kann es sich bei der unteren Strecke natürlich nur um die Trasse einer Werkbahn handeln, die noch wenige Meter vor der Unterführung parallel zur zweigleisigen Hauptstrecke auf dem Schüttdamm verläuft.

Um Dammrutschungen, die gefürchteten „trockenen Massebewegungen" zu vermeiden, hat Pit-Peg betonierte Flügelmauern vorgesehen, die in diesem Falle unsymmetrisch und mit angepasstem Radius errichtet wurden.

Streckentrennung im Unterführungsbereich

Offensichtlich nimmt die eingleisige Nebenstrecke innerhalb der Unterführung einen von der zweigleisigen Hauptstrecke abweichenden Verlauf, sodass es sinnvoll erschien, bereits beim Bau die Einfahrten separat zu gestalten.

Drunter und Drüber

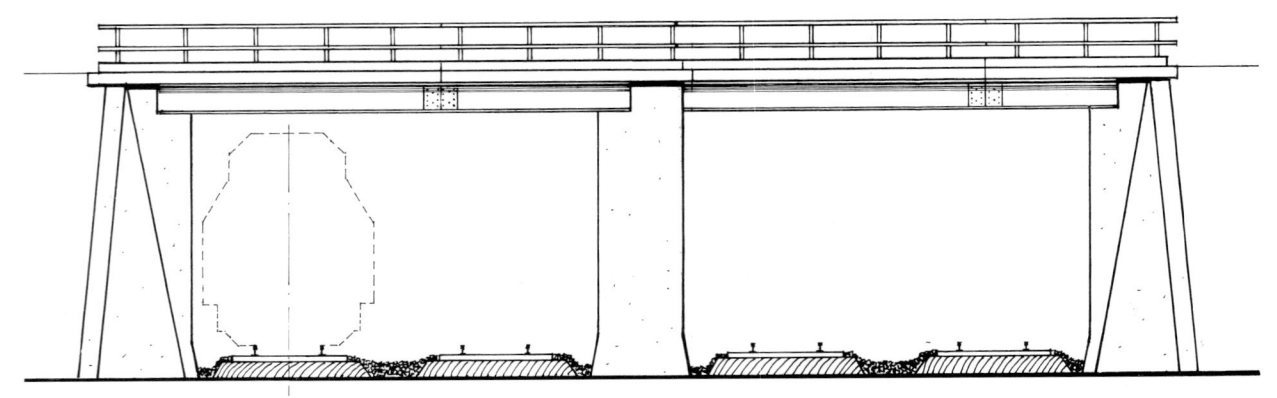

Ansicht von vorne in halber H0-Größe

Überführungsbau im Modell

Mit dieser kleinen Serie von Bauskizzen gab Pit-Peg vor über dreißig Jahren erstmalig Hinweise, wie er sich den Modellnachbau von Über- und Unterführungsbauwerken (je nach Betrachtung) vorstellte.

Bis heute dürfte faszinieren, mit welch einfachen Mitteln er zu Werke ging. Doch letztlich entscheidet die Wirkung, und die dürfte auf jeden Fall für Pit-Peg sprechen.

Dennoch sei hier der Hinweis gestattet, dass Radien von lediglich 550 bzw. 495 mm für eine Nachbildung von zweigleisigen Hauptstrecken aus heutiger Sicht reichlich knapp erscheinen und deshalb kaum noch empfohlen werden können.

Doch selbst dann, wenn man für die „obere" Strecke großzügigere Radien wählt, kann man sich getrost an die von Pit-Peg vorgeschlagene Basteltechnologie halten und wird feststellen, dass man auch mit einfachen Materialien, die zudem die Geldbörse schonen, zu akzeptablen Resultaten gelangt.

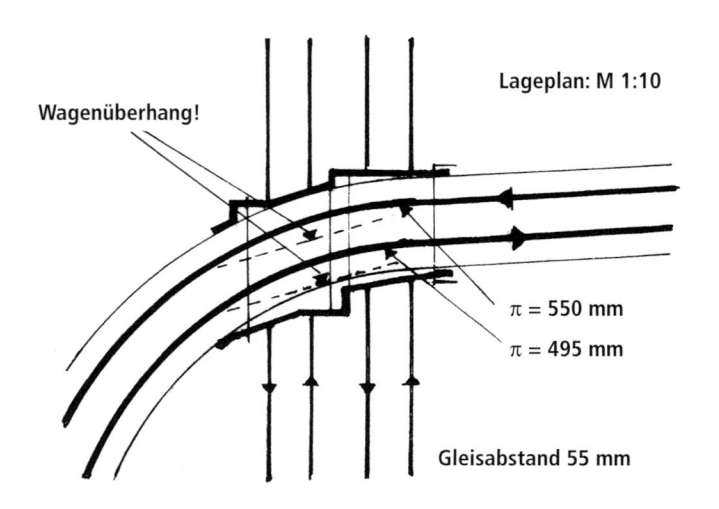

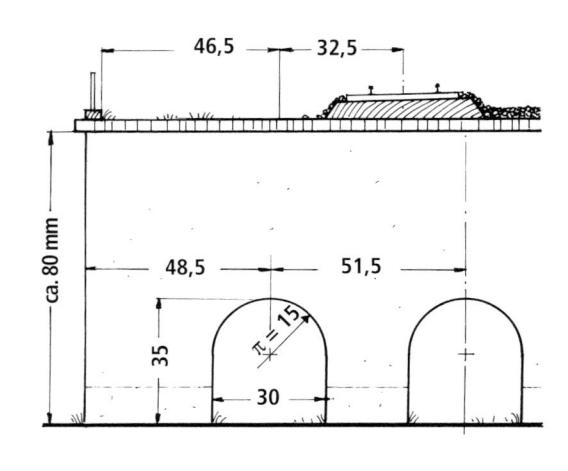

Lageplan: M 1:10

Wagenüberhang!

$r = 550$ mm
$r = 495$ mm

Gleisabstand 55 mm

Modellnachbildung

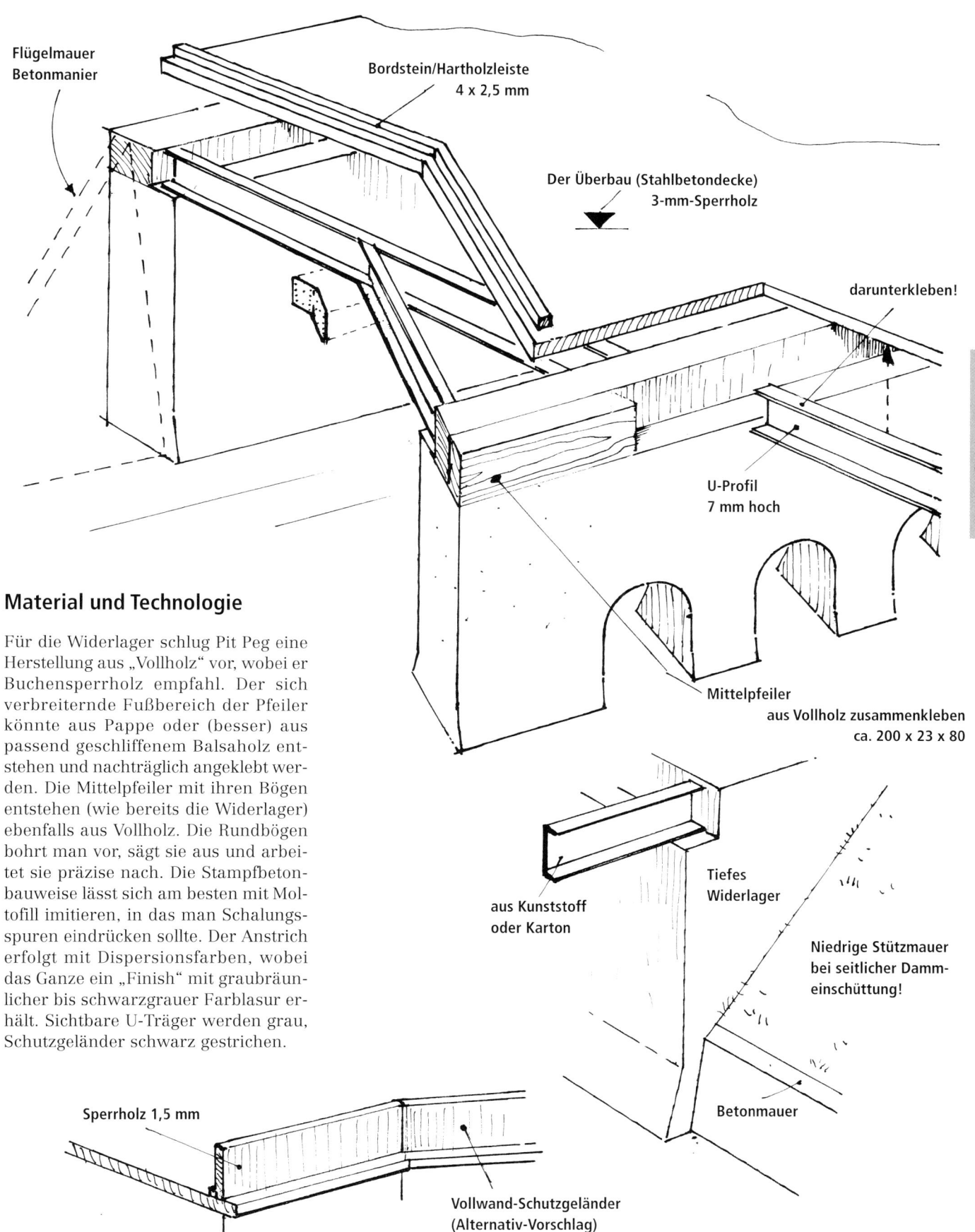

Flügelmauer Betonmanier

Bordstein/Hartholzleiste 4 x 2,5 mm

Der Überbau (Stahlbetondecke) 3-mm-Sperrholz

darunterkleben!

U-Profil 7 mm hoch

Mittelpfeiler aus Vollholz zusammenkleben ca. 200 x 23 x 80

aus Kunststoff oder Karton

Tiefes Widerlager

Niedrige Stützmauer bei seitlicher Dammeinschüttung!

Betonmauer

Sperrholz 1,5 mm

Vollwand-Schutzgeländer (Alternativ-Vorschlag)

Material und Technologie

Für die Widerlager schlug Pit Peg eine Herstellung aus „Vollholz" vor, wobei er Buchensperrholz empfahl. Der sich verbreiternde Fußbereich der Pfeiler könnte aus Pappe oder (besser) aus passend geschliffenem Balsaholz entstehen und nachträglich angeklebt werden. Die Mittelpfeiler mit ihren Bögen entstehen (wie bereits die Widerlager) ebenfalls aus Vollholz. Die Rundbögen bohrt man vor, sägt sie aus und arbeitet sie präzise nach. Die Stampfbetonbauweise lässt sich am besten mit Moltofill imitieren, in das man Schalungsspuren eindrücken sollte. Der Anstrich erfolgt mit Dispersionsfarben, wobei das Ganze ein „Finish" mit graubräunlicher bis schwarzgrauer Farblasur erhält. Sichtbare U-Träger werden grau, Schutzgeländer schwarz gestrichen.

Drunter und Drüber

Vielfalt der Typen und Formen: Brücken für die Modellbahn

Brücken! Mit der Vielfalt ihrer Typen und Formen stellen sie für den profilierten Modellbahner schon immer ein faszinierendes Thema dar. Eine vorbildgetreu gestaltete Brücke bildet auf jeder Modellbahnanlage ohne Zweifel einen attraktiven Blickfang. Große, regelrecht erhaben wirkende Brückenbauten hinterlassen stets nachhaltige Eindrücke, gleichgültig, ob es sich beim Betrachter um einen Fachmann oder nur um einen technikbegeisterten Laien handelt. Machen Sie doch mal die Probe aufs Exempel und fragen Sie Ihren Gast, was ihn an Ihrer Anlage besonders beeindruckt! Sollten Sie eine größere Brücke in ihre Modelllandschaft „eingebaut" haben, wird sich die wohlwollende Antwort mit Sicherheit auf ebendiese Brücke beziehen!

Natürlich sollte ein solches Bauwerk präzise und detailliert errichtet und gestaltet werden, muss doch die möglichst realistische Gesamtwirkung jedem Vergleich mit dem Vorbild standhalten. Von keinem Modellbahner kann indes erwartet werden, dass er die Fülle jener Kenntnisse in Mathematik und Statik, in werkstoffwissenschaftlichen Disziplinen und in der Bautechnologie erwirbt, die ein erfahrener Brückenbauer besitzen muss. Für den Erbauer von Modellbrücken genügt sicher schon ein Überblick, welche Arten von Brücken man unterscheidet und wann bzw. wo ein bestimmter Brückentyp zweckmäßigerweise zur Ausführung gelangt.

Der glaubwürdige Gesamteindruck eines Brückenbauwerks steht und fällt mit seiner Einbeziehung in die natürliche Umgebung. Mit den Skizzen und Entwürfen von Pit-Peg erhält der vorbildorientierte Modellbahner ein Anschauungsmaterial in die Hand, das ihn zur Auswahl und zum Bau realistischer Brücken auf seiner Modellbahn befähigt. Ohne sich mit breitgetretenem theoretischen Wissen abzumühen, kann er in Ruhe auswählen, was (zu) ihm und auf seine Anlage passt. In diesem Sinne stellen die von Lutz Kuhl nachträglich colorierten Zeichnungen auf den Seiten 129 bis 137 verschiedene Brückenbauten dar, die in ihrer klaren Formensprache wohl keines Kommentars mehr bedürfen.

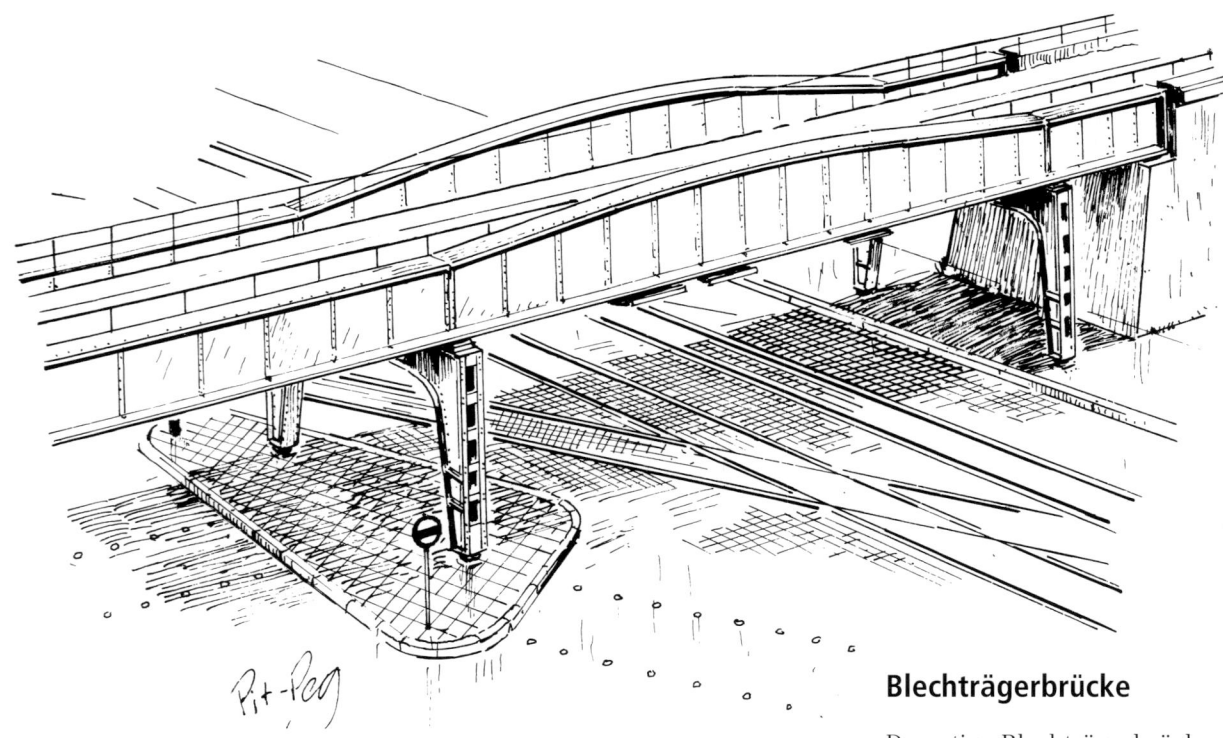

Blechträgerbrücke

Derartige Blechträgerbrücken in Kastenform dienten fast ausschließlich der Überbrückung anderer Verkehrswege in innerstädtischen Bereichen.

Blechträgerbrücke über Fließgewässer

Diese Brücke weist eine tief liegende Fahrbahn auf. Der seitlich angebrachte „Laufsteg" dürfte als Dienstweg Eisenbahnern vorbehalten sein. Widerlager und Pfeiler aus Stampfbeton besitzen die so genannte Eisbrecher-Form um Treibeis trotzen zu können. Die Spannweite kann zwischen 5 und 20 m betragen.

Stahlfachwerkbrücke

Der in unzähligen Varianten gebaute Brückentyp besitzt in diesem Falle zwei unterschiedlich ausgebildete Widerlager, für die Sandsteinmauerwerk als Baumaterial verwendet wurde.

Fischbauchträgerbrücke

Vorbilder dieses Bauwerks fand Pit-Peg an mehreren Stellen in der Fränkischen Schweiz. Die massiven Widerlager entstanden aus vorab geglättetem Sandsteinmauerwerk.

Brücke und Landschaft

Um das Tal vor der Staumauer zu überwinden, war der Bau einer Blechträgerbrücke erforderlich. Wegen der großen Spannweite erhielt der Blechträger einen Mittelpfeiler.

Gemauerter Viadukt

Viadukte dieser Art gehören zu den ältesten Brückenbauten. Die in der Skizze wiedergegebene, niedrige Bauform dient lediglich der Überquerung einer flachen Bodenmulde.

Fachwerkträgerbrücke über doppeltem Wasserlauf

Um die Stützweite in Grenzen zu halten, nutzte man den inselähnlichen Landstreifen zur Errichtung eines mittleren Stützpfeilers. Widerlager und Stützpfeiler ruhen auf Werksteinsockeln.

Vollwandträgerbrücke

Blechträgerbrücken mit hoch liegender Fahrbahn gehören beim großen Vorbild zu den häufigsten Brückenformen, selbst wenn, wie im vorliegenden Fall, der Vollwandträger kaum mannshoch über dem Erdboden „schwebt". Die aus behauenem Sandstein aufgemauerten Widerlager sind sowohl ins Erdreich hineingebaut als auch von der Dammschüttung umgeben worden.

Zweigleisiger Viadukt von beiden Seiten

Diese „Fünf-Bogen-Brücke" entwarf Pit-Peg nicht zur Erläuterung des Brückentyps, sondern um zu zeigen, wie sich ein klassisches Brückenbauwerk harmonisch in die Landschaft einfügen sollte. Für das Tal, das von einer Straße, einer Nebenbahn und dem Zulauf zum See nahezu parallel durchzogen wird, bot sich ein gemauerter Viadukt mit Einzelbögen eher an, als etwa eine aufwändige, in der Unterhaltung teure Stahlfachwerkbrücke mit großer Spannweite.

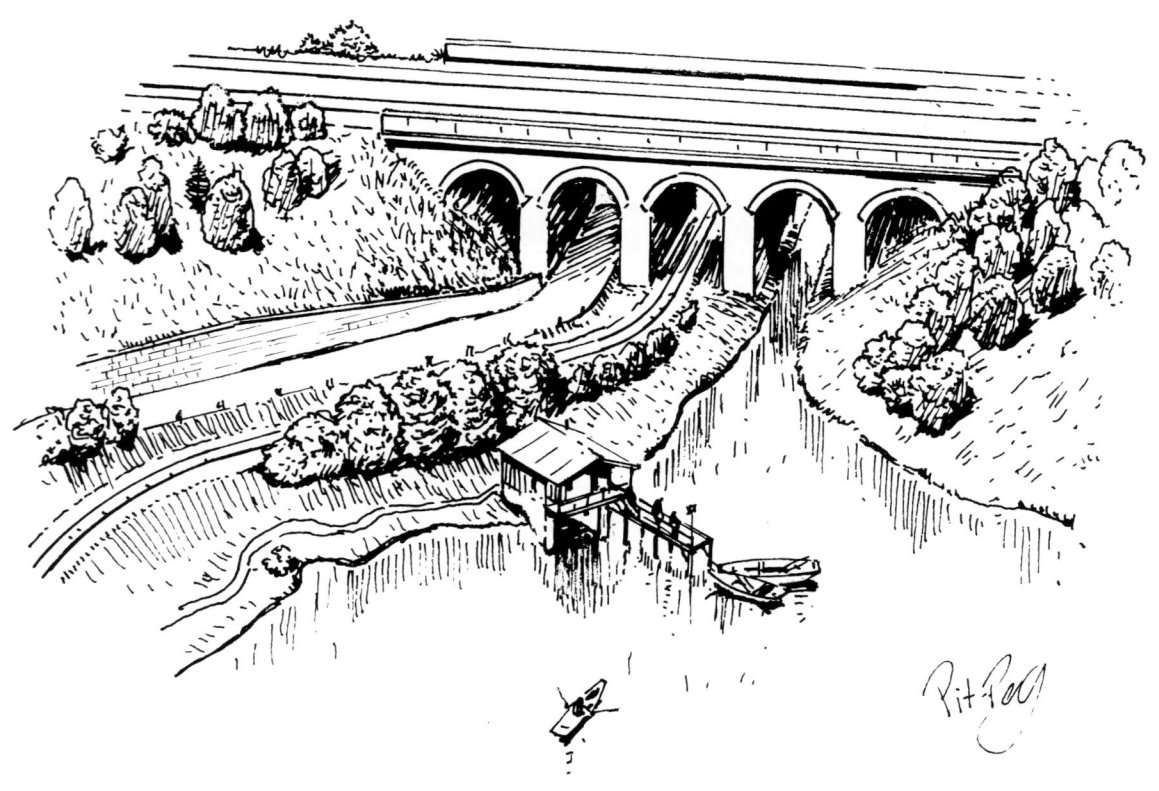

Verschiedene Brückentypen

Um etwas zu verdeutlichen, ist die Übertreibung als künstlerische Freiheit zulässig. Pit-Peg nahm sie sich um die Vielfalt von Brückenbauten zu demonstrieren. Dass man sogar für ein Stumpfgleis zum Rangieren eine derart aufwändige Brücke wie im Bildvordergrund entworfen und gebaut hat, darf allerdings vorsichtig bezweifelt werden …

Gewölbter Wasserdurchlass

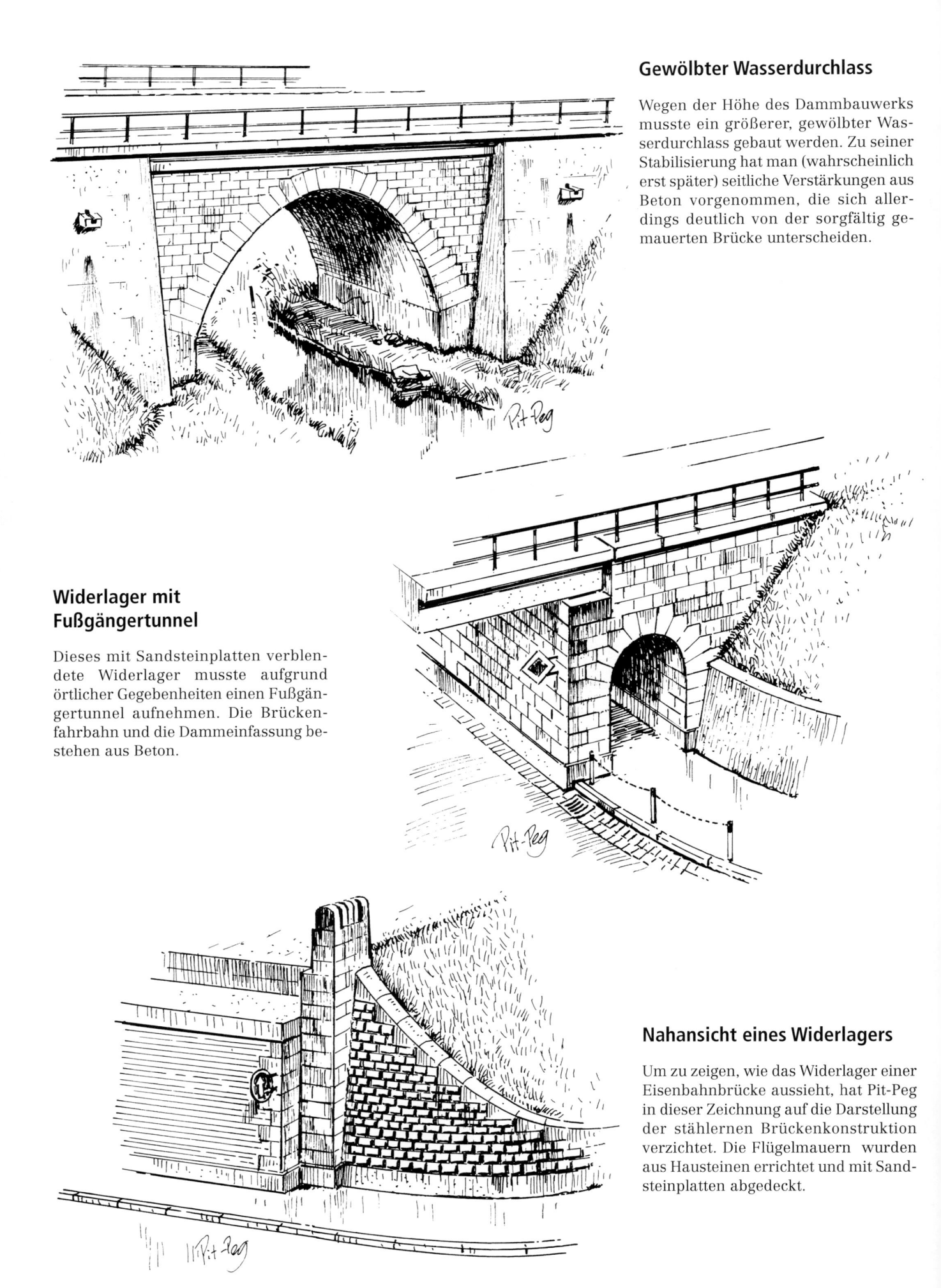

Wegen der Höhe des Dammbauwerks musste ein größerer, gewölbter Wasserdurchlass gebaut werden. Zu seiner Stabilisierung hat man (wahrscheinlich erst später) seitliche Verstärkungen aus Beton vorgenommen, die sich allerdings deutlich von der sorgfältig gemauerten Brücke unterscheiden.

Widerlager mit Fußgängertunnel

Dieses mit Sandsteinplatten verblendete Widerlager musste aufgrund örtlicher Gegebenheiten einen Fußgängertunnel aufnehmen. Die Brückenfahrbahn und die Dammeinfassung bestehen aus Beton.

Nahansicht eines Widerlagers

Um zu zeigen, wie das Widerlager einer Eisenbahnbrücke aussieht, hat Pit-Peg in dieser Zeichnung auf die Darstellung der stählernen Brückenkonstruktion verzichtet. Die Flügelmauern wurden aus Hausteinen errichtet und mit Sandsteinplatten abgedeckt.

Die „Fußbodenschlucht"

Wer aus Platzgründen eine „echte" Gebirgsbahn nicht mehr unterbringen kann, aber dennoch Schluchten und Berge darstellen möchte, baut die Brücke seiner Wahl, hier eine Blechträgerkonstruktion auf gemauerten Widerlagern, über einer (künstlichen) Schlucht, die mit ihrer Talsohle weit unter dem „Fußboden" der Rahmenkonstruktion endet.

Drei Brücken mit Stellwerk

Zur Überquerung des unteren Gleisfeldes und einer Straße waren zwei Blechträgerbrücken und eine gemauerte Steinbogenbrücke erforderlich. Das hoch aufragende Stellwerk in Turmbauweise dient der Überwachung des Eisenbahnbetriebs auf beiden Ebenen.

Kombinationsbauwerk

Die später gebaute untere Strecke zwang zur Kombination des älteren, gemauerten Dammbauwerks mit einer Brücke in Betonbauweise.

Klassische Steinbogenbrücke

Musterbeispiel eines Segmentbogens unter mehrgleisiger Strecke. Schutzgeländer aus Winkelprofilen.

Brücke über einer Strecke mit Oberleitung

Bei geringer Durchfahrhöhe infolge nachträglicher Elektrifizierung sind Schutzgitter anzubringen.

Drunter und Drüber

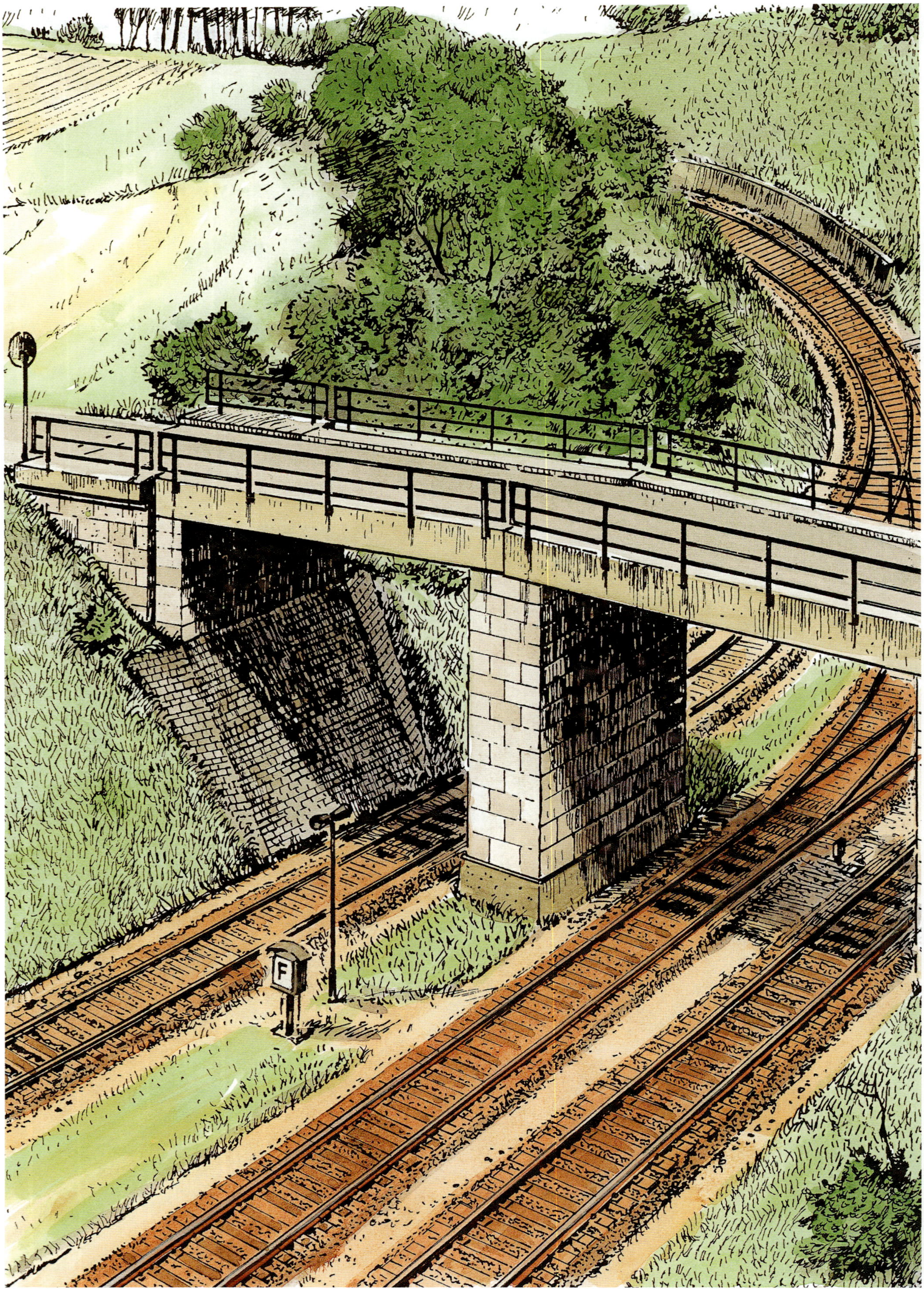
F

Drunter und Drüber

Pit-Peg-Sammelband 131

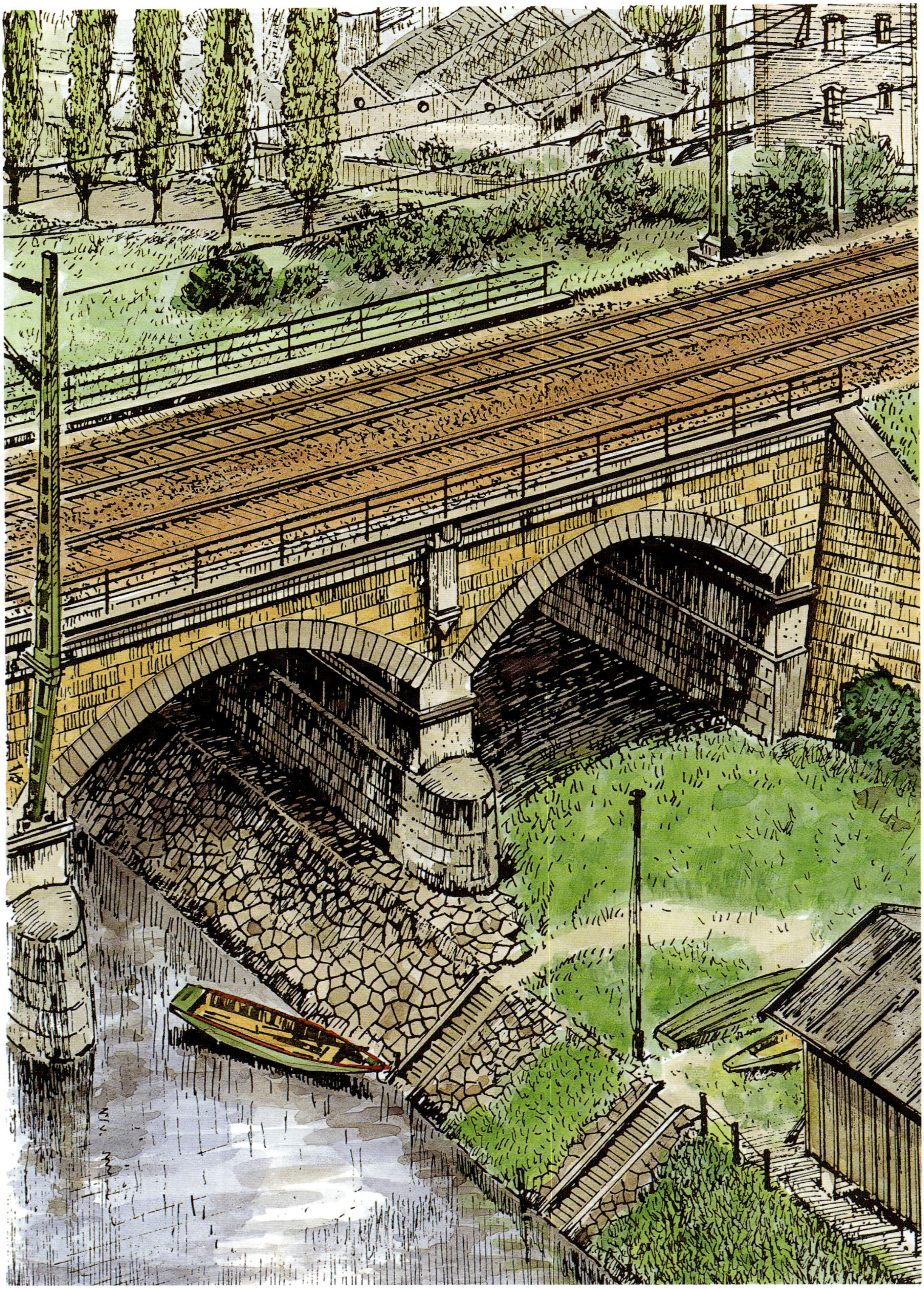

Drunter und Drüber

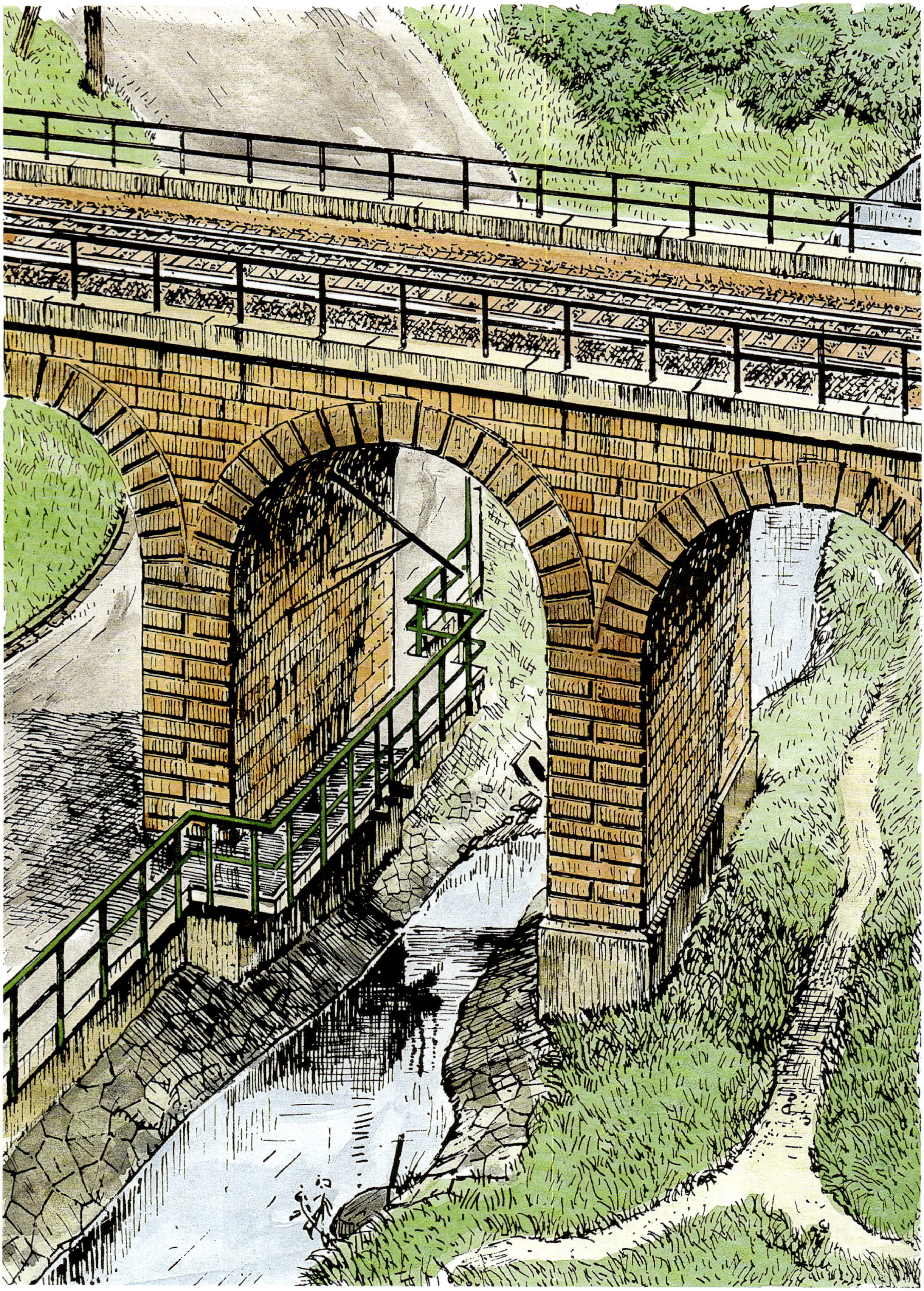

Drunter und Drüber

Pit-Peg-Sammelband

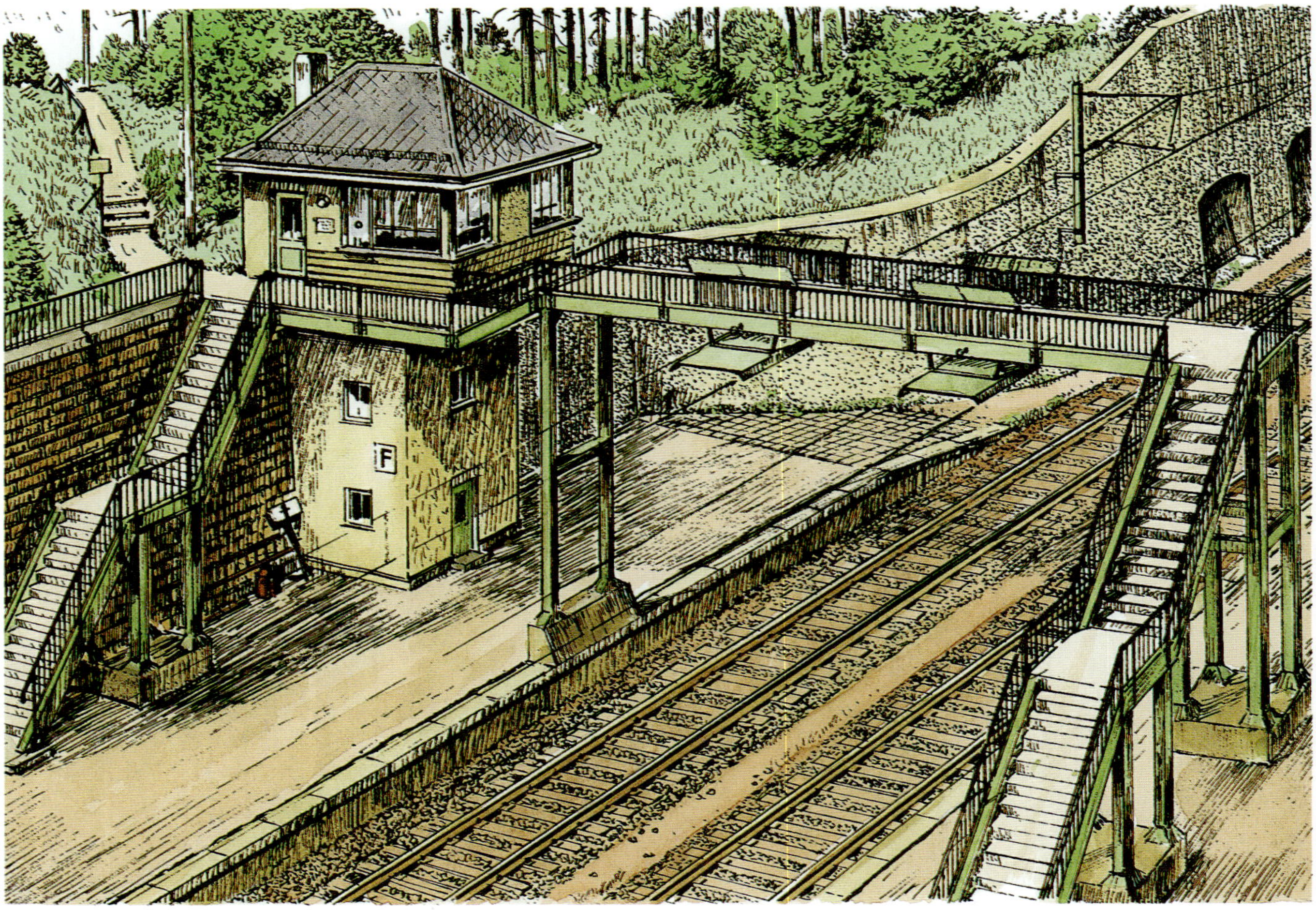
F

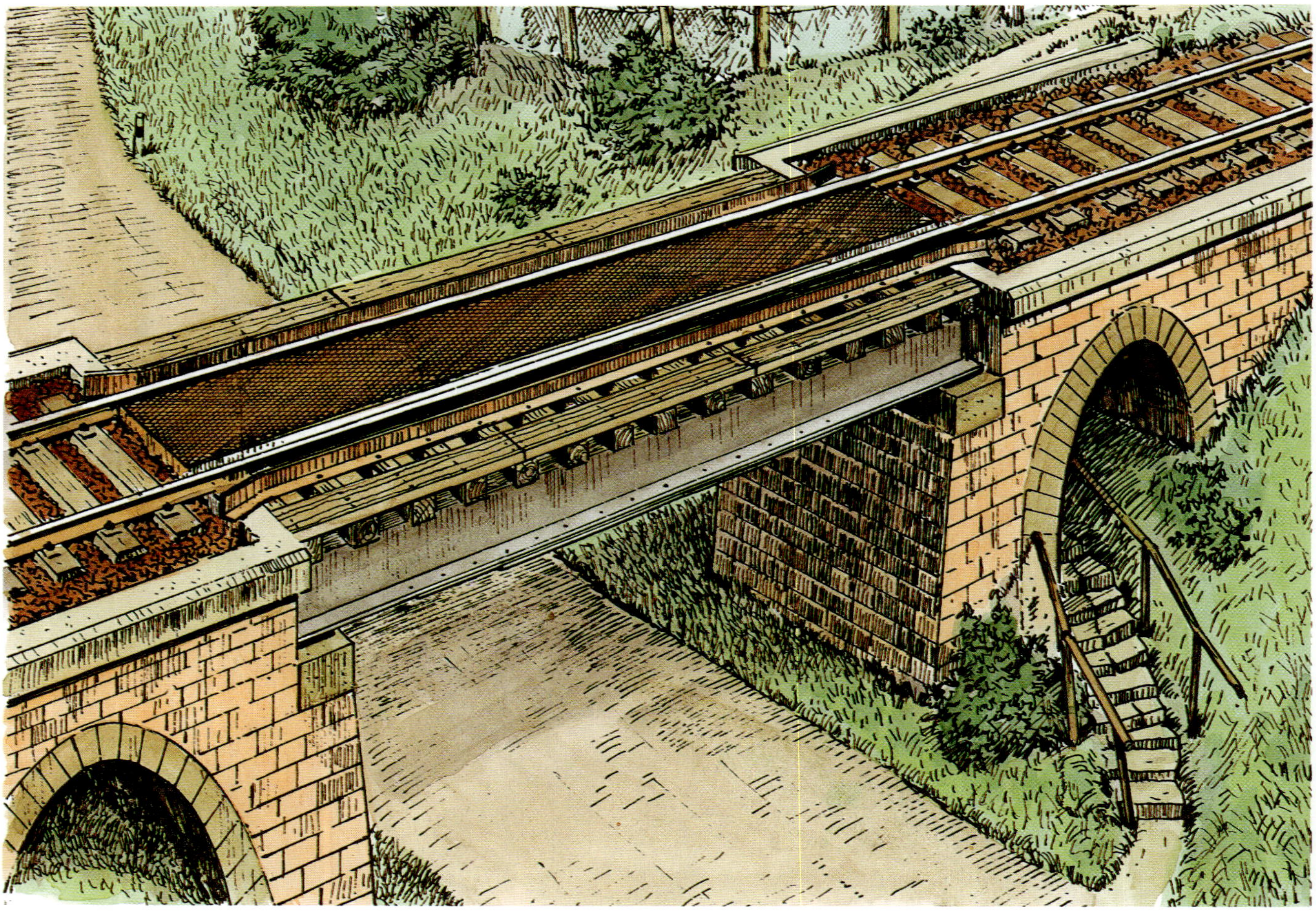

Drunter und Drüber

Blechträgerbrücke mit hoch liegender Fahrbahn

Vielen Modellbahnern erschien es schon vor über 30 Jahren unmöglich, aus den (unbestritten kunstvoll gezeichneten) Entwürfen und Skizzen von Pit-Peg jeweils konkrete Modelle zum individuellen Nachbau auf der eigenen Anlage abzuleiten. Der Ruf nach fach- und vor allem maßstabgerecht angefertigten Bauzeichnungen wurde immer lauter, sodass sich der Maler dann doch entschloss dem zeitgenössischen Leserkreis Bastel- und Bauprojekte anzubieten, die mit ihren exakten Maßangaben bereits mehr oder weniger perfekte Bauanleitungen darstellten. Trotz einer gewissen Nähe dieser Entwürfe zu technischen Zeichnungen gelang es Pit-Peg, seinen unnachahmlichen Stil zu wahren. So hat auch diese Seite seines Schaffens über drei Jahrzehnte später nichts von ihrem ursprünglichen Reiz eingebüßt. Die Ideen und Projekte des malenden Modellbahners aus Pegnitz verbreiten nach wie vor jenen Hauch von Eisenbahnromantik, der modernen ICE-Strecken mit fester Fahrbahn inmitten von Lärmschutzwänden und zwischen hochmodern gewollten, doch eher langweiligen Tunnelportalen aus Stahlbeton völlig abgeht. Ihnen gegenüber stellen die Zeichnungen von

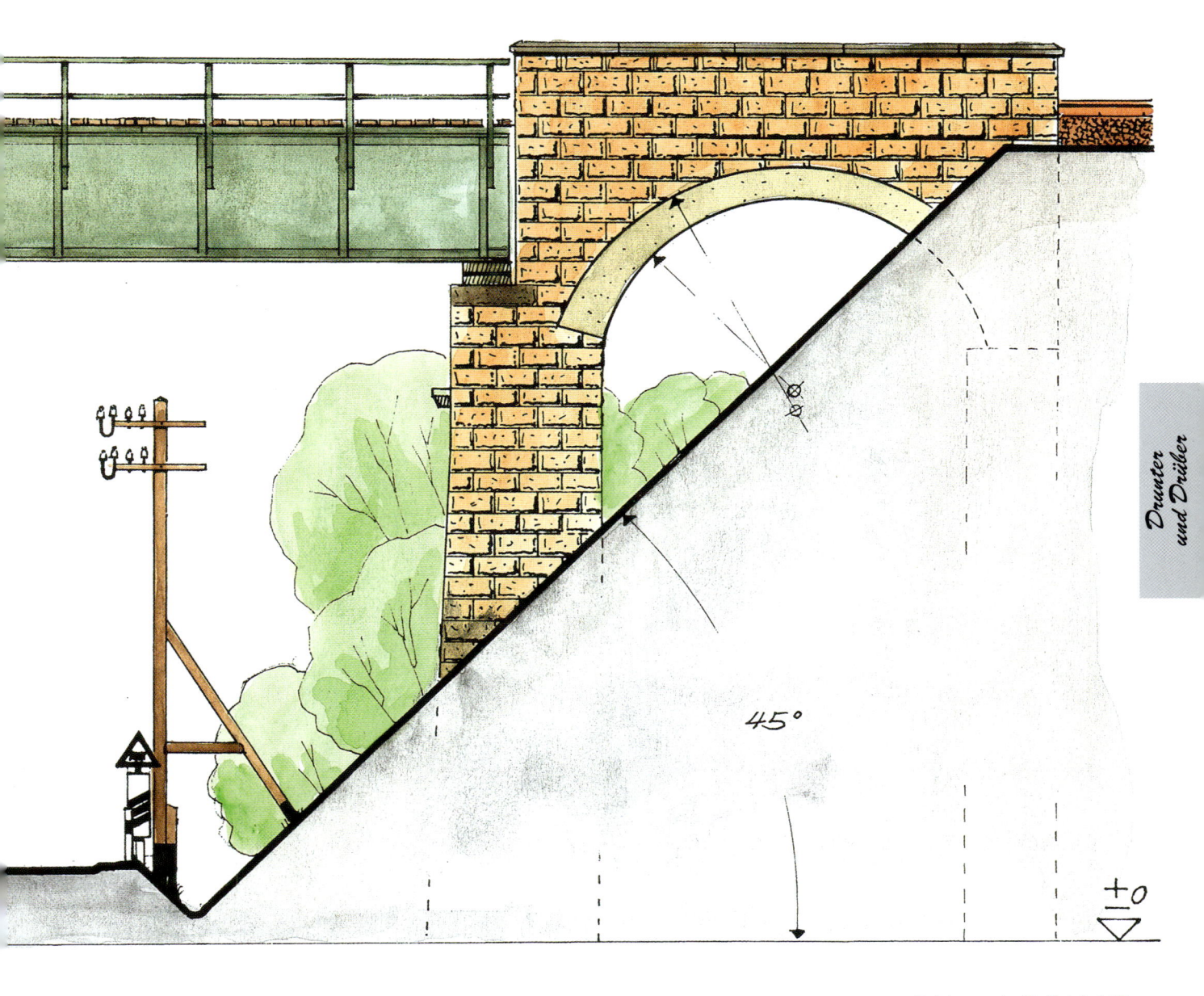

Zeichnung im Maßstab 1:87

Pit-Peg bereits historische Zeugnisse des Eisenbahnhochbaues dar.

Mit dem Entwurf einer Blechträgerbrücke wird hier ein Bauprojekt des Meisters vorgestellt, bei dem er über einen lediglich skizzierten Entwurf ohne jegliche Maßangaben weit hinausging und eine exakt im Maßstab 1:87 gehaltene Bauzeichnung vorlegte. Wer die Brücke nachbauen möchte, kann die Maße (sofern nicht anders angegeben) direkt von der obigen Zeichnung abgreifen. Das bezieht sich nicht nur auf die Bauhöhe der Brücke und die Höhe der Widerlager und Stützpfeiler, sondern auch auf die Neigungswinkel der Hang- und Dammflächen, auf die Abmessungen der Stahlkonstruktion, auf Höhe und Breite des Schotterbetts und die Haussteine der gemauerten Widerlager.

Die folgenden Seiten zeigen, wie das Bauwerk in die Landschaft integriert werden kann, wie die Widerlager auf ihren Innenseiten zu gestalten sind und was bei der Konstruktion des stählernen „Tragwerks" beachtet werden sollte. Hinsichtlich der Materialien hat Pit-Peg nur selten detaillierte Vorschläge unterbreitet. In der vorliegenden Darstellung findet sich lediglich Hinweise auf Sperrholz, Kartonpappe und Nemec-Profile.

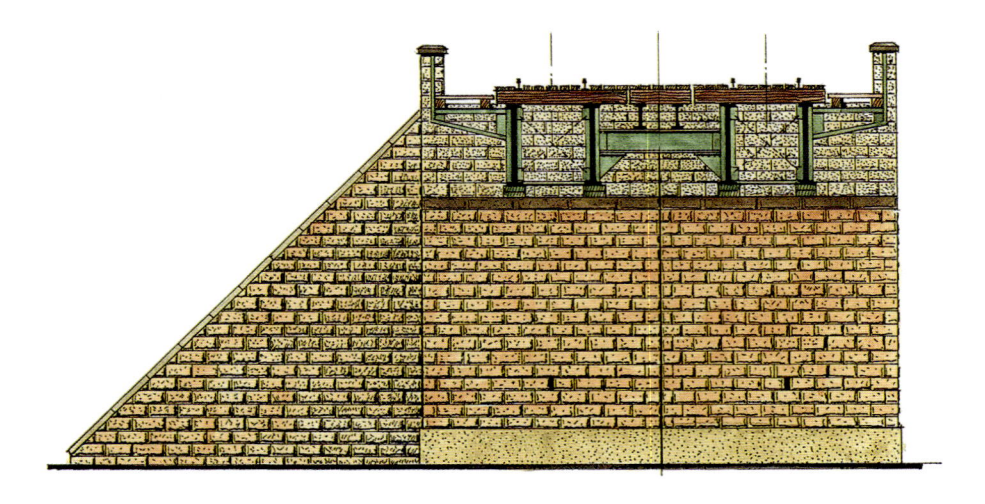

Blechträgerbrücke mit hoch liegender Fahrbahn: Innenseite des Widerlagers

Für die Baugröße H0 (M 1:87) beträgt der Widergabe-Maßstab 1:2, d. h. für einen Nachbau in H0 ist jedes von der Zeichnung abgegriffene Maß zu verdoppeln.

Vorschlag für die Geländegestaltung

So stellte sich Pit-Peg die Integration seines Brücken-Entwurfs in die Landschaft vor. Beachtenswert, weil nicht alltäglich, ist der asymmetrische Aufbau der Brücke.

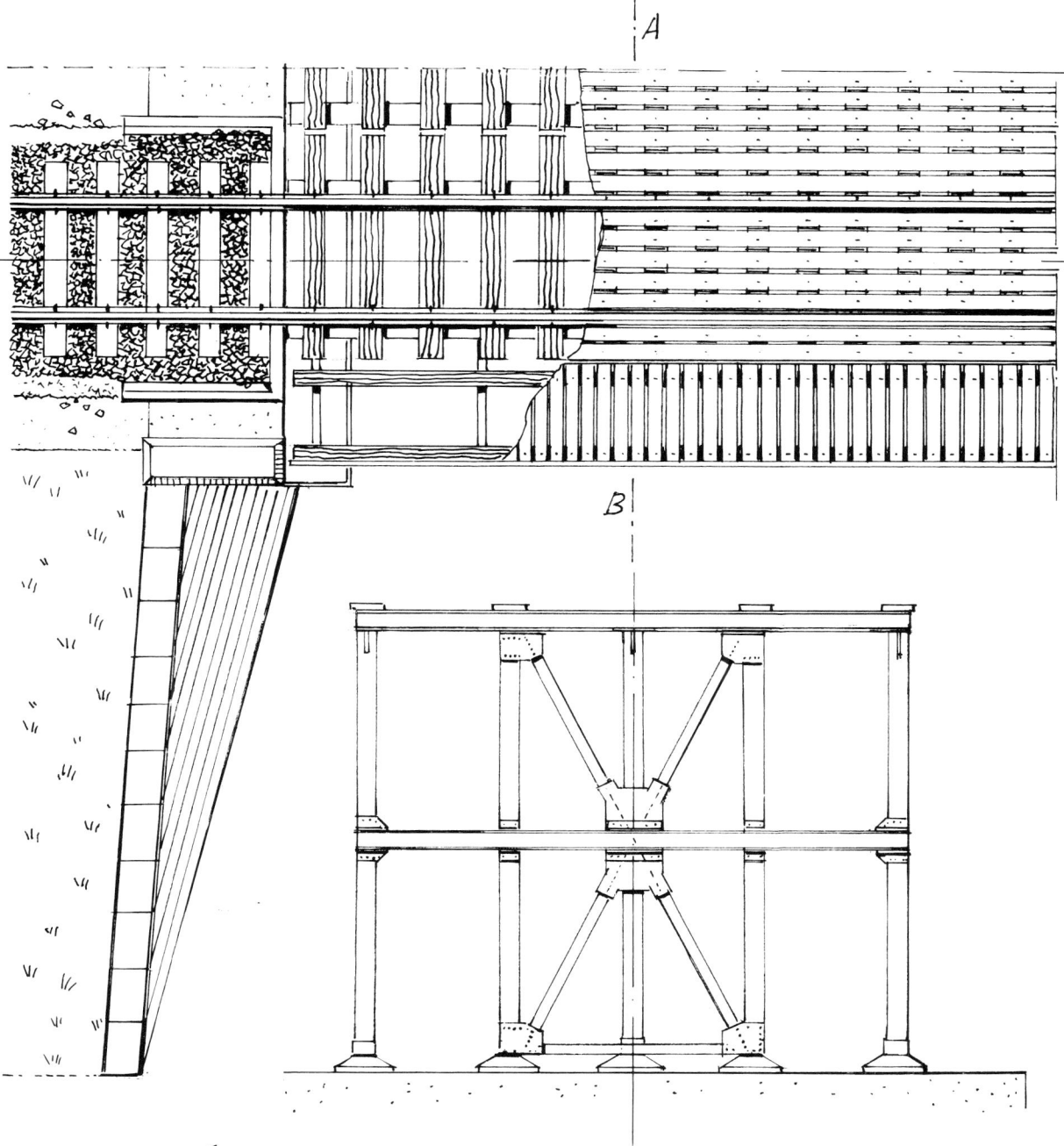

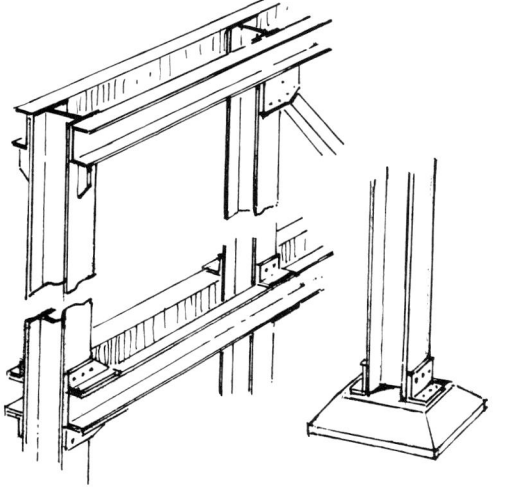

Blechträgerbrücke mit hoch liegender Fahrbahn: Detailansichten

Während die Draufsicht (u. a. auf die „Fahrbahn" der Brücke) und die seitliche Ansicht des Stützpfeilerverbaues exakt im Maßstab 1:87 gehalten sind, sodass sich alle Maße 1:1 von der Zeichnung abnehmen lassen, genügt als Hinweis für den Zusammenbau der Stützpfeilerkonstruktion eine unmaßstäblich gehaltene Zeichnung (links).

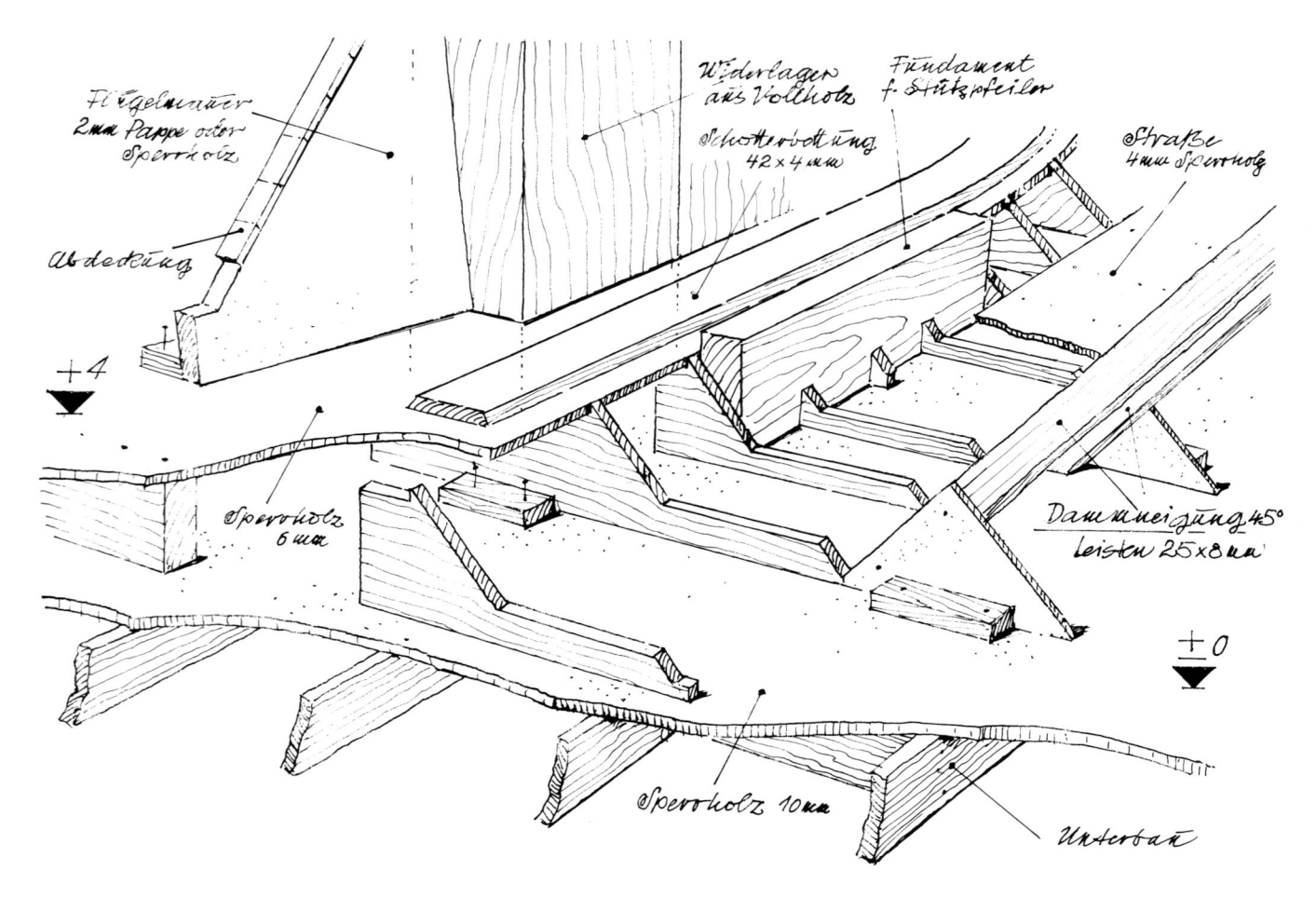

Blechträgerbrücke mit hoch liegender Fahrbahn in einer Explosionsdarstellung

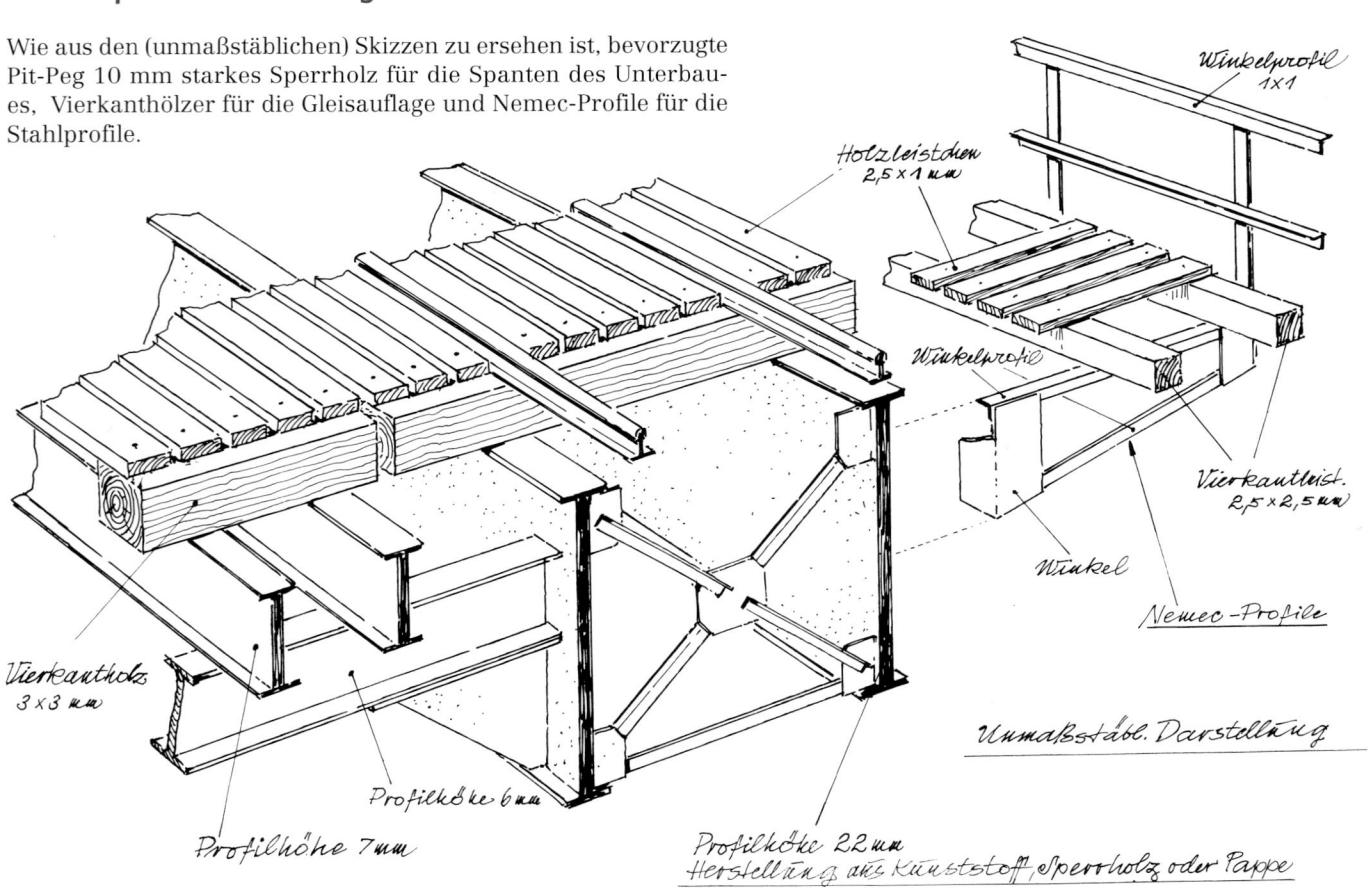

Wie aus den (unmaßstäblichen) Skizzen zu ersehen ist, bevorzugte Pit-Peg 10 mm starkes Sperrholz für die Spanten des Unterbaues, Vierkanthölzer für die Gleisauflage und Nemec-Profile für die Stahlprofile.

Klein, aber notwendig: Durchlässe

Sie gehören zu jeder Bahnstrecke, gleichgültig ob es sich um eine Haupt- oder Nebenbahn, um eine Klein- oder Schmalspurbahn handelt: Wo Bahndämme notwendig waren, mussten Durchlässe geschaffen werden. Die Vielfalt ihrer Formen und Bauweisen scheint unbegrenzt. Wer auf seiner Modellbahn Dämme vorsieht, kann auf diese wohl kleinste Form einer Brücke unmöglich verzichten.

Durchlass aus Beton

Diese aus Betonteilen bestehende Öffnung wurde mit Bruchsteinen und einem „Zementmörtel-Glattstrich" als Abschluss verkleidet.

Vier auf einen Streich

Vier „Durchlässe" hat Pit-Peg auf dieser Zeichnung konzentriert, wobei es sich beim Straßendurchlass eigentlich schon um eine kleine Brücke handelt.

Durchlass mit Wasserrinne

Aus unbewehrtem Stampfbeton entstand hier ein ungewöhnlicher Durchlass zur gemeinsamen Durchführung eines Baches und eines Fußweges.

Plattendurchlass

Völlig unverkleidet, dient dieser Durchlass aus Betonplatten lediglich einer Verbindung der Seitengräben.

Rundbogen-Durchlass

Diese Öffnung dient zwar auch nur der Durchführung eines Seitengrabens, doch hat man beim Bau recht großen Aufwand betrieben.

Gewölbter Wasserdurchlass

Auch dieser Durchlass stellt im Grunde bereits eine kleine Brücke dar. Die Bauweise verlangte ein Geländer aus Winkelprofilen.

Betonrohr-Durchlass

Für eine Nebenbahn genügt oft ein Betonrohr mit anschließender Abflussrinne als Wasserdurchlass. Die Stirnfläche des Rohrs liegt in der Dammneigung.

Spitzbogen-Durchlass

Dieser gemauerte und sorgsam verputzte Durchlass mit eingeschnittener Umrandung gehört offenbar zu einer modern ausgebauten Bahnstrecke.

Wasserdurchlass im Hochdamm

Gewölbte Wasserdurchlässe aus bossiertem Naturstein stellten lange Zeit das Privileg zweigleisiger Hauptstrecken auf hohen Dammbauten dar.

Offener Durchlass

Dieser so genannte offene Durchlass aus Vierkanthölzern mit Bohlenbelag sowie einfachen Widerlagern aus Naturstein fand um 1900 auf Privat- und Kleinbahnen weite Verbreitung.

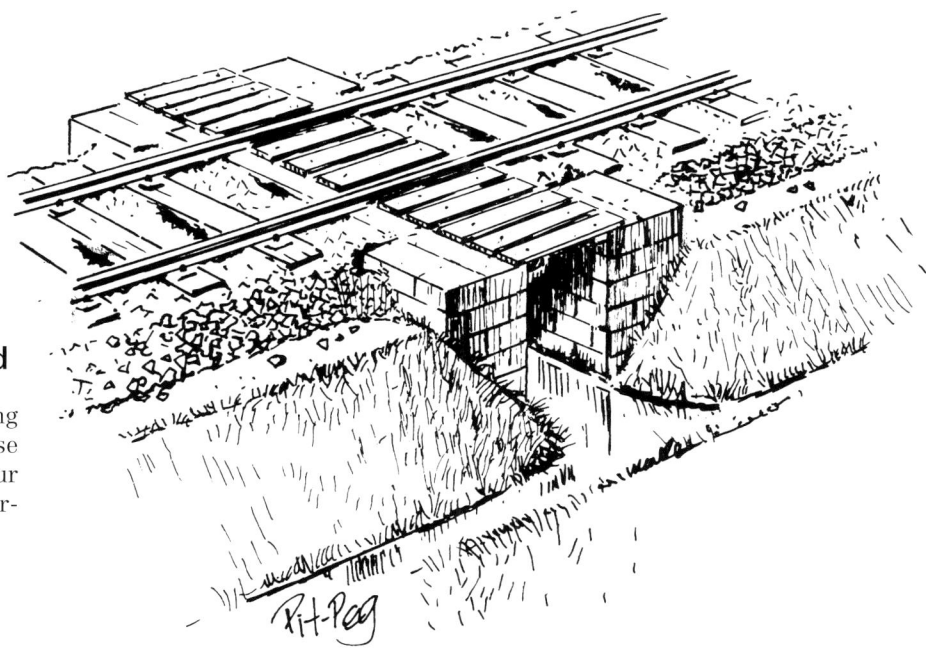

Lichte Weite: Schwellenabstand

Die nahezu schienengleiche Abdeckung dieses wohl kleinsten aller Durchlässe besteht aus Holzbohlen, die quer zur Fahrtrichtung der Züge auf den Widerlagermauern befestigt wurden.

Durchlass aus Stampfbeton

Dieser Durchlass entstand aus Stampfbeton, einer Bauweise, wie sie besonders nach dem Ersten Weltkrieg Verbreitung fand. Zur Abicherung des Schotterbettes wurden auf beiden Seiten Winkelprofile befestigt.

Damm-Durchlass

Maßstab 1:87

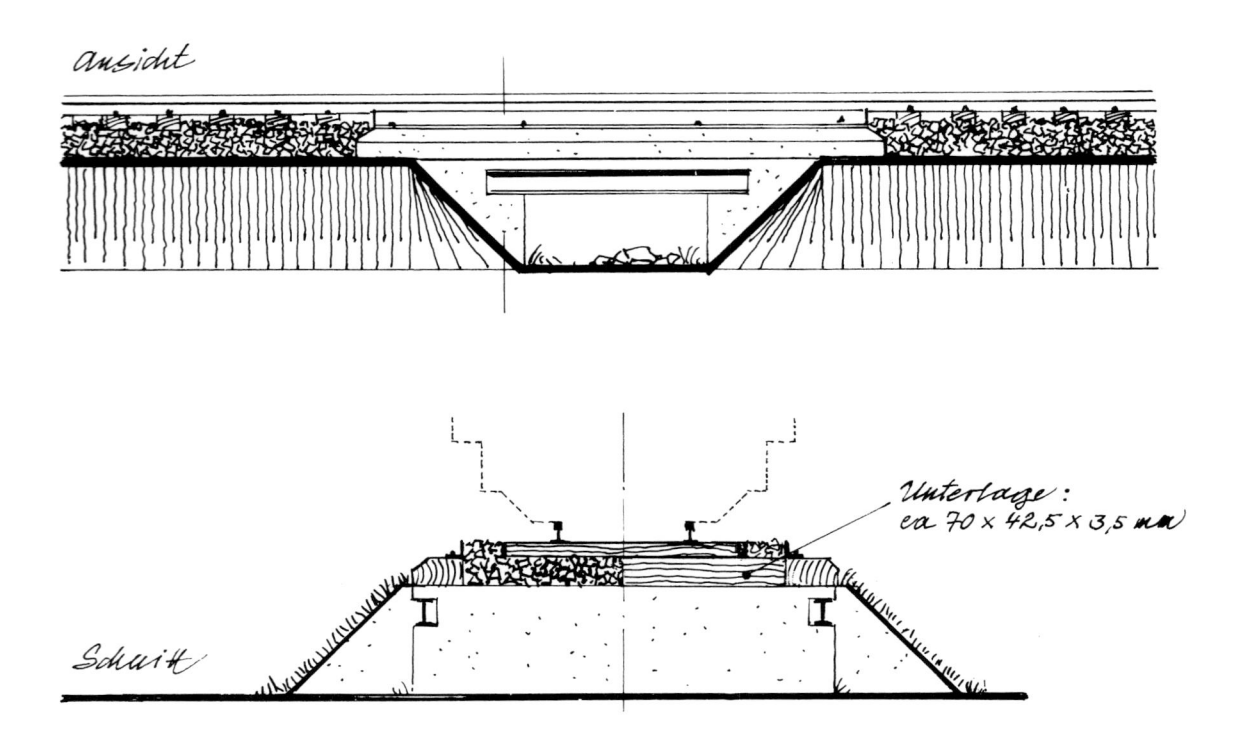

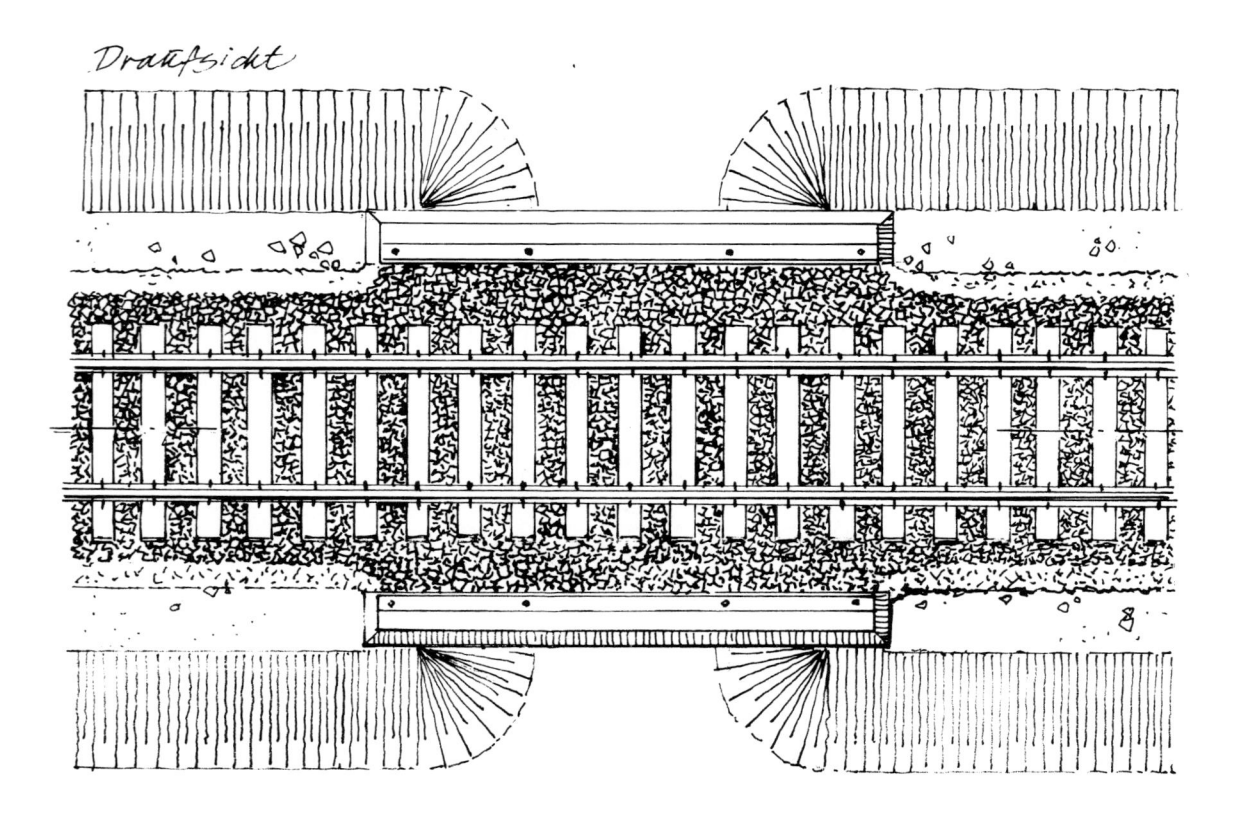

Ansicht

Schnitt

Unterlage: ca 70 x 42,5 x 3,5 mm

Draufsicht

Herstellung

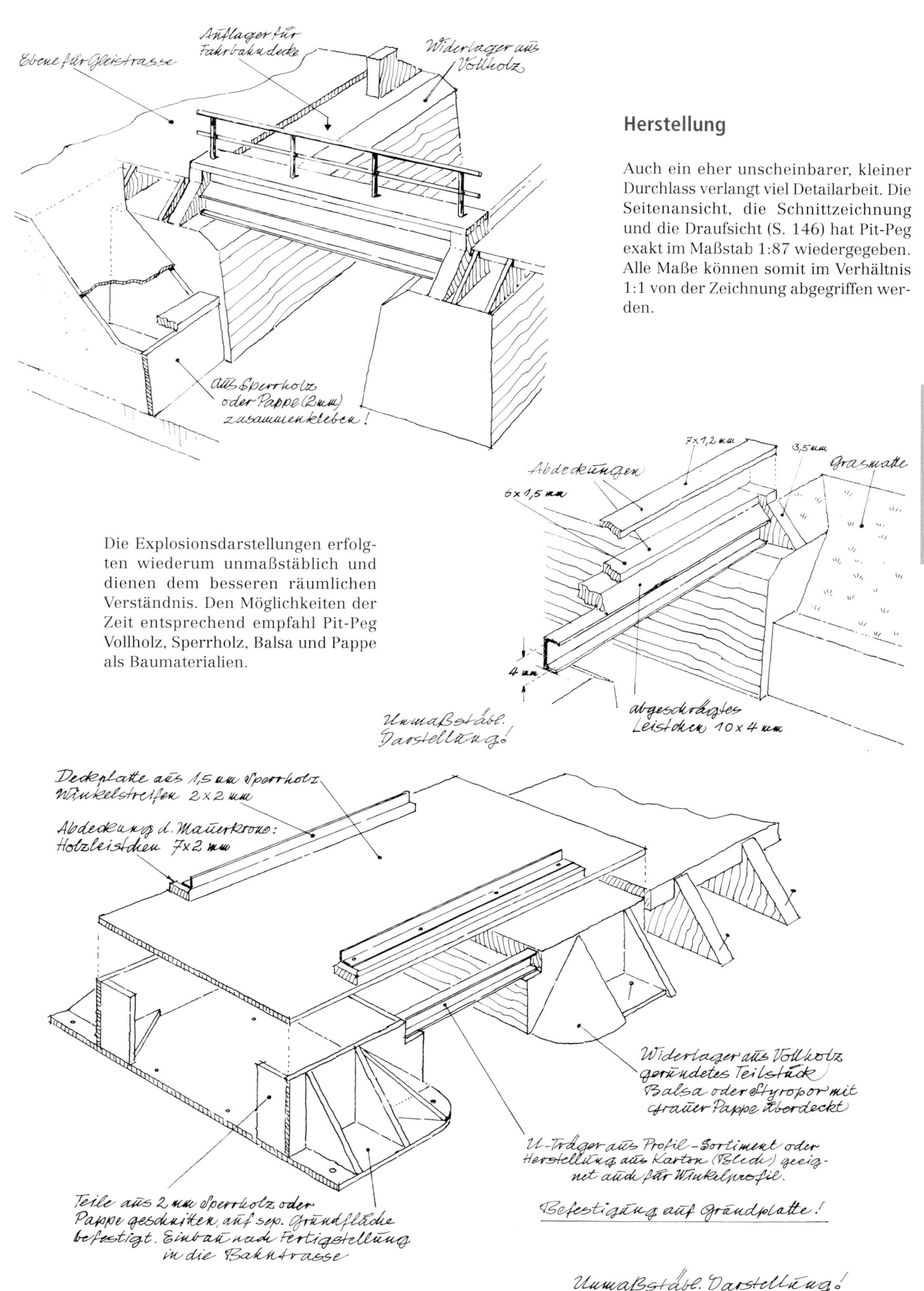

Auch ein eher unscheinbarer, kleiner Durchlass verlangt viel Detailarbeit. Die Seitenansicht, die Schnittzeichnung und die Draufsicht (S. 146) hat Pit-Peg exakt im Maßstab 1:87 wiedergegeben. Alle Maße können somit im Verhältnis 1:1 von der Zeichnung abgegriffen werden.

Die Explosionsdarstellungen erfolgten wiederum unmaßstäblich und dienen dem besseren räumlichen Verständnis. Den Möglichkeiten der Zeit entsprechend empfahl Pit-Peg Vollholz, Sperrholz, Balsa und Pappe als Baumaterialien.

Ebene für Gleistrasse
Auflager für Fahrbahndecke
Widerlager aus Vollholz
aus Sperrholz oder Pappe (2mm) zusammenkleben!

Abdeckungen
7 x 1,2 mm
6 x 1,5 mm
3,5 mm
Grasmatte
4 mm
abgeschrägtes Leistchen 10 x 4 mm

Unmaßstäbl. Darstellung!

Deckplatte aus 1,5 mm Sperrholz
Winkelstreifen 2 x 2 mm
Abdeckung d. Mauerkrone: Holzleistchen 7 x 2 mm

Widerlager aus Vollholz gerundetes Teilstück Balsa oder Styropor mit grauer Pappe überdeckt

U-Träger aus Profil-Sortiment oder Herstellung aus Karton (Blech) geeignet auch für Winkelprofile.

Befestigung auf Grundplatte!

Teile aus 2 mm Sperrholz oder Pappe geschnitten, auf sep. Grundfläche befestigt. Einbau nach Fertigstellung in die Bahntrasse

Unmaßstäbl. Darstellung!

Drunter und Drüber

Dammbauwerk mit Haltepunkt und Durchlässen

Wie unterschiedlich „Durchlässe" (im weitesten Sinne) ausfallen können, demonstrierte Pit-Peg am Beispiel eines Haltepunkts auf einem gemauerten Bahndamm. Während die schmale Straße das Bauwerk unterfährt, zweigt im Inneren des Fußgängertunnels der Zugang zum Bahnsteig ab.

Bahndamm mit Durchlass und Stahlbrücken

In seinem Text zu dieser szenischen Skizze bezeichnete Pit-Peg die hintere „Dammöffnung" als Durchlass und die vorn sichtbaren Stahlkonstruktionen als „Brücken", vermerkte jedoch gleichzeitig, dass eine klare „Unterscheidung" zwischen beiden nicht immer präzise möglich sei …

Flächen zum Warten: Bahnsteige

Manche eisenbahntypischen Begriffe lassen sich auch mit sich selbst erklären. Als MIBA-Altredakteur Michael Meinhold seinerzeit den Auftrag erhielt, Texte zu den Bahnsteigskizzen von Pit-Peg zu verfassen, da brachte er zu Papier: „Wozu sind Bahnsteige da? Nun, ganz einfach: auf dass man von ihnen aus in die Bahn steige …"

Im Modell gilt dies weniger, denn genau genommen kann dort niemand in die Bahn steigen. Dennoch sollte der Modellbahner wenigstens so tun, als fände auf den Bahnsteigen seiner Anlage reges Aus- und Einsteigen statt. Leider (und auch darauf verwies der Autor des netten Wortspiels) könnte von manchem Modellbahnsteig aus wirklich niemand in den Zug steigen: Die Bahnsteigkanten sind oft viel zu niedrig, die Abstände zwischen Bahnsteigkante und Fahrzeug viel zu groß, manche Bahnsteige entbehren gar eines Zugangs. Selbst mit der gebotenen Breite hapert es; die „Reisenden" müssten gedrängt wie die Heringe in der Tonne die Ankunft ihres Zuges abwarten.

Doch wie sollte ein Modellbahnsteig tatsächlich beschaffen sein? Welche Proportionen müssen eingehalten werden? Auch hier gilt wieder, dass Pit-Peg seine Skizzen und Zeichnungen vor allem als Anregungen verstand und keineswegs Normen diktieren wollte. Betrachten Sie also seine Ideen vor allem unter diesem Gesichtspunkt!

Ländlicher Haltepunkt

Von einem „Bahnsteig" lässt sich hier kaum sprechen. Die verdichtete Kiesschüttung ohne Kante fungiert nur recht und schlecht als „Wartefläche". Das Milieu einer ehemaligen Klein- oder Privatbahn ist jedenfalls gut getroffen – mit Ausnahme der modernen Leuchten, die man bei einem Nachbau wohl besser durch Oldtimer-Laternen ersetzen sollte.

Haltepunkt an zweigleisiger Strecke

So könnten die Außenbahnsteige eines Haltepunkts an einer zweigleisigen Strecke aussehen. Dass der Zugang zu beiden vom Bahnübergang aus erfolgte, stellte früher eine durchaus weit verbreitete Lösung dar. Der ländliche Charakter der kleinen „Station" wird durch die kiesgeschlämmten Flächen, die Lampe am Holzmast und die gegen Hang und Damm abgrenzende Einzäunung aus Holz unterstrichen.

Für Fußgänger und Fahrzeuge

Pit-Peg-Sammelband

Großstadt-Bahnsteig

Infolge des Zweiten Weltkrieges besaßen sehr viele Großstadtbahnhöfe weder intakte Hallen noch Bahnsteigdächer. Die beiden Zeichnungen auf dieser Seite zeigen derartige Bahnsteige, wie sie bei der DB bis in die Fünfzigerjahre, bei der DR in DDR sogar noch in den Siebzigerjahren anzutreffen waren.

Inselbahnsteig

Wer sich zum Bau eines Inselbahnsteigs entschließt, sollte sich auch an die Normen des Vorbilds halten, die eine Mindestbreite von 13,5 m vorschreiben, was in H0 immmerhin etwa 155 mm wären!

Für Fußgänger und Fahrzeuge

Bahnsteige des Güterverkehrs: Laderampen

Von Laderampen aus werden spezielle Güter wie lebende Tiere (Schlachtvieh), Fahrzeuge, Maschinen und größeres Stückgut auf offene oder auch in geschlossene Güterwagen verladen. Man unterscheidet Kopf-, Seiten- und (spezielle) Holzverladerampen. Werden Kopf- und Seitenrampen miteinander kombiniert, spricht man von so genannten Kombirampen. Grundsätzlich sollte die Rampenhöhe über der Schienenoberkante in etwa der Wagenbodenhöhe entsprechen. Gelingt dies im Modell nicht, ist die Rampe im Grunde sinnlos. Auch was ihre Länge und Breite betrifft, werden Rampen im Modell oft unterschätzt. Für eine Kombirampe in H0 sollten eine Länge von wenigstens 350 mm, eine Breite im Kopfbereich von 140 mm und von 70 mm im Bereich der Seitenrampe eingeplant werden. Die Umfassungswände bestehen in der Regel aus aufgemauertem Naturstein und Beton, seltener aus Ziegelmauerwerk. Die oberen Kanten sind meist mit Kantensteinen, bei Beton auch mit starkem Winkelstahlprofil eingefasst. Als Rampenoberflächen findet man sandgeschlemmte Schotterdecken, Pflasterungen und betonierte Flächen vor.

Falsche Gestaltung einer Rampe

Diese einfache Kopf- und Seitenrampe stellt dar, was Pit-Peg „sinnlos" nannte: Die Rampe ist zu kurz und zu schmal, die Auffahrt zu steil, die beiden Neigungswechsel zwangsläufig zu abrupt.

Exakt gestaltete „Holzrampe"

Diese speziell zur Schnittholzverladung gebaute Rampe kann mit ihrer vorzüglich ins Gelände integrierten Auffahrt und den großen Lagerflächen als Musterbeispiel einer Kombirampe gelten.

Für Fußgänger und Fahrzeuge

Integrierte Kombirampe

Eine in das Höhenniveau des umgebenden Bahngeländes integrierte Kopf- und Seitenrampe wird auf Modellbahnanlagen noch viel zu selten dargestellt. Besondere Beachtung verdient die Darstellung des leichten Keils an der Kopframpe. Er ermöglicht beim Verladen ein „Überfahren" der Waggonpuffer (wie in der Zeichnung dargestellt).

Rampe mit Güterschuppen

Einfache Rampen mit aufgesetztem Güterschuppen gab es früher auf vielen Neben- und Kleinbahnen. Zur Verladung von Kleingut wie Fässern, Säcken, Ballen und Kisten auf Sackkarren reichten sie aus. Bei den bayerischen Lokalbahnen unterlagen diese Rampen sogar einer Art Normung.

Minimalform einer Kombirampe

Diese Kombirampe dient in erster Linie als Aufrollrampe für die Fahrzeugverladung, daneben auch als Seitenrampe. Kleiner als in der Zeichnung darf sie jedoch nicht ausfallen!

Verbindungen schaffen: Straßen, Wege und Plätze

Natürlich steht die Eisenbahn mit ihren Lokomotiven und Wagen, ihren Gleisanlagen und Gebäuden für den Modellbahner im Mittelpunkt. Doch aus seinem Bestreben heraus, Bahnanlagen und Züge inmitten einer vorbildnah gestalteten Umwelt in Szene zu setzen, kann er die Verkehrsverbindungen des Konkurrenten natürlich auch im Modell nicht ignorieren; keine Modellbahnanlage kommt ohne Straßen, Wege und Plätze aus.

Vorbildentsprechender Modellbahnbetrieb ist ohne Güterzüge und Rangiervorgänge nicht denkbar. Diese wiederum verlangen nach Güterschuppen, nach Ladestraßen und Rampen, die durch Zufahrten mit Straßen und Plätzen verbunden sind. Frage: Was ist ein Bahnhof? Antwort: der Kontaktpunkt des Verkehrsmittels Eisenbahn mit den Verkehrsmitteln des Straßenverkehrs. Folgerichtig muss auch im Modell ein „Bahnhofsvorplatz" mit einer oder sogar mehreren Zufahrtsstraßen geschaffen werden.

Kein Dorf und keine Stadt, selbst wenn sie der Modellbahner nur andeuten kann, erscheint von daher ohne Wege, Straßen und Plätze denkbar. Wer eine realistische Anlage gestalten will, muss somit Straßen, Wege und Plätze als den Bahnanlagen äquivalente, gleichberechtigte Verkehrsträger einplanen. Wie der Anlagenbauer dabei vorgehen sollte, was er im Hinblick auf Gestaltung und Ausführung, Größenverhältnisse, Kurven, Steigungen und Gefälle sowie die harmonische Einbeziehung in die jeweilige Umwelt beachten muss, das alles hat Pit-Peg in den nachfolgenden Skizzen detailliert zusammengestellt. Das Spektrum reicht von Feld- und Waldwegen über Einmündungen und Kreuzungen bis hin zu innerstädtischen Straßen, Plätzen und breiten, modern ausgebauten Bundesstraßen und Autobahnen.

Ohne den Entwürfen des Meisters etwas vorwegzunehmen, sei auf zwei wichtige Punkte hingewiesen, mit denen schon vor drei Jahrzehnten MIBA-Herausgeber Werner Walter Weinstötter und MIBA-Redakteur Michael Meinhold die Arbeiten Pit-Pegs sinnvoll kommentierten:

Erstens ist zu beachten, dass zwei (oder gar mehrere) auf einer Anlage vorhandene Bahnhöfe bzw. Ortschaften möglichst nicht durch Straßen verbunden werden sollten, um die Bahnlinie nicht ad absurdum zu führen.

Zweitens können Straßen, Wege und Plätze am vorderen Rand der Anlage bzw. überall dort, wo keine Hintergrundkulisse existiert, abrupt enden, indem sie schlicht „abgeschnitten" werden. Wie bei Hintergründen zu verfahren ist, hat Pit-Peg bereits im Kapitel über die Gestaltung von Hintergrundkulissen dargelegt.

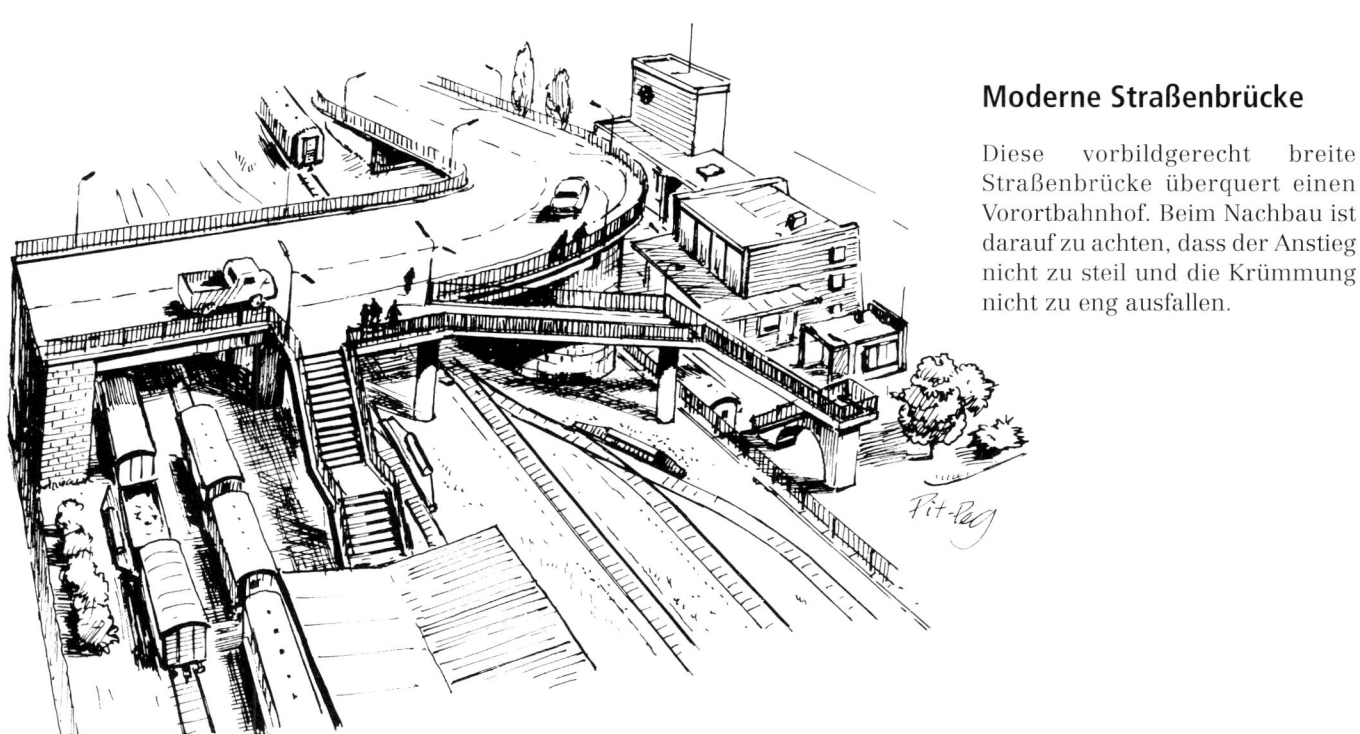

Für Fußgänger und Fahrzeuge

Moderne Straßenbrücke

Diese vorbildgerecht breite Straßenbrücke überquert einen Vorortbahnhof. Beim Nachbau ist darauf zu achten, dass der Anstieg nicht zu steil und die Krümmung nicht zu eng ausfallen.

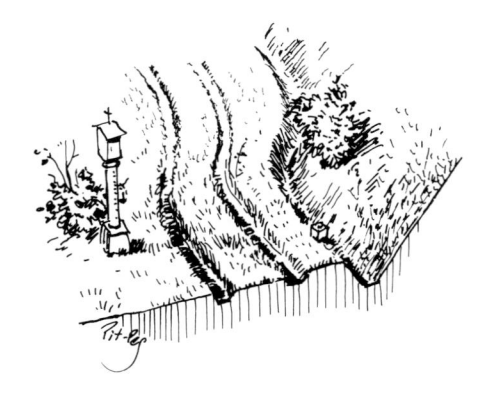

Feld- und Waldweg

Für beide sind ausgefahrene Fahrzeugspuren typisch. Man gestaltet sie am besten unter Verwendung von Modelltraktoren und erhält so den richtigen Abstand. Unkraut und Gras zwischen den Fahrspuren nicht vergessen!

Straße mit Schnittzeichnung

So sahen zu Lebzeiten Pit-Pegs die so genannten Kreisstraßen aus. Wichtig ist die Darstellung der Randsteineinfassungen, die mit der Bitumendecke plan liegen, sowie der Begrenzungspfähle mit den Lichtreflektoren. Ihr Abstand beträgt beim Vorbild ca. 50 m.

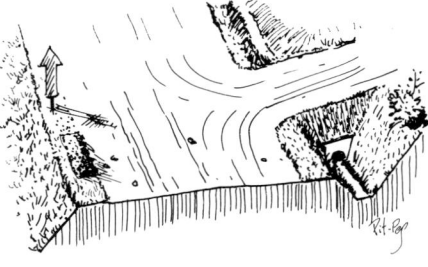

Einmündung eines Feldwegs

Nach einem Vorbild in der Nähe seines Wohnorts skizzierte Pit-Peg die Einmündung eines Feldwegs in eine „unbefestigte Gemeindestraße", zu deren Entwässerung immerhin ein Straßengraben mit eingesetztem Drainagerohr aus Beton dient.

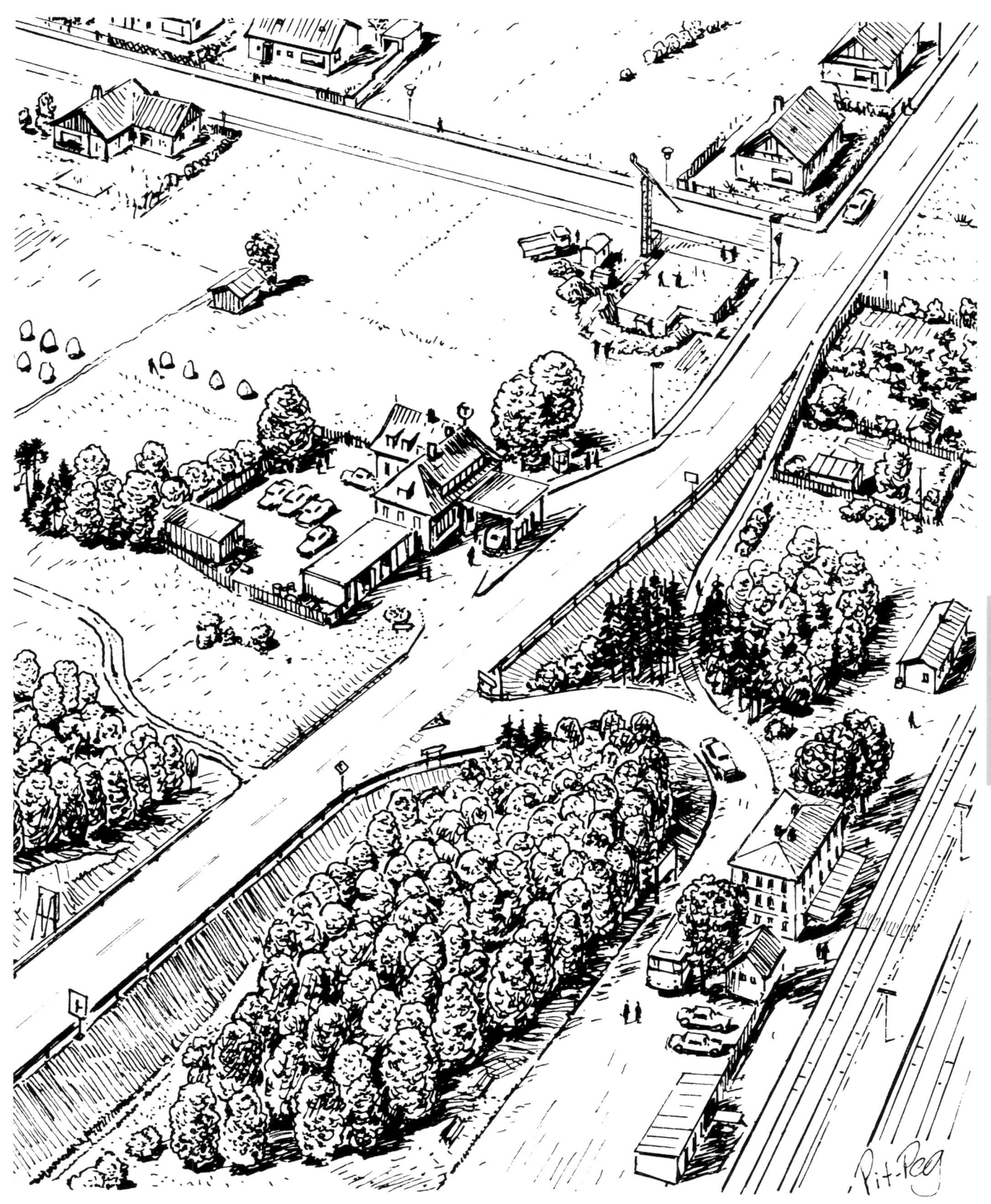

Straßen, Wege, Parkflächen

Mit diesem Panorama demonstriert Pit-Peg das Zusammenspiel von Straßen unterschiedlicher Bedeutung mit Wegen und kleinen Parkflächen. Besonders zu beachten sind die Zufahrt zum Bahnhofsvorplatz und seine Gestaltung mit einer Bushaltestelle und einem Mini-Parkplatz für Pkw.

Bundesstraße im Schnitt

So wie in dieser Zeichnung sah bereits in den Sechzigerjahren eine Bundesstraße aus: Neben der Fahrbahnbreite von 8 m (in H0 immerhin 92 mm) wies sie Bankett, Leitplanken, Begrenzungspfähle mit Reflektoren und in soliden Betonsockeln verankerte Hinweisschilder auf.

Wer die Epoche III wählt, sollte diese scheinbar unbedeutenden Details nicht ignorieren, denn gerade sie unterstreichen das Bestreben jedes „richtigen" Modellbahners, epochengerecht und vorbildorientiert zu planen, zu bauen und zu fahren.

Straßenführung am Kleinstadtbahnhof

Als der Güterverkehr noch schwerpunktmäßig auf der Schiene lag, kam den Berührungspunkten zwischen Schiene und Straße größte Bedeutung zu, die sich unter anderem in der Gestaltung der Zufahrtsstraßen zu den Bahnhöfen zeigte.

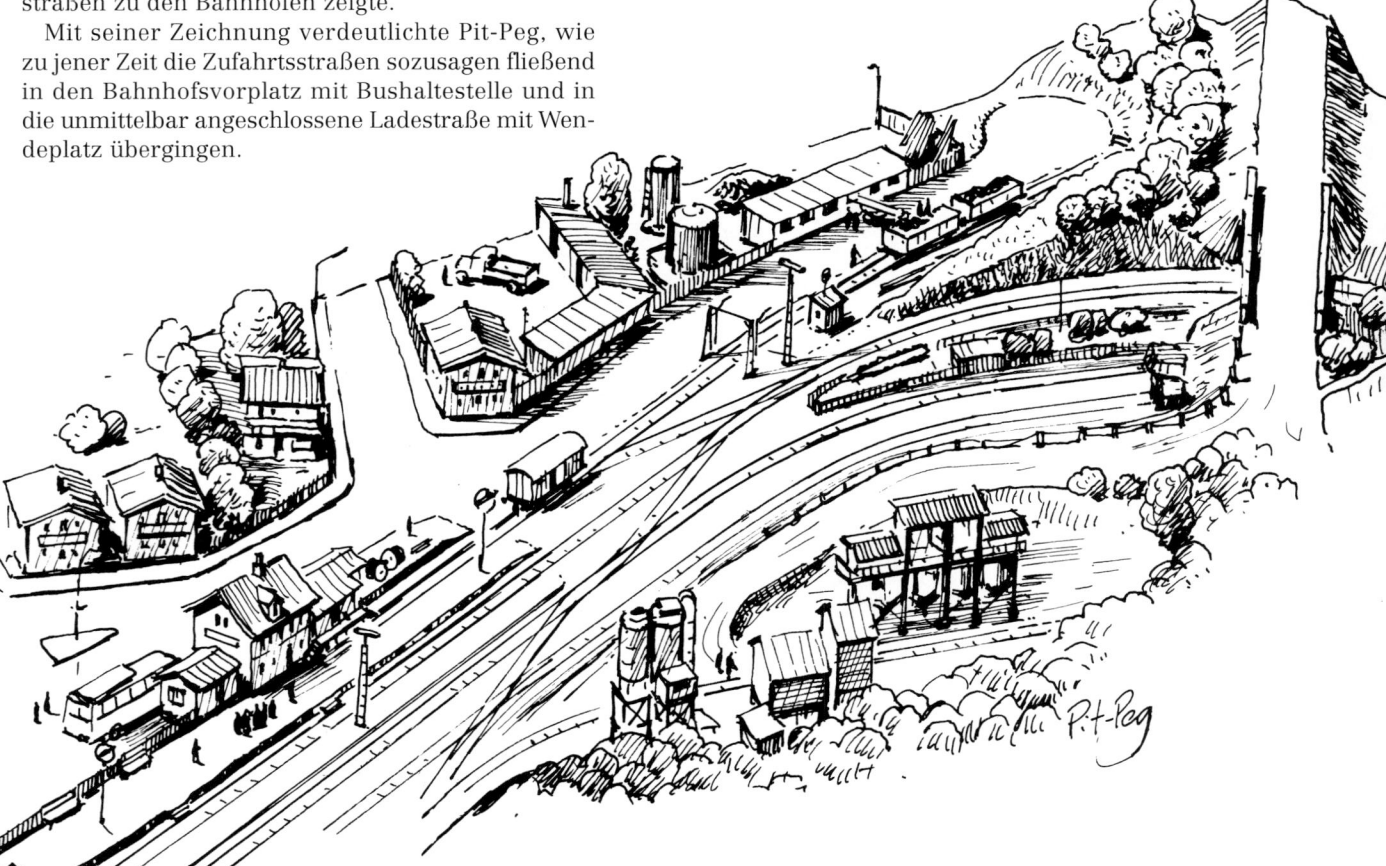

Mit seiner Zeichnung verdeutlichte Pit-Peg, wie zu jener Zeit die Zufahrtsstraßen sozusagen fließend in den Bahnhofsvorplatz mit Bushaltestelle und in die unmittelbar angeschlossene Ladestraße mit Wendeplatz übergingen.

Einmündung in die Bundesstraße

Die mustergültig ausgebaute Kreisstraße wurde im Einmündungsbereich in die Bundesstraße durch eine begrünte Verkehrsinsel in zwei Fahrbahnen geteilt. So großzügig diese Lösung anmutet, so platzintensiv fällt sie im Modell aus.

Autobahn

Wegen ihres erheblichen Platzbedarfs gehören Autobahnen zu den auf Modellbahnanlagen sehr selten dargestellten Verkehrsverbindungen. Wenn überhaupt, dann können sie nur als Fragmente im Anschnitt wiedergegeben werden. Bei der Nachbildung sehr schmaler Mittelstreifen (unter der Norm) sind Leitplanken erforderlich.

Für Fußgänger und Fahrzeuge

Bushaltestelle

Auch diese Verkehrseinrichtung erfordert einigen Platz. Recht ungewöhnlich wirkt, dass auf dieser Zeichnung die Wartefläche für die Busreisenden fehlt. Selbst ein Weg oder nur eine Art Trampelpfad, auf dem Wanderer und Spaziergänger zur Haltebucht gelangen können, ist nicht erkennbar.

Realistischer Brückentorso

Vorbildgetreuer Modellbau verlangt gestalterische Konsequenz: Wenn die Modellbahnanlage ein scheinbar der Wirklichkeit entnommenes „Segment" sein soll, dann darf diese Prämisse auch vor einer „abgeschnittenen" Straßenbrücke nicht Halt machen.

Platz sparende Einmündung

Im Unterschied zur großzügigen Einmündung mit geteilter Fahrbahn (siehe Skizze S. 159) schlägt Pit-Peg hier die Sparvariante der Einmündung einer Kreisstraße in eine Bundesstraße vor.

Brücke im Vorfeld eines Bahnhofs

Im Vorfeld eines größeren Modellbahnhofs war der Bau dieser Brücke erforderlich. Indem sie abrupt endet, verdeutlicht sie einmal mehr, dass eine Modellbahnanlage immer nur ein aus der Wirklichkeit herausgeschnittener Teil sein kann.

Für Fußgänger und Fahrzeuge

Pit-Peg-Sammelband

Sensible Kreuzungen: Bahnübergänge

Bahnübergänge stellen im Prinzip Kreuzungspunkte der Eisenbahn mit dem Straßenverkehr dar. Der Begriff „Bahnübergang" bezieht sich umgangssprachlich auf niveaugleiche Kreuzungen, wo Gleise und Straßen auf einer Ebene liegen.

Weil es sich um äußerst sensible Stellen handelt, gibt es im Hinblick auf ihre Gestaltung und Ausstattung beim Vorbild sehr enge Vorschriften, die wenig Spielraum zulassen. Man stelle sich nur einmal vor, infolge unsolider Arbeit beim Gleis- bzw. Straßenbau könnte eine Straßenfahrzeug unvermittelt an einer hochstehenden Kante inmitten der Schienen „hängen bleiben"! Die Folgen wären fatal, denn ein „Kräftemessen" zwischen Auto und Bahn geht für gewöhnlich zu Ungunsten des Straßenfahrzeugs aus.

Was beim Vorbild an Sicherheitsmaßnahmen Standard ist, sollte der Modellbahner nicht verletzen. Gewiss verlangt der Modellbahnbetrieb Zugeständnisse (etwa bei der Rillenbreite zwischen den Verbundplatten und den Schienen), doch sollte man sich auch im Modell soweit als irgend möglich am Vorbild orientieren. Dazu gehört zum Beispiel, wie ein Bahnübergang in das umgebende Gelände integriert wird, wo und wie Leuchten, Leitplanken, Schutzgeländer und Warnkreuze aufgestellt werden und was beim Verlauf von Entwässerungsgräben beachtet werden muss.

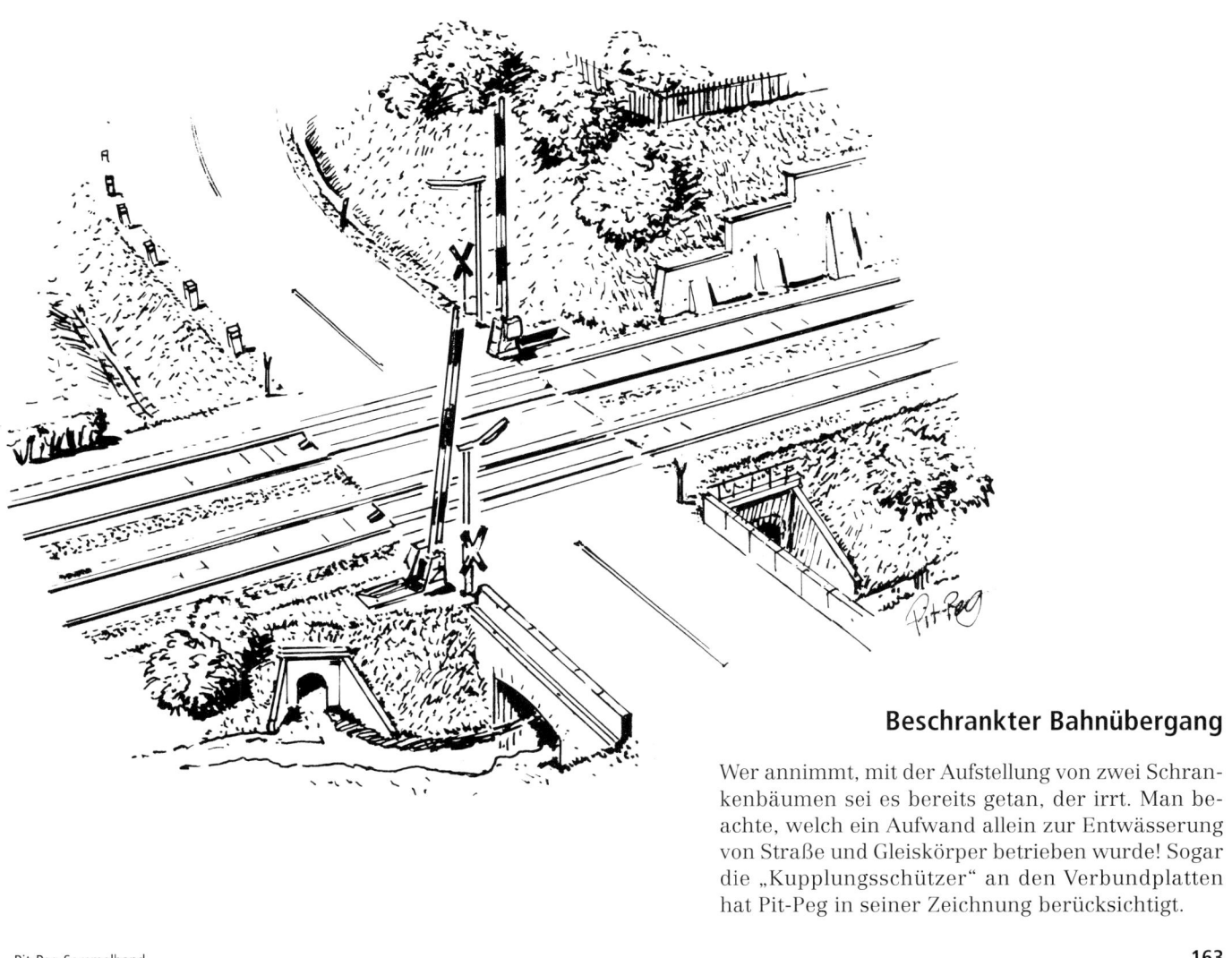

Für Fußgänger und Fahrzeuge

Beschrankter Bahnübergang

Wer annimmt, mit der Aufstellung von zwei Schrankenbäumen sei es bereits getan, der irrt. Man beachte, welch ein Aufwand allein zur Entwässerung von Straße und Gleiskörper betrieben wurde! Sogar die „Kupplungsschützer" an den Verbundplatten hat Pit-Peg in seiner Zeichnung berücksichtigt.

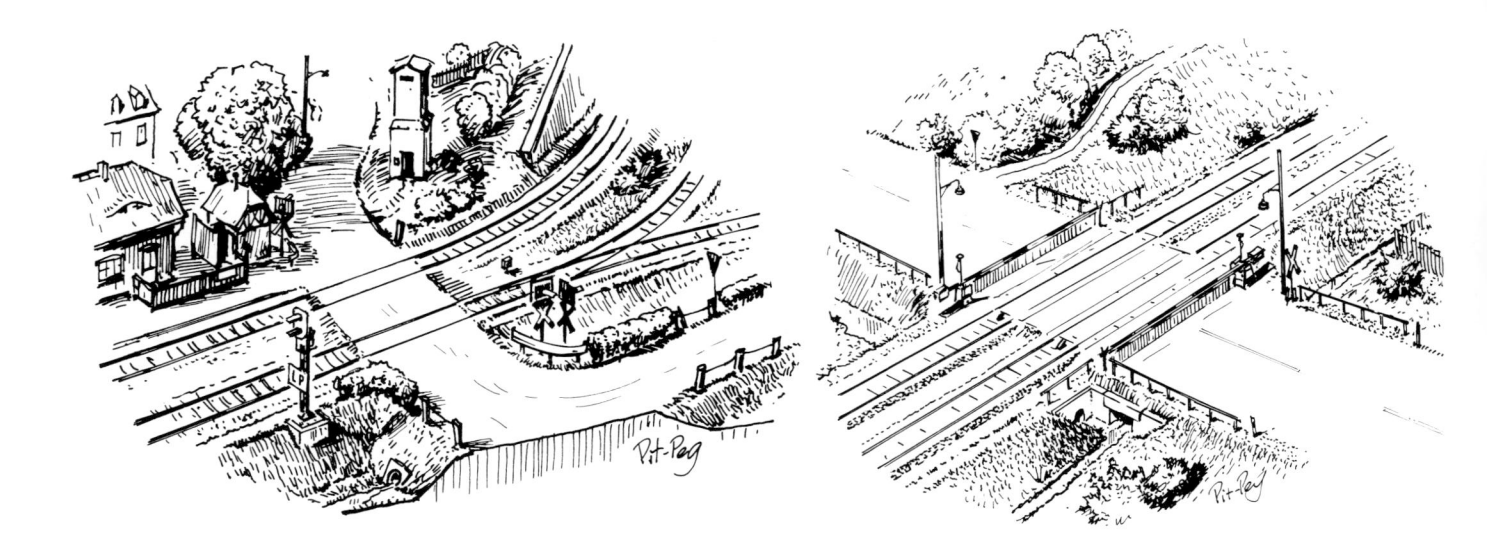

Standardlösung

Oben: Klassischer Bahnübergang einer zweigleisigen Hauptbahn in seiner einfachsten Form. Man beachte auch hier die seitliche Entwässerung.

Ländliche Bahnhofsausfahrt

Oben links: Zwar handelt es sich nicht um eine zweigleisige Hauptstrecke, die ja grundsätzlich zu beschranken ist, doch auch auf den beiden Nebenbahnen ist der Verkehr so dicht, dass Warnblinkanlagen installiert wurden.

Wegübergang im Gebirge

Das unübersichtliche Gelände zwang dazu, den von Wanderern viel benutzten Waldweg vor dem Gleisübergang beidseitig mit so genannten Drehkreuzen zu sichern – ein Detail, das im Modell oft übersehen wird.

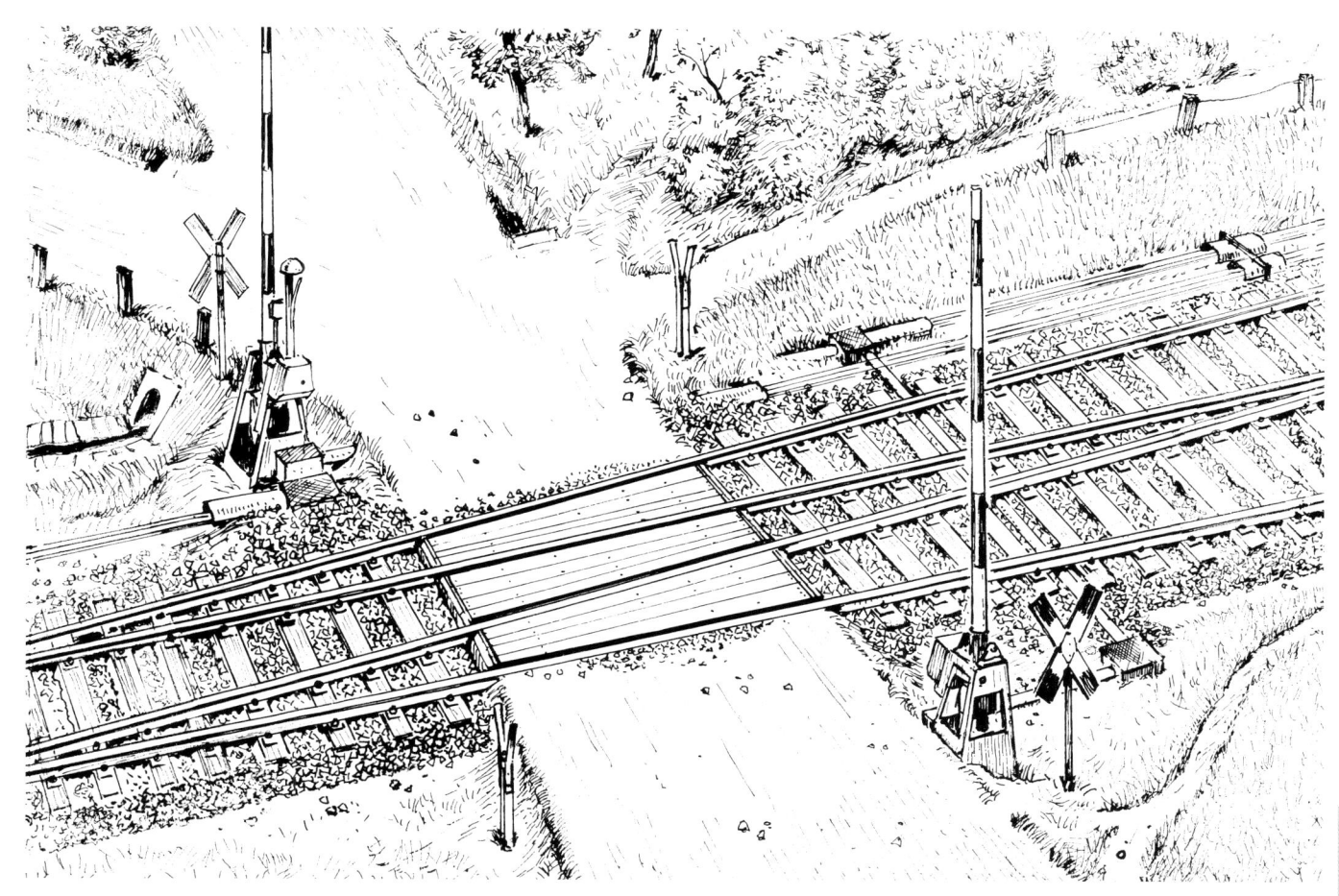

Weiche im Überweg

Dieser Fall tritt öfter auf, als man annimmt. Seine Nachbildung im Modell erfordert präzise Arbeit, wobei die schienengleiche Verlegung der Bohlen niemals im Bereich beweglicher Teile (also der Zungen) erfolgen darf!

Fernbediente Schranken

Rechts und S. 166–167: Befanden sich beschrankte Bahnübergänge in unmittelbarer Nähe von Bahnhöfen bzw. in Reichweite von Stellwerken, wurden sie über Drahtseilzüge mechanisch fernbetätigt. Die nachfolgenden drei Zeichnungen von Pit-Peg stellen derartige Schrankenanlagen mit den typischen Blechabdeckungen für die Seilzugkanäle unter den Gleisen und die Blechkästen für die Umlenkrollen dar.

Für Fußgänger und Fahrzeuge

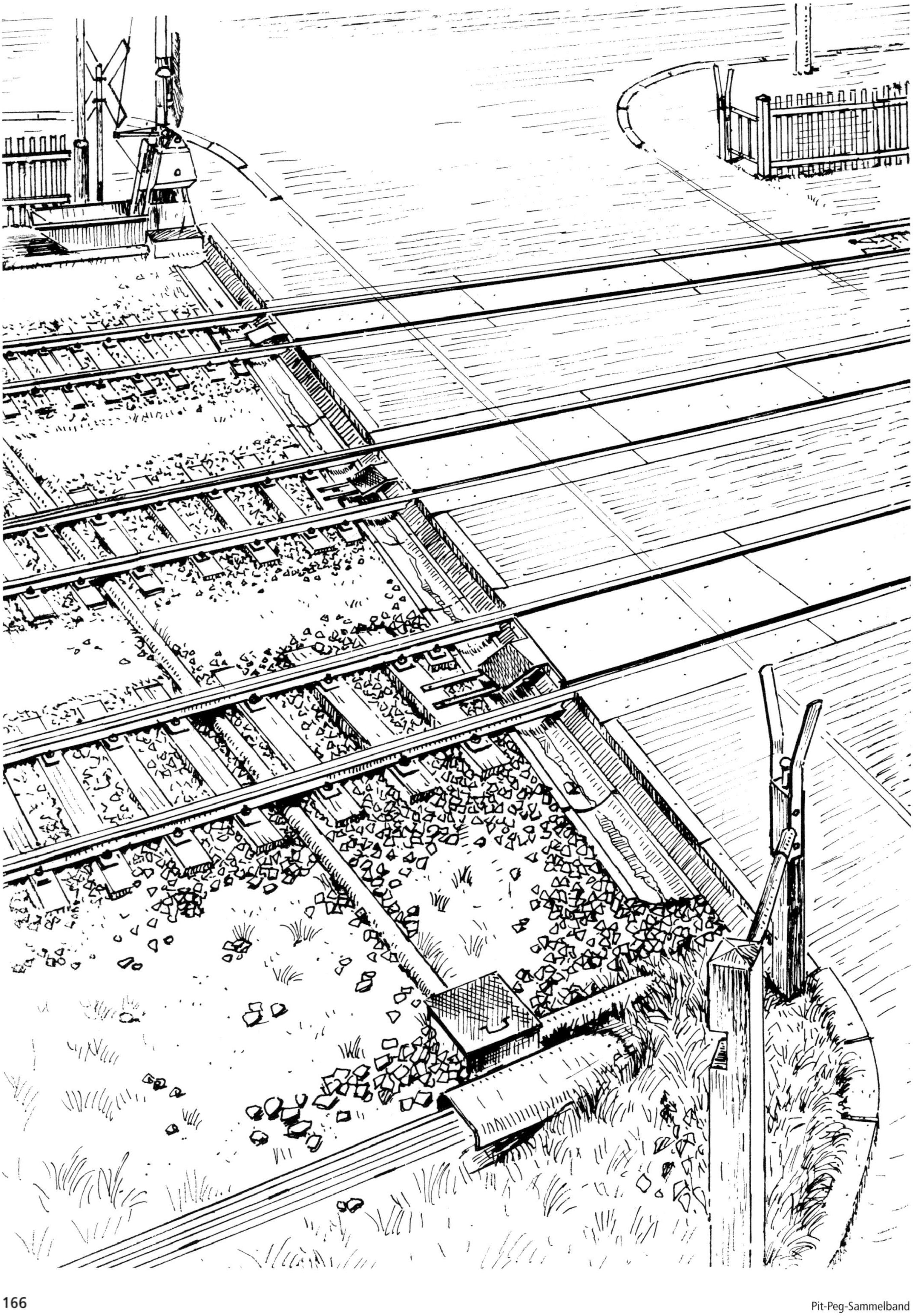

Für Fußgänger und Fahrzeuge

Pit-Peg-Sammelband

Verdunkelungsgefahr: Tunnel und ihre Portale

Tunnel! Wer jemals vorhatte, eine Modellbahnanlage „aufzubauen", wird überlegt haben, ob nicht irgendwie doch ein Tunnel unterzubringen sei. Die Bedeutung von Tunneln für die Anlagengestaltung ist unbestritten. Bereits im ersten Kapitel über den Sinn (und Unsinn) von Ovalanlagen wurden ihre Vorzüge angedeutet.

Der vielleicht wichtigste Vorteil: Tunnel dienen der künstlichen Fahrzeitverlängerung; mit ihrer Hilfe kann man Züge beliebig lange verschwinden lassen.

Zweiter Vorteil: In längeren Tunneln lassen sich imaginäre Abstellbahnhöfe unterbringen, die das beliebige Auswechseln von Zuggarnituren zulassen.

Dritter Vorteil: Durch eine geschickt in die Landschaft integrierte Tunnelanlage, die selbstredend nicht zu kurz ausfallen darf, könnte der Miniaturbahn in Ovalform der Spielbahncharakter genommen werden, weil der Rummelplatz-Effekt eines ständig „lustig im Kreis fahrenden" Zuges zumindest relativiert wird, wenn ebendieser Zug für eine gewisse Zeit von der Bildfläche verschwindet.

Sollen Tunnelanlagen diese Vorzüge auch tatsächlich aufweisen und den Spielzeugcharakter nicht noch (wenn auch ungewollt) unterstreichen, müssen bestimmte Mindestanforderungen erfüllt sein. Die wichtigste liegt sicher darin, dass die Landschaft den Eindruck hinterlässt, der Bau eines Tunnels sei von Anfang an unumgänglich gewesen.

Niemals sollte hingegen ein Tunnel die umgebende Landschaft erfordern. Man kann es auch anders ausdrücken: Wer auch immer einen Berg in seine Landschaft setzt um einen Tunnel „unterzubringen", mag sich rühmen, Berge versetzen zu können, doch mit ernsthafter Modellbahnerei hat dies nichts zu tun.

Der (bergige) Charakter der meisten Modellbahnanlagen fordert den Bau und Betrieb von Tunneln und Tunnelportalen geradezu heraus. Dennoch wird diesbezüglich von vielen Modellbahnern noch immer gesündigt. Pit-Peg hat der „Tunnelproblematik" in seinen Zeichnungen daher breiten Raum gewidmet und gegen jegliche Verdunkelungsgefahr in Sachen vorbildgetreuen Anlagenbaues Front gemacht.

Notwendiger Tunnelbau

Klarer Fall: Berghang und Stützmauer lassen eindeutig darauf schließen, dass die Trassierung der Eisenbahnlinie ohne Tunnelanlage unmöglich gewesen wäre. Vorzüglicher Modellbau!

Spielbahn-Tunnel

Man sieht es diesem „Berg" an, dass er zum Zwecke des Tunnels „versetzt" wurde – ein „schönes" Beispiel dafür, wie und warum eine Modellbahn zur Karikatur ihrer selbst mutieren kann.

Tunnel verlangen Berge

Hier wurde das Tunnelportal samt Stützmauer zwar schon wesentlich glaubhafter in die Landschaft integriert, dennoch könnte die Szenerie über dem Tunnel „etwas mehr Berg" vertragen.

Bevor es dunkel wird

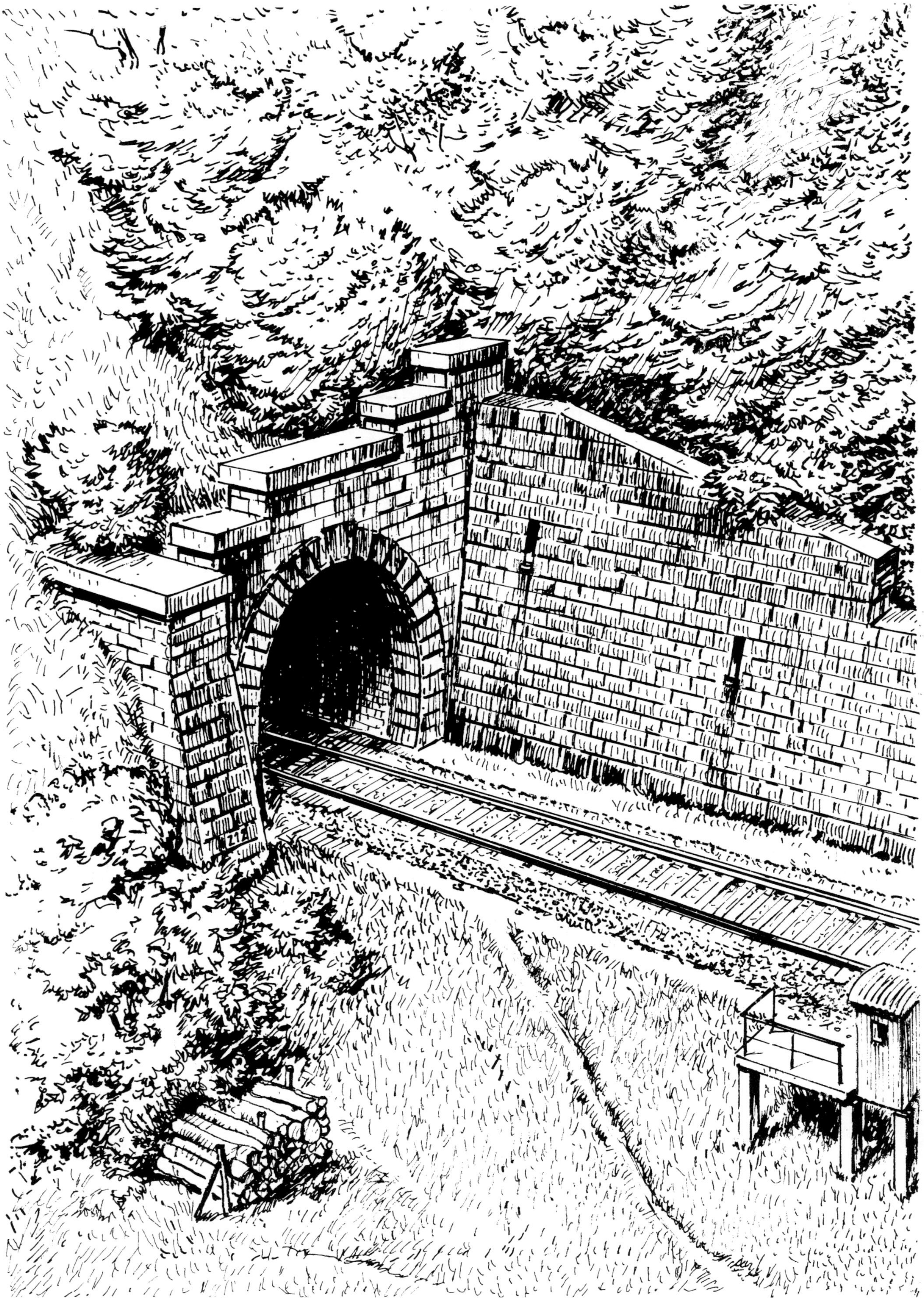

Motiv aus der Schweiz

Das gewaltige Felsmassiv, die hochalpine Streckenführung und die Quertragwerke für die Oberleitung weisen darauf hin, dass Pit-Peg hier wahrscheinlich ein Motiv aus der Schweiz als Vorbild gewählt hat. Wichtig ist, dass die Mächtigkeit des Deckgebirges eine Begründung für den Tunnelbau hergibt. Werden die Felswände zu „dünn", entsteht allzu leicht der Eindruck eines Tunnels um des Tunnels willen.

Bevor es dunkel wird

Tunnelportal bei Amstetten

Kaum zu glauben, aber wahr: Diese nach Miniaturbahn förmlich „riechende" Szenerie zeichnete Pit-Peg nach einem realen Vorbild an der in waldreicher, felsiger Landschaft gelegenen Eisenbahnstrecke von Amstetten nach Bischofshofen in Österreich.

Kurztunnel am Semmering

Noch eine Skizze nach realem Vorbild: Die schwierigen geologischen Gegebenheiten am Semmering ließen es offenbar kostengünstiger erscheinen, die Felsnase zu durchbohren statt sie zu sprengen. Möglicherweise stabilisiert die untertunnelte Felsnase auch das Gestein der gewaltigen Felswand.

Zweigleisige Tunnelstrecke

Obwohl die beiden Gleistrassen separat auf unterschiedlichem Höhenniveau verlaufen, kennzeichnete sie Pit-Peg als zu ein und derselben Hauptstrecke gehörend. Diese besondere Situation machte zwei je eingleisige Tunnelportale erforderlich.

Seltene Konstellation

Rechts: Neben den beiden Gleistrassen musste hier noch ein Haltepunkt untergebracht werden. Die hintere Trasse liegt tiefer als die vordere – eine eher seltene Konstellation bei zweigleisigen Gebirgsbahnen in Hanglage.

Bevor es dunkel wird

Pit-Peg-Sammelband

Getrennte Tunnelröhren

Links: Der große Abstand zwischen den beiden Tunnelportalen und die unterschiedliche Höhenlage der Gleistrassen dürften die Ursache für den Bau von zwei separaten Tunnelröhren gewesen sein. Möglicherweise handelt es sich hier um zwei eingleisige Strecken, die nur abschnittsweise nebeneinander verlaufen.

Tunnel in gefährdeter Hanglage

Die Situation ist der vorangegangenen zwar vergleichbar, doch musste hier der brüchige, unruhige Felshang unter der dünnen Grasnarbe mit einer stabilen Betonmauer abgefangen werden.

An der Grenze des Möglichen

Der Gesamteindruck, den Eisenbahn und Straße hier hinterlassen, erscheint gerade noch glaubhaft. Jede weitere Öffnung dürfte den gefürchteten Eindruck eines Kaninchenbaues erzeugen.

Pit-Peg-Sammelband

Zwei Einzeltrassen, zwei Tunnelröhren

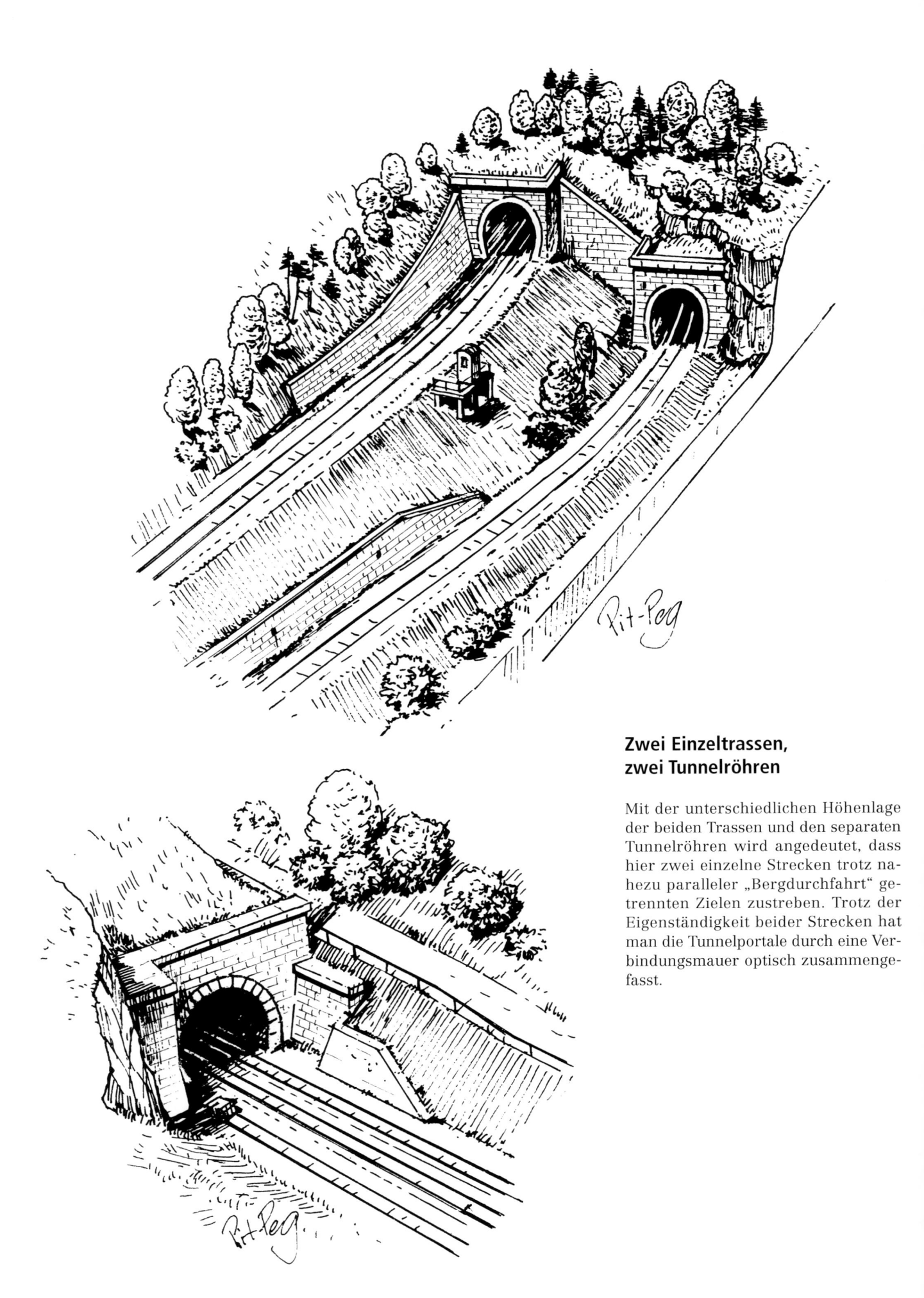

Mit der unterschiedlichen Höhenlage der beiden Trassen und den separaten Tunnelröhren wird angedeutet, dass hier zwei einzelne Strecken trotz nahezu paralleler „Bergdurchfahrt" getrennten Zielen zustreben. Trotz der Eigenständigkeit beider Strecken hat man die Tunnelportale durch eine Verbindungsmauer optisch zusammengefasst.

Zwei eingleisige Strecken

Um zu verdeutlichen, dass es sich auch hier ganz klar um zwei eingleisige Strecken handelt, hat Pit-Peg sehr geschickt eine Reihe gestalterischer Elemente angewandt, die er dem Anlagenbauer zur Nachahmung empfahl. Besonders auffällig wirken die hohe Felswand, verschieden gestaltete Tunnelportale und die niveaufreie Kreuzung der Strecken am Bildrand vorn links.

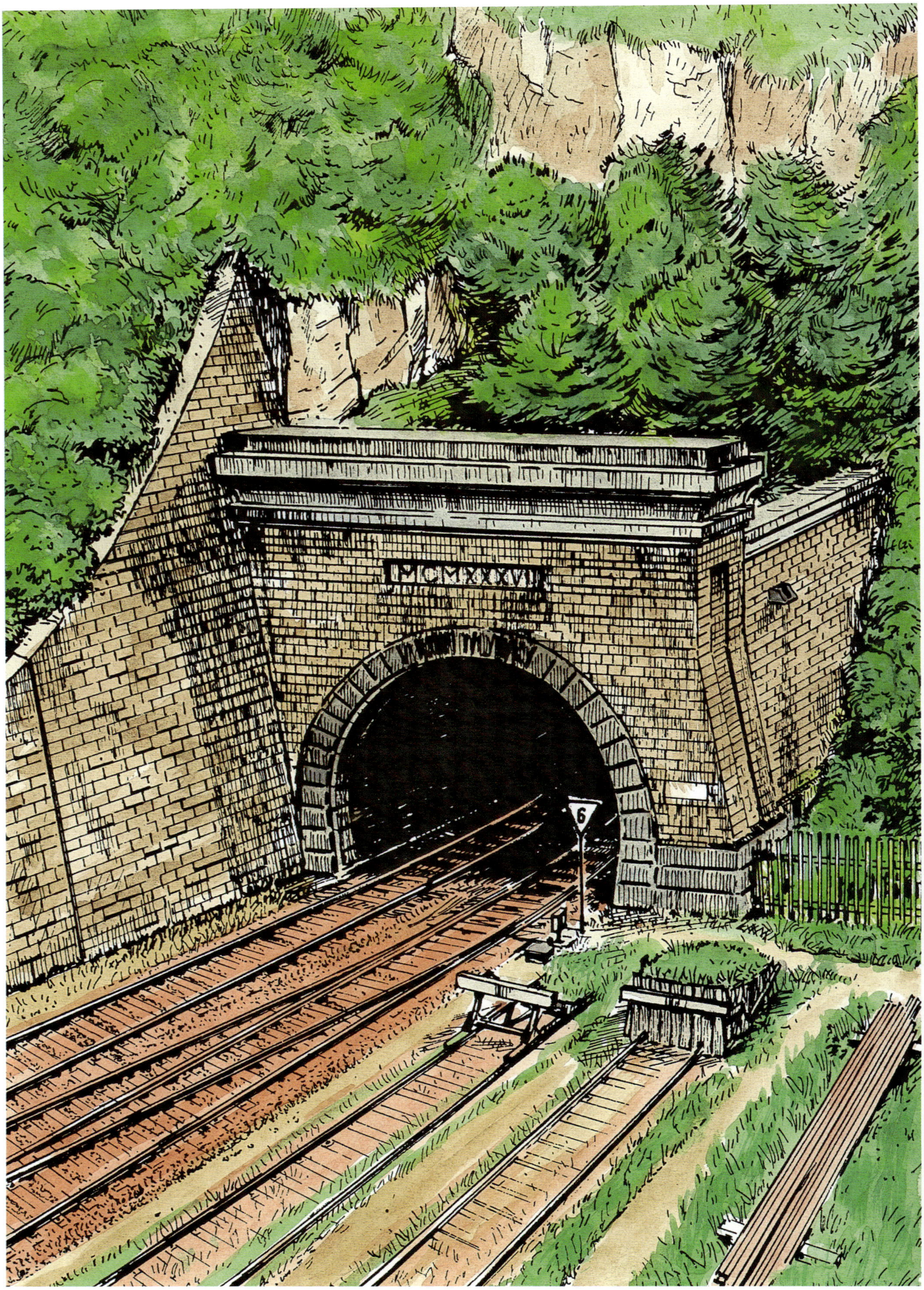
MCMXXVI
6

Bevor es dunkel wird

Tunnelportal einer Nebenbahn

Beim Bau dieses aus unregelmäßigem Bruchstein gemauerten Tunnelportals einer Nebenbahn hat man sich auf das Notwendigste beschränkt. Hervorhebenswert ist allerdings der sorgsam gemauerte Gewölbebogen, dem ein besonders hervorgehobener Schlussstein jedoch fehlt.

Bescheidene Architektur

Die architektonische Gestaltung vieler Tunnelportale folgte dem Zeitgeist. Waren die finanziellen Mittel begrenzt, nahm man mit bescheideneren Formen vorlieb. Bei diesem zweigleisigen Tunnelportal (nach dem Vorbild des 1854 erbauten Heigenbrückener Tunnels im Spessart) verzichtete man zwar auf großen Pomp, doch deutet sich mit Blick auf die regelmäßige, präzise Quadermauerung und die sorgfältige Gestaltung des oberen Abschlusses ein Stilempfinden an, das sich klassischer Vorbilder bediente.

Gerade noch akzeptabel …

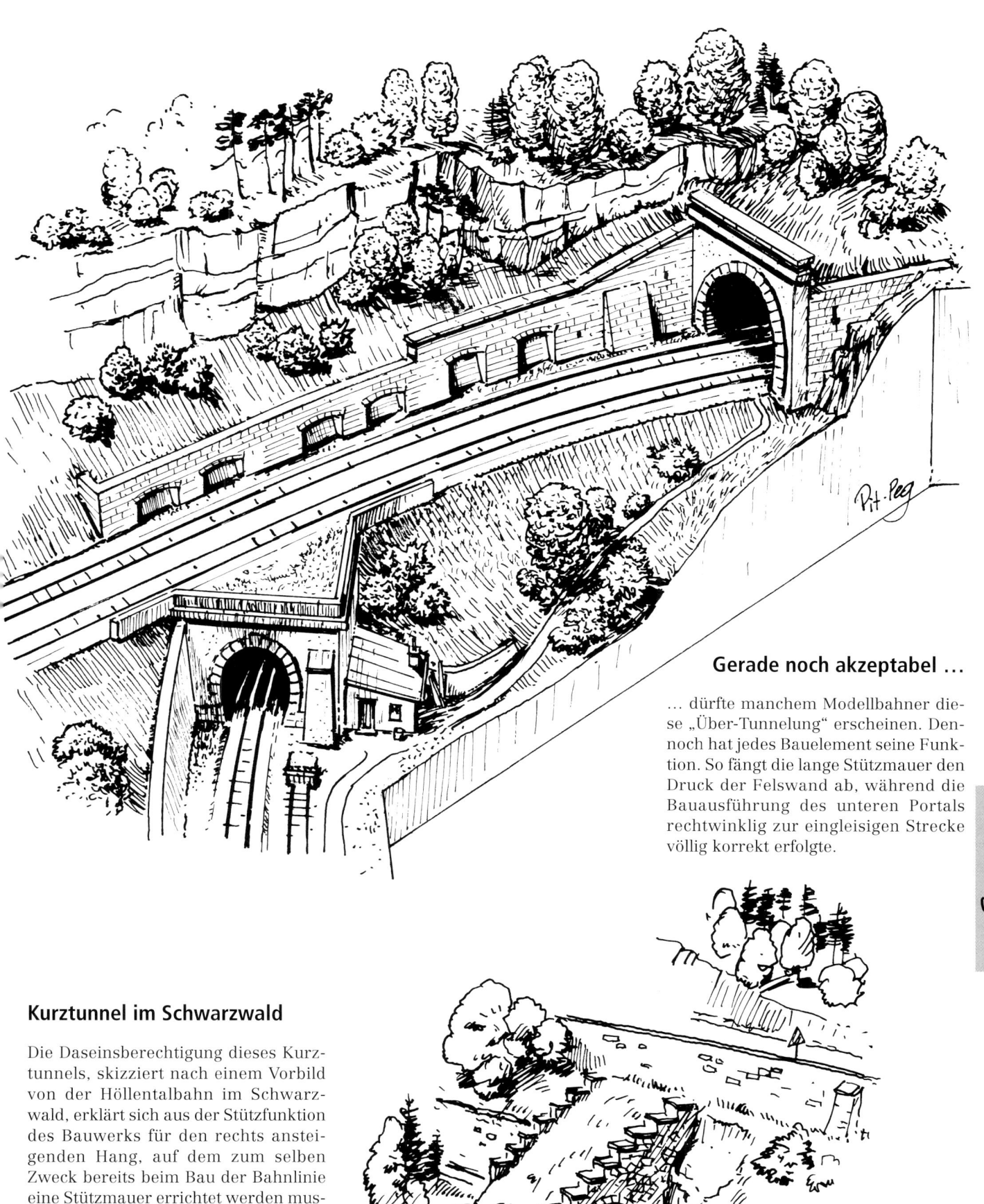

… dürfte manchem Modellbahner diese „Über-Tunnelung" erscheinen. Dennoch hat jedes Bauelement seine Funktion. So fängt die lange Stützmauer den Druck der Felswand ab, während die Bauausführung des unteren Portals rechtwinklig zur eingleisigen Strecke völlig korrekt erfolgte.

Bevor es dunkel wird

Kurztunnel im Schwarzwald

Die Daseinsberechtigung dieses Kurztunnels, skizziert nach einem Vorbild von der Höllentalbahn im Schwarzwald, erklärt sich aus der Stützfunktion des Bauwerks für den rechts ansteigenden Hang, auf dem zum selben Zweck bereits beim Bau der Bahnlinie eine Stützmauer errichtet werden musste.

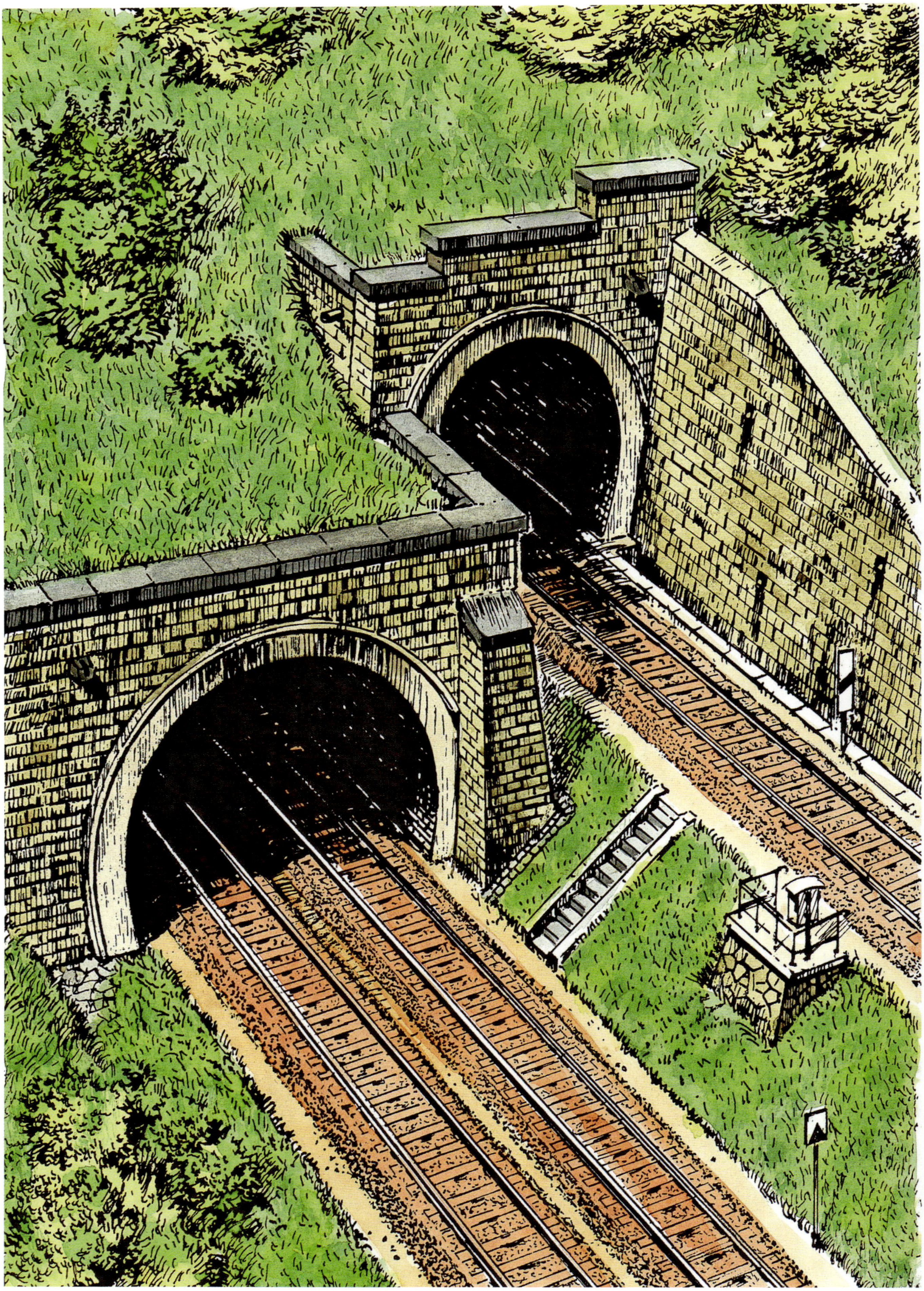

Bevor es dunkel wird

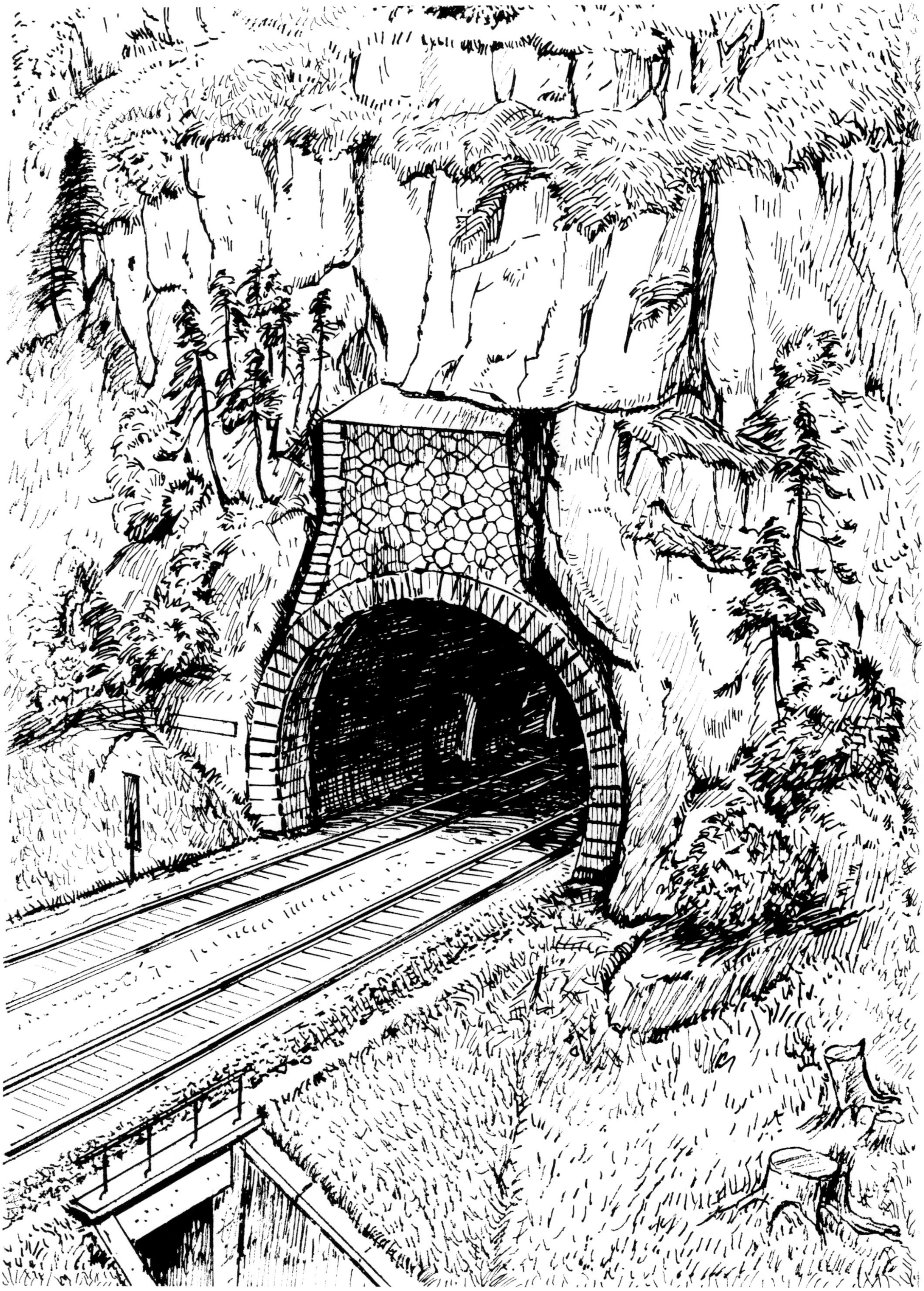

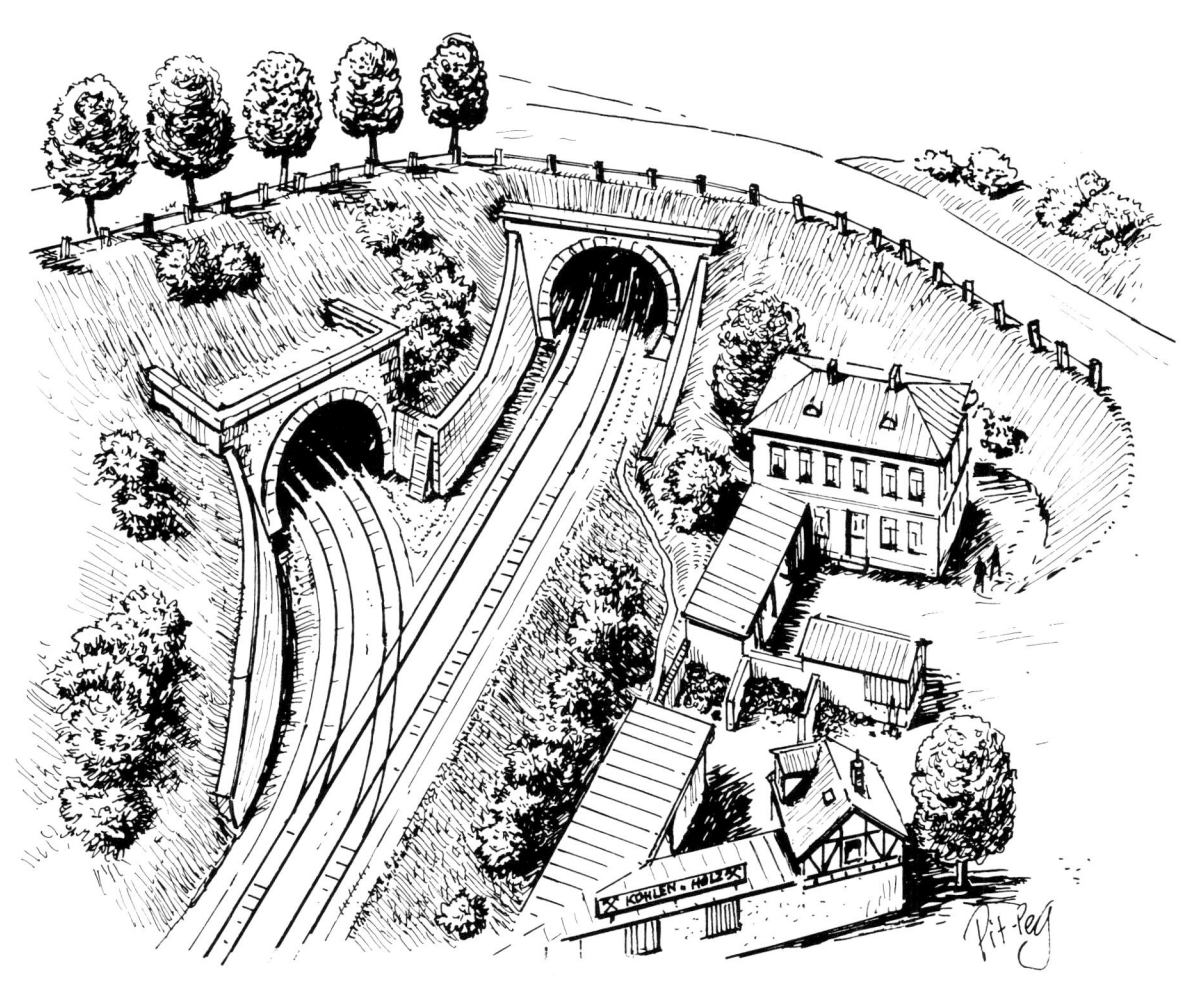

Ungewöhnlicher Abzweig

Im MIBA-Report 6 aus dem Jahre 1983 (3. Auflage) wurde diese Skizze als „modellbahntypische Situation" umschrieben. Ein Nachbau kann aus heutiger Sicht nicht mehr empfohlen werden. Die Abzweigung einer zweigleisigen Hauptbahn erscheint untypisch, ihr enger Radius unreal, das linke Tunnelportal ist mit langen Wagen unbefahrbar und das „Deckgebirge" zu flach.

Haltepunkt vor einem Tunnel

Im Unterschied zur obigen Zeichnung passt hier alles zusammen: Der Haltepunkt vor dem Tunel erscheint real, ein entsprechend mächtiges Deckgebirge ist angedeutet, für die Fußgängerbrücke gibt es eine glaubhafte Notwendigkeit.

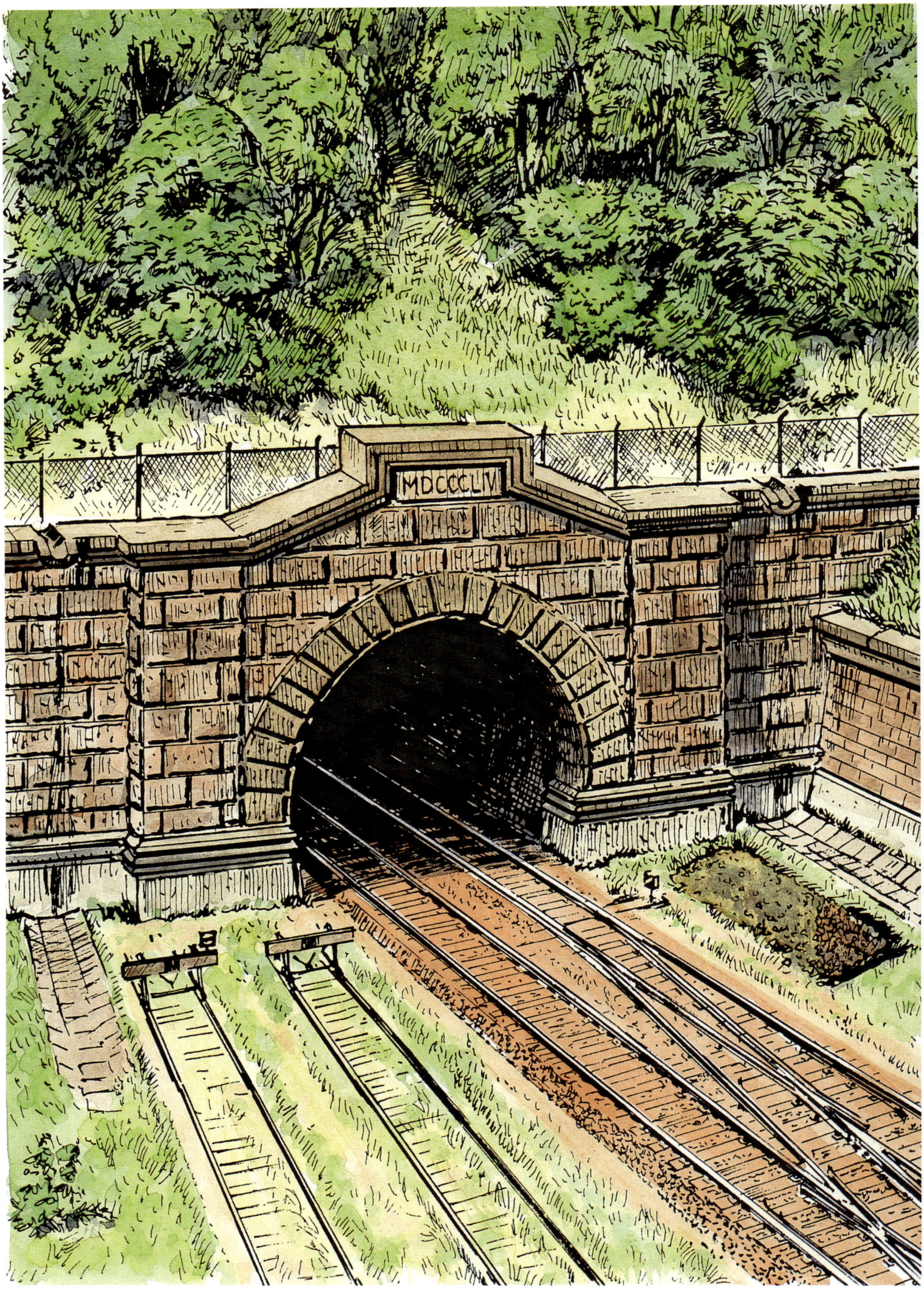
MDCCCLIV

Bevor es dunkel wird

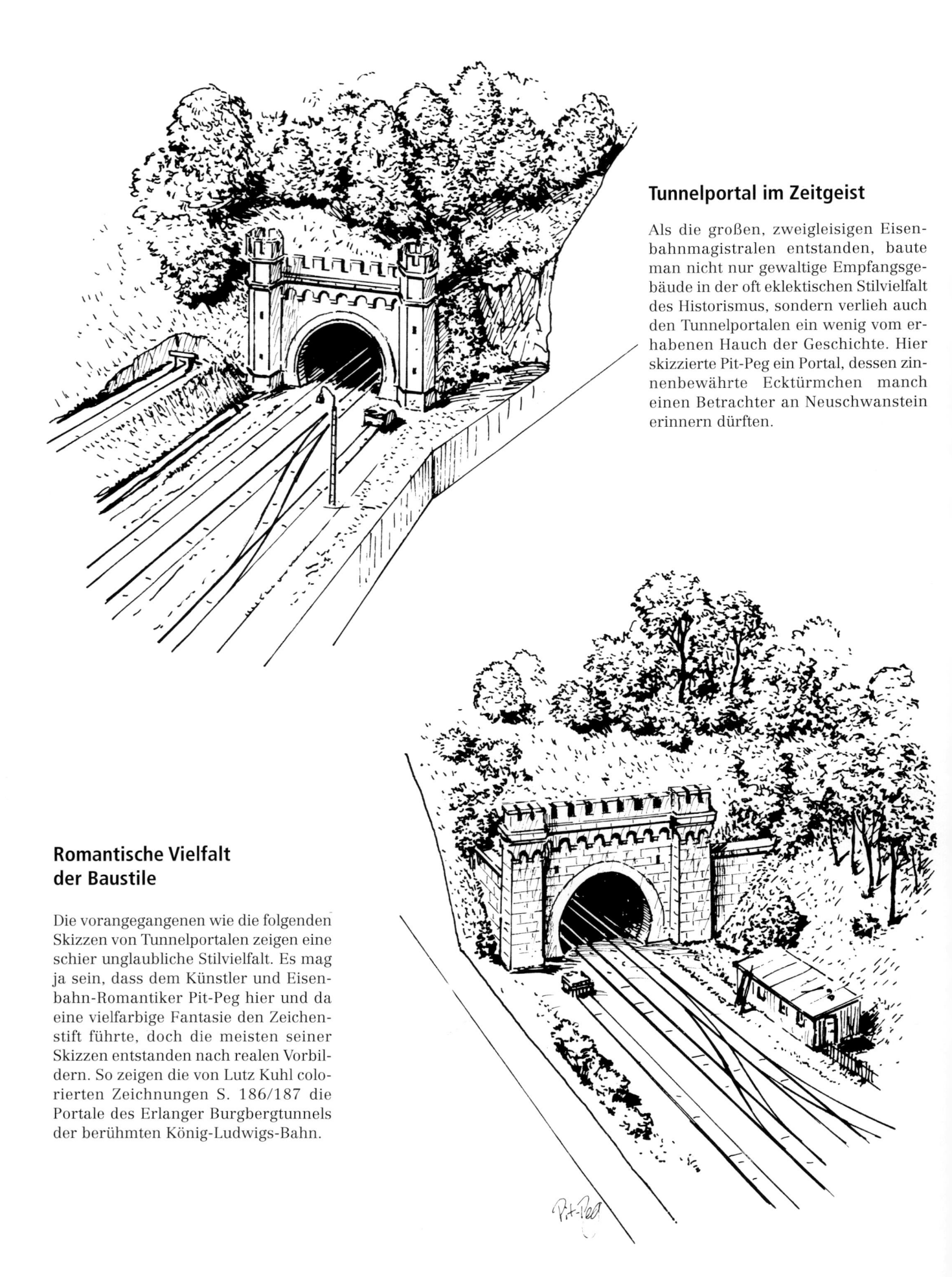

Tunnelportal im Zeitgeist

Als die großen, zweigleisigen Eisenbahnmagistralen entstanden, baute man nicht nur gewaltige Empfangsgebäude in der oft eklektischen Stilvielfalt des Historismus, sondern verlieh auch den Tunnelportalen ein wenig vom erhabenen Hauch der Geschichte. Hier skizzierte Pit-Peg ein Portal, dessen zinnenbewährte Ecktürmchen manch einen Betrachter an Neuschwanstein erinnern dürften.

Romantische Vielfalt der Baustile

Die vorangegangenen wie die folgenden Skizzen von Tunnelportalen zeigen eine schier unglaubliche Stilvielfalt. Es mag ja sein, dass dem Künstler und Eisenbahn-Romantiker Pit-Peg hier und da eine vielfarbige Fantasie den Zeichenstift führte, doch die meisten seiner Skizzen entstanden nach realen Vorbildern. So zeigen die von Lutz Kuhl colorierten Zeichnungen S. 186/187 die Portale des Erlanger Burgbergtunnels der berühmten König-Ludwigs-Bahn.

Bevor es dunkel wird

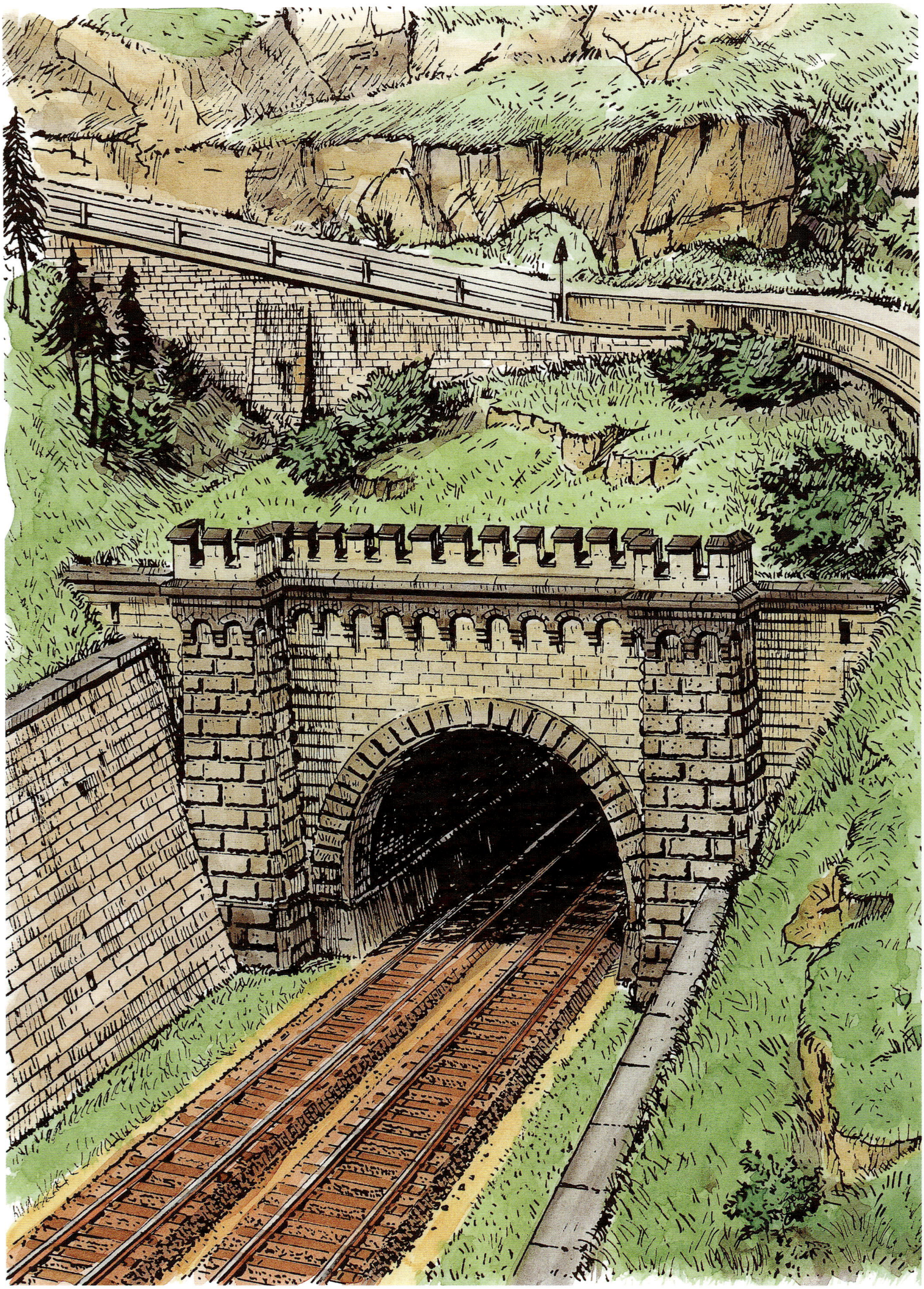

Bevor es dunkel wird.

Pit-Peg-Sammelband

Hart an der Grenze

Hart am Limit dessen, was Modellbahner gestalten sollten, bewegt sich diese Szenerie. Auch wenn Pit-Peg in seinem unnachahmlichen Stil das Ganze glaubhaft erscheinen lässt, sollte der Anlagenbauer derartig durchbohrte Hügel besser nicht auf „seine Platte" zwängen. Allzu leicht setzt er sich der Gefahr aus, einen Kaninchenbau geschaffen zu haben. Da nützt dann auch die Berufung auf die „Autorität Pit-Peg" recht wenig.

Bevor es dunkel wird

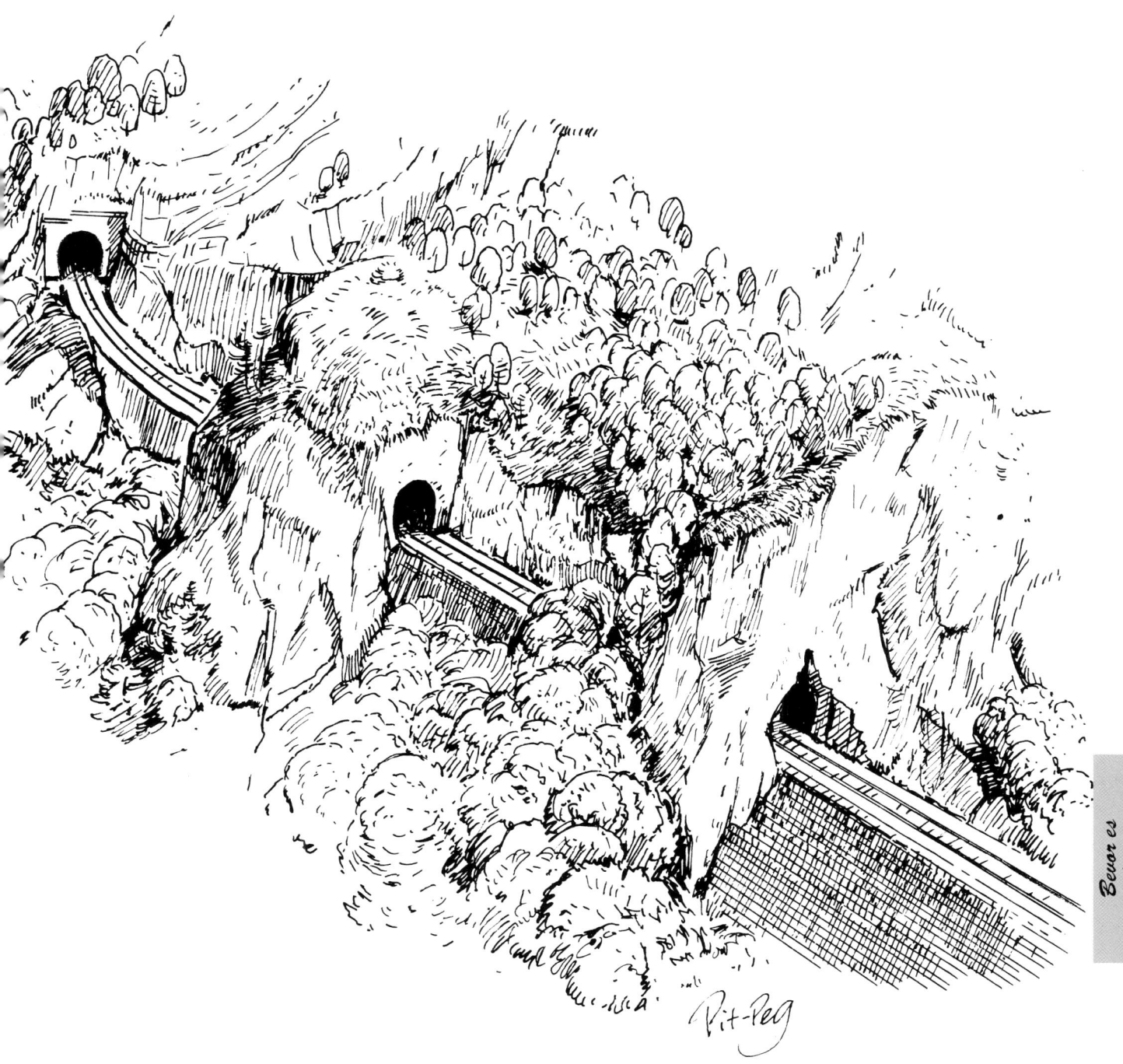

Gebirgsbahn in Südosteuropa

Nein, längst nicht alle Skizzen, die einen leicht bizarren Eindruck hinterlassen, sind der Fantasie des Künstlers aus dem Frankenland entsprungen. Die drei Fels-Kurztunnels, die Pit-Peg nach Anregungen aus Altösterreich, den Dolomiten Südtirols und aus den Karstgebirgen Jugoslawiens mit schnellem Strich zu Papier brachte, stützen den mächtigen Berghang und bilden damit eine sicherheitstechnische Notwendigkeit.

Selbst gebaut: Kleine Wartehalle

So umfangreich die Sortimente der Zubehörhersteller auch sein mögen – die speziellen Bedürfnisse des Einzelnen können sie nicht immer befriedigen. Sei es, dass ein zu spezielles Motiv (hier: Haltepunkt Weißenohe der Lokalbahn Erlangen–Gräfenberg) gewählt wurde, sei es dass die Abmessungen nicht recht passen oder dass die Bausätze zu teuer erscheinen – viele Modellbahner ziehen den vollständigen Selbstbau vor. Auch der Reiz einer „hundertprozentigen Eigenleistung" kann motivieren. Für diese „Einzelbauer" erarbeitete Pit-Peg seine berühmten, skizzierten Bauanleitungen. Auf große Texte verzichtete er. All denen, die immer alles selber bauen wollen, traute Pit-Peg genug Fantasie zu, um mit seinen Vorschlägen und Projekten klarzukommen.

Schauseite-Süd   ±0

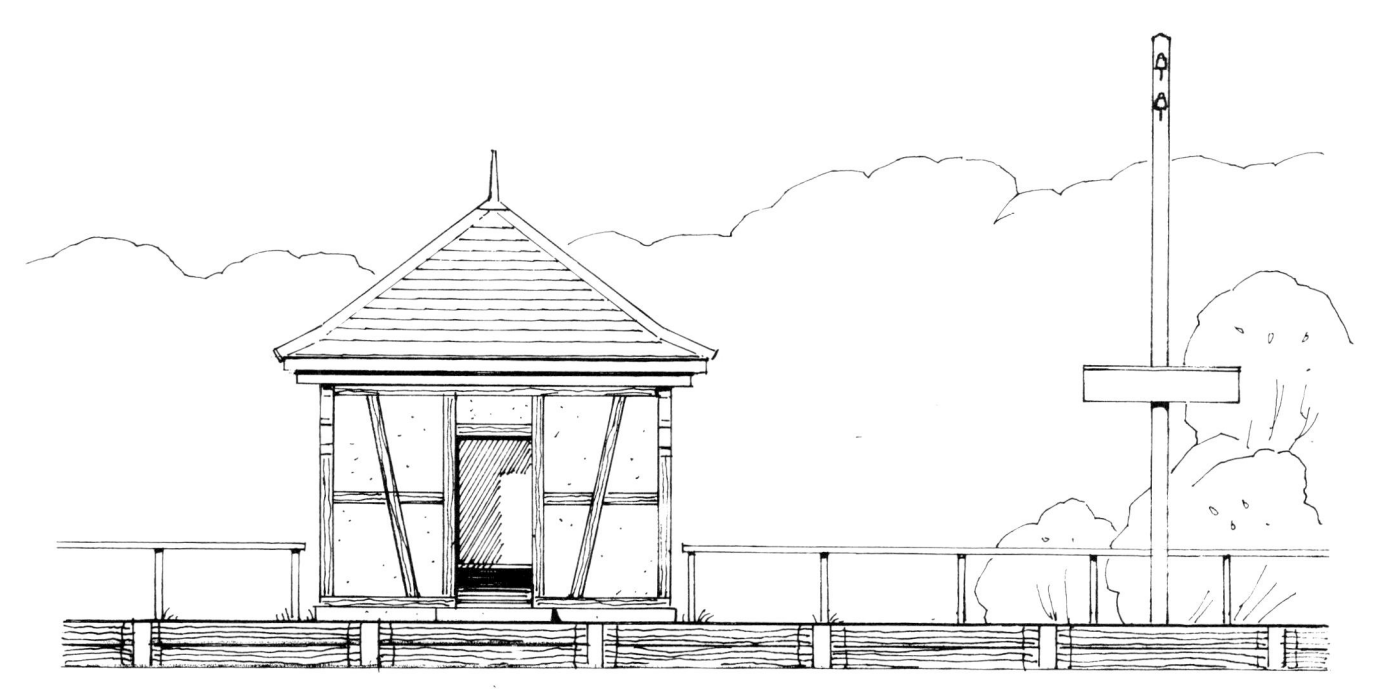

Weißenohe: Lokalbahn-Haltepunkt im Fränkischen

Vorder- und Seitenansicht der in Fachwerkmanier gehaltenen Wartehalle entsprechen exakt der Baugröße H0. Die Maße können direkt von der Zeichnung abgegriffen werden.

Dachherstellung

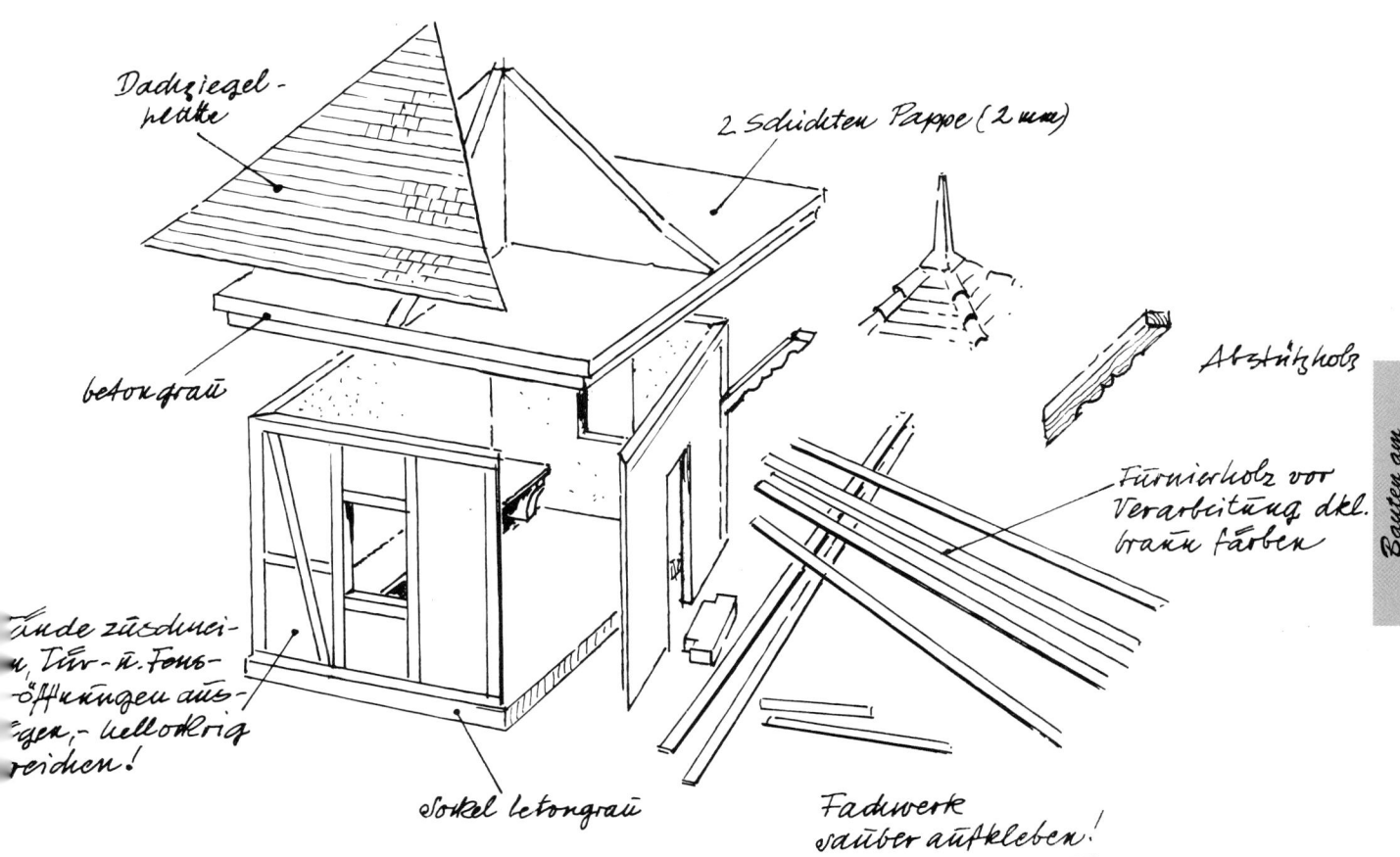

Dachziegelplatte

2 Schichten Pappe (2 mm)

betongrau

Abstützholz

Furnierholz vor Verarbeitung dkl. braun färben

Ende zuschneiden, Tür- u. Fensteröffnungen aussägen, hellockrig streichen!

Sockel betongrau

Fachwerk sauber aufkleben!

Bauten am Schienenstrang

Pit-Peg-Sammelband

Wo die Weichen gestellt werden: Stellwerksgebäude

Stellwerke oder (präzise formuliert) Stellwerksgebäude gehören zum Bild der Eisenbahn wie Empfangsgebäude und Lokschuppen. Selbst wenn im Zeitalter der Hochtechnologien in absehbarer Zeit fast alle „klassischen" Stellwerksgebäude der ihnen einst zugedachten Funktion beraubt sein werden, bestimmen sie rein optisch vermutlich noch lange das Bild der Bahnhöfe und Strecken. Da die meisten Modellbahner jener Zeit huldigen, da noch Dampflokomotiven fuhren, kommen sie an der Modellgestaltung von Stellwerksgebäuden prinzipiell nicht vorbei – es sei denn, eine technisch eher anspruchslose Klein- oder Schmalspurbahn bestimmt das jeweilige Anlagenmotiv. Aber selbst bei Schmalspurbahnen gab es vereinzelt Stellwerksgebäude. Obwohl das Thema „Stellwerke" bereits Gegenstand zweier Modellbahn-Reports war, darf auf die zeichnerischen Motive, die Pit-Peg dazu hervorbrachte, wohl nicht verzichtet werden. Der Meister skizzierte aus der Sicht des Zeitgenossen und nicht als Modellbahner, der sein Heil in der Vergangenheit der Eisenbahn sucht. Allein schon dieser Aspekt charakterisiert seine Arbeiten als einzigartige Zeitdokumente.

Ungewöhnlich platziert ...

... hat Pit-Peg dieses Stellwerk. Seinem auskragenden Dienstraum nach fast schon ein Pilzstellwerk, steht das Gebäude nicht mit der Längsseite zum Gleisverlauf (wie es die Regel wäre), sondern quer zu den Gleisen. Auch die bautechnische Lösung erscheint ungewöhnlich: Der turmartige Bau wächst gleichsam aus der Verbindungsmauer zwischen den beiden Brückenwiderlagern heraus, wobei der eigentliche Brückenkörper des vorderen Widerlagers fehlt.

Blockstellwerk

In seiner Stellung am Rande einer zweigleisigen Hauptstrecke erscheint dieses Blockstellwerk zwar durchaus „normal", weicht jedoch hinsichtlich seiner Bauausführung mit dem unregelmäßigen, sechseckigen Grundriss und dem aufwändigen Zugang deutlich von konventionellen Stellwerksgebäuden ab. Da ersichtlich keine Weichen zu stellen sind, mutet auch die Gebäudegröße recht ungewöhnlich an.

Bauten am Schienenstrang

Wärterstellwerk Schliersee/OBB

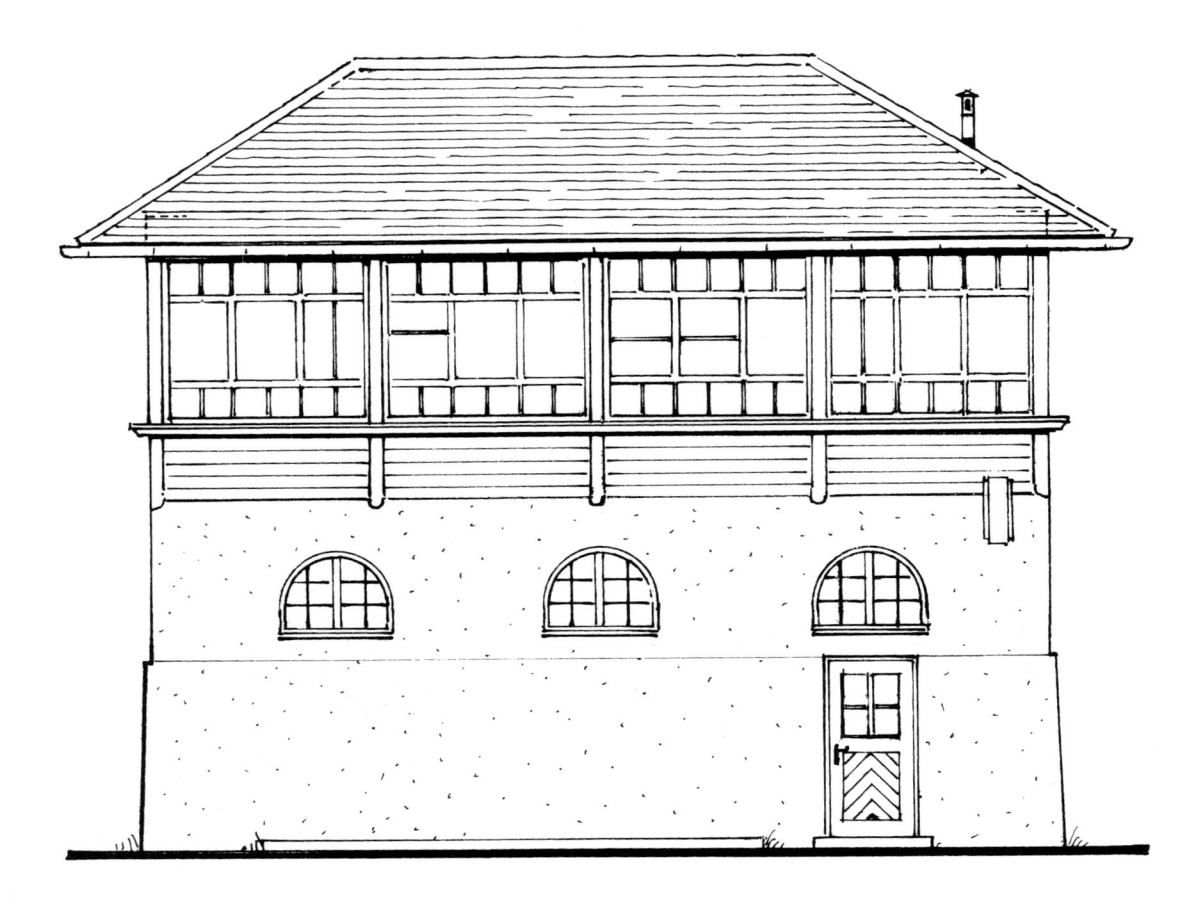

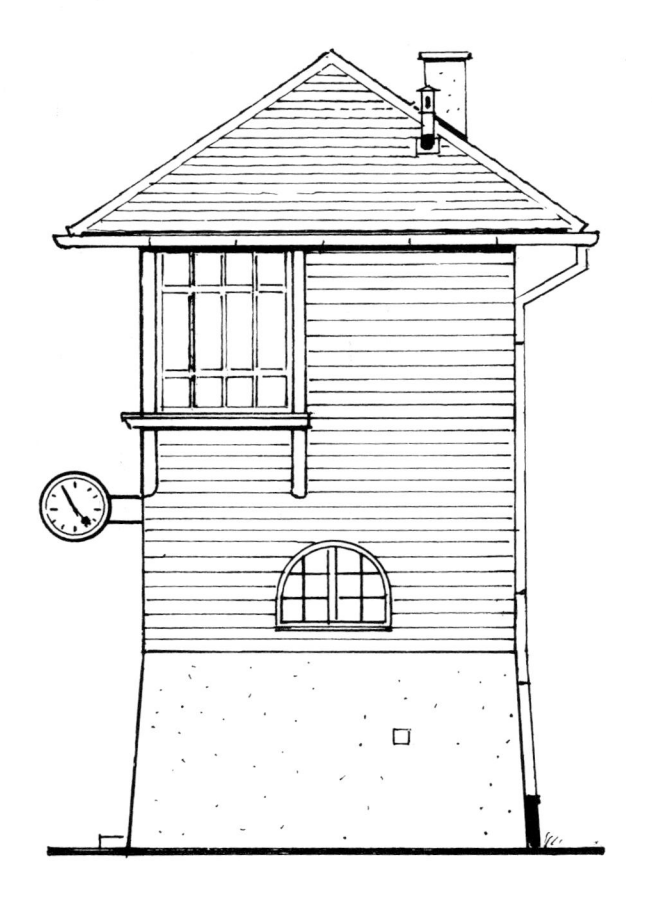

Typisch süddeutsch

Trugen die vorangegangenen Beispiele eher den Charakter von Ausnahmefällen, so offerierte Pit-Peg mit dieser Bastelanleitung einen Stellwerksbau, wie er einst weit verbreitet war. Im prinzipiellen Erscheinungsbild nahezu identisch, konnte die architektonische Gestaltung dieser Gebäude trotzdem recht unterschiedlich ausfallen, denn man richtete sich nach örtlichen Besonderheiten und praktizierte eine eher landschaftsgebundene Bauweise. Die Vorbilder für das nebenstehende Gebäude sind in Süddeutschland zu finden, worauf u.a. das verbretterte Obergeschoss mit dem Dienstraum des Weichenwärters (innen mit Hebelbank) hinweist. Offenbar hat sich Pit-Peg am Stellwerk von Schliersee in Oberbayern orientiert, was auch aus der Bemerkung hervorgeht, das Gebäude „im voralpenländischen Baustil" stünde „an der Bahnhofseinfahrt zur Endstation einer eingleisigen, aber stark frequentierten Hauptstrecke." Für den Nachbau in H0 können sämtliche Maße direkt von den vier Ansichten auf den Seiten 198 und 199 abgegriffen werden.

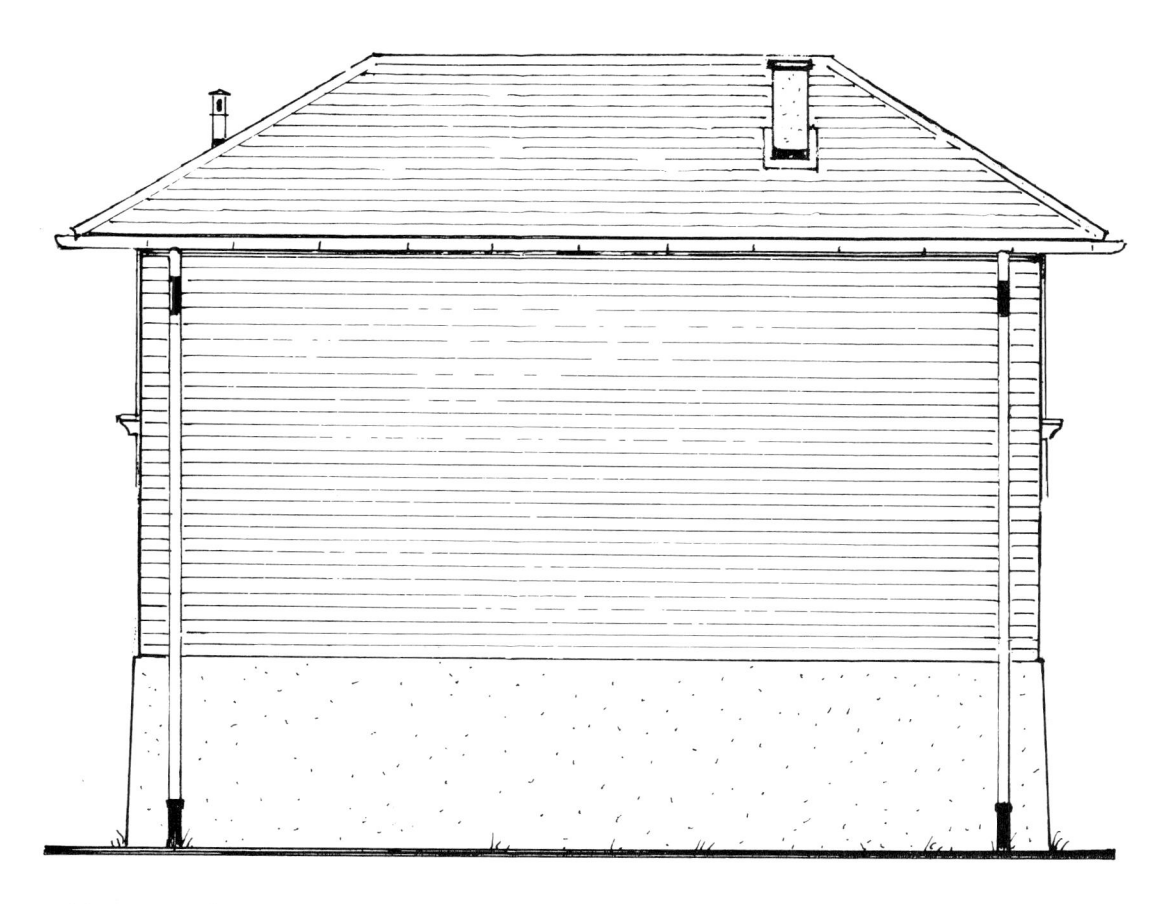

Zeichnungen 1:1 für die Baugröße H0

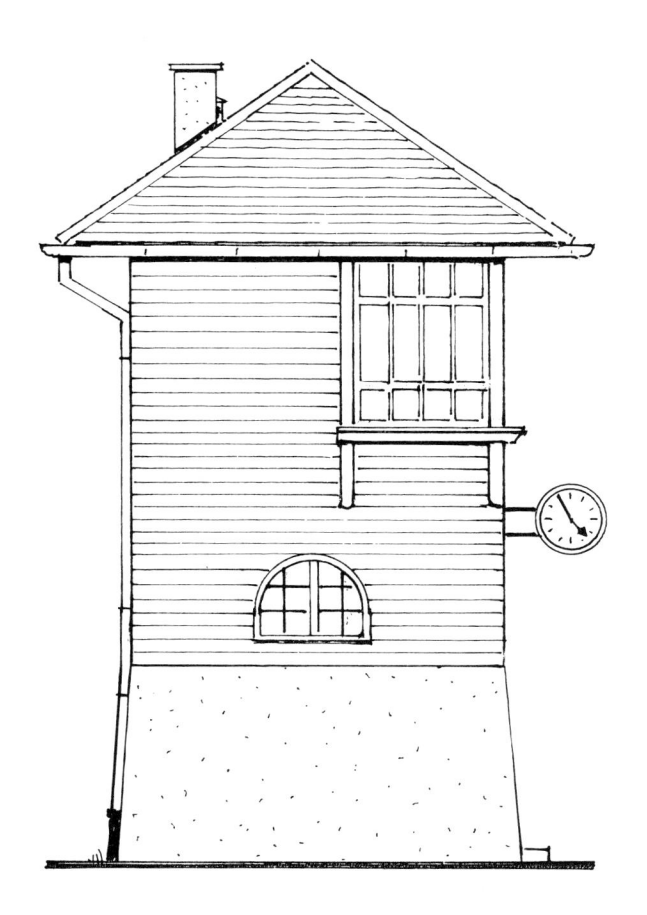

Hinweise zur Gestaltung

Orientiert man sich am Vorbild, das Pit-Peg aller Wahrscheinlichkeit nach gewählt hat, so erscheint der Sockelputz (möglichst) weiß und die Bretterverschalung darüber in einem hellen, ockerähnlichen Braunton. Die Fensterrahmen und Fensterbretter kontrastieren dazu in einer dunkelbraunen Farbgebung. Die halbrunden Fenster im Sockel hat Pit-Peg aus künstlerischer Freiheit heraus gezeichnet. Das Original besitzt demgegenüber herkömmliche, fast quadratische Fenster. Im Erdgeschoss des Stellwerks befindet sich das Spannwerk. In einem abgeteilten Nebengelass hat man die Heizung installiert und den erforderlichen Brennstoff (bahnamtlich „Feuergut") eingelagert. Das Obergeschoss wird vom Eingang her über eine Holztreppe erreicht. Die Dacheindeckung erfolgt mit rotbraunen Dachpfannen.

Die unmaßstäbliche Handskizze auf Seite 201 zeigt, wie bzw. wo man das Wärterstellwerk postieren kann. Doch auch ohne den beschrankten Bahnübergang macht das Gebäude funktionell Sinn, insbesondere wenn man es in unmittelbarer Nähe der Einfahrweichen errichtet. Wichtig für die Glaubwürdigkeit der Modellgestaltung sind allerdings die Drahtzüge für die Weichen- und Signalbetätigung samt Traversen, Rollenhaltern, Druckrollen und (direkt vor dem Gebäude) den stählernen, in der Regel gesickten Abdeckplatten, auf deren allzu detaillierte Darstellung Pit-Peg der Übersichtlichkeit halber ausnahmsweise verzichtet hat.

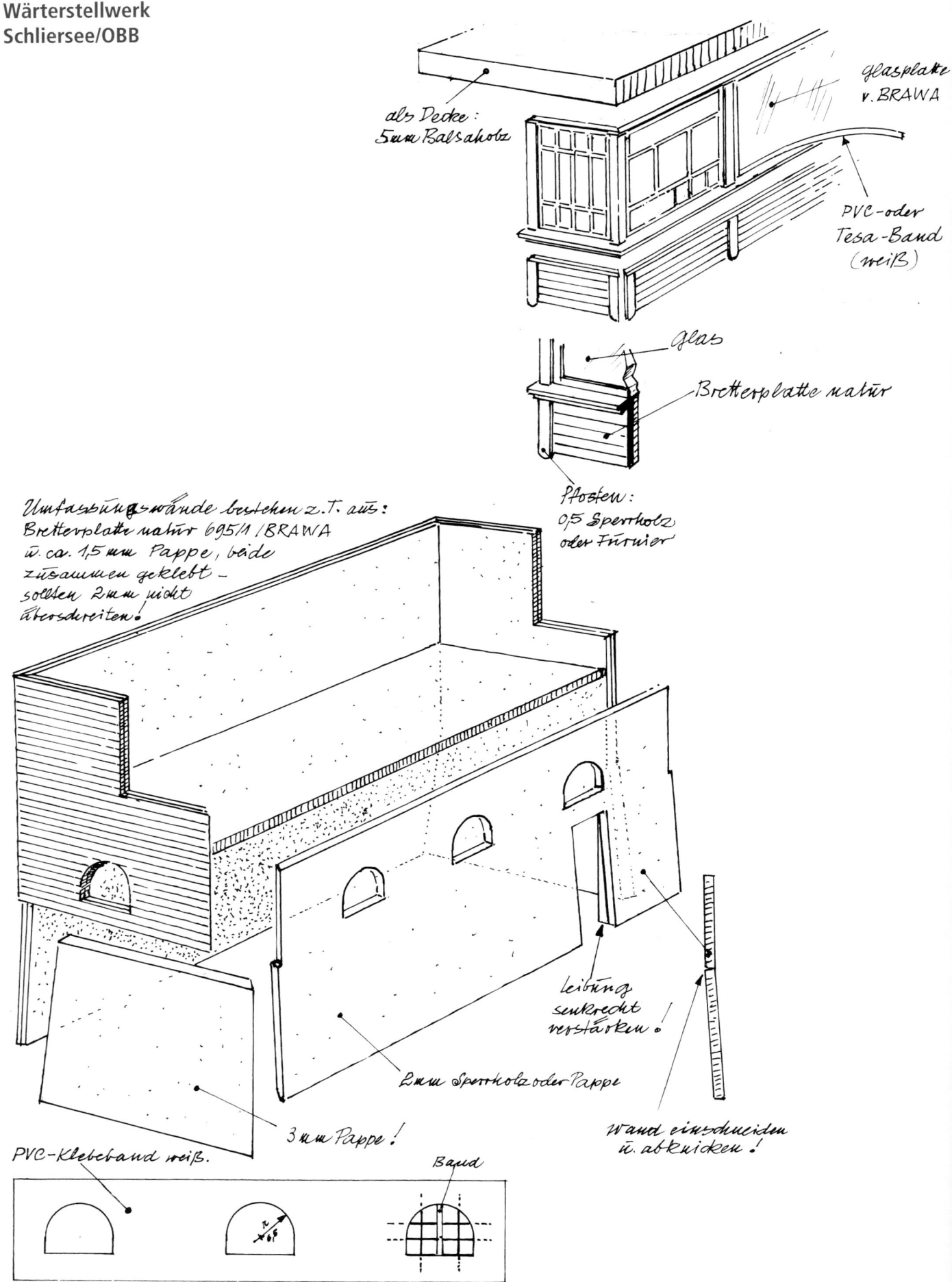

Wärterstellwerk Schliersee/OBB

als Decke: 5mm Balsaholz

Glasplatte v. BRAWA

PVC- oder Tesa-Band (weiß)

Glas

Bretterplatte natur

Pfosten: 0,5 Sperrholz oder Furnier

Umfassungswände bestehen z.T. aus: Bretterplatte natur 695/1/BRAWA u. ca. 1,5mm Pappe, beide zusammen geklebt – sollten 2mm nicht überschreiten!

Leibung senkrecht verstärken!

2mm Sperrholz oder Pappe

Wand einschneiden u. abknicken!

3mm Pappe!

PVC-Klebeband weiß.

Band

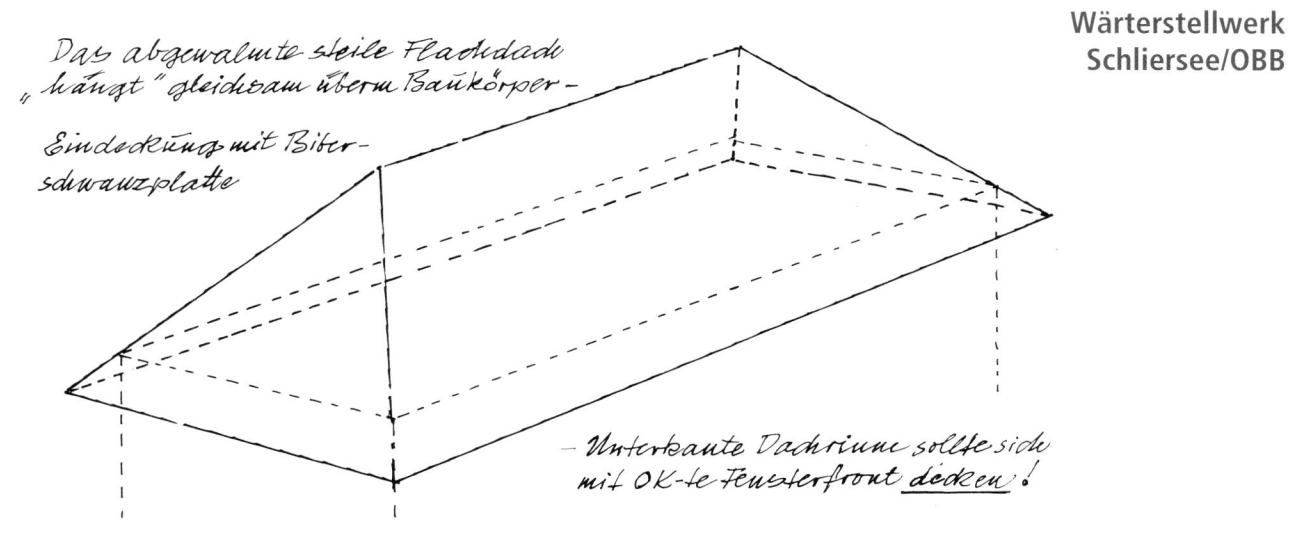

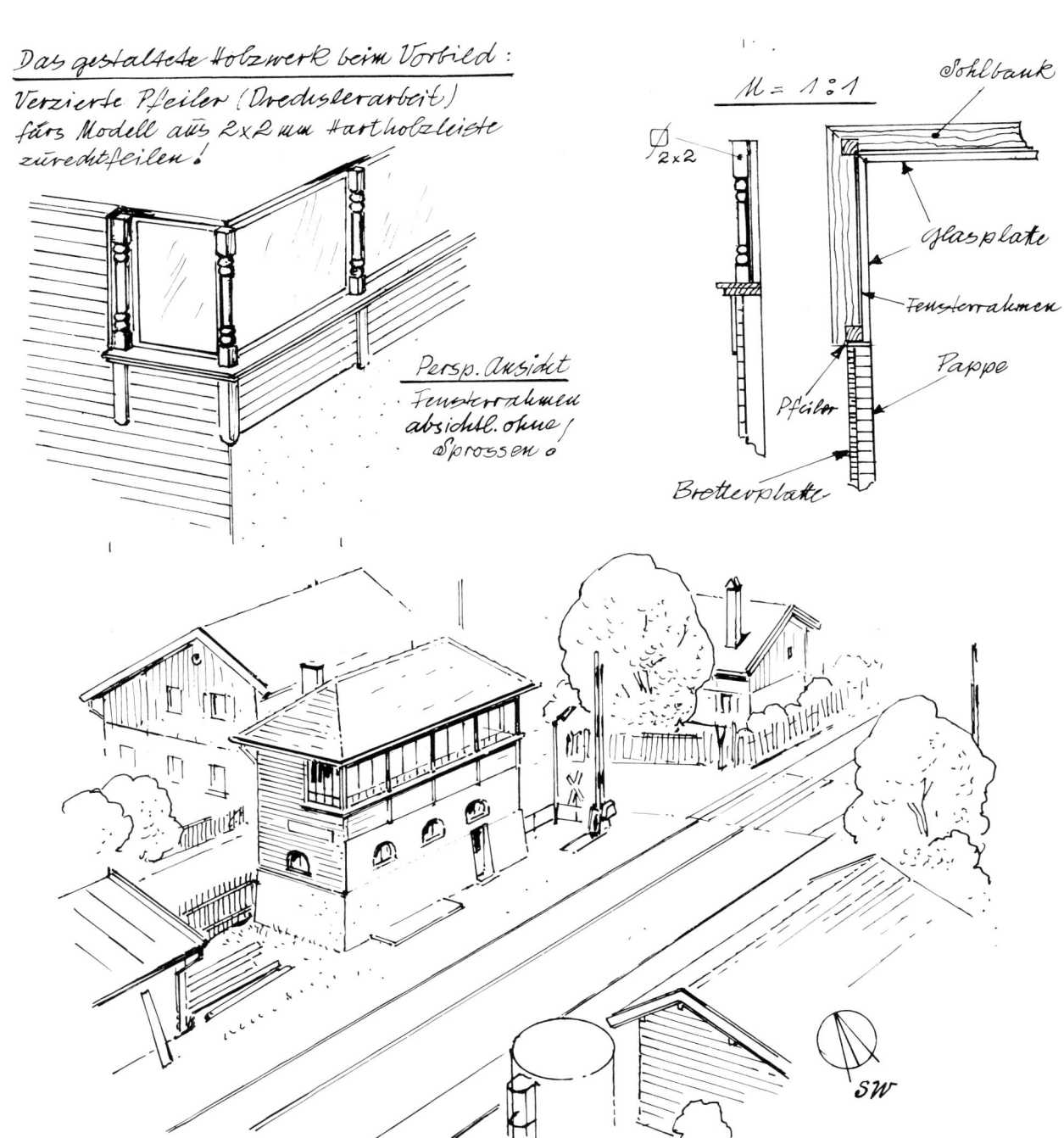

Wärterstellwerk Schliersee/OBB

Das abgewalmte steile Flachdach „hängt" gleichsam überm Baukörper.

Eindeckung mit Biberschwanzplatte

- Unterkante Dachrinne sollte sich mit OK-te Fensterfront decken!

Das gestaltete Holzwerk beim Vorbild: Verzierte Pfeiler (Drechslerarbeit) fürs Modell aus 2x2 mm Hartholzleiste zurechtfeilen!

Persp. Ansicht
Fensterrahmen absichtl. ohne Sprossen.

M = 1:1

- Sohlbank
- Glasplatte
- Fensterrahmen
- Pappe
- Pfeiler
- Bretterplatte

2x2

SW

Bauten am Schienenstrang

Pit-Peg-Sammelband

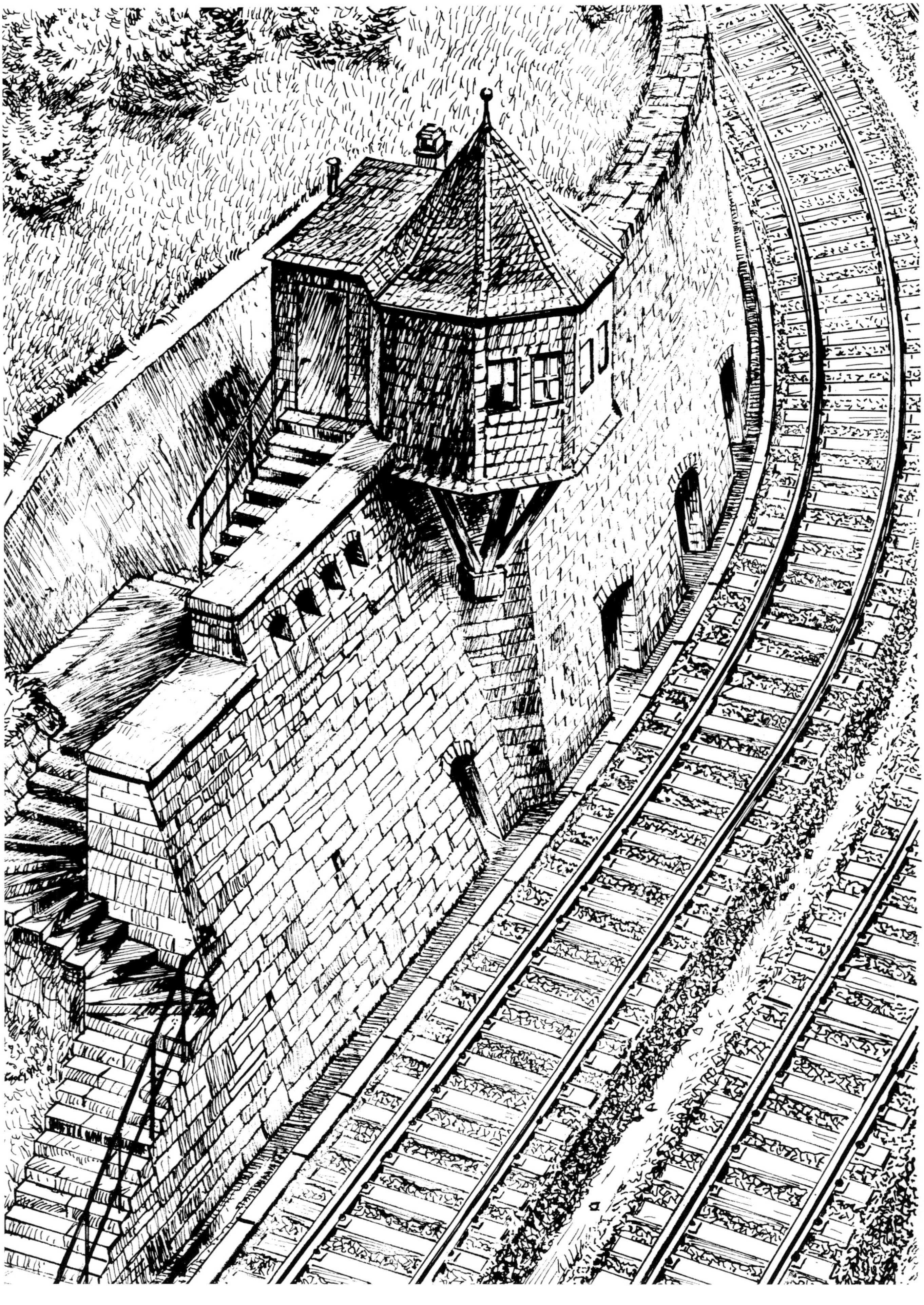

Wärterstellwerk

Auch diese Zeichnung dokumentiert die Vorliebe des Künstlers für die Darstellung eher ungewöhnlicher Betriebsgebäude der Eisenbahn: Aus Platzmangel hat man das kleine Wärterstellwerk auf dem Eckpfeiler der Unterführung errichtet. Das mit einem so genannten Zeltdach versehene Dienstgebäude musste um einen Erkervorbau ergänzt werden, in dem sich die Hebelbank befindet. Die Drahtzugleitungen führen senkrecht zum abgedeckten Leitungskanal.

Malerisch: Blockstelle Kammereck am Rhein

Wie oft ist dieser originelle Bau eigentlich fotografiert worden? Obwohl das Vorbild des Blockstellwerks „Kammereck" auf der linken Rheinstrecke zwischen St. Goar und Oberwesel längst verschwunden ist, stellt die von Pit-Peg sehr präzise wiedergegebene Szenerie nach wie vor auch für Modellbahner ein überaus reizvolles Motiv dar. Lediglich die Stützmauer hinter dem Gebäude ist beim Original wesentlich höher und überragt das Türmchen um ein Vielfaches. Sie besteht auch nicht, wie in der Zeichnung, aus Beton, sondern aus grob behauenen, unregelmäßig vermauerten Bruchsteinen. Das Stellwerksgebäude wurde vollständig mit blaugrauem Schiefer verkleidet. Auch nach der Elektrifizierung (klassische Schnellzuglok war anfangs die E 10) blieb die Blockstelle noch lange Zeit voll funktionstüchtig erhalten.

Bauvorschlag Stellwerk „Thalfingen Süd"

Die stark beengte Lage des Bahnhofs „Thalfingen Süd" führte zum Bau dieses im Prinzip zwar konventionellen, mit seinem Anbau an eine Stützmauer und der Bahnsteigbrücke jedoch eher ungewöhnlich ausgeführten Fahrdienstleiterstellwerks. Bis auf die perspektivischen Skizzen sind die Zeichnungen wiederum exakt im Maßstab 1:87 gehalten, sodass sämtliche Maße direkt abgegriffen werden können.

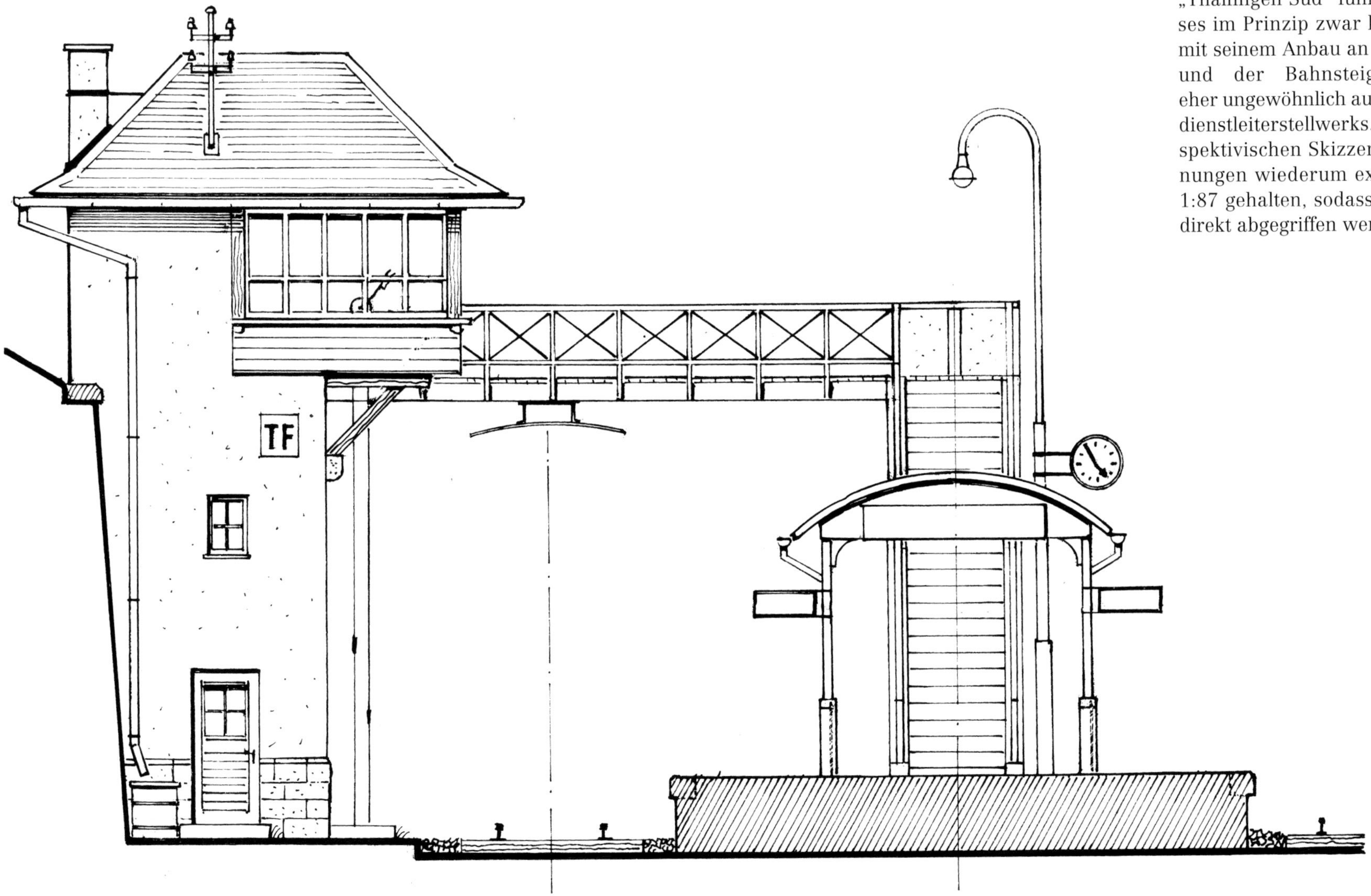

Pit-Peg schrieb zur Entstehung und Bedeutung dieses Stellwerks: „Bf. Thalfingen Süd ist ein Vorortbahnhof, der erst zu späterem Zeitpunkt aus der ursprünglichen Blockstelle entstand. Als Vorortbahnhof dient er ausschließlich dem Nahverkehr. Schnell- und Eilzüge sowie durchfahrende Güterzüge erhöhen zeitweilig die Verkehrsdichte derart, dass dem Fahrdienstleiter kaum eine Verschnaufpause bleibt."

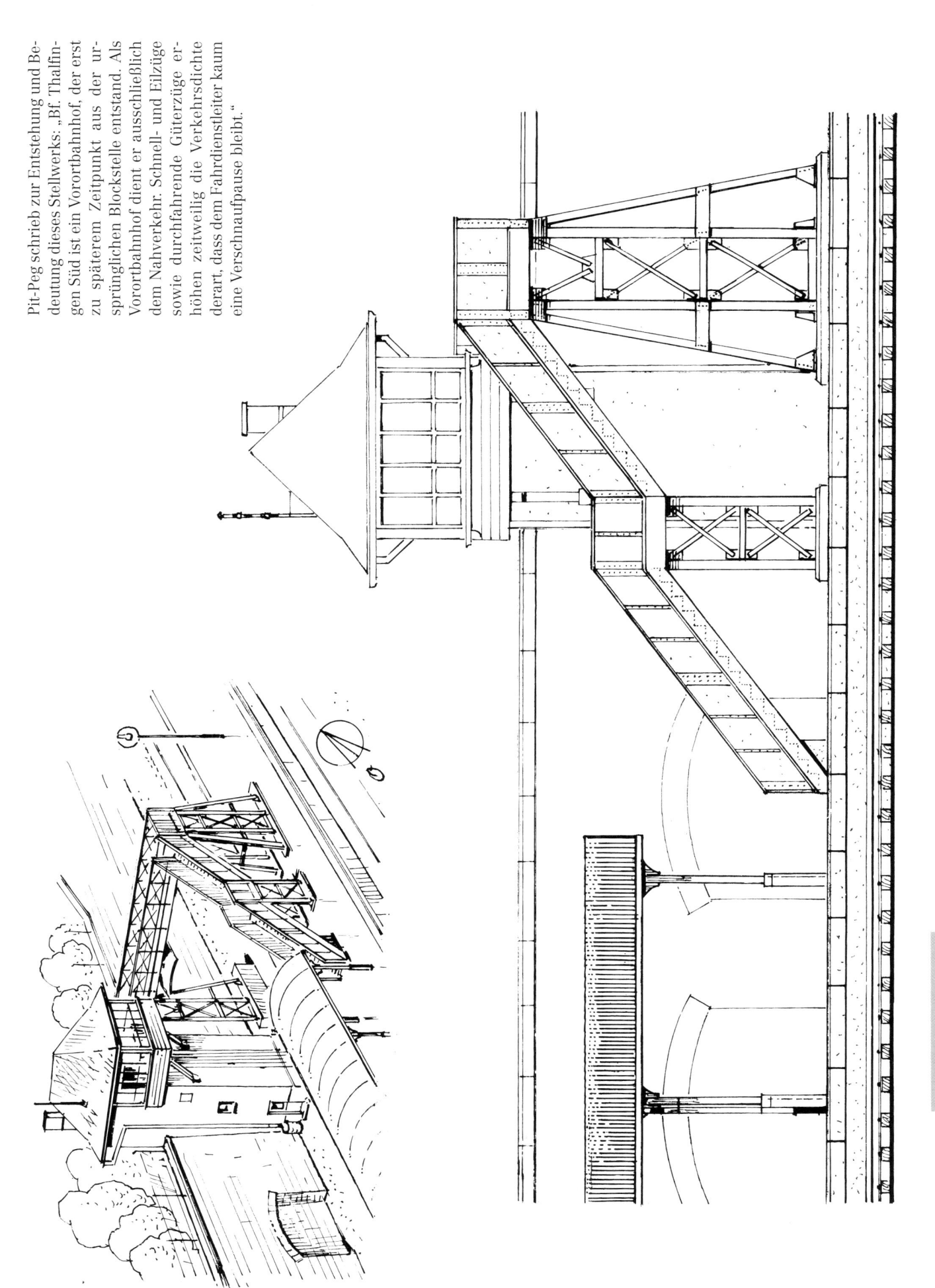

Bauten am Schienenstrang

Bauvorschlag Stellwerk „Thalfingen Süd"

Darstellung aus der Gegenrichtung

Auch diese Ansicht verdeutlicht, dass der Sockelturm des Stellwerks in die Stützmauer integriert, mithin hineingebaut werden musste. Da der Dienstraum mit der Hebelbank für den Fahrdienstleiter erheblichen Platz beanspruchte, war eine aufwändig gestaltete Auskragung erforderlich, die aus Stabilitätsgründen und zur Wahrung des Lichtraumprofils mit Strebbalken unterfangen wurde.

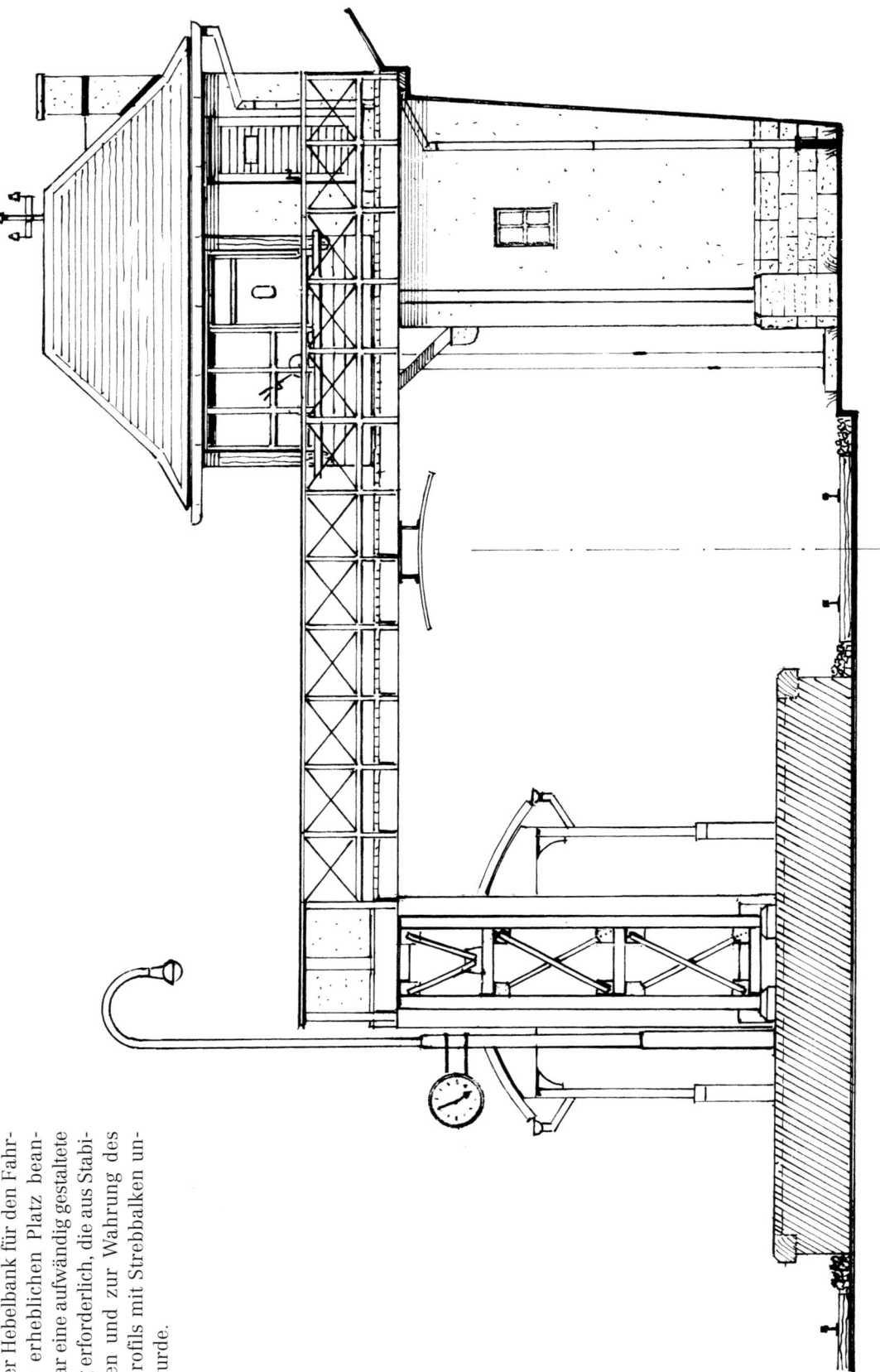

Herstellung

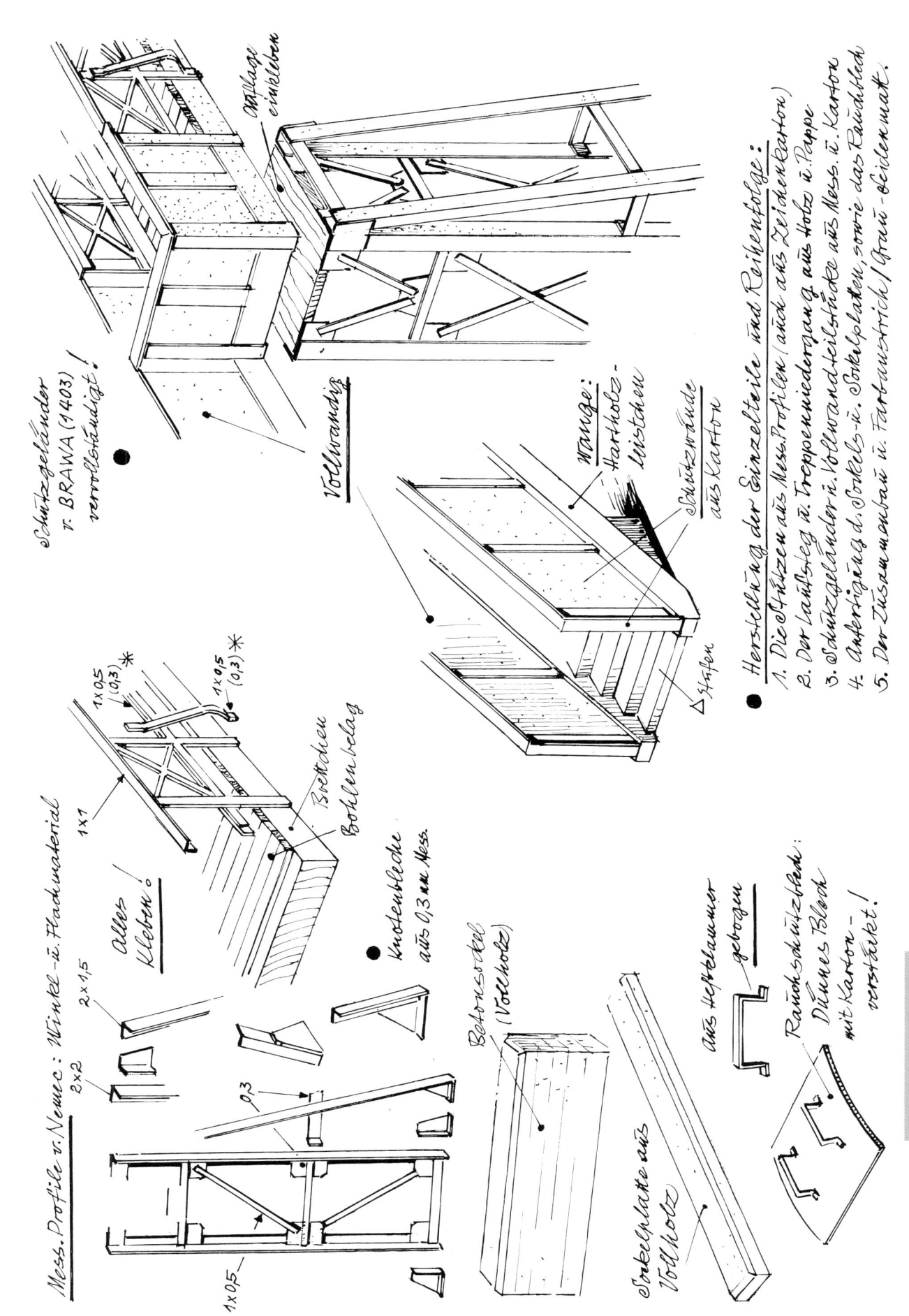

Schutzgeländer v. BRAWA (1403) vervollständigt!

Auflage einkleben

Vollwandig

Wange: Hartholzleistchen

Schutzwände aus Karton

Stufen

Mess.Profile v. Nemec: Winkel- u. Flachmaterial

2x2
2x1,5
1x1
1x0,5 (0,3) *
1x0,5 (0,3) *

Brettchen Bohlenbelag

Aller Kleber.

Knotenbleche aus 0,3 mm Mess.

1x0,5
0,3

Betonsockel (Vollholz)

Sockelplatte aus Vollholz

Rauchschutzblech: Dünnes Blech mit Karton verstärkt!

aus Heftklammer gebogen

● Herstellung der Einzelteile und Reihenfolge:

1. Die Stützen aus Mess.Profilen (auch aus Zeichenkarton)
2. Der Laufsteg u. Treppenniedergang aus Holz u. Pappe
3. Schutzgeländer u. Vollwandteilstücke aus Mess. u. Karton
4. Anfertigung d. Sockels- u. Sockelplatten, sowie das Rauchblech
5. Der Zusammenbau u. Farbanstrich, Grau-Seidenmatt.

Bauten am Schienenstrang

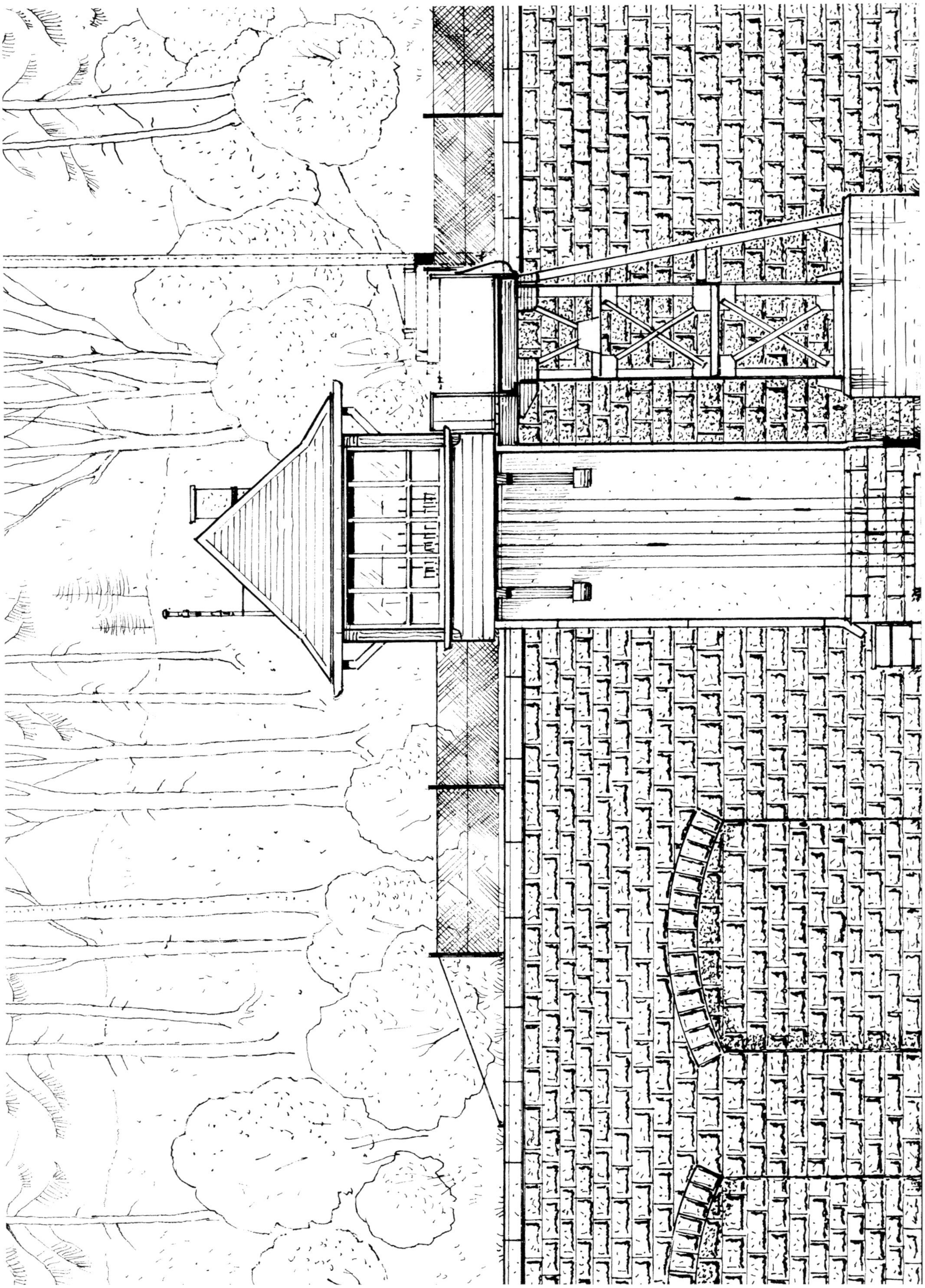

Bauvorschlag Stellwerk „Thalfingen Süd"

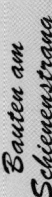

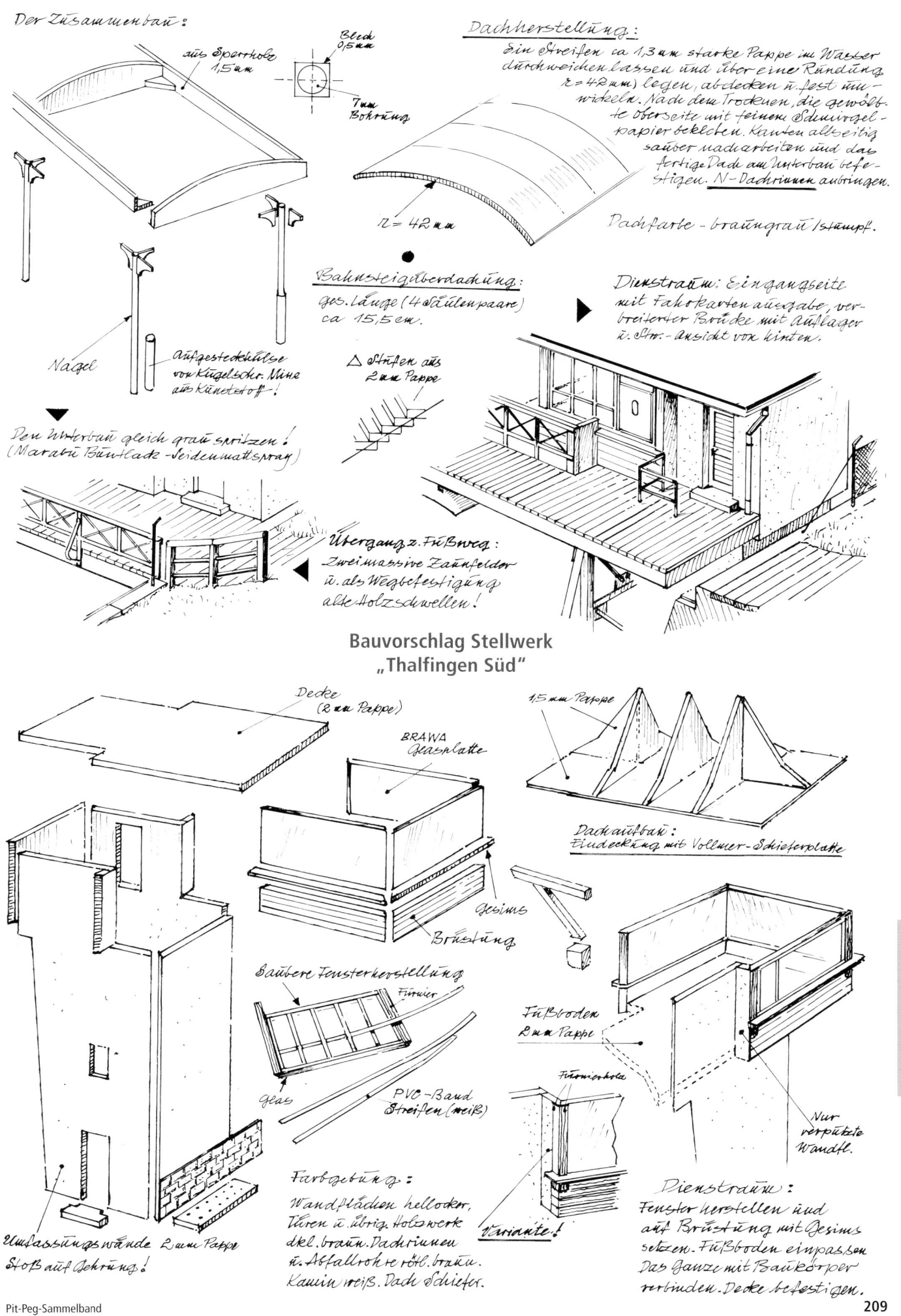

Ansicht: Südost

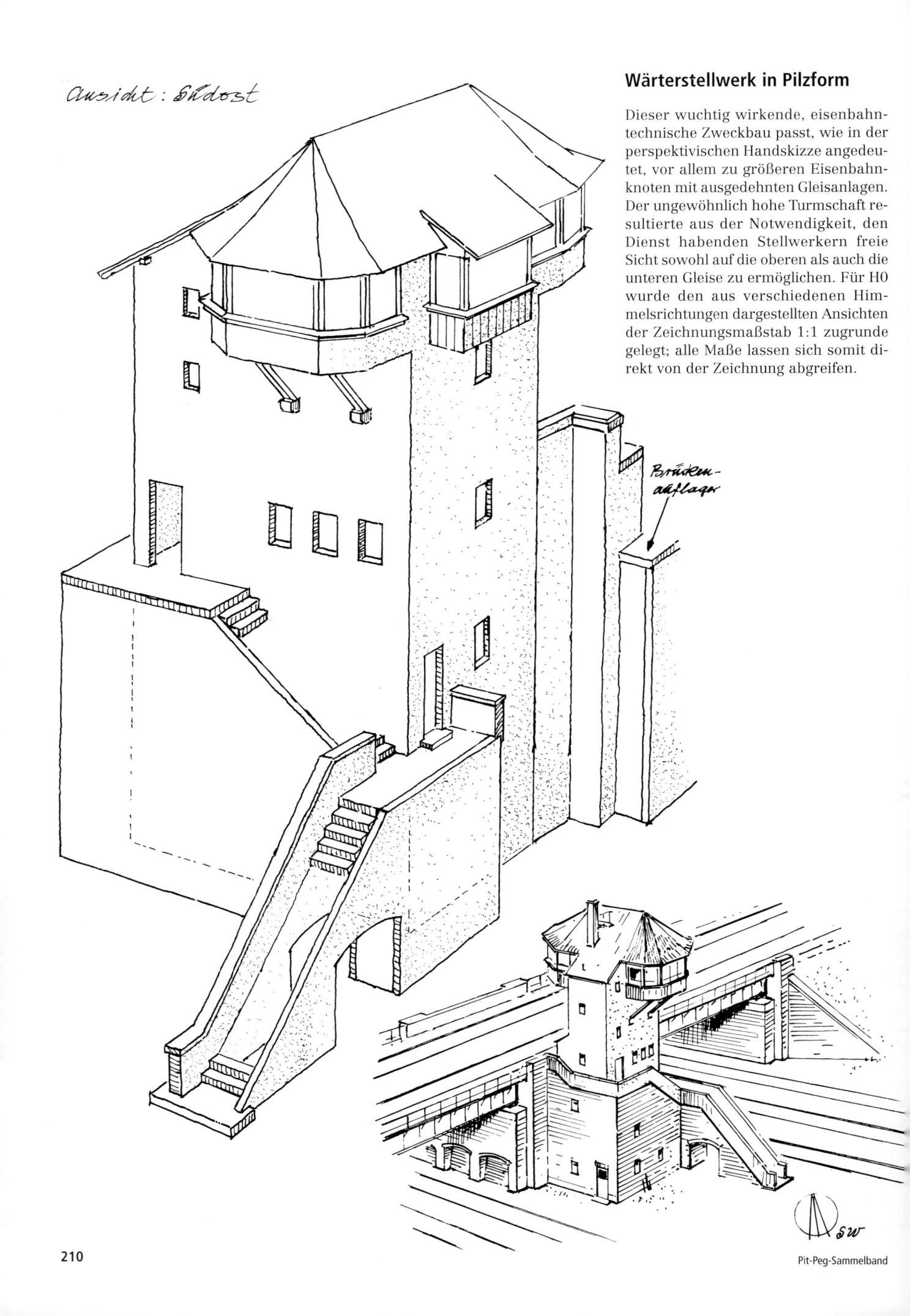

Wärterstellwerk in Pilzform

Dieser wuchtig wirkende, eisenbahntechnische Zweckbau passt, wie in der perspektivischen Handskizze angedeutet, vor allem zu größeren Eisenbahnknoten mit ausgedehnten Gleisanlagen. Der ungewöhnlich hohe Turmschaft resultierte aus der Notwendigkeit, den Dienst habenden Stellwerkern freie Sicht sowohl auf die oberen als auch die unteren Gleise zu ermöglichen. Für H0 wurde den aus verschiedenen Himmelsrichtungen dargestellten Ansichten der Zeichnungsmaßstab 1:1 zugrunde gelegt; alle Maße lassen sich somit direkt von der Zeichnung abgreifen.

Brückenauflager

Pit-Peg-Sammelband

Wärterstellwerk in Pilzform

Ansicht von Westen

Die Pilzform des Stellwerks wird aus dieser Perspektive besonders deutlich. Ebenso ist erkennbar, dass die nach Süden auskragende Kanzel des Dienstraums größer ausgeführt wurde als der nördliche Teil. Wegen der notwendigen statischen Stabilität wurde die südliche Kanzel mittels diagonaler Balkenstreben unterfangen.

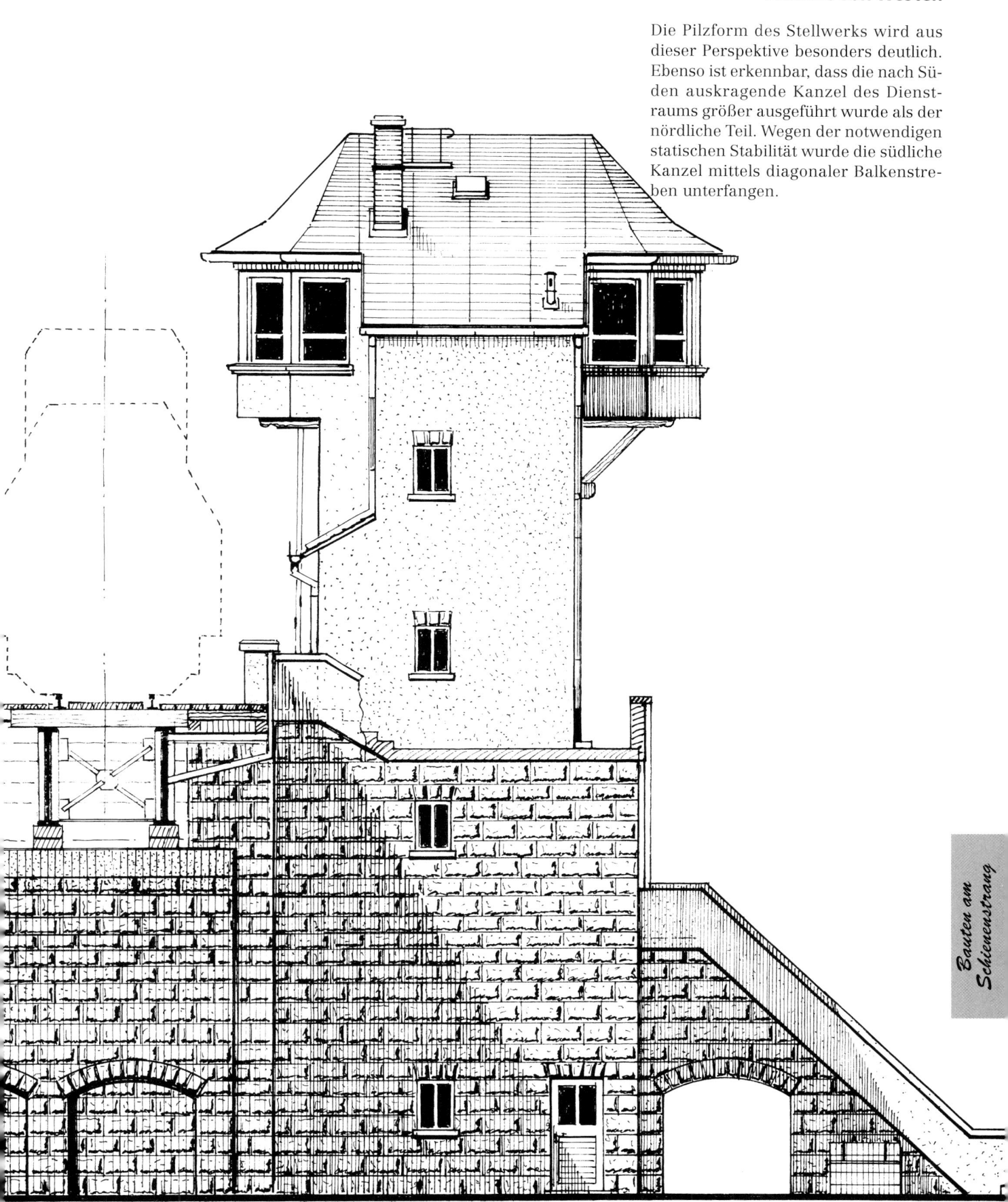

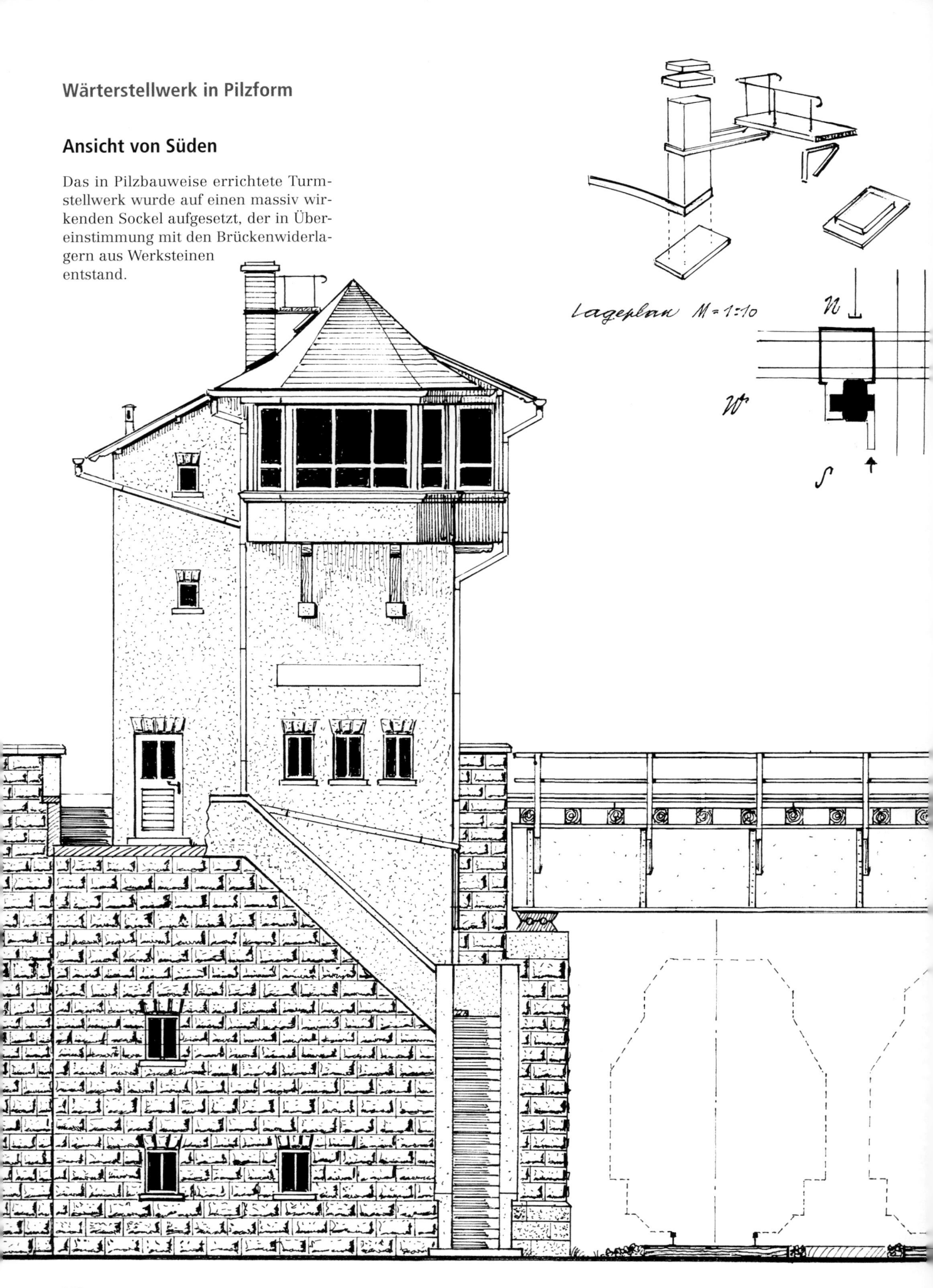

Wärterstellwerk in Pilzform

Ansicht von Süden

Das in Pilzbauweise errichtete Turmstellwerk wurde auf einen massiv wirkenden Sockel aufgesetzt, der in Übereinstimmung mit den Brückenwiderlagern aus Werksteinen entstand.

Lageplan M = 1:10

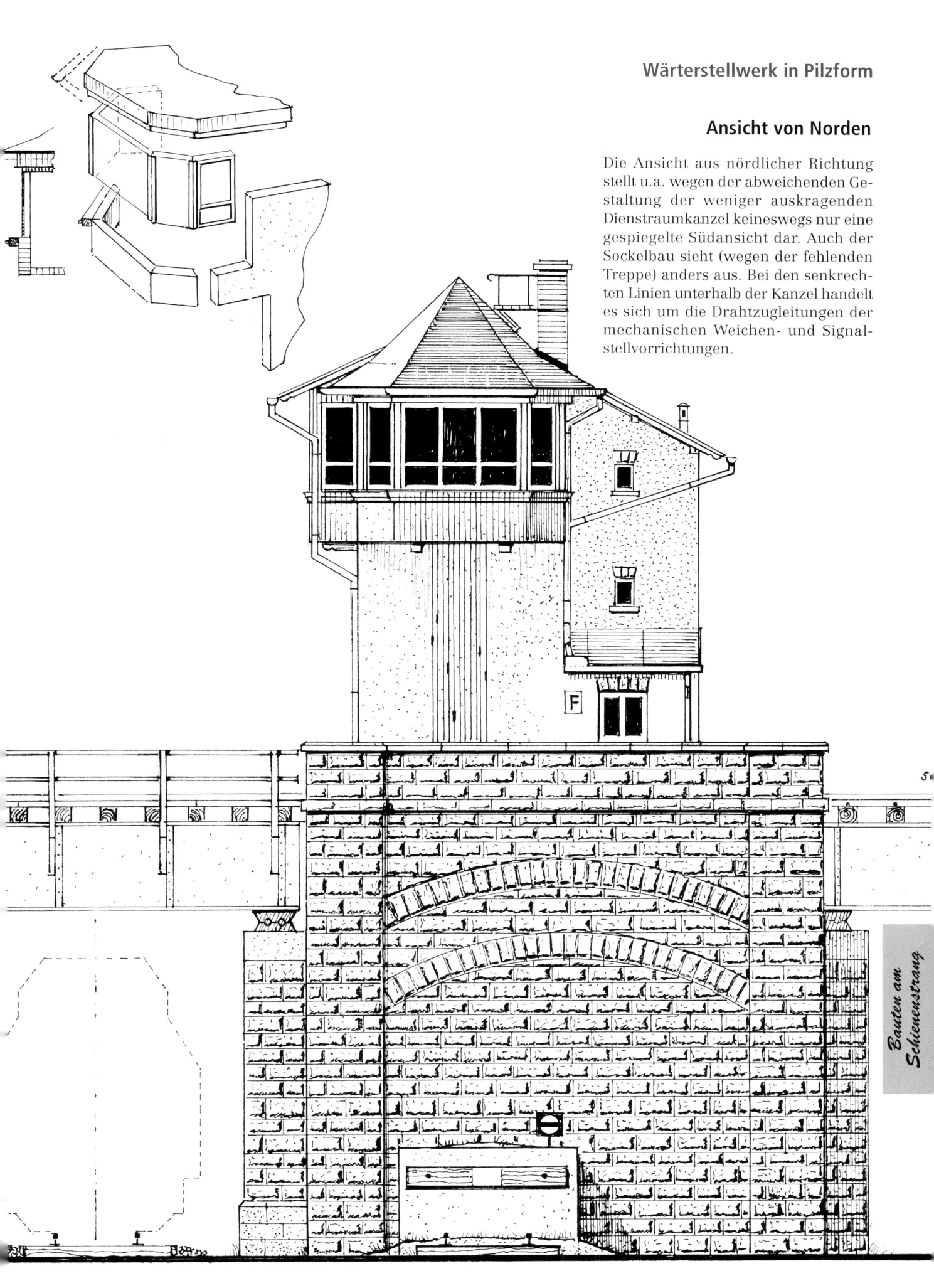

Wärterstellwerk in Pilzform

Ansicht von Norden

Die Ansicht aus nördlicher Richtung stellt u.a. wegen der abweichenden Gestaltung der weniger auskragenden Dienstraumkanzel keineswegs nur eine gespiegelte Südansicht dar. Auch der Sockelbau sieht (wegen der fehlenden Treppe) anders aus. Bei den senkrechten Linien unterhalb der Kanzel handelt es sich um die Drahtzugleitungen der mechanischen Weichen- und Signalstellvorrichtungen.

Wärterstellwerk in Pilzform

Ansicht von Osten

Diese Ansicht zeigt (wie schon die Perspektivskizze auf S. 210) die deutlich kleinere, möglicherweise erst zu einem späteren Zeitpunkt angebaute Ostkanzel des Dienstraums. Nochmals wird auch die unterschiedliche Auskragung der nördlichen und der südlichen Kanzel deutlich.

Wärterstellwerk in Pilzform

Betoneinfassung und Bohlenbelag

Herstellung aus Furnier- u. Sperrholz oder Zeichenkarton. Plastische Wirkung durch zurückliegende Füllung. Fugen werden angedeutet. Oberlichtfenster werden mit Plexi oder Zellon verglast!

Gestaltung der Eingangstüre

Vorlegstufe aus Pappe aussägen, zurecht feilen. Mit Anenkibolinweiß grundieren u. betongrau lasieren!

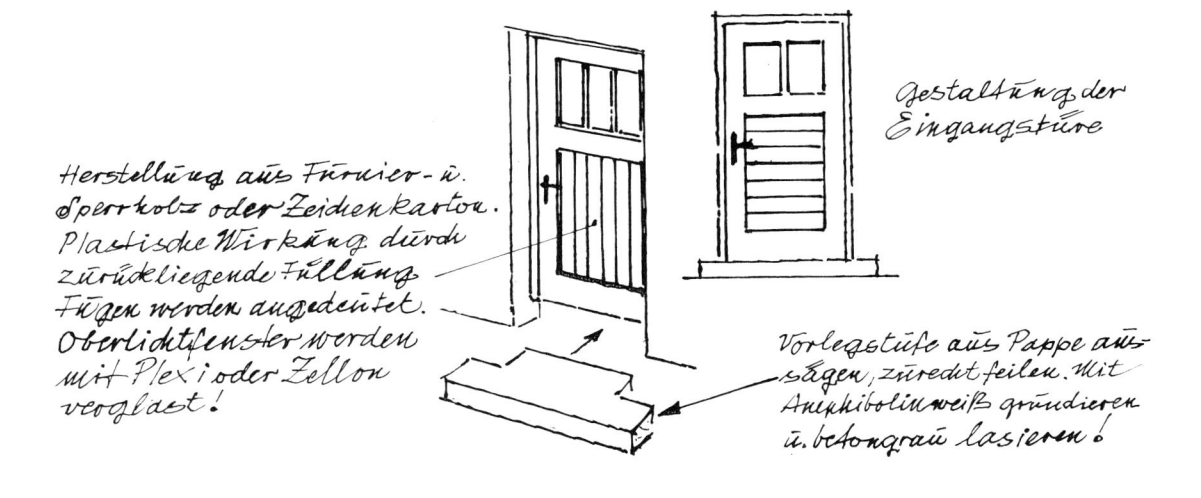

Bauten am Schienenstrang

Wärterstellwerk in Pilzform

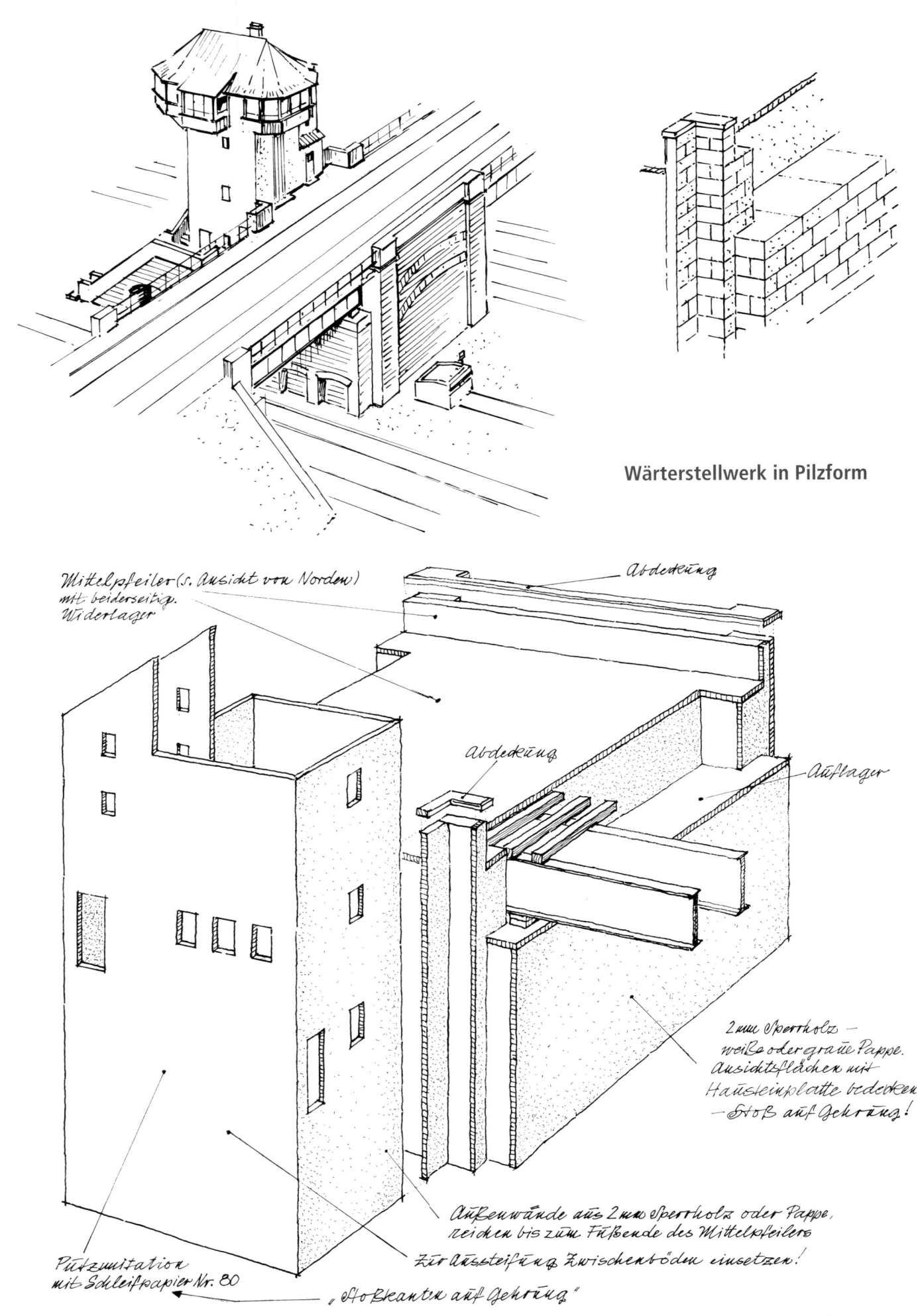

Mittelpfeiler (s. Ansicht von Norden) mit beiderseitig. Widerlager

Abdeckung

Abdeckung

Auflager

2 mm Sperrholz – weiße oder graue Pappe. Ansichtsflächen mit Hausteinplatte bedecken – Stoß auf Gehrung!

Außenwände aus 2 mm Sperrholz oder Pappe, reichen bis zum Fußende des Mittelpfeilers
Zur Aussteifung Zwischenböden einsetzen!

Putzimitation mit Schleifpapier Nr. 80

„Stoßkanten auf Gehrung"

Unmaßstäbl. Darstellung!

Ansicht: Südost

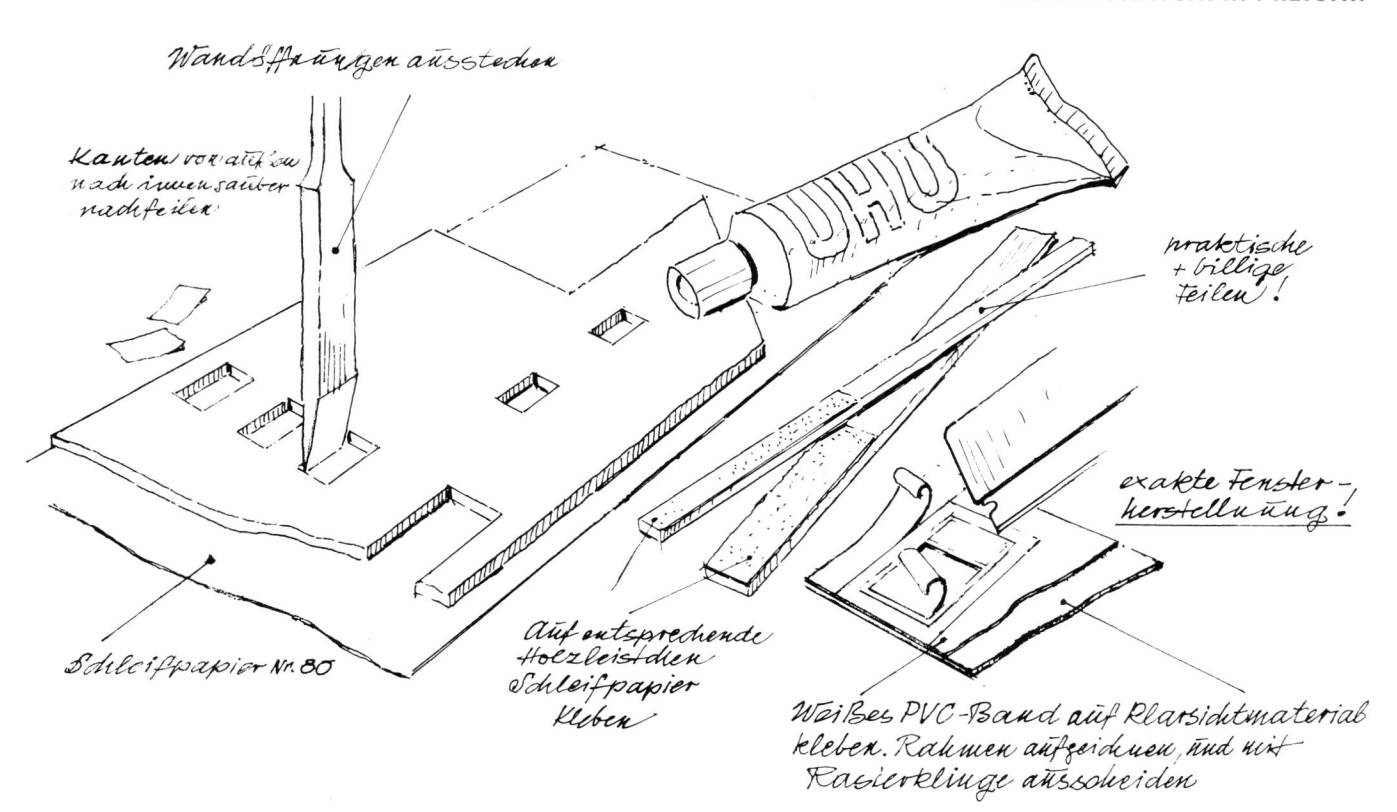

Wärterstellwerk in Pilzform

Wandöffnungen ausstechen

Kanten vor allem nach innen sauber nachfeilen

Schleifpapier Nr. 80

Auf entsprechende Holzleistchen Schleifpapier kleben

praktische + billige Teilen!

exakte Fensterherstellung!

Weißes PVC-Band auf Klarsichtmaterial kleben. Rahmen aufzeichnen, und mit Rasierklinge ausschneiden

Unmaßstäbliche Zusammenbau-Skizze

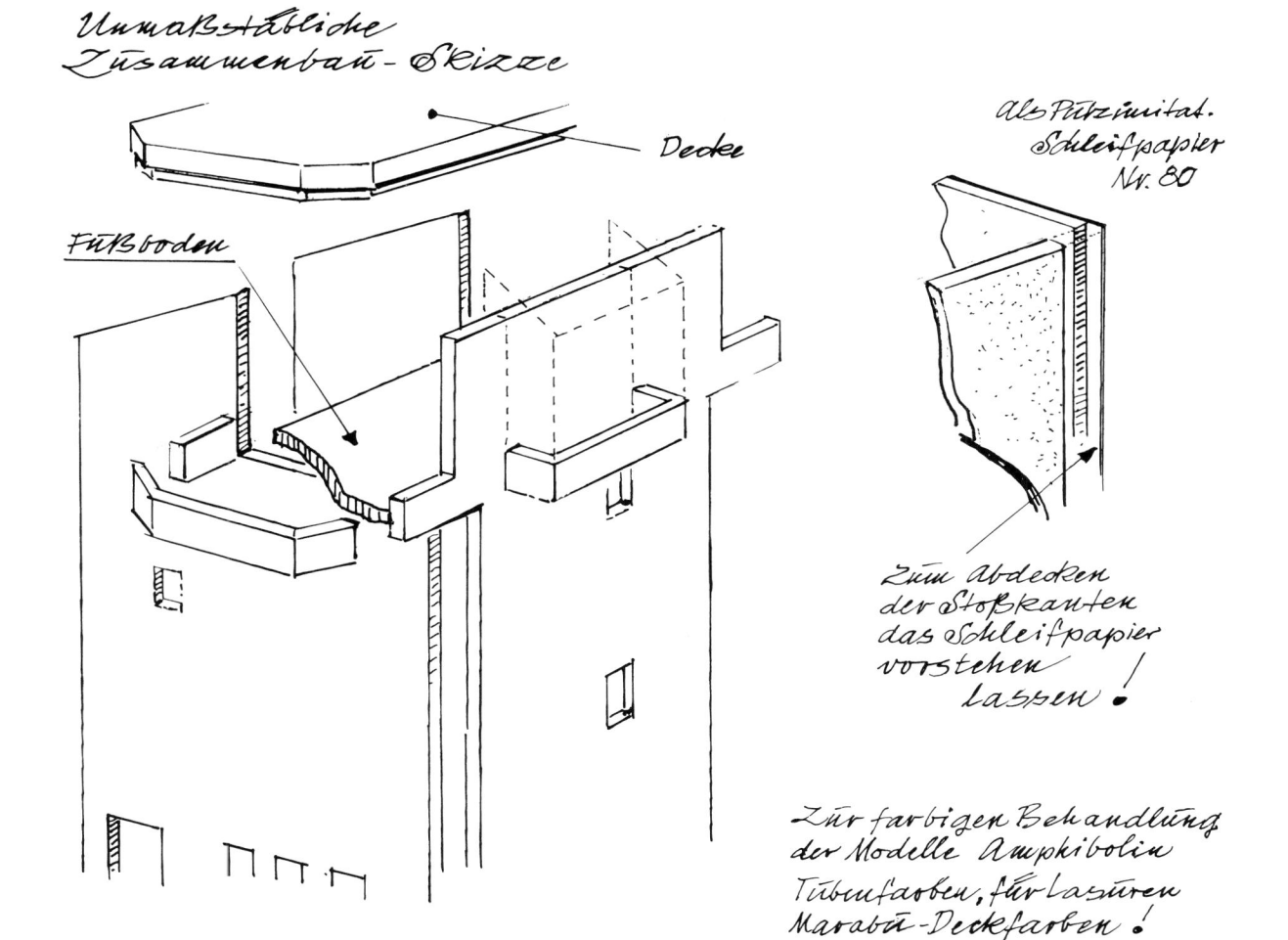

Decke

Fußboden

Als Putzimitat. Schleifpapier Nr. 80

Zum Abdecken der Stoßkanten das Schleifpapier vorstehen lassen!

Zur farbigen Behandlung der Modelle Amphibolin Tubenfarben, für Lasuren Marabu-Deckfarben!

Bauten am Schienenstrang

Für unterwegs: Bahnwärterhäuser und Schrankenposten

Mehr noch als die alten mechanischen Stellwerke und ihre hohen, bisweilen recht ungewöhnlich wirkenden Gebäude sind Schrankenposten und Bahnwärterhäuser von einer zwar modernen, doch sehr gefährlichen Eisenbahnkrankheit befallen: von der Schwindsucht.

Das Idyll des Pfeife rauchenden Bahnwärters, der zwischen dem Dienst an der Schrankenkurbel mit der Sense den Bahndamm mäht und seine drei Ziegen anpflockt, ist längst dahingegangen. Für alle, die dieser Erinnerung an eine (vermeintlich) heile Welt auf ihrer Modellbahn ein nostalgisches Denkmal setzen wollen, hat Pit-Peg die nachfolgenden Szenerien samt Bauzeichnungen und Bastelhinweisen erdacht und fantasievoll zu Papier gebracht.

Bei den Vorder-, den Seiten- und den Rückansichten gilt für die Baugröße H0 wieder der Maßstab 1:1, sodass alle Maße direkt von der Zeichnung abgegriffen werden können.

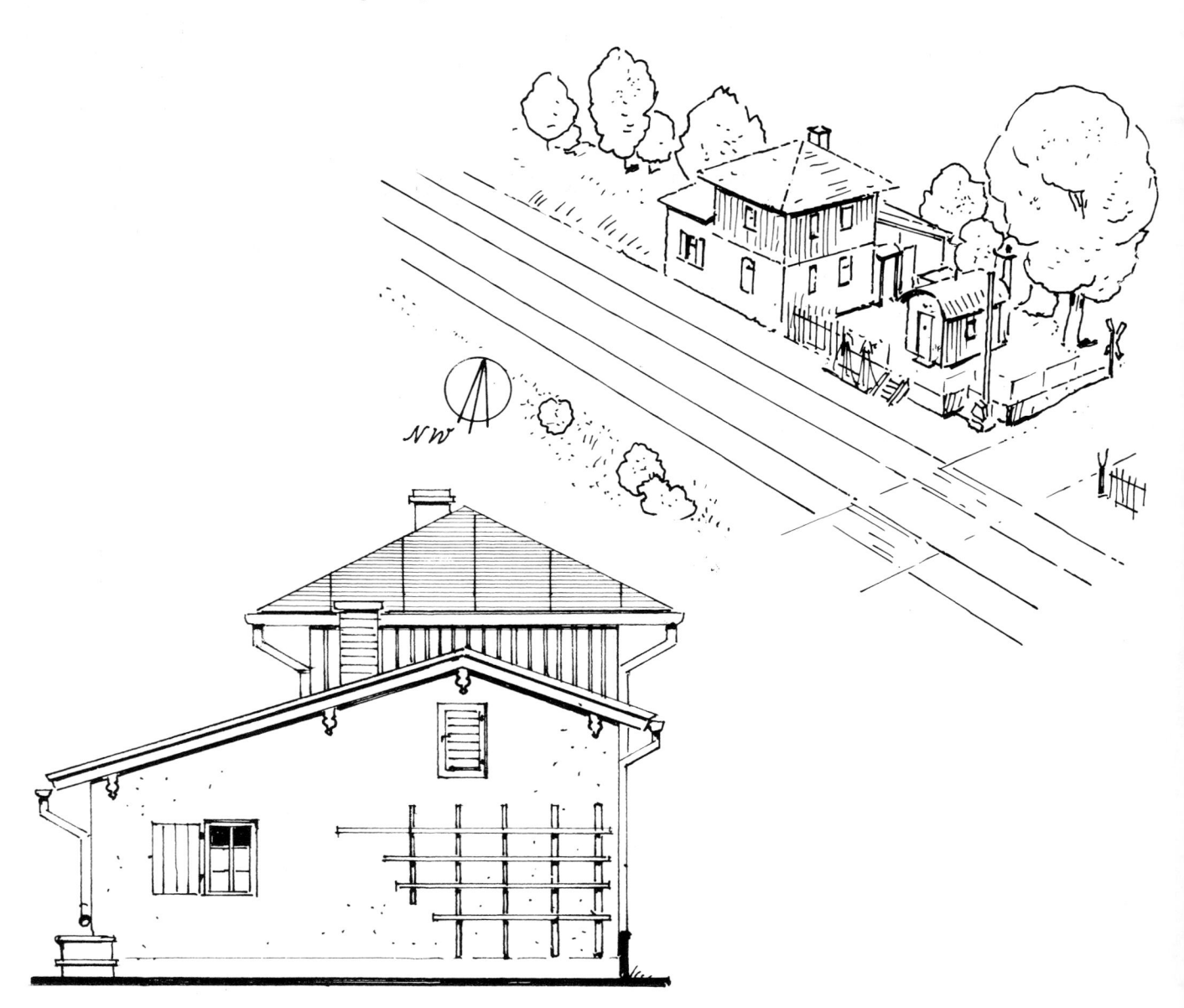

Bahnwärterhaus mit Schrankenposten

Das erste Bauprojekt zum Thema Schrankenposten zeigt eine solche Betriebsstelle an einer zweigleisigen Hauptstrecke. Das Bahnwärterhaus dient der Familie des hier tätigen Eisenbahners als Wohnhaus, während zum eigentlichen Schrankenposten nur noch eine Wellblechbude und ein Geräteschuppen auf einem eigens dafür aufgemauerten Sockelfundament gehören. Die Anregung empfing Pit-Peg von einem bayerischen Vorbild.

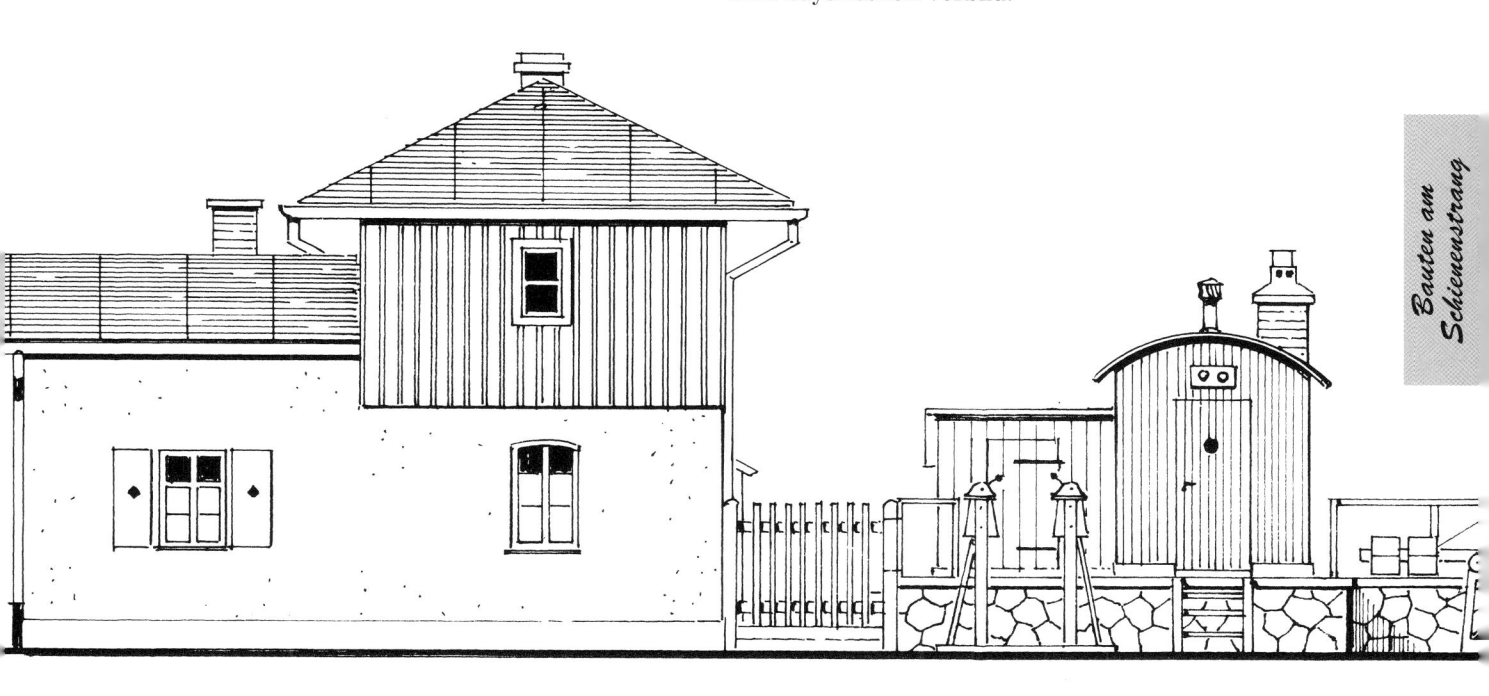

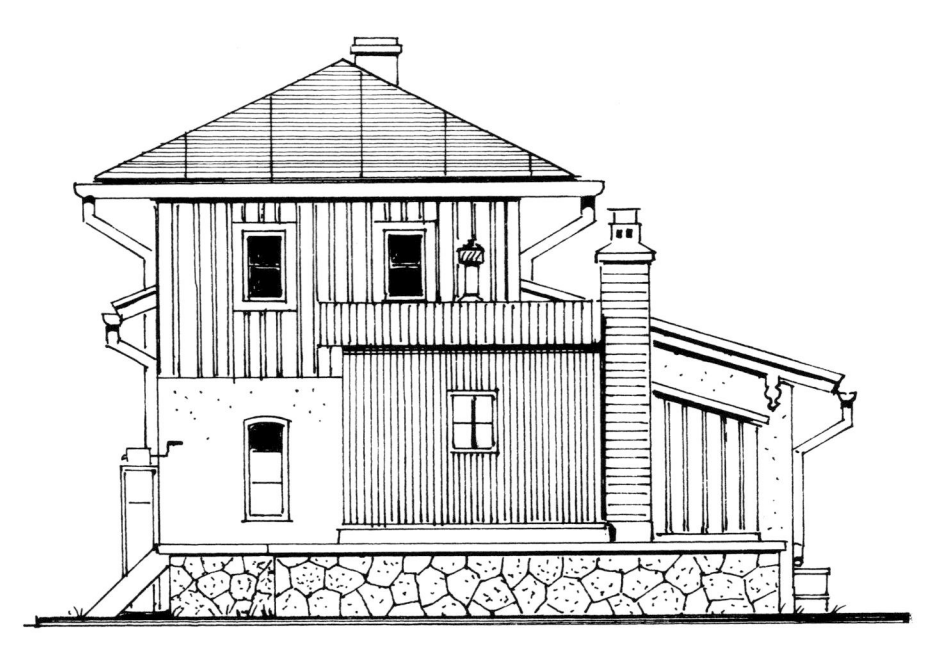

Die verschiedenen perspektivischen Ansichten dieser Doppelseite zeigen noch einmal die geringe Größe des gesamten Ensembles, das man neben der Trasse zwei- bzw. eingleisiger Hauptstrecken sicher ohne gravierende Platzprobleme unterbringen kann. Obwohl sich am Baustil des Gebäudes seine bayerische Herkunft ablesen lässt, wirkt das Ensemble in seiner Gesamtheit nahezu neutral und ist so durchaus auch in anderen Regionen vorstellbar.

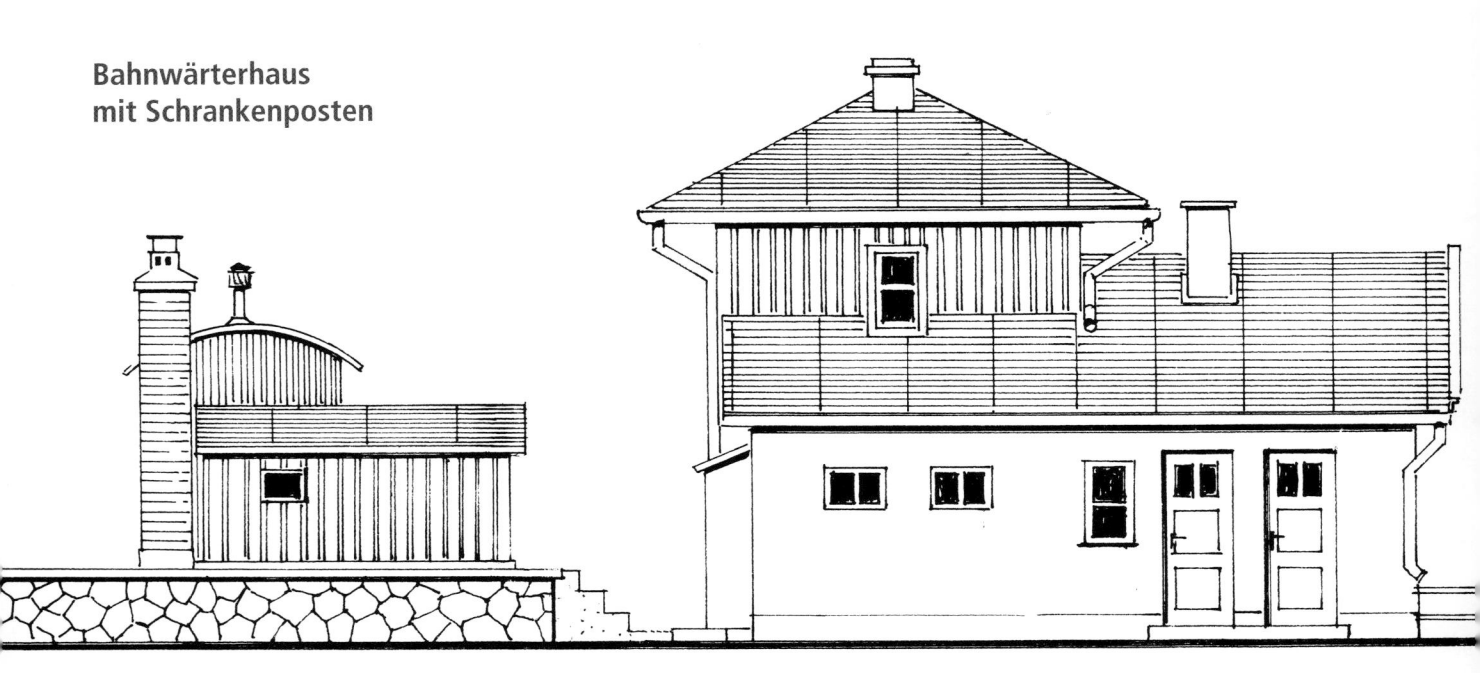

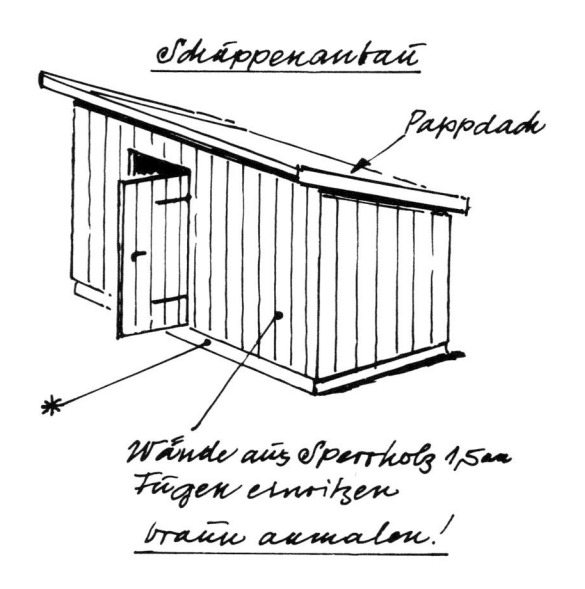

Bahnwärterhaus mit Schrankenposten

Schuppenanbau
Pappdach
Wände aus Sperrholz 1,5 mm
Fugen einritzen
braun anmalen!

Die gemischte Bauweise, die u. a. Putzflächen im Erdgeschoss und verbretterte Wände im ersten Stock aufweist, verleiht dem Gebäude seinen eigenen Reiz. In weniger waldreichen Gegenden könnte eine Kombination aus Putzflächen und Ziegelmauerwerk zu einem veränderten regionalen Bezug führen, der je nach dem Charakter der Anlage möglicherweise glaubhafter wirkt als eine direkte Übernahme der Vorschläge von Pit-Peg. In diesem Falle sollte auch der hölzerne Geräteschuppen einem aus Ziegeln gemauerten Kleinstgebäude weichen.

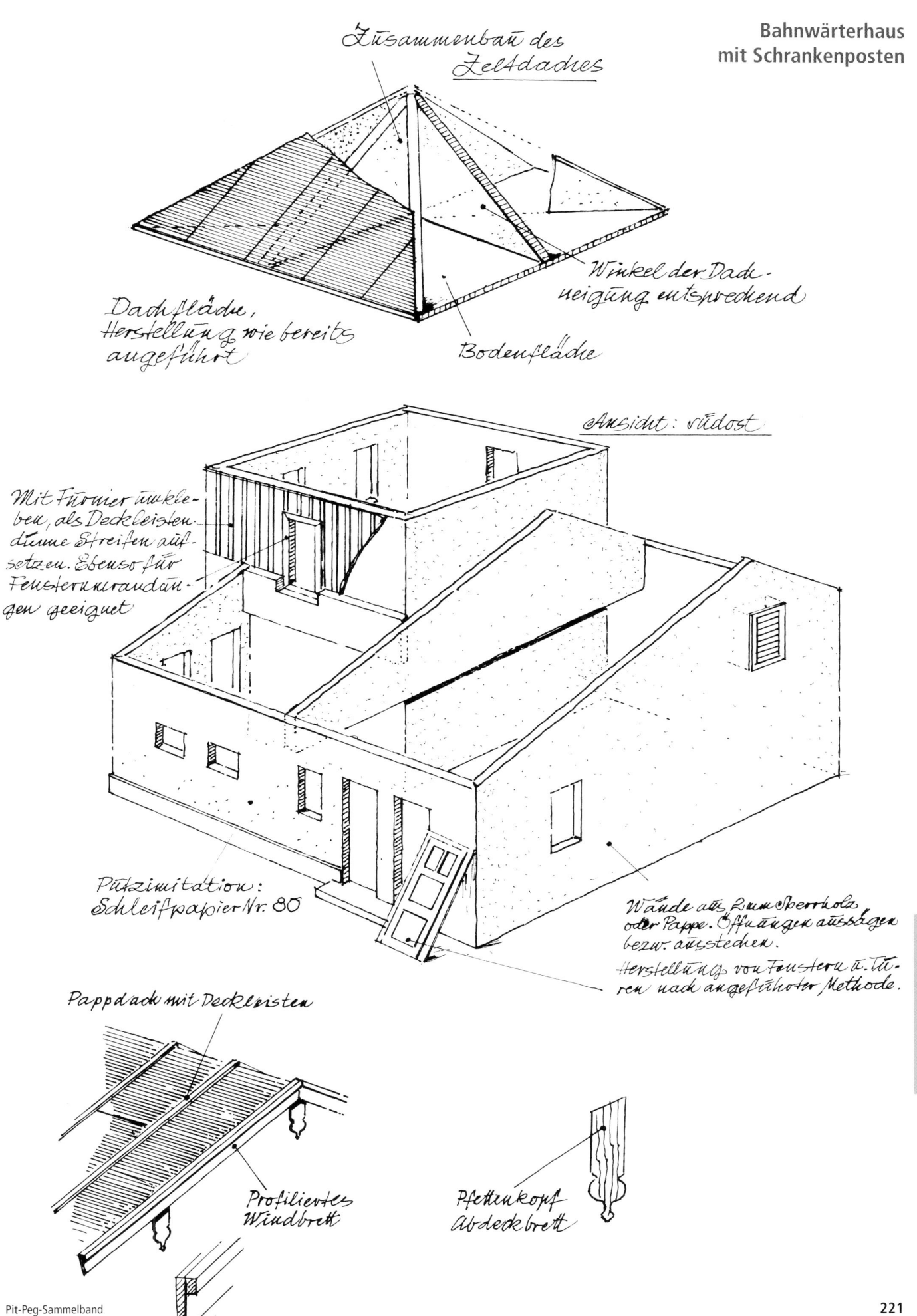

Bahnwärterhaus mit Schrankenposten

Zusammenbau des Zeltdaches

Dachfläche, Herstellung wie bereits ausgeführt

Winkel der Dachneigung entsprechend

Bodenfläche

Ansicht: südost

Mit Furnier unkleben, als Deckleisten dünne Streifen aufsetzen. Ebenso für Fensterumrandungen geeignet

Putzimitation: Schleifpapier Nr. 80

Wände aus 2mm Sperrholz oder Pappe. Öffnungen aussägen bezw. ausstechen. Herstellung von Fenstern u. Türen nach angeführter Methode.

Pappdach mit Deckleisten

Profiliertes Windbrett

Pfettenkopf Abdeckbrett

Bauten am Schienenstrang

Pit-Peg-Sammelband

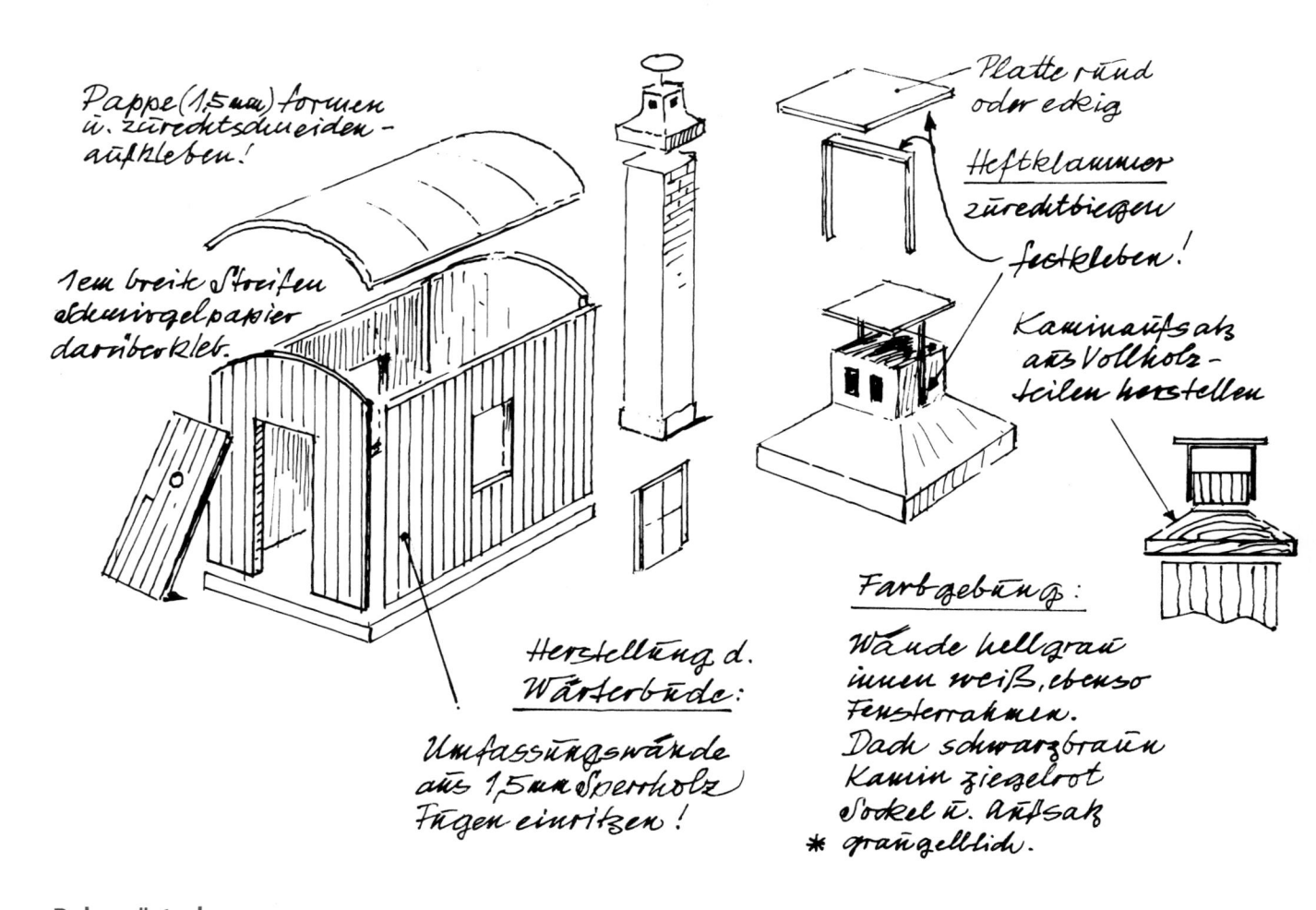

Pappe (1,5mm) formen u. zurechtschneiden - aufkleben!

1cm breite Streifen Schmirgelpapier darüberkleben.

Platte rund oder eckig

Heftklammer zurechtbiegen festkleben!

Kaminaufsatz aus Vollholzteilen herstellen

Herstellung d. Wärterbude:
Umfassungswände aus 1,5mm Sperrholz Fugen einritzen!

Farbgebung:
Wände hellgrau innen weiß, ebenso Fensterrahmen. Dach schwarzbraun Kamin ziegelrot Sockel u. Aufsatz * graugelblich.

Bahnwärterhaus mit Schrankenposten

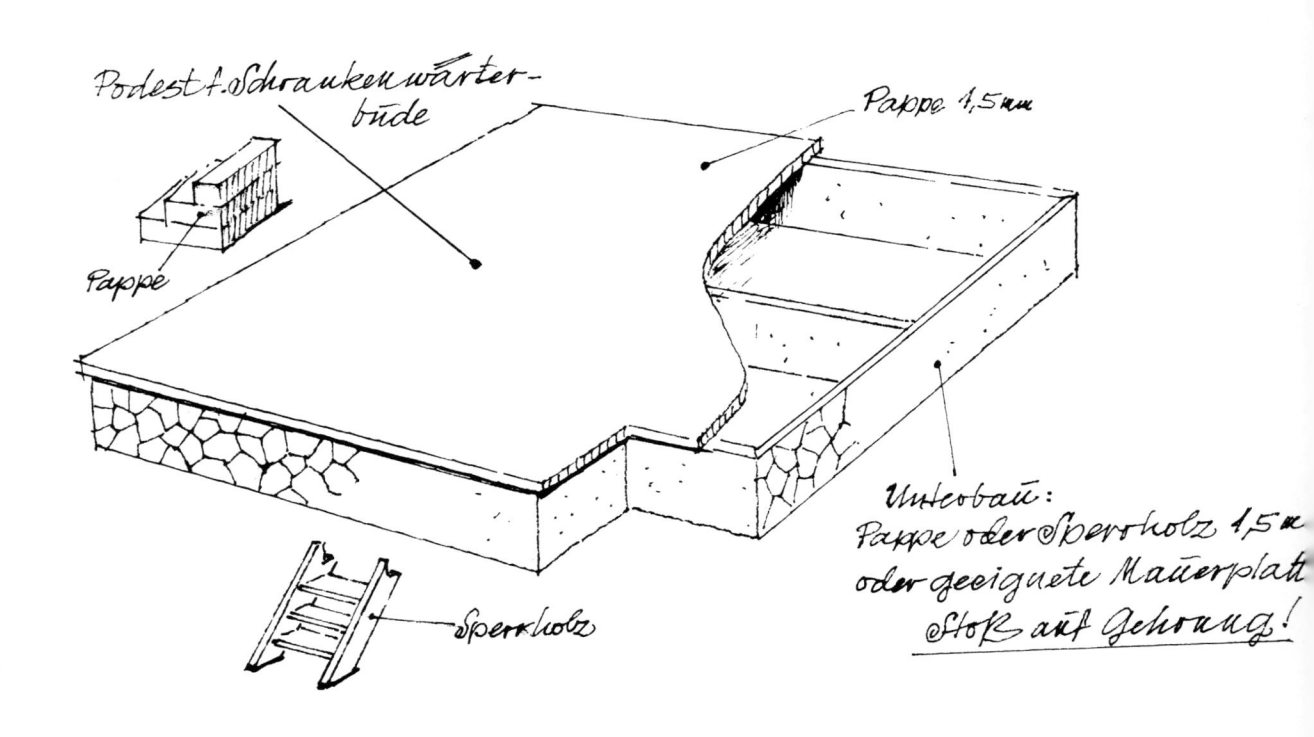

Podest f. Schrankenwärterbude

Pappe

Pappe 1,5mm

Sperrholz

Unterbau: Pappe oder Sperrholz 1,5mm oder geeignete Mauerplatte Stoß auf Gehrung!

Bahnwärterhaus mit Schrankenposten

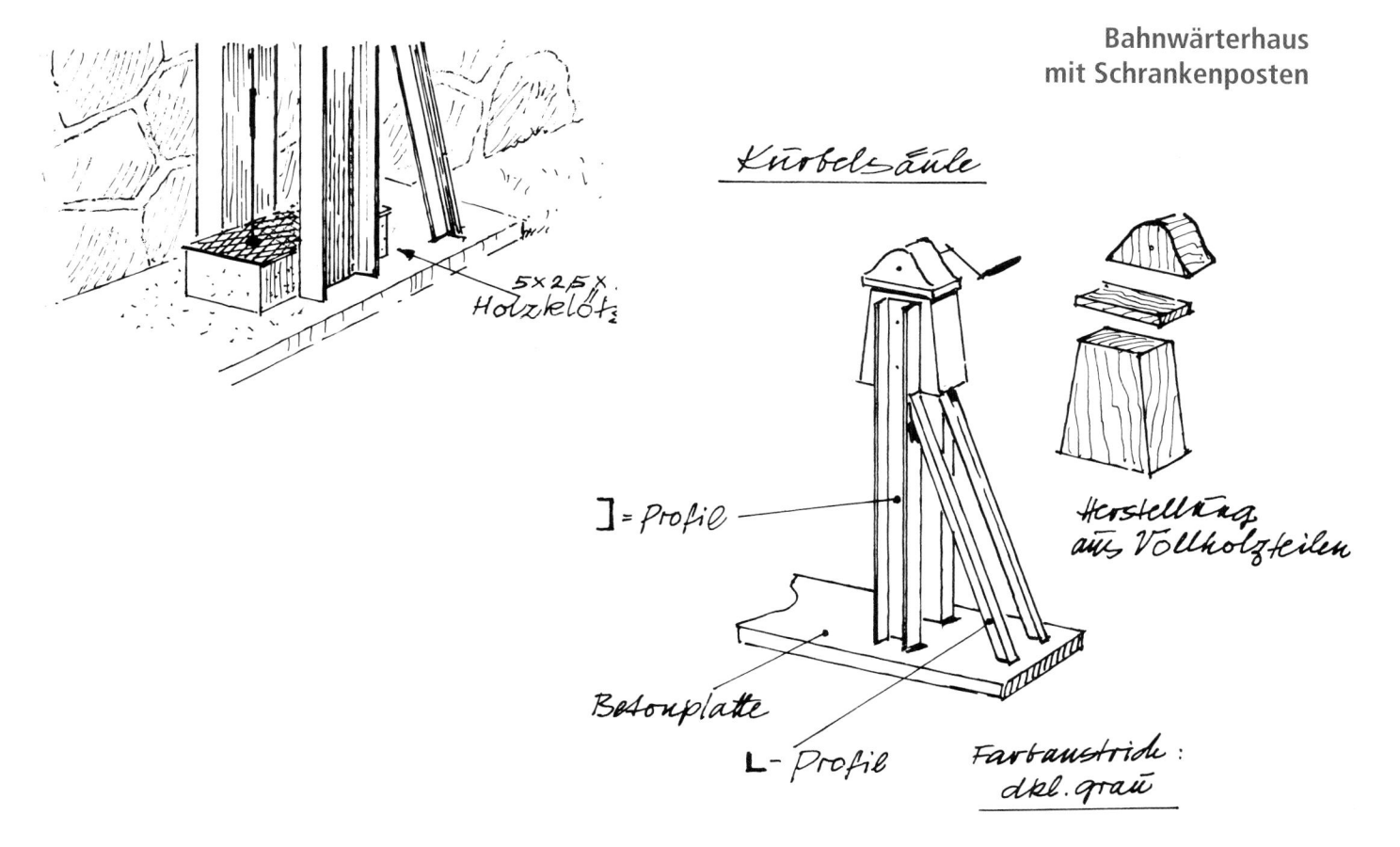

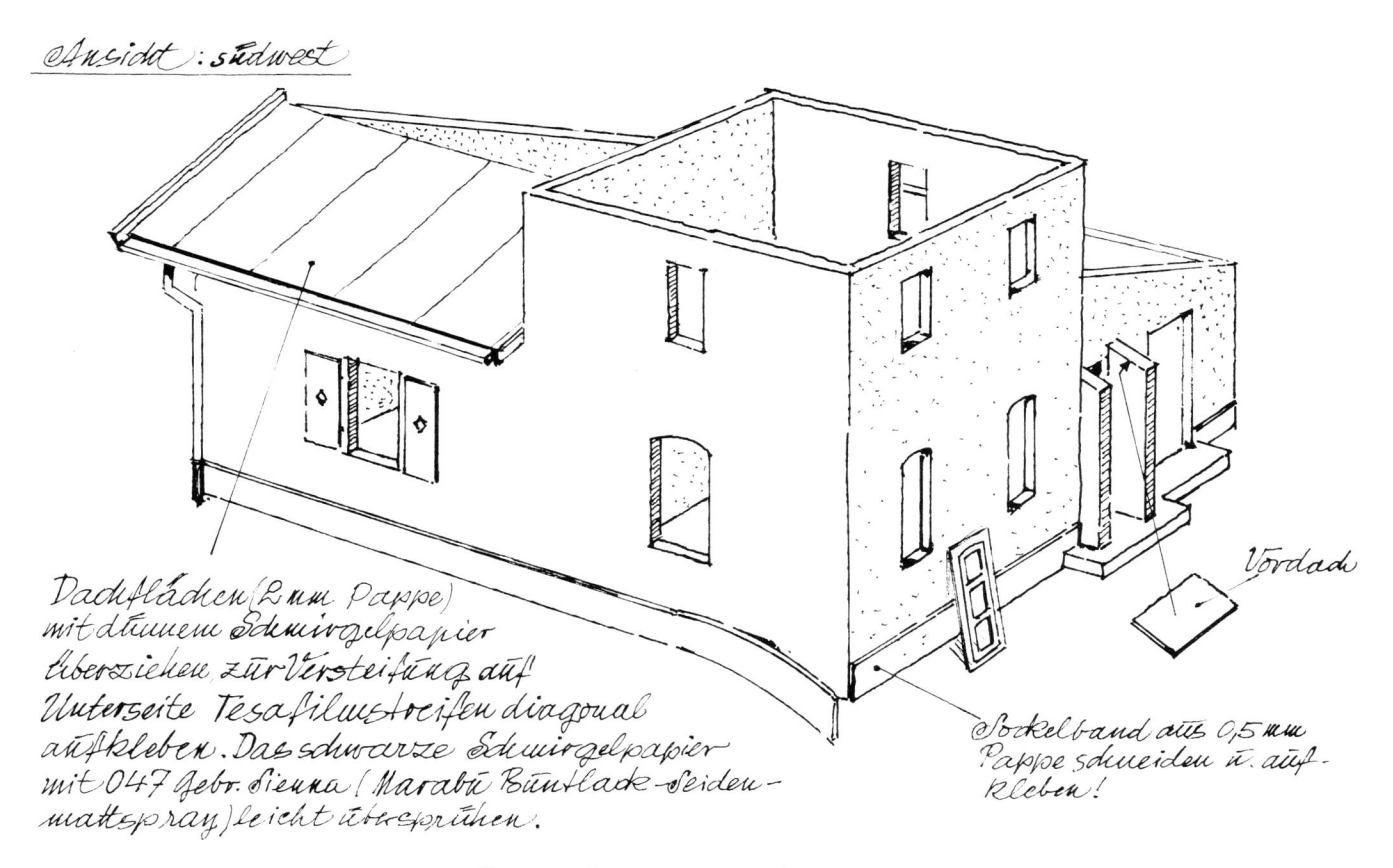

Kurbelsäule

5 × 2,5 × Holzklotz

] = Profil

Betonplatte

L - Profil

Herstellung aus Vollholzteilen

Farbanstrich: dkl. grau

Ansicht: südwest

Dachflächen (2 mm Pappe) mit dünnem Schmirgelpapier überziehen, zur Versteifung auf Unterseite Tesafilmstreifen diagonal aufkleben. Das schwarze Schmirgelpapier mit 047 gebr. Sienna (Marabu Buntlack-Seidenmattspray) leicht übersprühen.

Sockelband aus 0,5 mm Pappe schneiden u. aufkleben!

Vordach

Farbgebung: Wände weiß (Marabu 070) Bretterschalung u. Deckleisten dkl. braun. Sockel grau Türen braun, Fensterrahmen weiß. Fensterläden u. Dachrinnen grün.

Bauten am Schienenstrang

Pit-Peg-Sammelband

Ländlicher Schrankenposten

Natürlich gab es auch Schrankenposten ohne Bahnwärterhäuser, wie im umgekehrten Falle ebenso Bahnwärterhäuser ohne Schrankenposten anzutreffen waren. Das kleine Bauprojekt von Pit-Peg zeigt abermals einen Schrankenposten, wie er an eingleisigen Hauptstrecken oder wichtigen, weil stark frequentierten Nebenbahnen häufig vorkam.

Wie aus den unterschiedlichen szenischen Zeichnungen ersichtlich, konnte sich Pit-Peg den Standort des Gebäudes sowohl im Flachland als auch in einer gebirgigen Region in unmittelbarer Nähe eines Tunnelportals vorstellen.

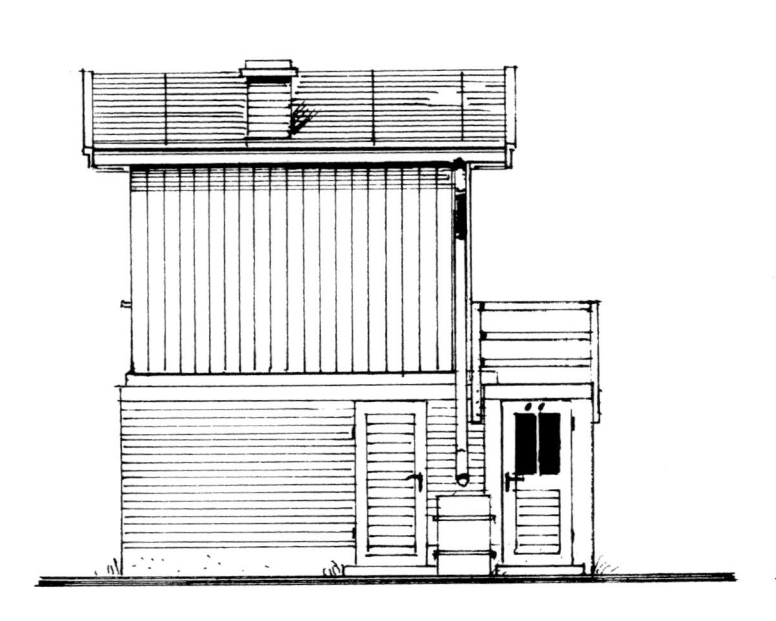

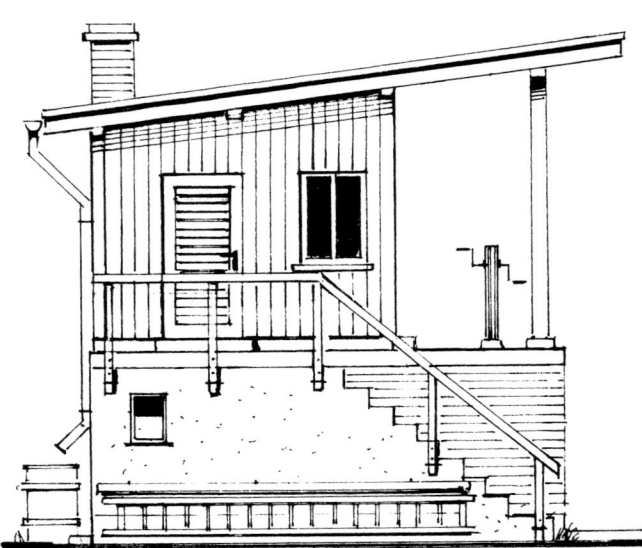

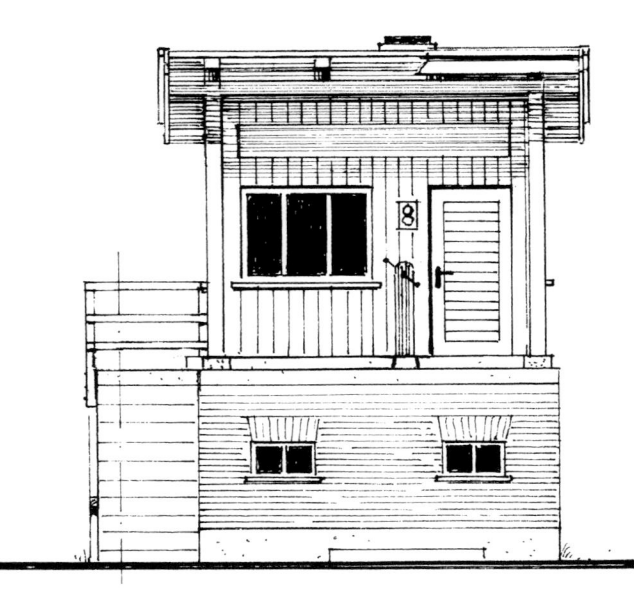

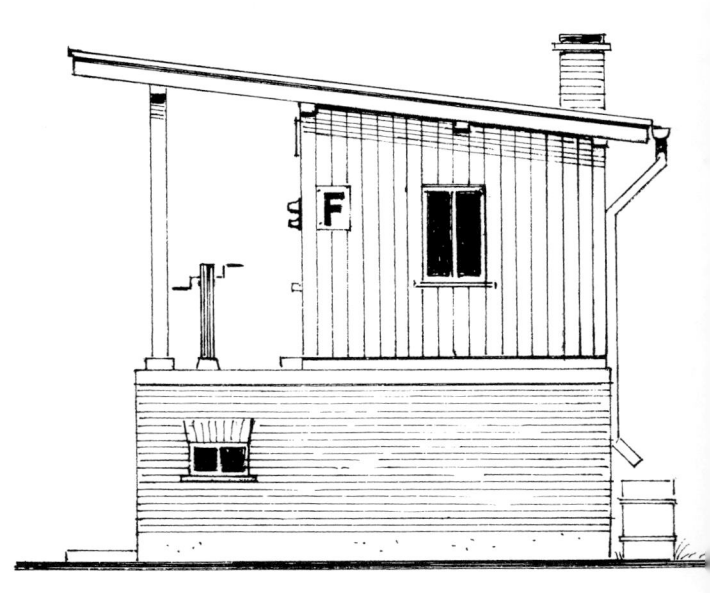

Der wahrscheinlich nicht unerheblichen betrieblichen Bedeutung des winzigen Dienstpostens gemäß errichtete man das kleine Gebäude auf einem hohen gemauerten Sockel. Zumindest bei der „Gebirgsvariante" wurde mit dieser Lösung den Sichtverhältnissen des Standorts in einem Einschnitt Rechnung getragen. Ob bei der „Flachlandvariante" die Umgebung mit feuchten Wiesen oder gar weidendes Rindvieh zum Bau des Sockels veranlasste, kann nur vermutet werden.

Sowohl in der Gebirgs- als auch in der Flachlandvariante war das Schrankenwärterhaus beheizbar und unterkellert. Die Kurbel zur Bedienung der Schrankenanlage befand sich außerhalb des Gebäudes unter der vorgezogenen Überdachung. Der Standort gewährte dem Wärter uneingeschränkte Sicht auf den Bahnübergang.

Wer die kleine Szenerie nachbauen möchte, sollte keinesfalls auf den Anschluss eines Streckentelefons und die „klassische" Telegrafenleitung verzichten. Die Masten kommen in den Skizzen zwar nicht vor, doch das „F" an der Außenwand des Häuschens erinnert an die Existenz eines Fernsprechers.

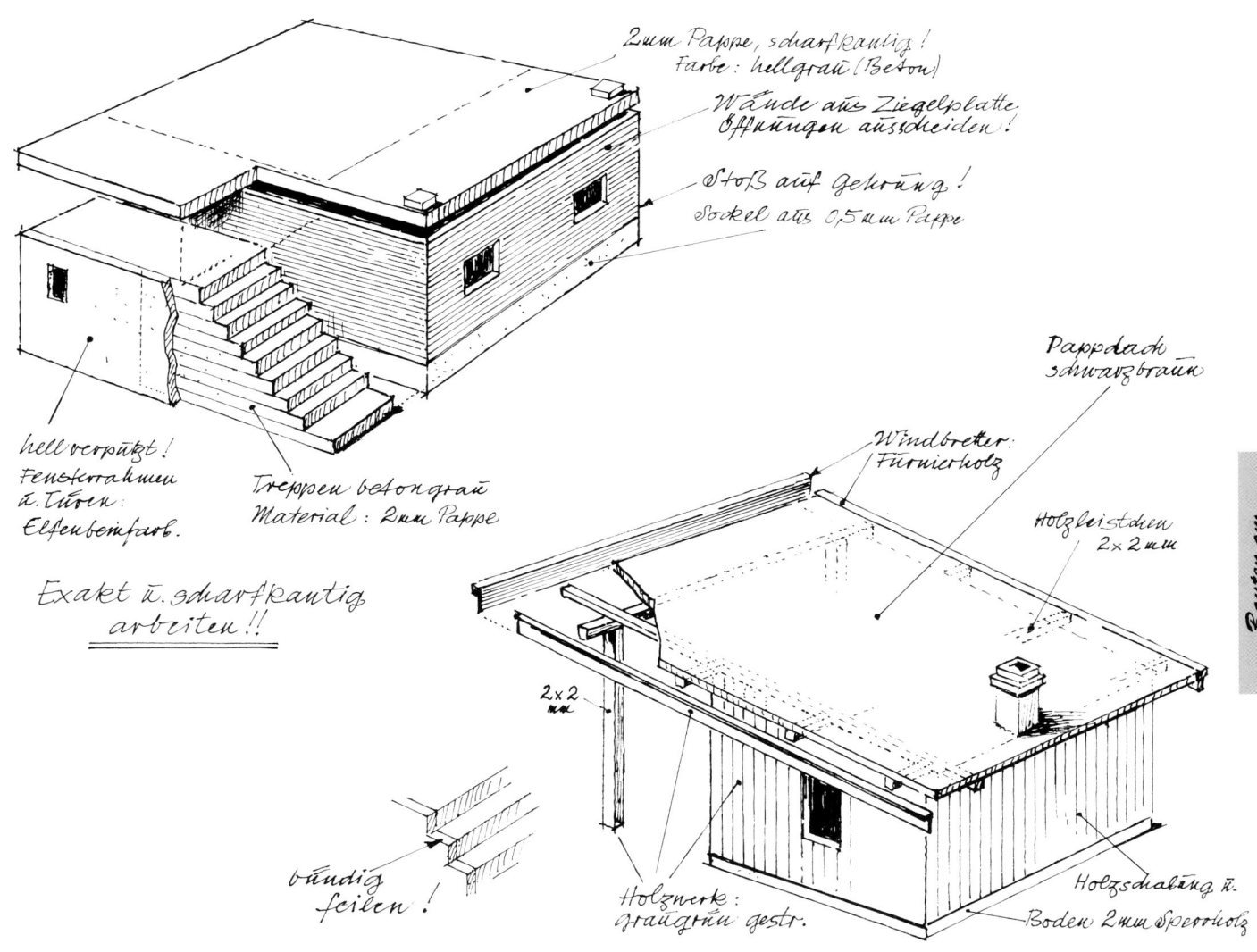

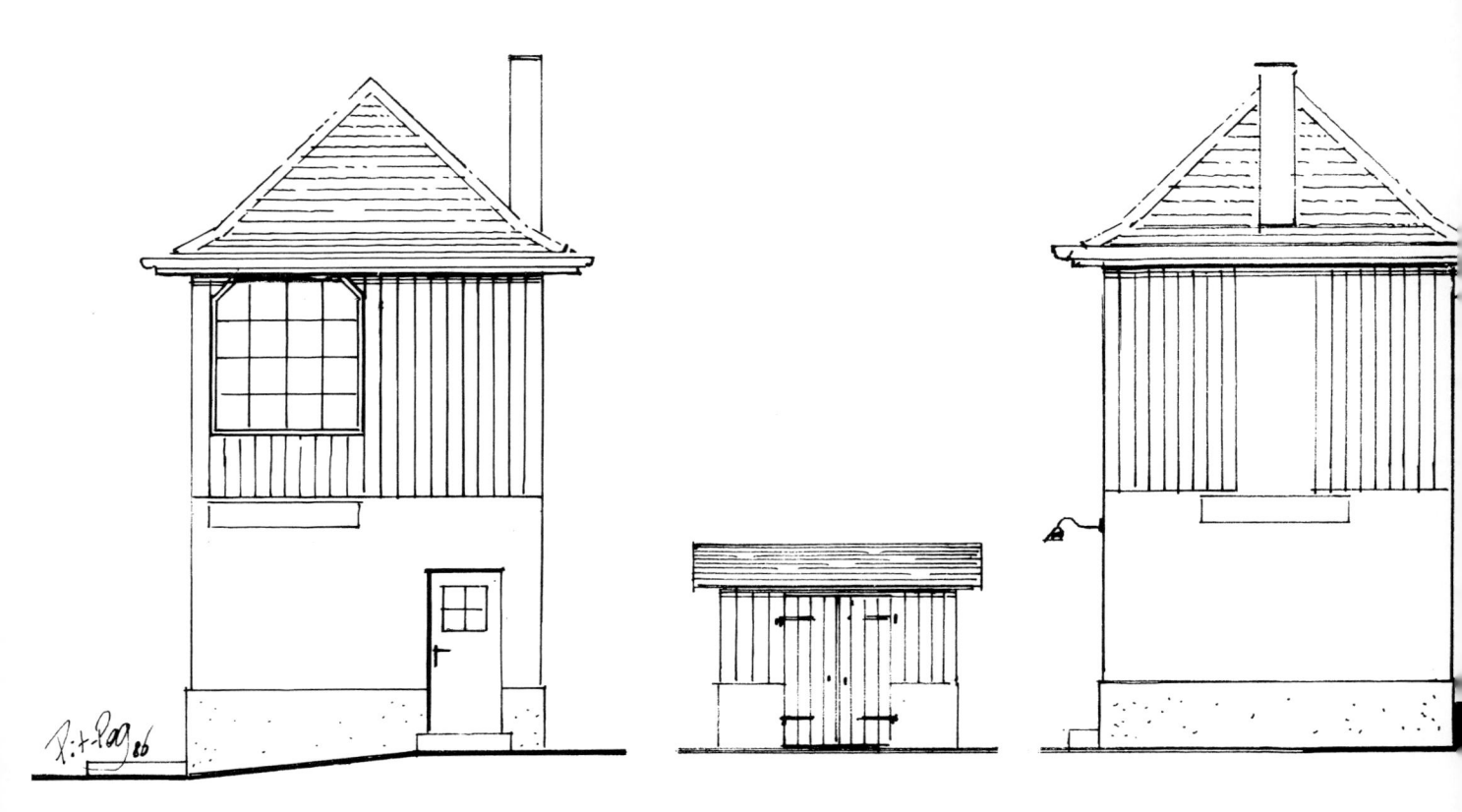

Blockstellwerk an freier Strecke

Routinierten Modellbauern dürfte die „Anfertigung" dieses eher schlicht gehaltenen Blockstellwerks (erkennbar an der geringen Größe des Dienstraums im ersten Stock) keine besonderen Schwierigkeiten bereiten. Im Hinblick auf den Standort gilt das zum Schrankenposten mit Bahnwärterhaus Gesagte. Ersetzt man die verputzten Wandflächen oder die Holzverkleidung durch Schiefer, wäre auch ein Mittelgebirge als „Heimat" des Gebäudes denkbar.

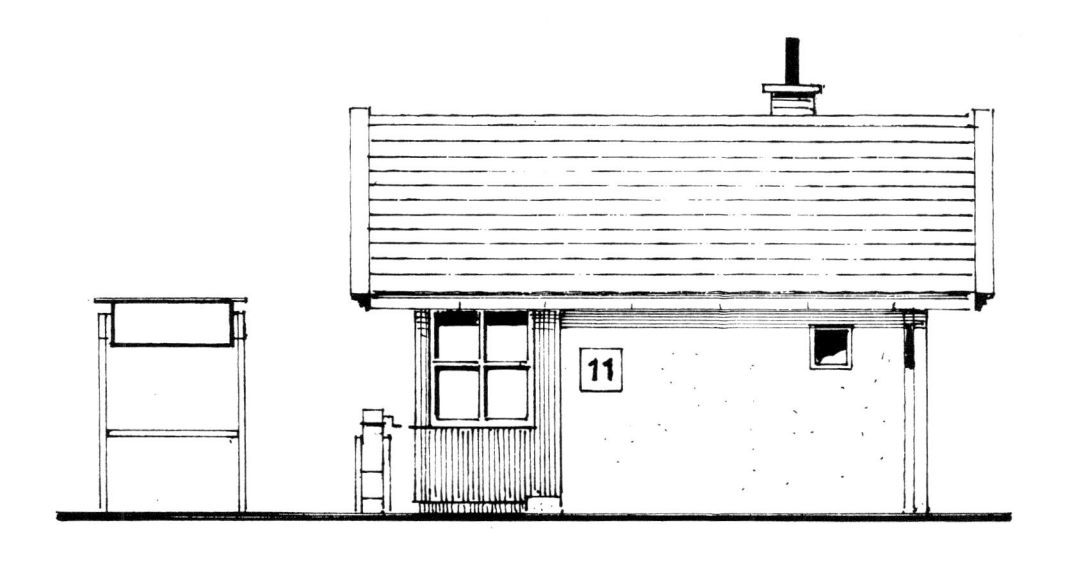

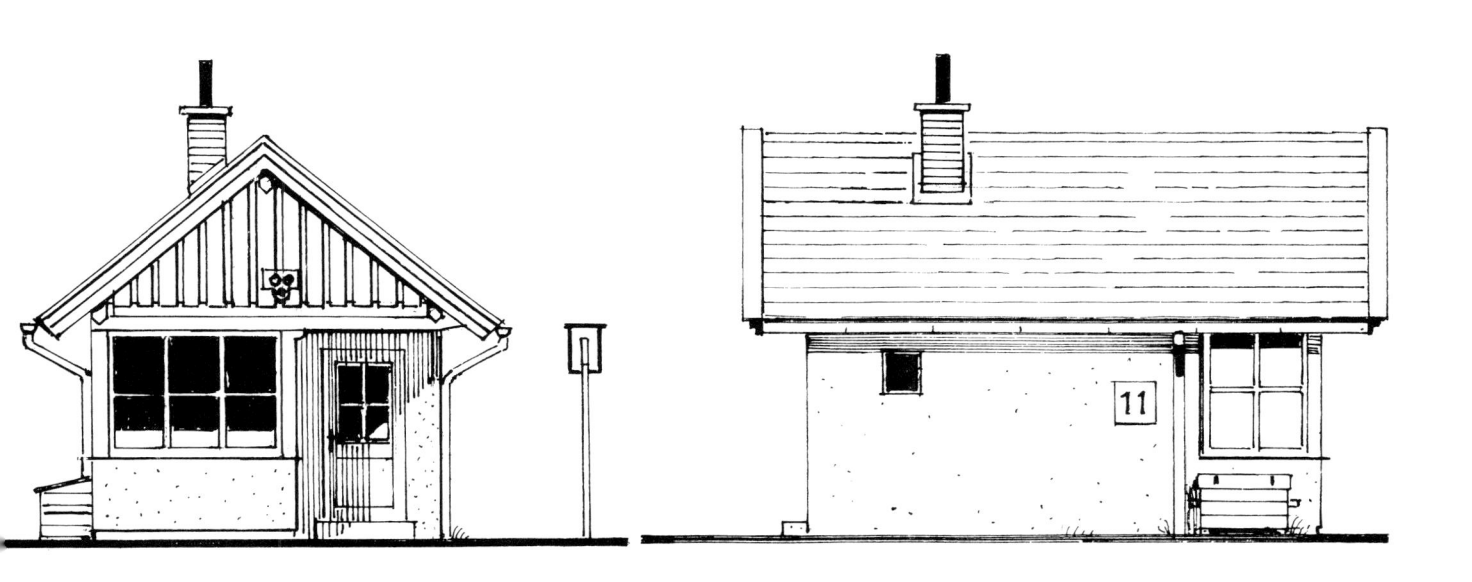

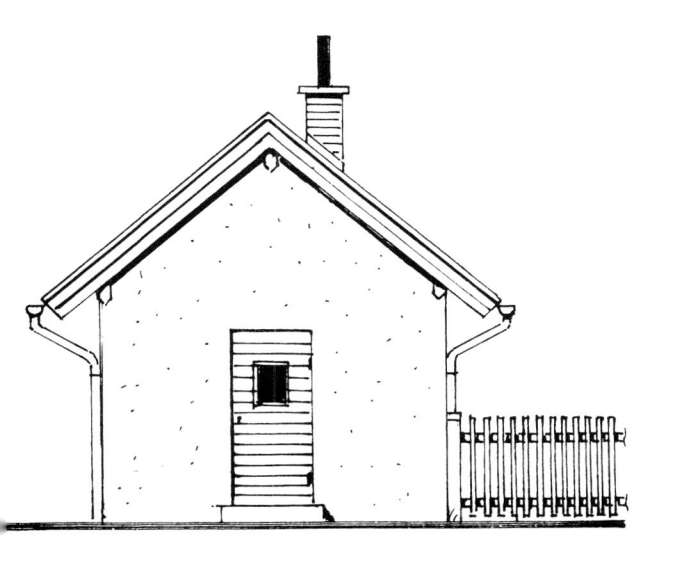

Alpines Schrankenwärterhäuschen

Im Gegensatz zu den nach geringen stilistischen Abwandlungen fast landschaftsneutral nutzbaren Gebäuden auf den vorangegangenen Seiten vermerkte Pit-Peg zu diesem malerischen Schrankenposten ausdrücklich, dass er im alpinen Baustil gehalten sei. Während der romantisch gedachte Name „Wildbach" einer möglichen Ansiedlung in den bayerischen Alpen tatsächlich nahe kommt, hinterlässt das beleuchtete „Stationsschild" dagegen einen ungewöhnlichen Eindruck. Möglicherweise sah Pit-Peg den Schrankenposten in unmittelbarer Nachbarschaft eines Haltepunkts.

Im Unterschied zu den bereits vorgestellten Schrankenposten befindet sich die Kurbel zur Bedienung der Schranken diesmal in einem verglasten Vorbau – eine Lösung, die sich mit Notwendigkeit aus den schwierigen klimatischen Bedingungen der alpinen Höhenlage ergab.

Alpines Schrankenwärterhäuschen

Dacheindeckung mit Flachdachpfannen!

Dachpfannen

Variante

Einbau des Kellergeschosses

Strandkiste

Zusammenkleben!

ø 0,8 mm Draht

Ansicht mit PVC-Klebebandstreifen (hellgrau) bekleben, Seitenflächen und Dach hellgrau bemalen.

Farbgebung: Wände hellocker, Holzwerk dkl.braun, ebenso Türen, Fensterrahmen weiß, Dachrinne u. Abfallrohr sowie Strengsandkiste blaugrau, Vorlegstufen, Kellertreppe betongrau. Leichttransparent, sämtl. Eisenteile hellgrau bemalen!

SO

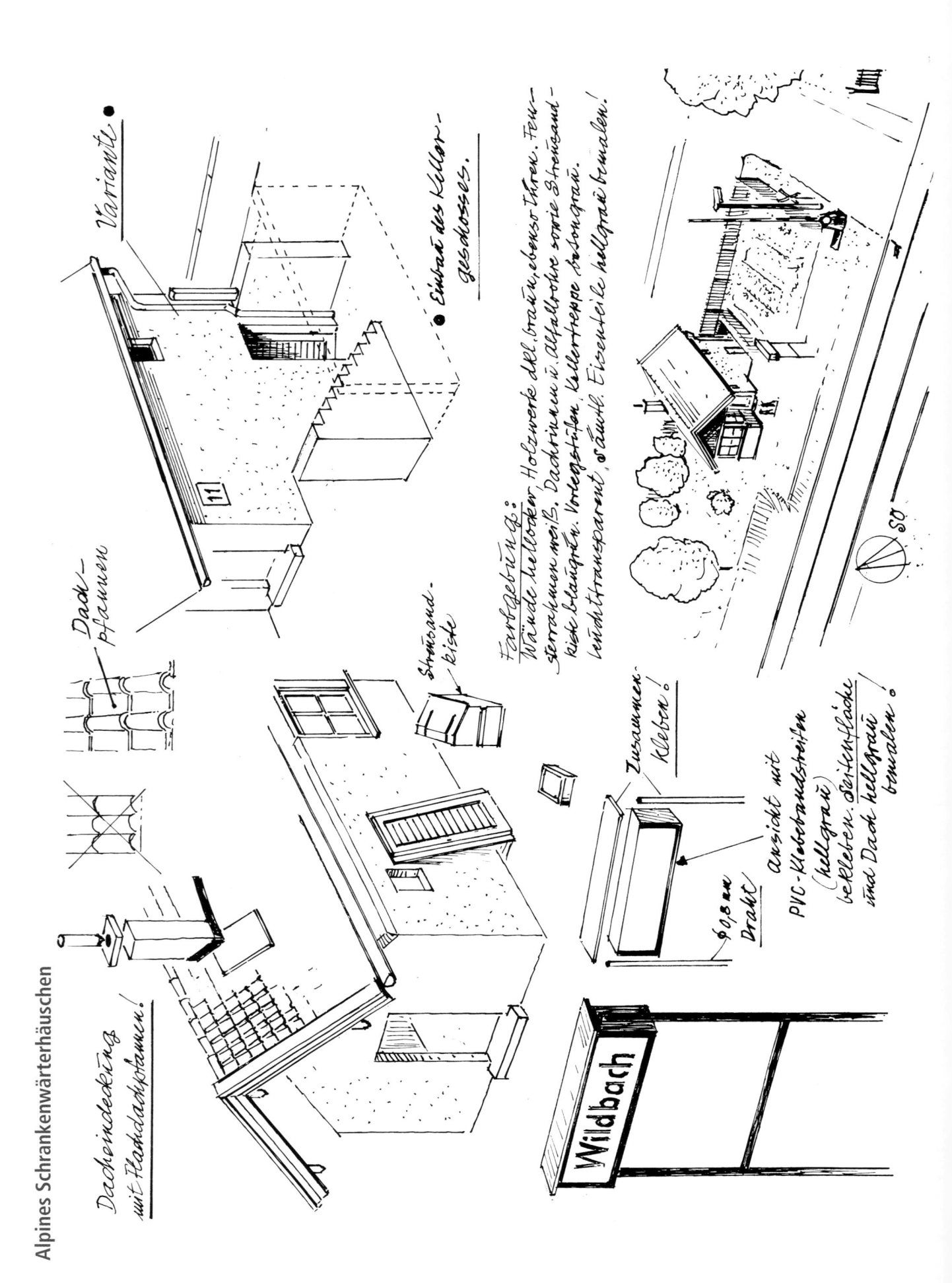

Wildbach

Alpines Schrankenwärterhäuschen

Zusammenbau des Modells:

Umfassungswände aus 2mm Sperrholz oder Pappe. Öffnungen aussägen, Stoßkanten auf Gehrung. Fensterrahmen aus PVC-Band (weiß). Band auf Unterlage (Glas) kleben und entsprech. breite Streifen abschneiden. Bitte beachten: Rahmen und Sprossen sind unterschiedl. breit.

Verputzimitation mit Schleifpapier Nr. 80

ca. 1,8 mm x 0,5 Abstand 0,8

so aufkleben dann abschneiden.

einkerben!

Sperrholz 2mm

Pfetten unters Dach kleben!

Schnitt

Deckbrett

Das profil. Windbrett

Vorstehende Sohlbank

Furnierholz 0,5 mm (Hartholz)

Schleifpapier Nr. 80

Kunststoff-Glasscheibe beidseitig Gehrung abschleifen, Fensterrahmen u. Sprossen ankleben. L + rechts je ein Furnierholzstreifen (Imitation d. Stützpfostens) ankleben. Gehrungswinkel bündig feilen — zusammen gestoßen, ergibt das dem Eckpfosten. Die Fläche unterh. d. Fensters ist verputzt.

Pit-Peg-Sammelband

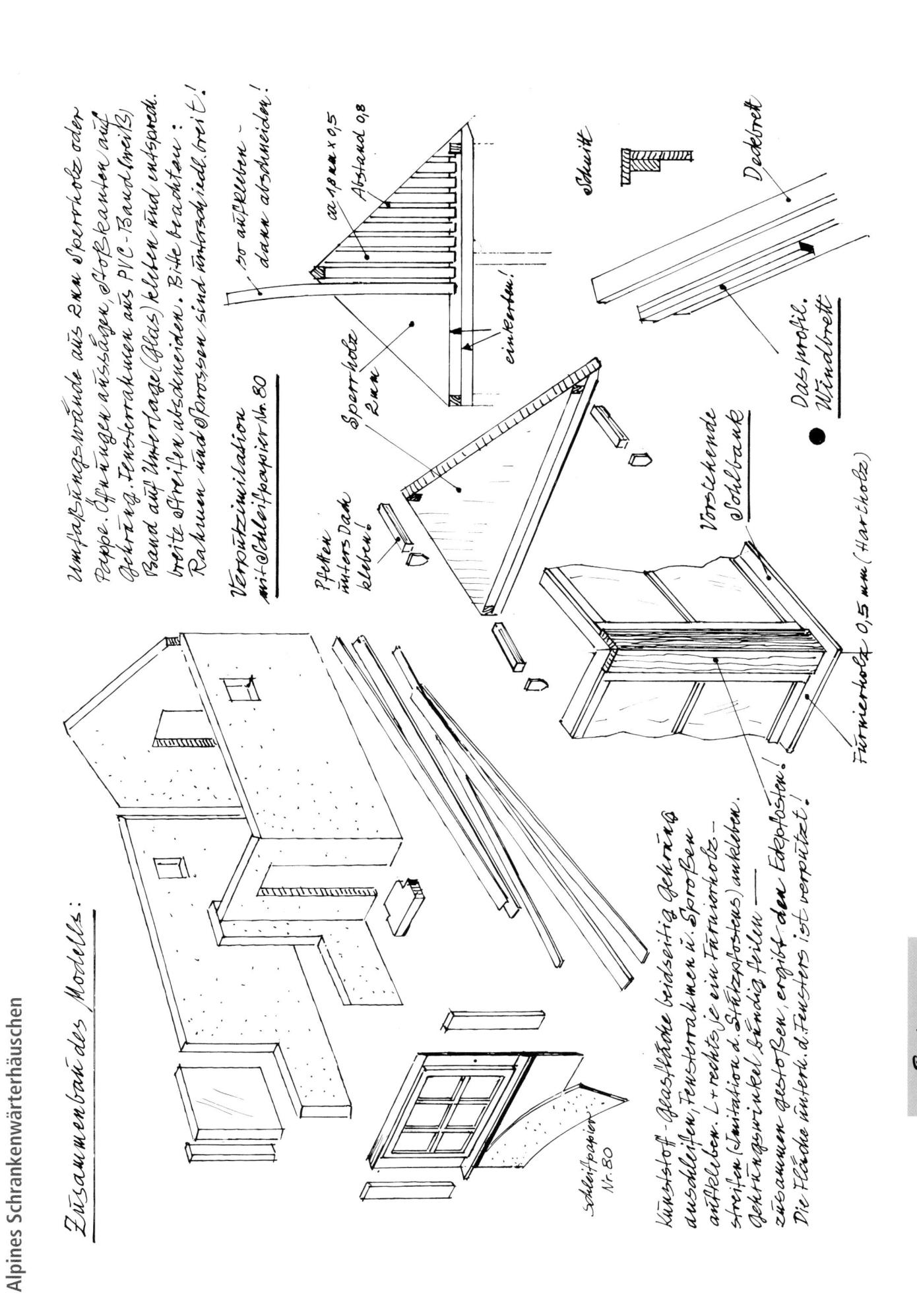

Bauten am Schienenstrang

Heimat der Lokomotiven: Lokschuppen und ihr Umfeld

Die Größe eines Lokschuppens, die Anzahl der in ihm verlegten Gleise und die Möglichkeiten zur Unterstellung von nur einer, zweier oder mehrerer Lokomotiven sind Kriterien, ob der Eisenbahner von einer Lokstation, einem Lokbahnhof oder einem ausgewachsenen Bahnbetriebswerk spricht. Lokstationen und Lokbahnhöfe gehören heute – von einigen Privatbahnen abgesehen – fast vollständig der Vergangenheit an. Noch Mitte des vorigen Jahrhunderts besaß dagegen fast jede kürzere Neben-, Lokal- oder Kleinbahn an ihrem Endpunkt, längere Nebenstrecken auch auf Unterwegsbahnhöfen, ein- oder zweiständige Lokschuppen.

Die Titelzeichnung dieses Kapitels zeigt die ungewöhnliche Anordnung eines Ringlokschuppens, der zugleich als gemauerter Bahndamm fungiert. Oder sollte man es umgekehrt formulieren und von einem Bahndamm sprechen, der gleichzeitig als Lokschuppen verwendet wird? Auf jeden Fall hilft diese originelle Lösung jede Menge Platz zu sparen.

Da Pit-Peg der Eisenbahn, insbesondere der seiner fränkischen Umgebung, stets auch eine romantische Seite abzugewinnen wusste, wählte er für seine Zeichnungen ebenso gern Vorbilder, die an die große Zeit selbst „kleiner" Eisenbahnen, darunter Neben- und Lokalbahnen, erinnerten.

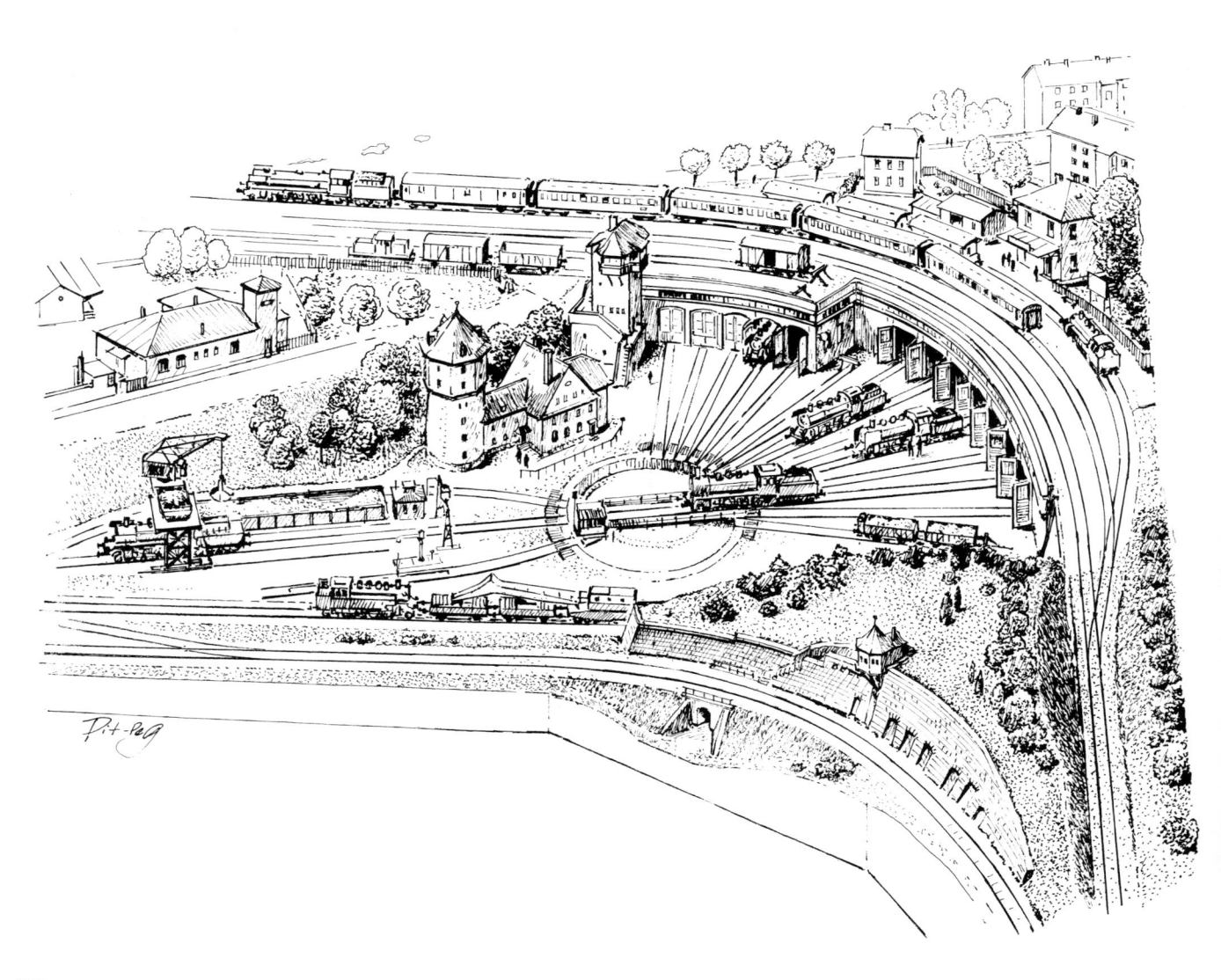

Lokschuppen einer Nebenbahn

Fränkische Neben- bzw. Lokalbahnatmosphäre erzeugt dieser zweiständige Lokschuppen. Die Zeichnung vereint Vorbilder aus unterschiedlichen Orten. Mit dem verbretterten Schuppengebäude folgte Pit-Peg einem Vorbild aus Thurnau bei Kulmbach, während die Idee mit dem rechts angesetzten Wasserturm aus Wunsiedel im Fichtelgebirge stammt. Das an der Schuppenrückwand angebaute Wohnhaus (meist für den Lokführer mit Familie) war in Bayern weit verbreitet und außer in Thurnau u. a. auch in Hollfeld und Miltenberg anzutreffen.

Pit-Peg passte die unterschiedlichen Gebäudeteile (vor allem die Dächer) stilistisch einander an, und zwar so gekonnt, dass sein Lokschuppen eine bemerkenswerte „architektonische" Geschlossenheit zeigt.

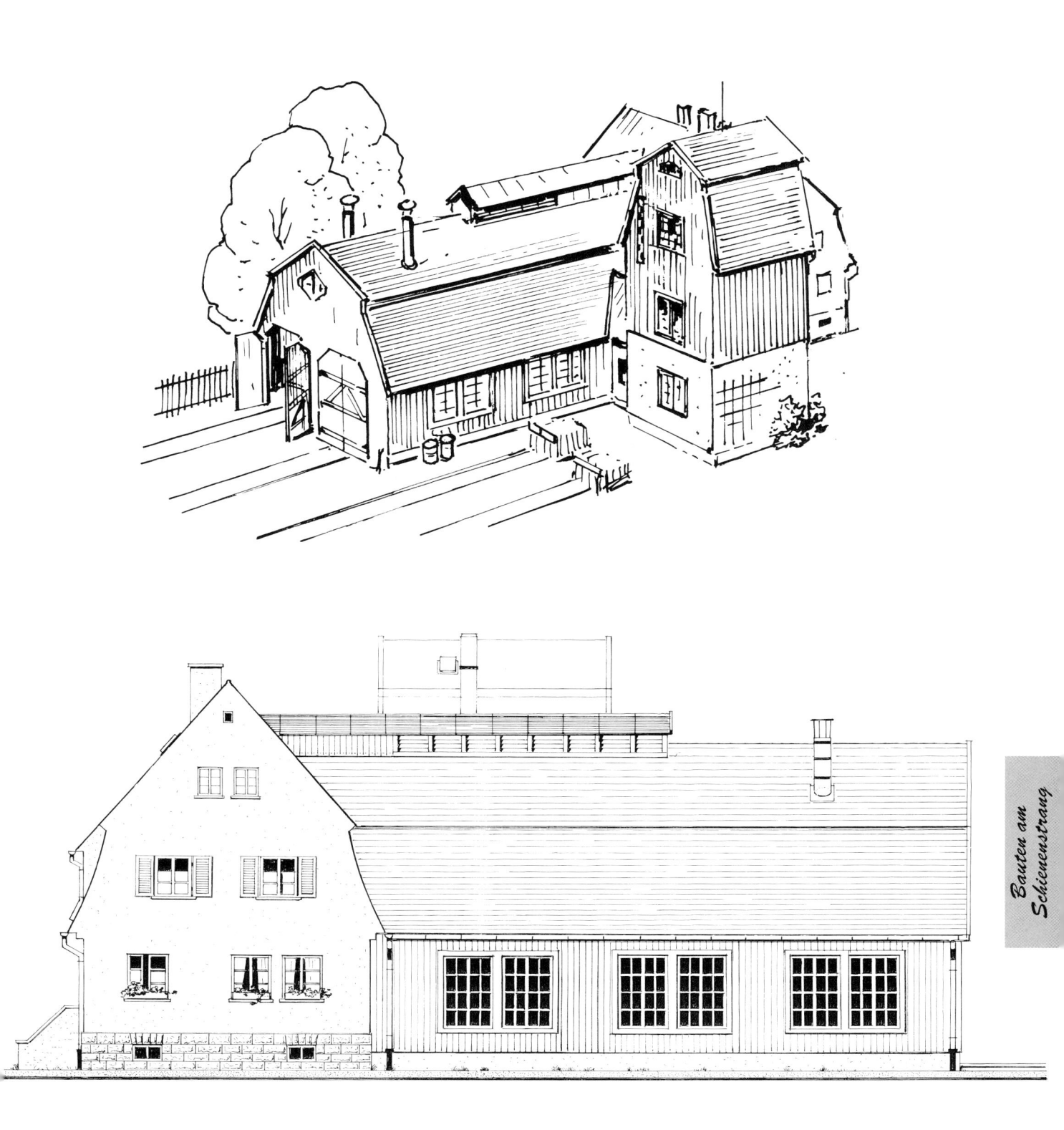

Lokschuppen einer Nebenbahn

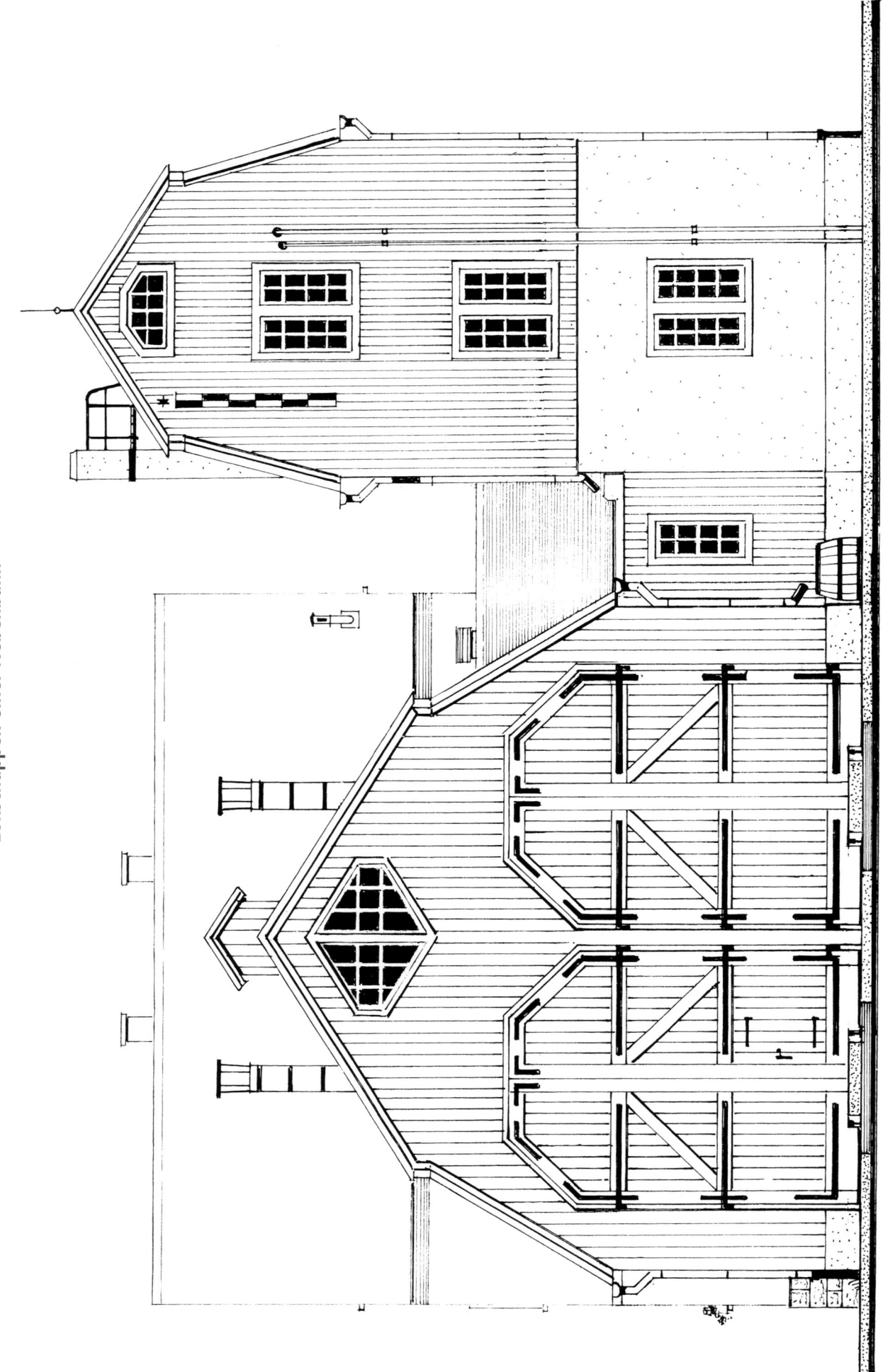

Maßstab 1:1 für Baugröße H0

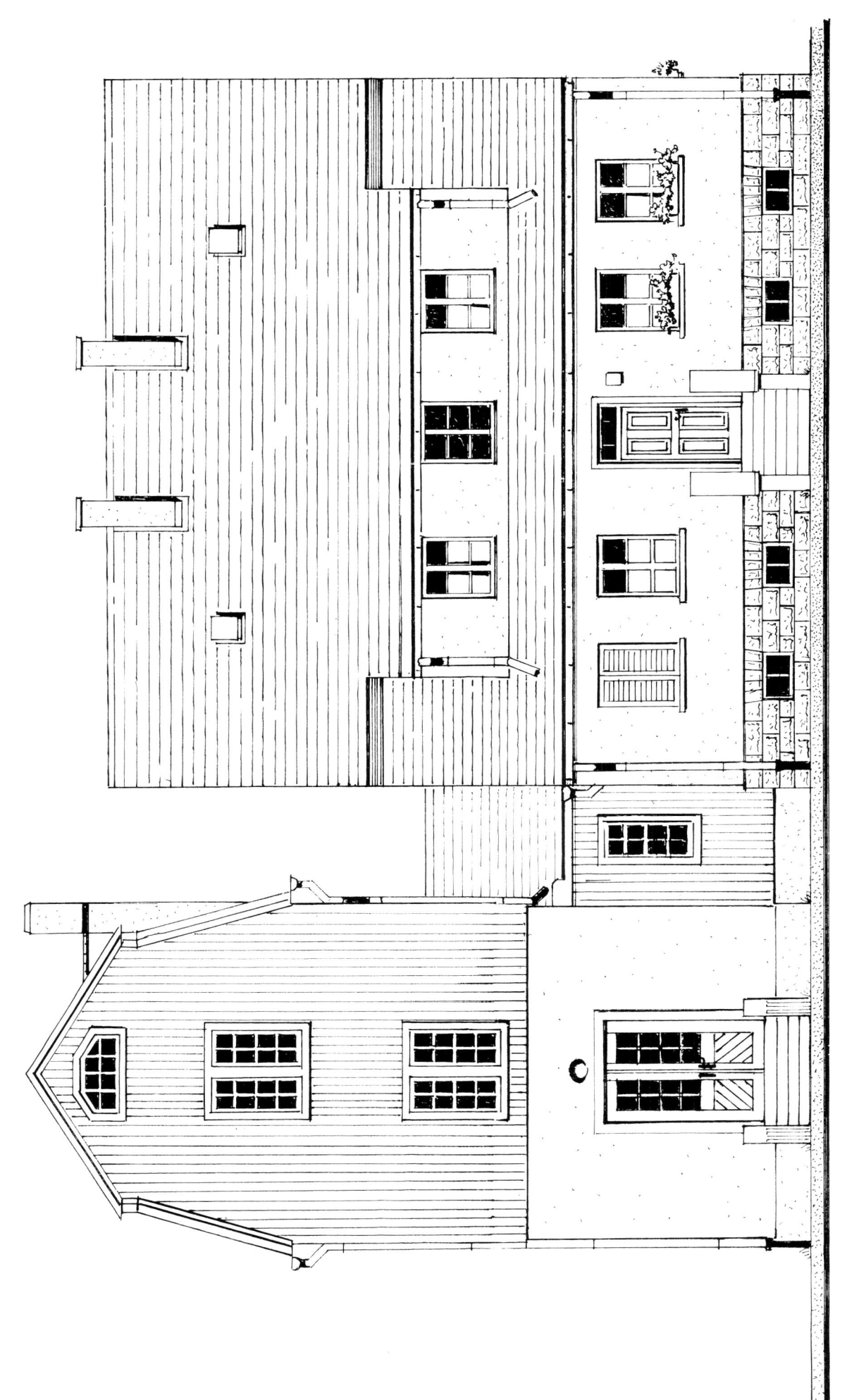

Maßstab 1:1 für Baugröße H0

Lokschuppen einer Nebenbahn

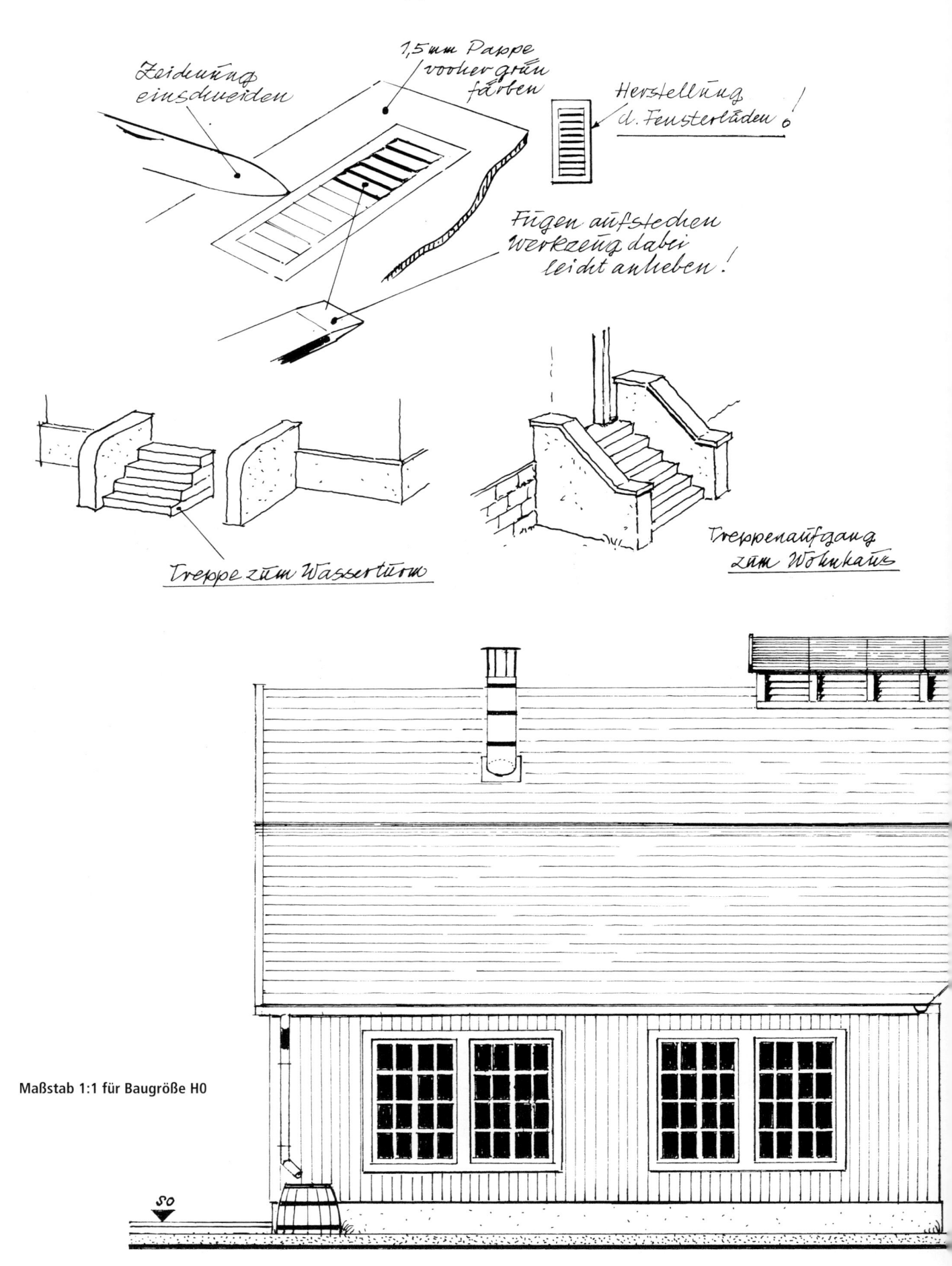

Zeichnung einschneiden

1,5 mm Pappe vorher grün färben

Herstellung d. Fensterläden

Fugen aufstechen Werkzeug dabei leicht anheben!

Treppe zum Wasserturm

Treppenaufgang zum Wohnhaus

Maßstab 1:1 für Baugröße H0

SO

Torangeln aus ⌀ 0,5mm, einkleben!

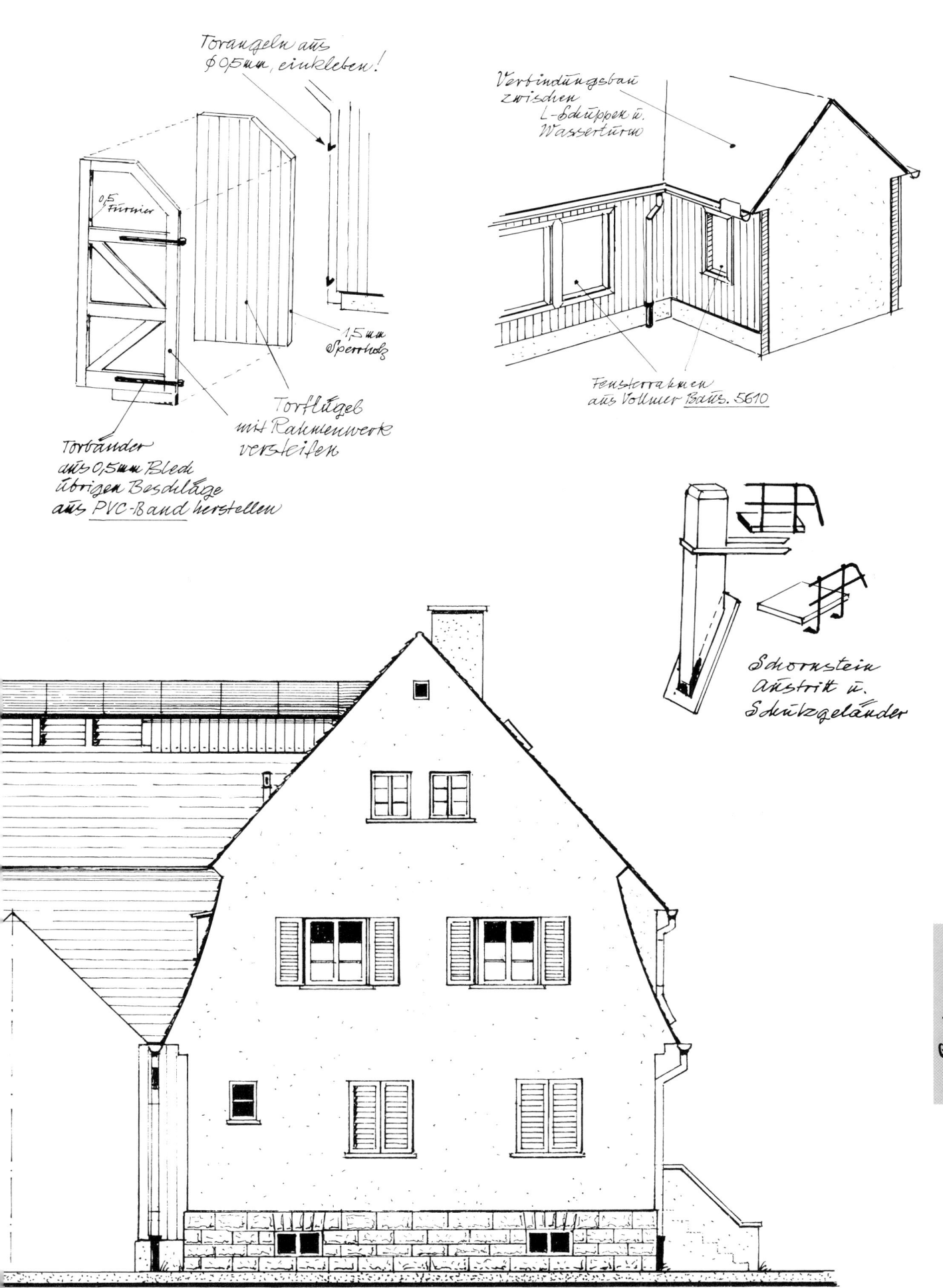

0,5 Furnier

1,5mm Sperrholz

Torflügel mit Rahmenwerk versteifen

Torbänder aus 0,5mm Blech übrigen Beschläge aus PVC-Band herstellen

Verbindungsbau zwischen L-Schuppen u. Wasserturm

Fensterrahmen aus Vollmer Baus. 5610

Schornstein Austritt u. Schutzgeländer

Bauten am Schienenstrang

Pit-Peg-Sammelband

Lokschuppen einer Nebenbahn

Seitenansicht mit Wasserturm

Dieses Fragment zeigt jene Längsseite des Lokschuppengebäudes, die durch den Anbau eines Wasserturms ergänzt wurde. Die Zeichnung verdeutlicht die Dreiteilung des Turms in einen gemauerten und verputzten Sockel sowie einen senkrecht verbretterten Turmschaft und den Dachaufsatz.

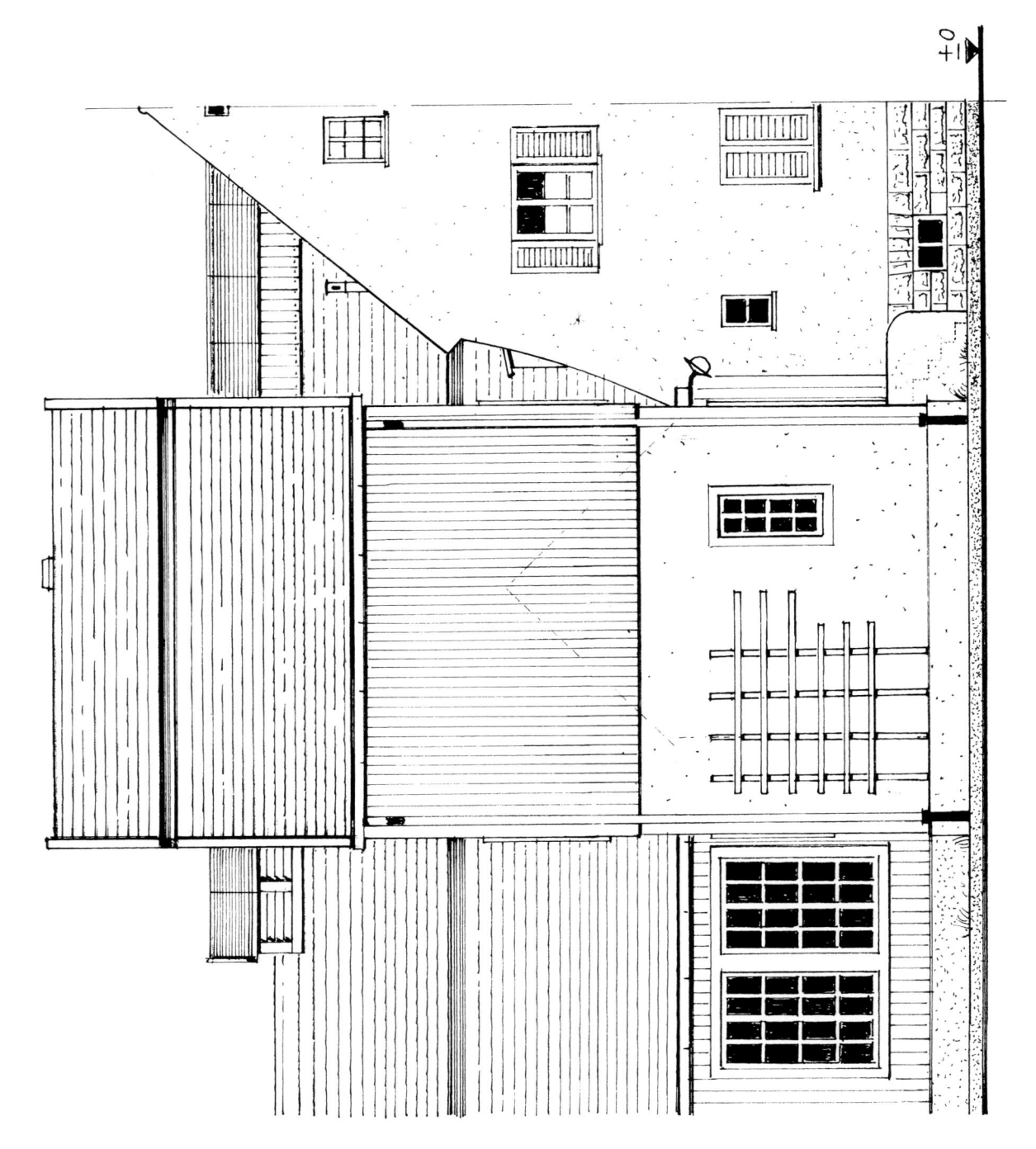

Maßstab 1:1 für Baugröße H0

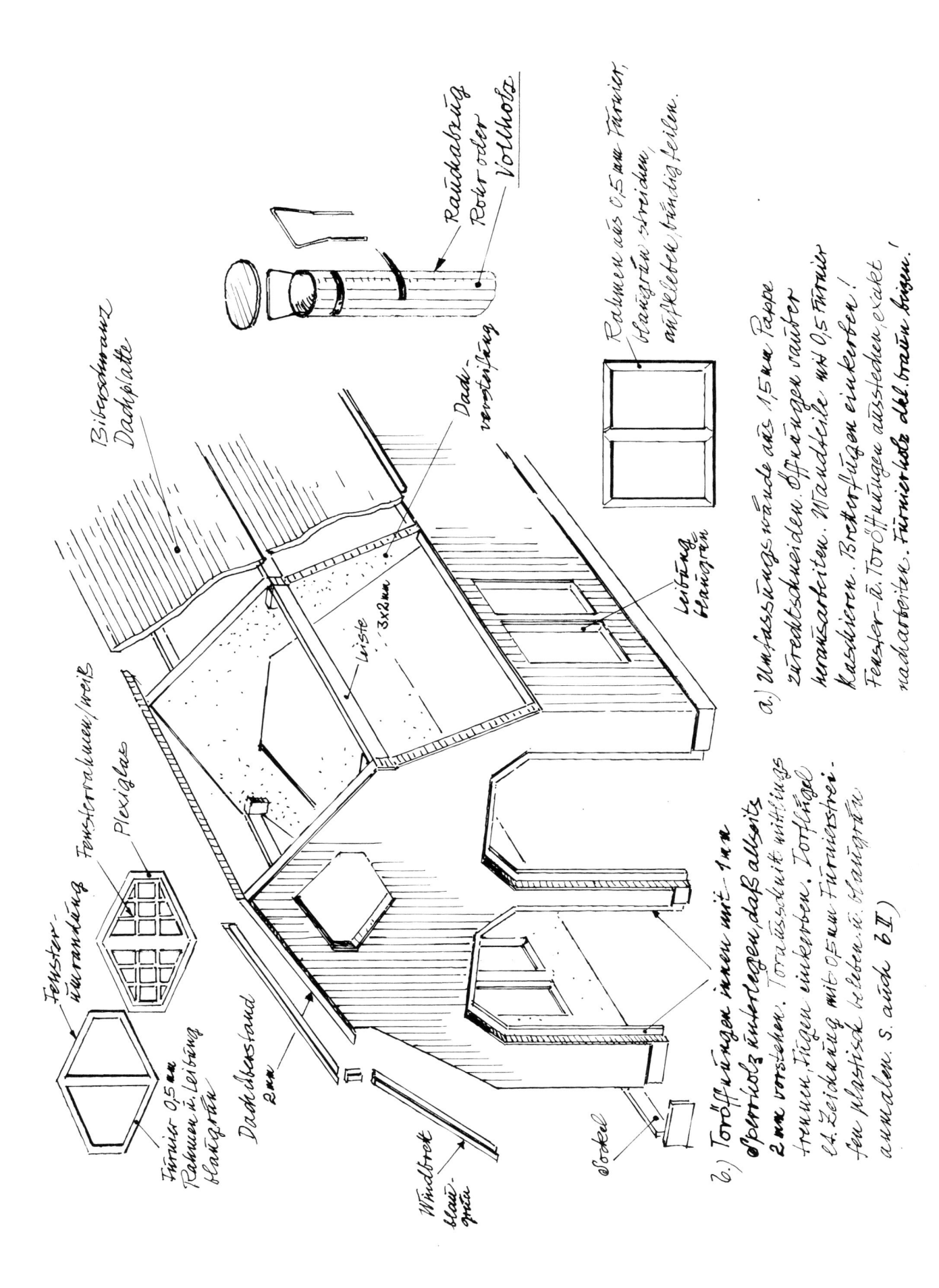

a.) Umfassungswände aus 1,5 mm Pappe zurechtschneiden. Öffnungen sauber herausarbeiten. Wandteile mit 0,5 mm Furnier kaschieren. Bretterfugen einkerben! Fenster- u. Toröffnungen aussticken, exakt nacharbeiten. Furnierholz dkl. braun lasieren.

b.) Toröffnungen innen mit ~1 mm Sperrholz unterlegen, daß allseits 2 mm vorstehen. Torausschnitt mittings trennen, Türen einkerben. Torflügel lt. Zeichnung mit 0,5 mm Furnier bestreichen (beiden ü. Hänigrün (Dänigrün) anmalen. S. auch bII.)

Rauchabzug Roter oder **Vollholz**

Rahmen aus 0,5 mm Furnier, hänigrün streichen, angeklebte Kreuzteile.

Biberschwanz Dachplatte

Dachverstärkung

Leibung hänigrün

Fensterumrandung Fensterrahmen/weiß

Plexiglas

Furnier 0,5 mm, Rahmen u. Leibung hänigrün

Dachüberstand 2 mm

Windbrett staugrün

Sockel

Leiste 3×2 mm

Bauten am Schienenstrang

Lokschuppen einer Nebenbahn

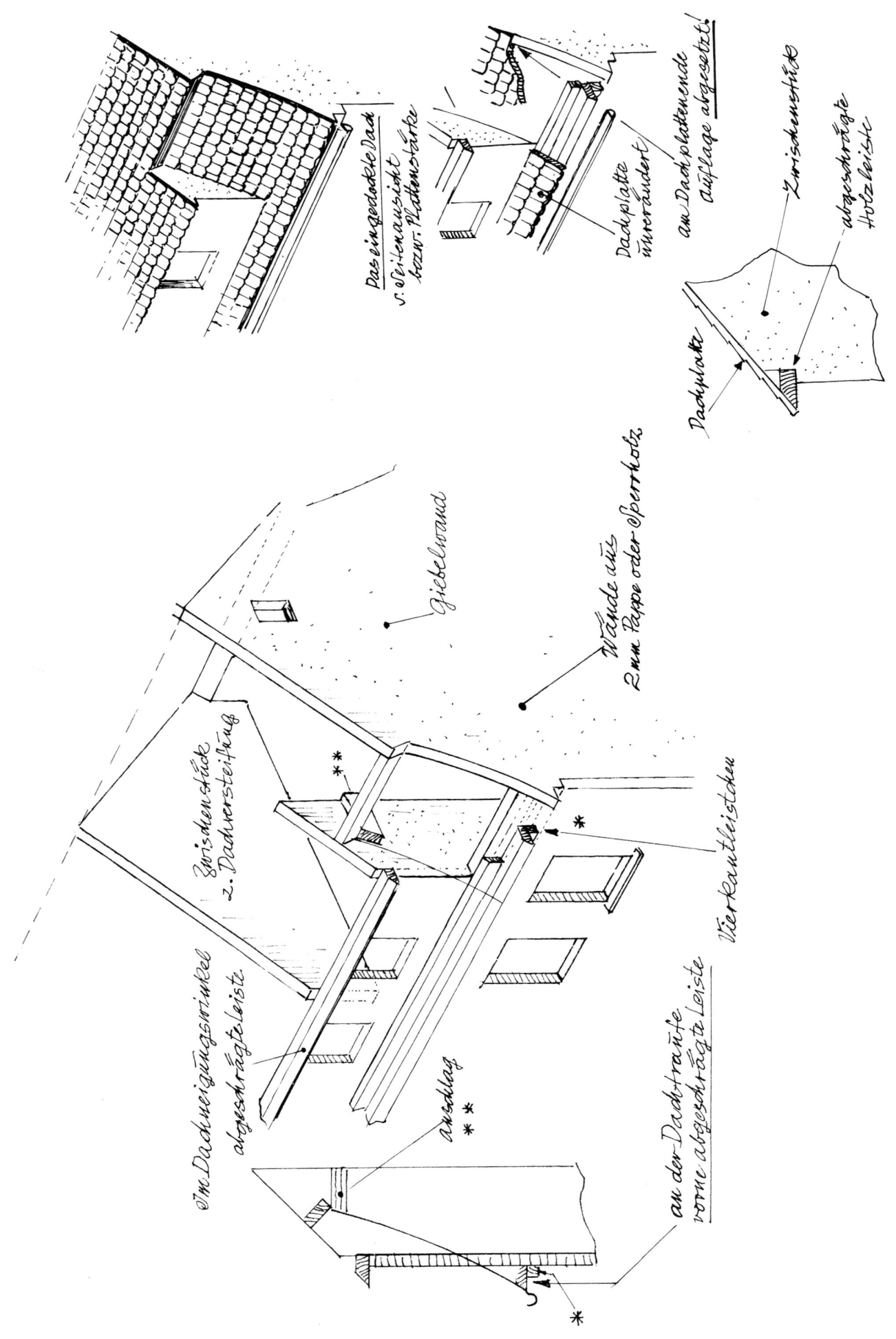

Teilstück „B"

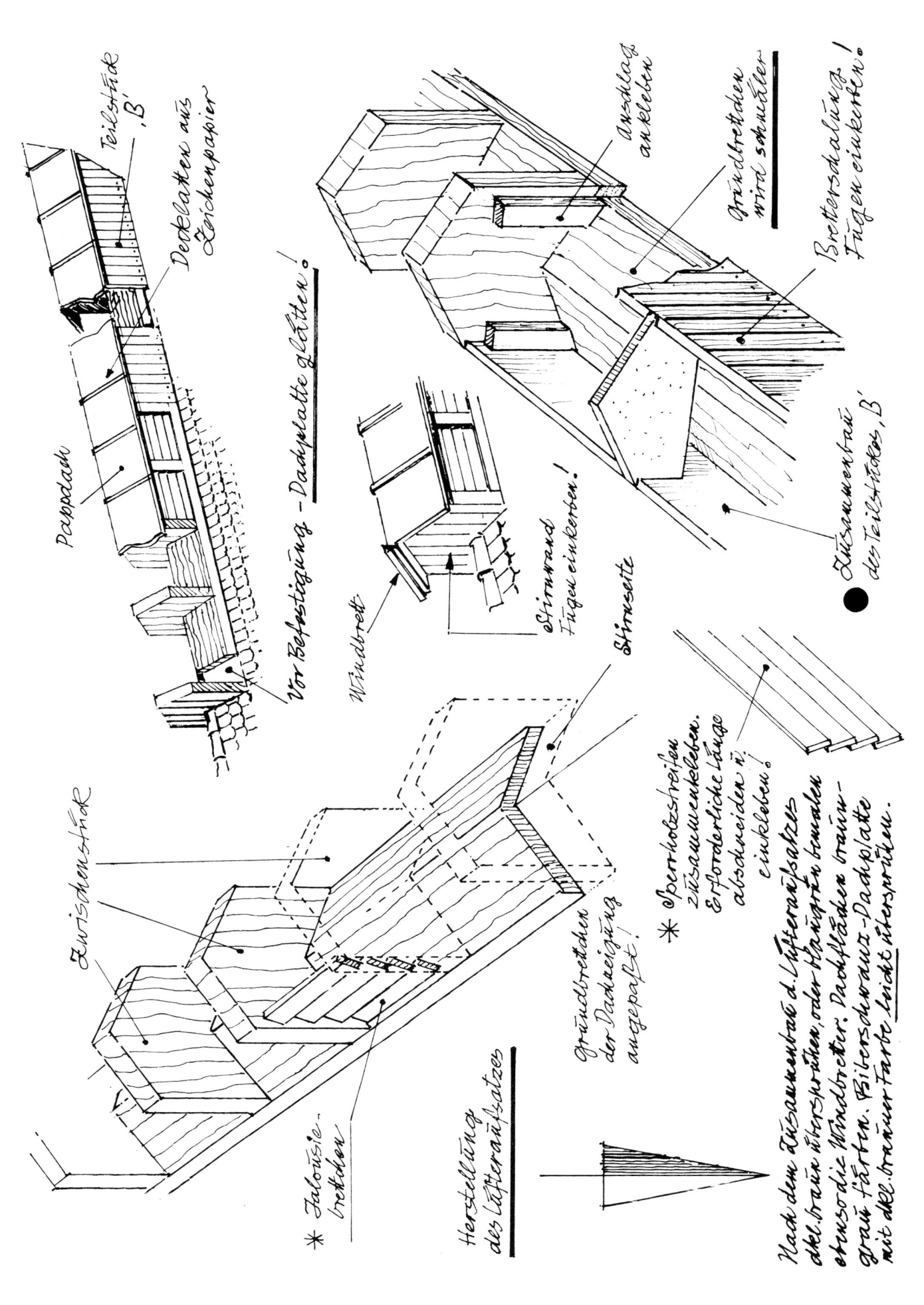

Deckplatten aus Zeichenpapier

Pappdach

Vor Befestigung – Dachplatte glätten!

Windbrett

Stirnwand Fugen einkerben!

Stirnseite

Anschlag ankleben

Gründbrettchen wird schmäler

Bretterschalung Fugen einkerben!

● Zusammenbau des Teilstückes „B"

Zwischenstück

* Jalousie-brettchen

Herstellung des Lüfteraufsatzes

Gründbrettchen der Dachneigung angepasst!

* Sperrholzstreifen zusammenkleben. Erforderliche Länge abschneiden u. einkleben!

Nach dem Zusammenbau d. Lüfteraufsatzes dkl. braun überstreichen, oder Hauptteile bemalen etwa so: die Windbretter, Dachflächen braun-grau färben. Bitterschoraux-Dachplatte mit dkl. brauner Farbe leicht überspritzen.

Bauten am Schienenstrang

Maßstab 1:1 für Baugröße H0

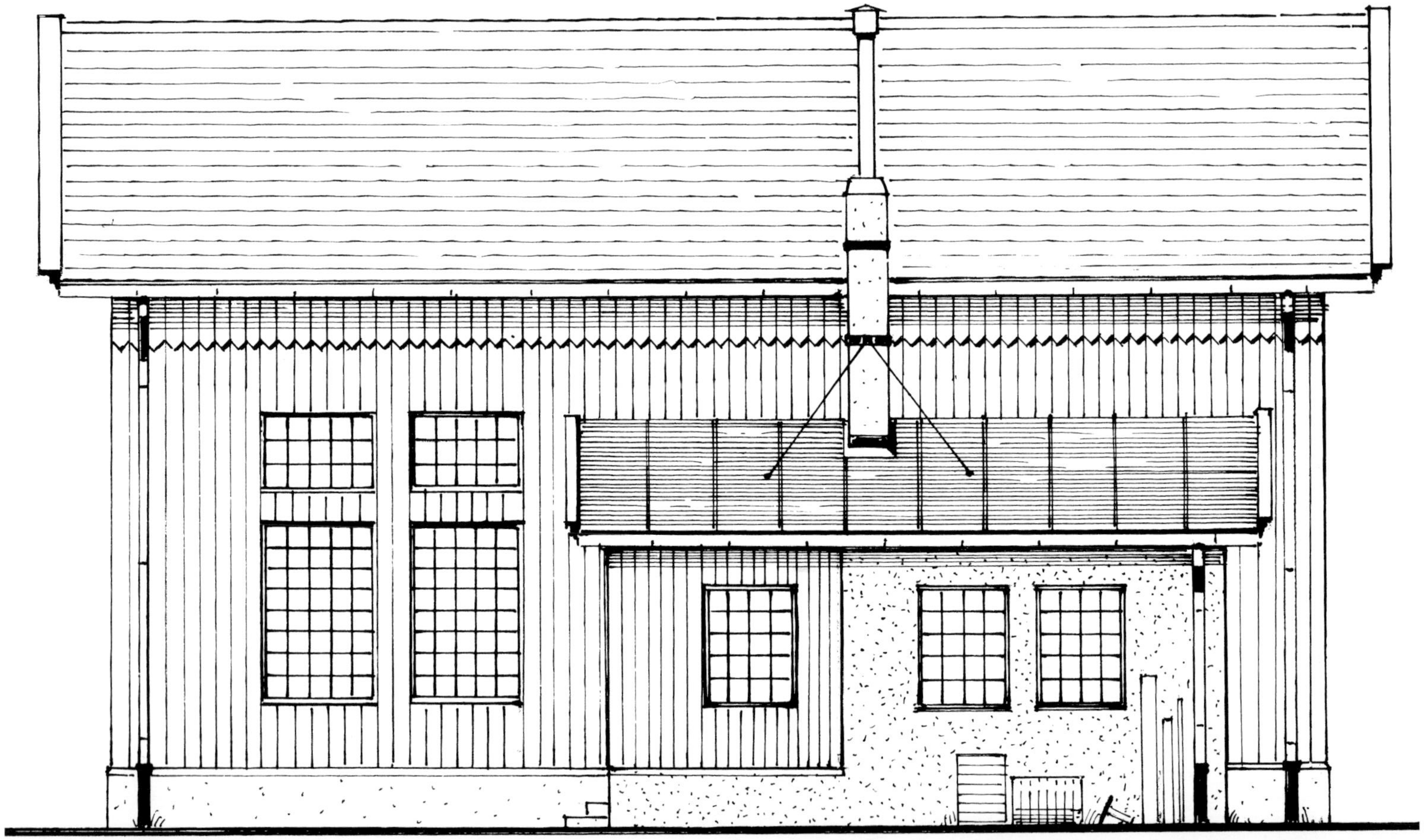

Lokschuppen in Sonderbauart

Standort dieses eher ungewöhnlichen Lokschuppens war (nach handschriftlichen Überlieferungen von Pit-Peg) die „Endstation einer elektrifizierten Hauptstrecke im alpinen Vorland". Fotorecherchen ergaben, dass dem Zeichner ein Lokschuppen im Bahnbetriebswerk Berchtesgaden als unverbindliches Vorbild gedient hatte. Pit-Peg veränderte ihn nach eigenen Vorstellungen und leitete drei Varianten ab: Unter Beibehaltung des Grundrisses und der offenen Seite mit Durchfahrgleis entstand eine Variante mit Werkstattanbau und Wasserturm, eine zweite Variante nur mit Werkstattanbau und eine Einfach-Ausführung, bei der auch die Werkstatt fehlte.

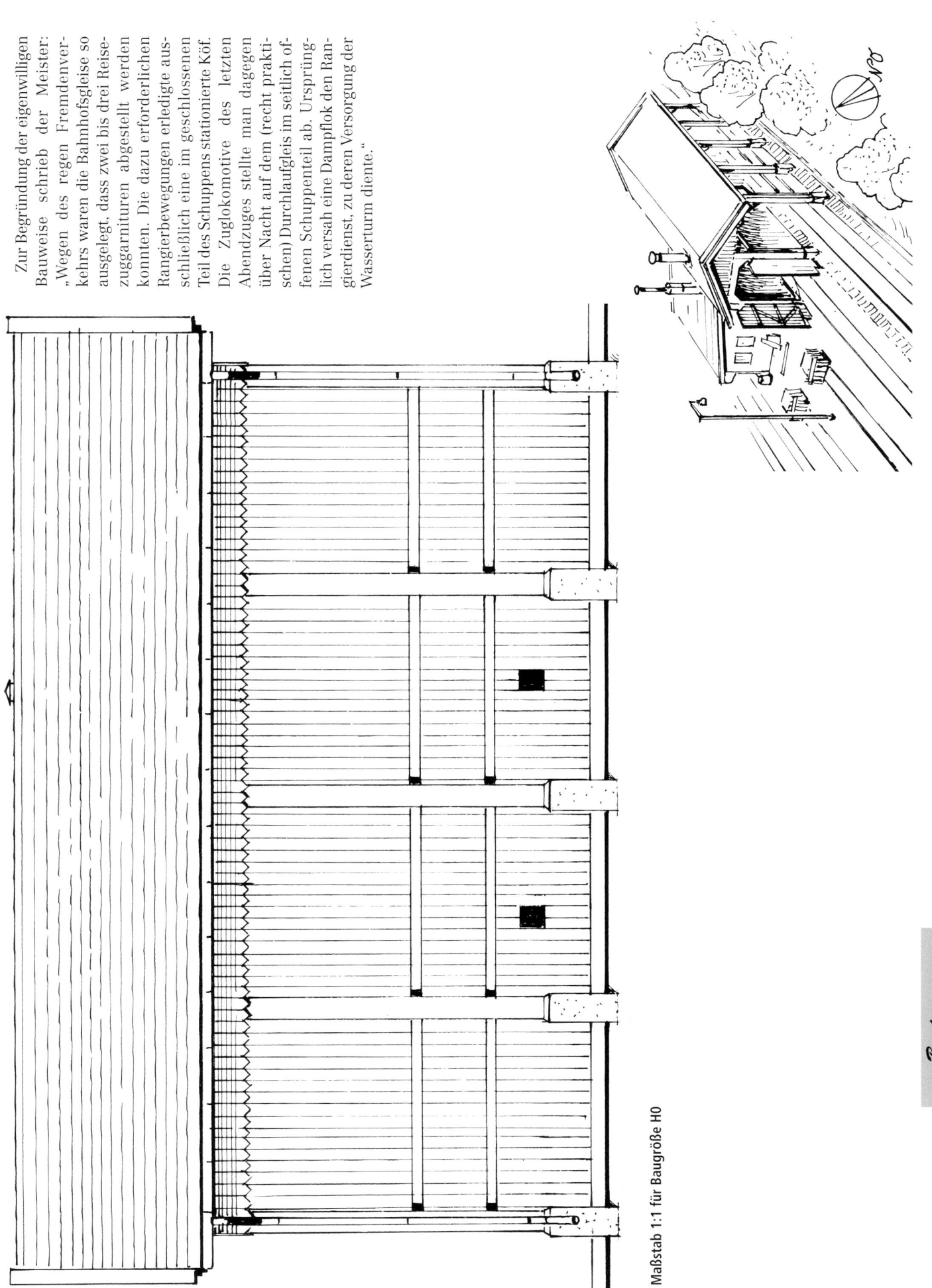

Zur Begründung der eigenwilligen Bauweise schrieb der Meister: „Wegen des regen Fremdenverkehrs waren die Bahnhofsgleise so ausgelegt, dass zwei bis drei Reisezuggarnituren abgestellt werden konnten. Die dazu erforderlichen Rangierbewegungen erledigte ausschließlich eine im geschlossenen Teil des Schuppens stationierte Köf. Die Zuglokomotive des letzten Abendzuges stellte man dagegen über Nacht auf dem (recht praktischen) Durchlaufgleis im seitlich offenen Schuppenteil ab. Ursprünglich versah eine Dampflok den Rangierdienst, zu deren Versorgung der Wasserturm diente."

Maßstab 1:1 für Baugröße H0

Bauten am Schienenstrang

Lokschuppen in Sonderbauart

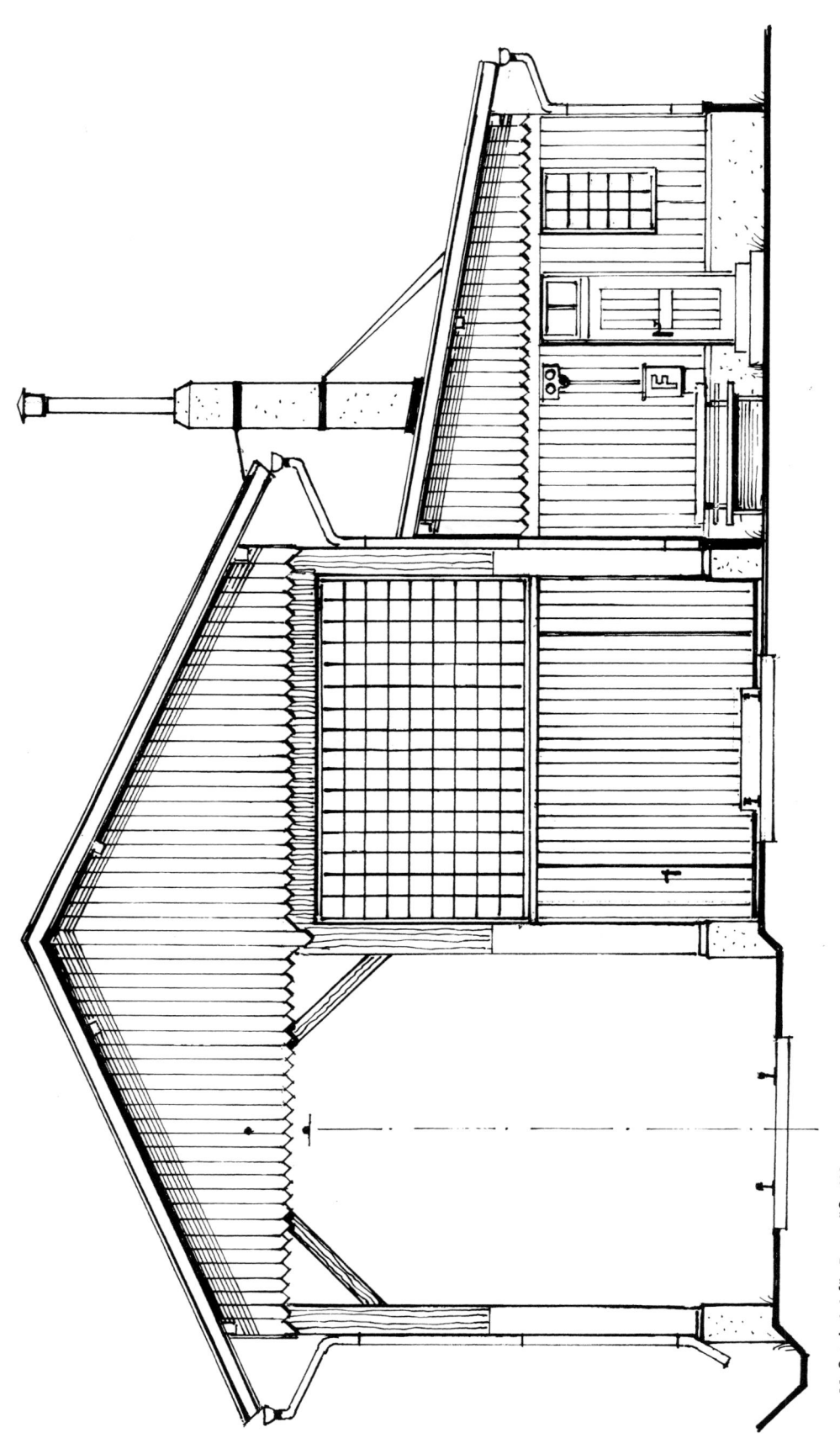

Maßstab 1:1 für Baugröße H0

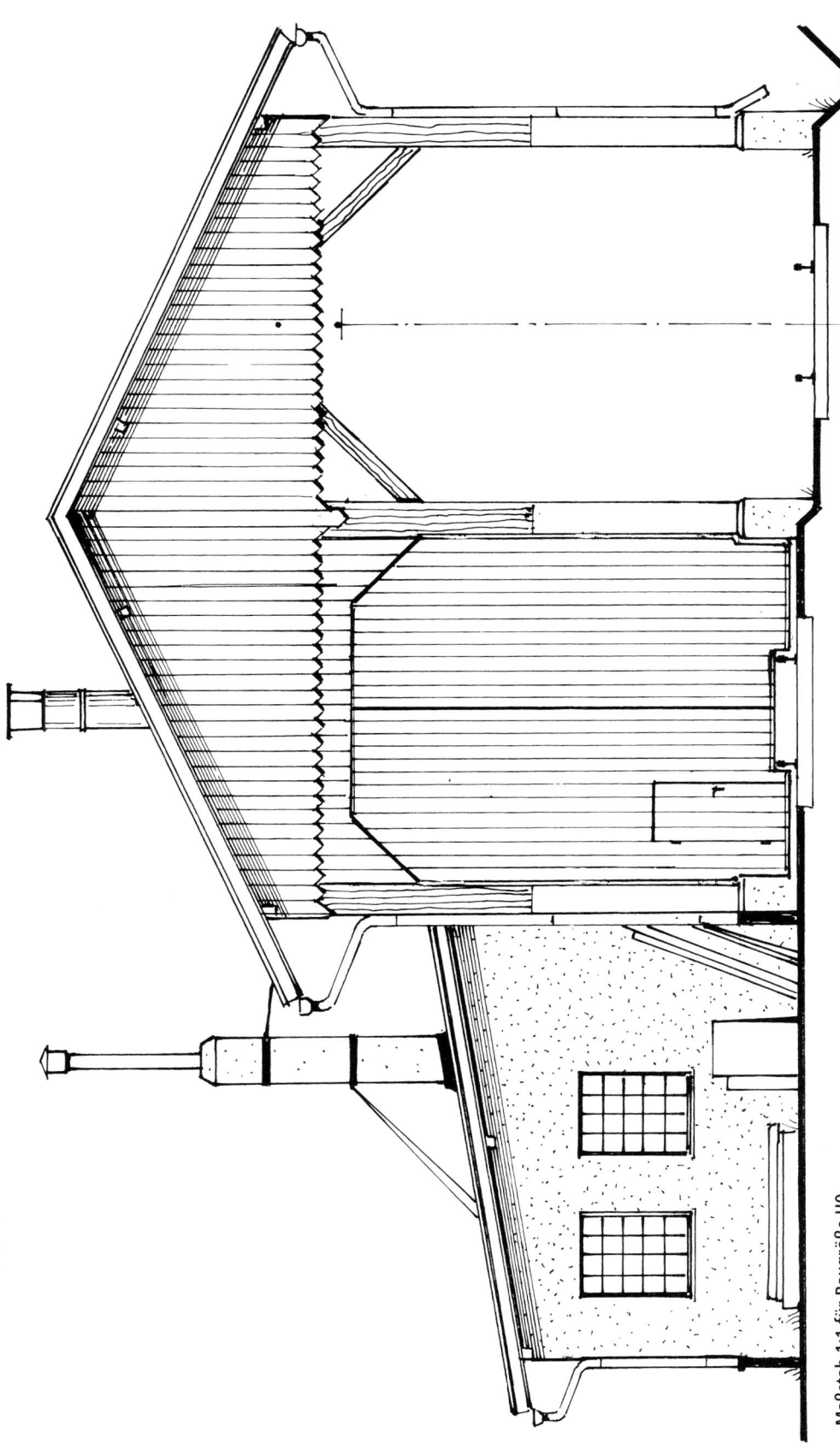

Maßstab 1:1 für Baugröße H0

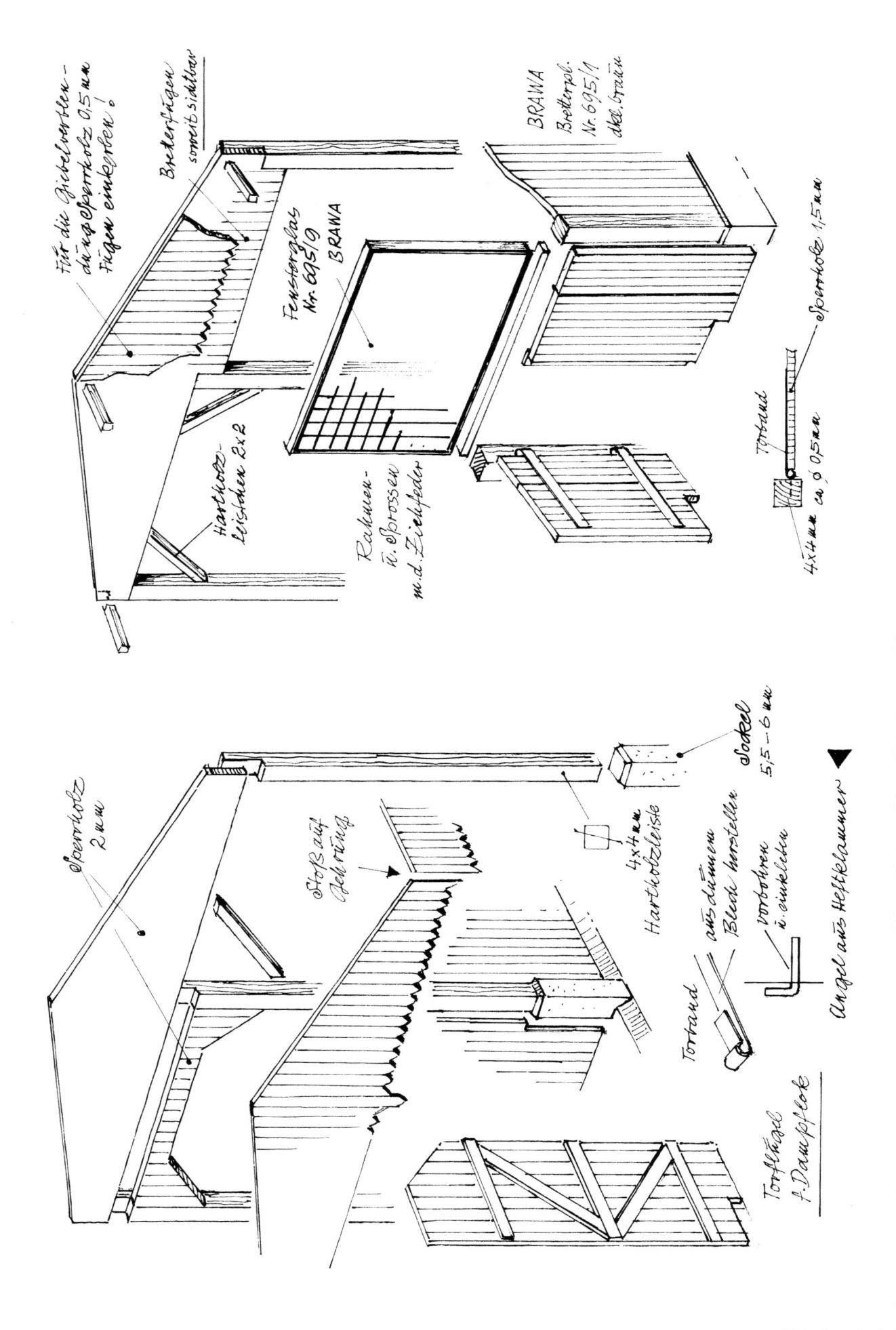

Lokschuppen in Sonderbauart

Bauten am Schienenstrang

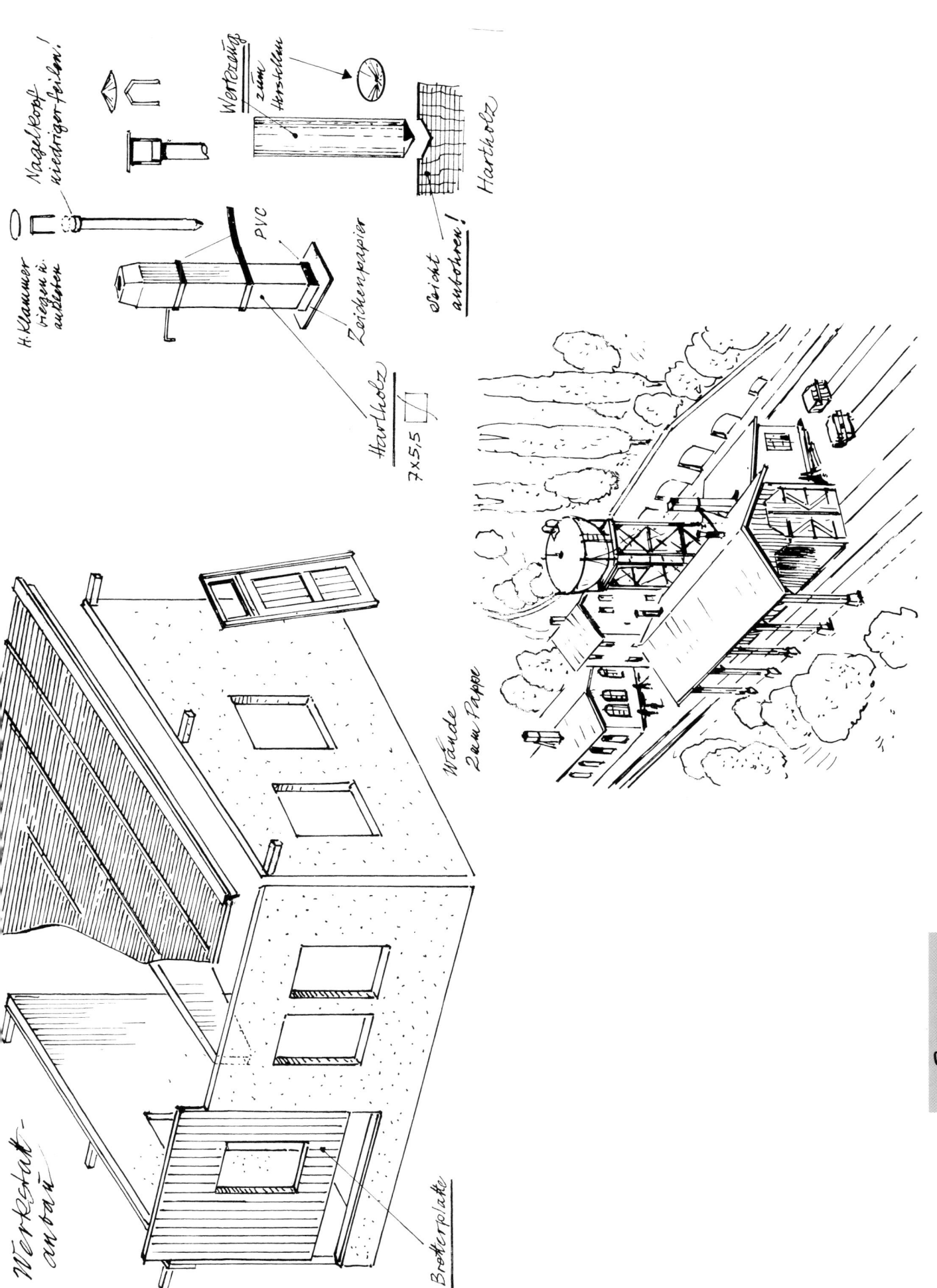

Kleinlokschuppen

Mit dem verstärkten Aufkommen von rationell einsetzbaren Kleinlokomotiven mit Verbrennungsmotoren etwa Mitte der 1930er-Jahre erhielt jeder größere Unterwegsbahnhof mit höherem Güteraufkommen eine, manchmal zwei dieser kleinen, vom Stationspersonal bedienbaren Maschinchen. Ihre Hauptaufgabe bestand darin, die Lokomotiven der zahlreichen Nahgüterzüge von aufwändigen Rangierarbeiten vor Ort zu entlasten und Übergabe-, Zustell- und Anschlussbedienungsfahrten selbstständig auszuführen. Da das zwischen den Aufenthaltszeiten der Nahgüterzüge erfolgen sollte, rechnete man mit einer spürbaren Verminderung der langen Ausbleibezeiten dieser damals häufigsten Güterzugart. Außerdem konnte man den teuren Rangierdienst von Streckenloks im leichten Rangierdienst vermeiden. Da sich die Kleinloks (Kö, Köe, Köf) nicht kontinuierlich im Einsatz befanden, nutzte man vorhandene Stummelgleise und errichtete an ihrem Ende einfach gehaltene Lokschuppen, die vor allem durch ihre niedrige Bauhöhe auffielen. Der „Siegeszug" der Kleinloks führte dazu, dass überall kleine, einfache Lokschuppen aus dem Boden schossen, ohne dass sich ihre Erbauer an eine bauliche Einheitsnorm hielten, denn diese gab es noch nicht. Wenn es irgendwie ging, orientierte man sich an der Bauweise der Empfangsgebäude oder Güterschuppen. Daneben gab es Schuppen, deren spartanisches Aussehen auf Zweckmäßigkeitsüberlegungen schließen lässt. Mit seinem Entwurf zum Vorbild, das Kleinlokschuppens wählte Pit-Peg ein Vorbild, das ein Mindestmaß an Stil zeigt. Der gemauerte Bau wurde verbrettert, mit Fenstern und einem abgewalmten, geteerten Pappdach versehen. Zur Inneneinrichtung gehörte, wie der Schornstein zeigt, eine Ofenheizung. Sie hatte die Aufgabe, ein Einfrieren der Kleinlok zu verhindern und so ihre ständige Betriebsbereitschaft zu sichern. Ein Lüftungsaufsatz auf dem Dach dient der Abgasentsorgung.

Für den Bau des kleinen Schuppens empfahl Pit-Peg 2 mm starke Pappe, 0,5 bzw. 1 mm dickes Sperrholz und Vollholz für den Sockel des Lüftungsaufsatzes. Diese Materialauswahl und die Bauhinweise des malenden Modellbahners mögen aus der Sicht des Kunststoff gewohnten Bastlers heutiger Tage archaisch anmuten. Wer jedoch den anspruchsvollen Selbstbau derartiger Vorbilder liebt, wird bei einiger Übung zu überzeugenden Resultaten gelangen.

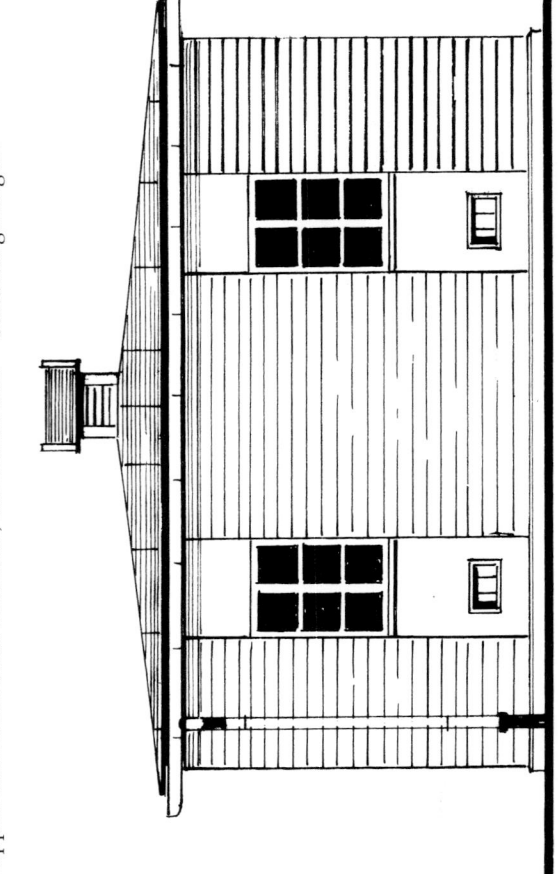

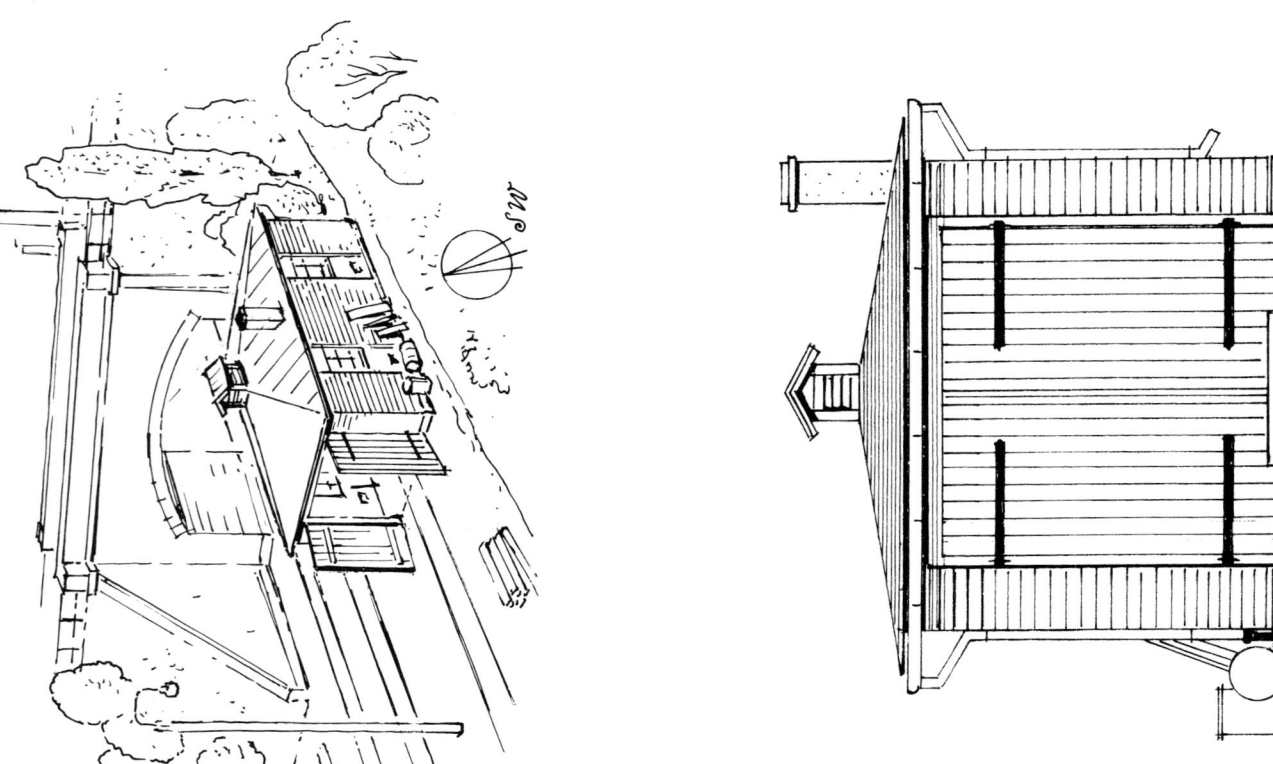

Bauten am Schienenstrang

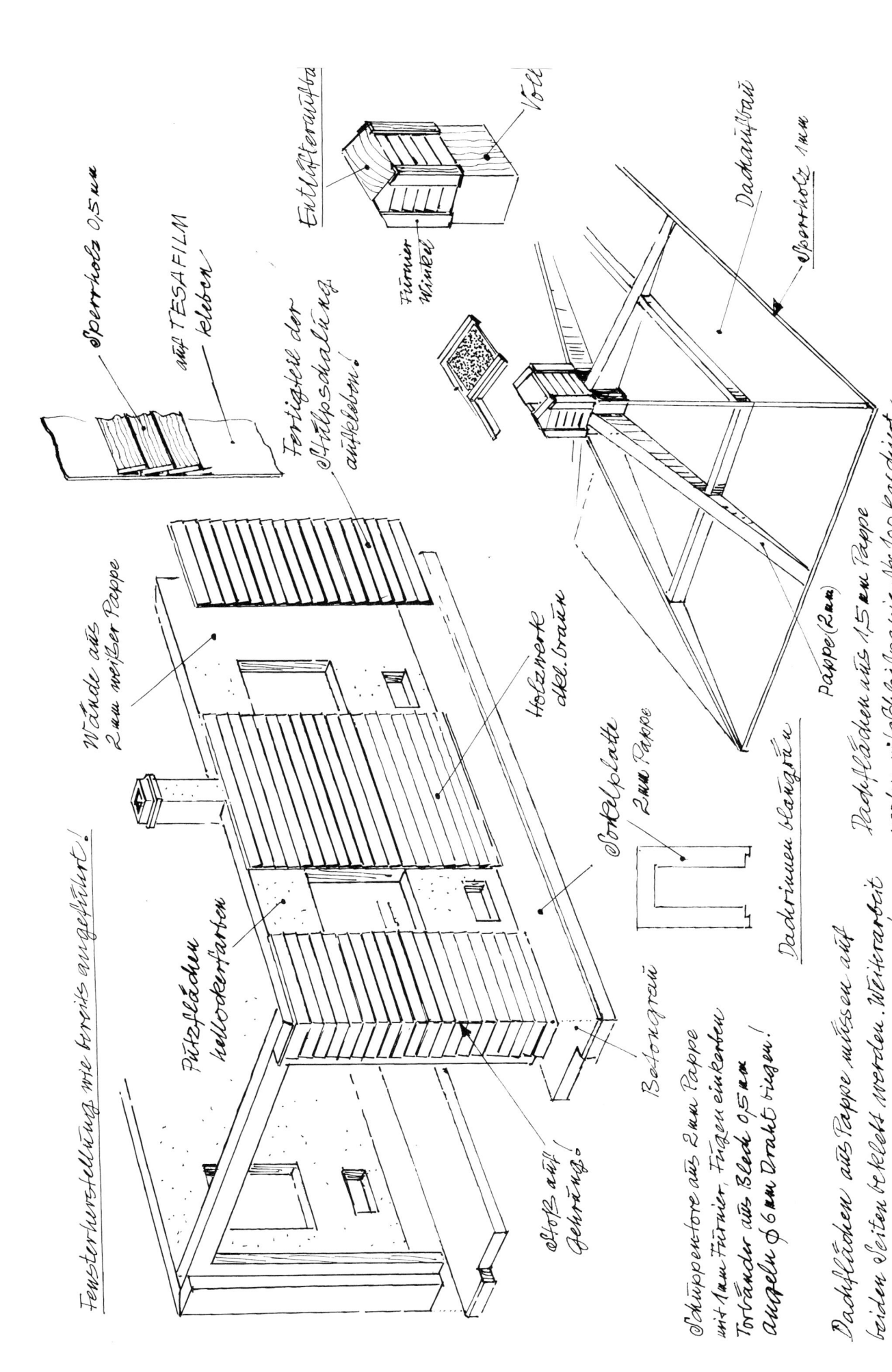

Schwenkbühne für H0m-Gleis

Schwenkbühnen, Segmentdrehscheiben, Drehweichen – wie auch immer sie genannt wurden – sparten Platz, weil mit ihnen das Umsetzen von Lokomotiven und Wagen zwischen zwei oder mehreren Gleisen selbst bei beengten Verhältnissen möglich wurde.

Erst mit dem „Längenwachstum" der Lokomotiven und zunehmender konstruktiver Beherrschung komplizierter Weichenbauformen ging die Bedeutung derartiger Schwenkbühnen zurück.

Unter bestimmten Voraussetzungen konnten sich einzelne Exemplare dennoch behaupten. Ein populäres Beispiel stellt die Segmentweiche am Ende des kleinen mecklenburgischen Kopfbahnhofs Klütz zwischen Lübeck und Wismar dar. Sie stellte die Verbindung des Hauptgleises mit dem Umlaufgleis und der Zufahrt zum Lokschuppen her und konnte nur von den kurzen Loks der Baureihen 64, 89, 91 und V 100 befahren werden. Wer zu diesem konkreten Vorbild weitere Informationen benötigt, dem sei die MIBA, Juli-Ausgabe 2004, mit dem Beitrag „Am Ende des Kaffeebrenners" zur Lektüre empfohlen.

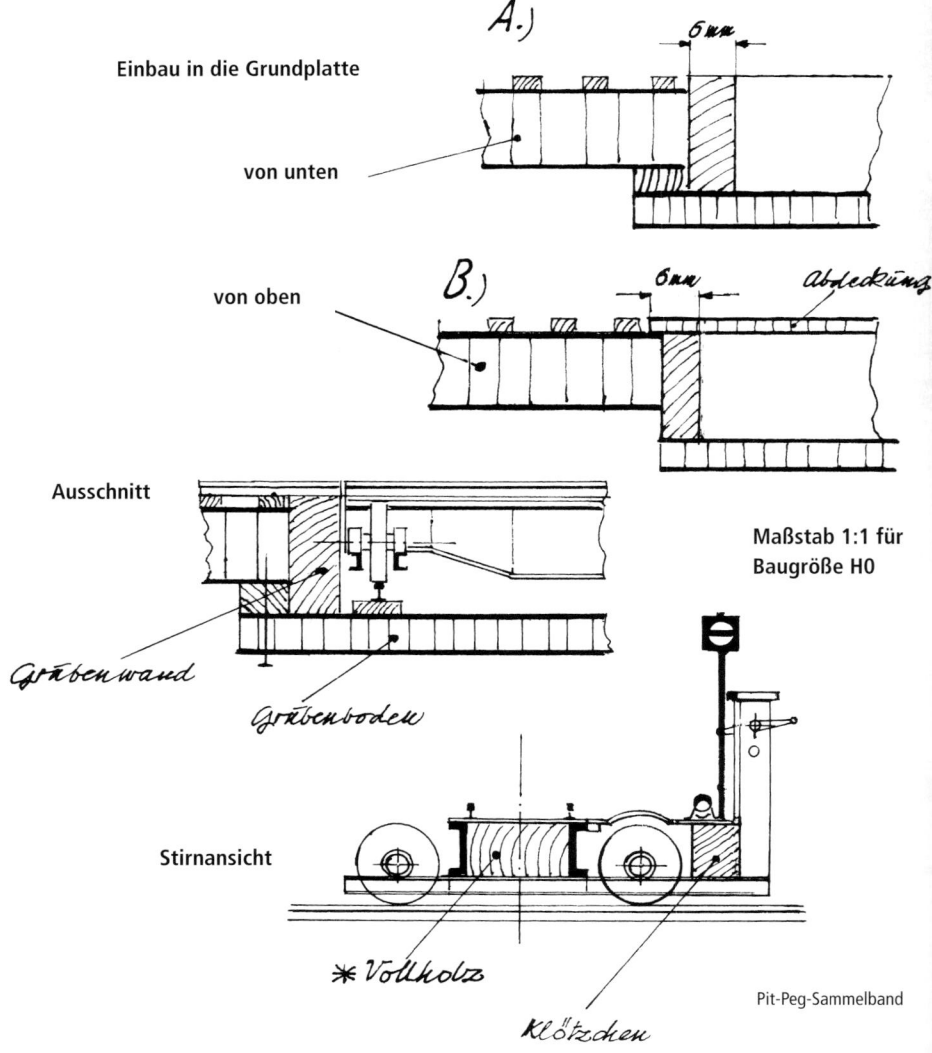

Einbau in die Grundplatte

A.) von unten

B.) von oben — Abdeckung

Ausschnitt — Grabenwand, Grabenboden

Maßstab 1:1 für Baugröße H0

Stirnansicht

* Vollholz

Klötzchen

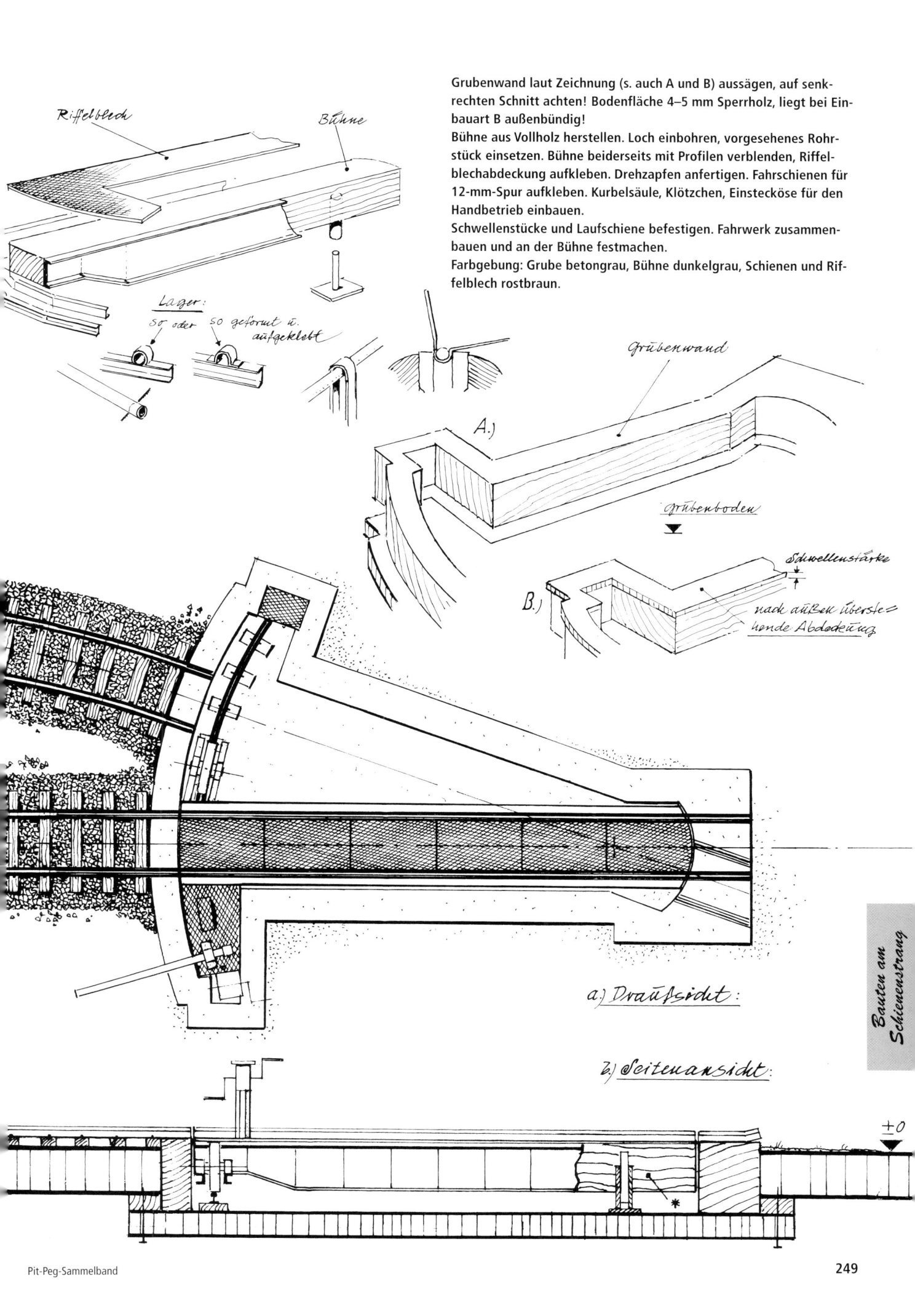

Grubenwand laut Zeichnung (s. auch A und B) aussägen, auf senkrechten Schnitt achten! Bodenfläche 4–5 mm Sperrholz, liegt bei Einbauart B außenbündig!

Bühne aus Vollholz herstellen. Loch einbohren, vorgesehenes Rohrstück einsetzen. Bühne beiderseits mit Profilen verblenden, Riffelblechabdeckung aufkleben. Drehzapfen anfertigen. Fahrschienen für 12-mm-Spur aufkleben. Kurbelsäule, Klötzchen, Einstecköse für den Handbetrieb einbauen.

Schwellenstücke und Laufschiene befestigen. Fahrwerk zusammenbauen und an der Bühne festmachen.

Farbgebung: Grube betongrau, Bühne dunkelgrau, Schienen und Riffelblech rostbraun.

a.) Draufsicht:

b.) Seitenansicht:

Bauten am Schienenstrang

Pit-Peg-Sammelband

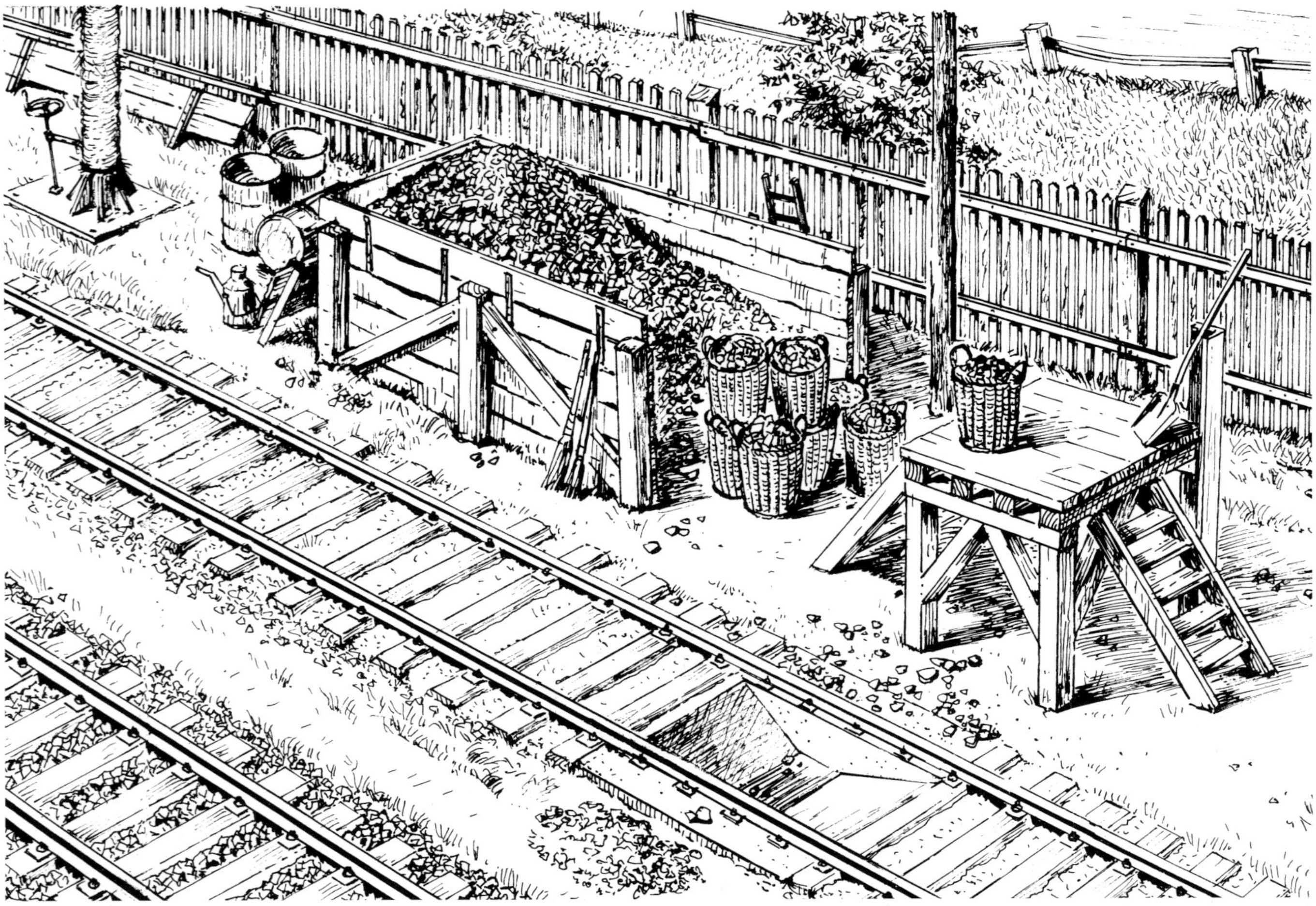

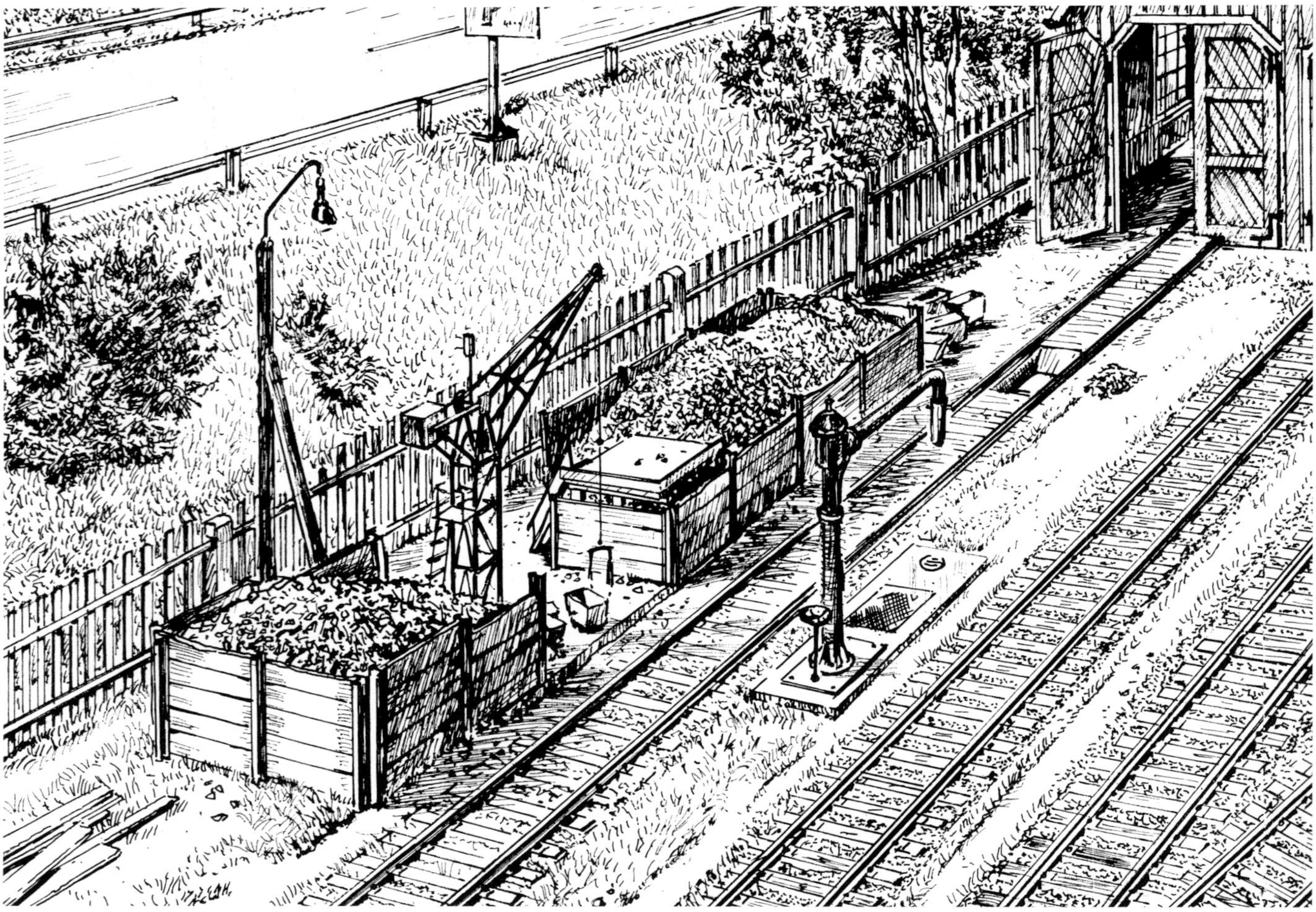

Bauten am Schienenstrang

Pit-Peg-Sammelband

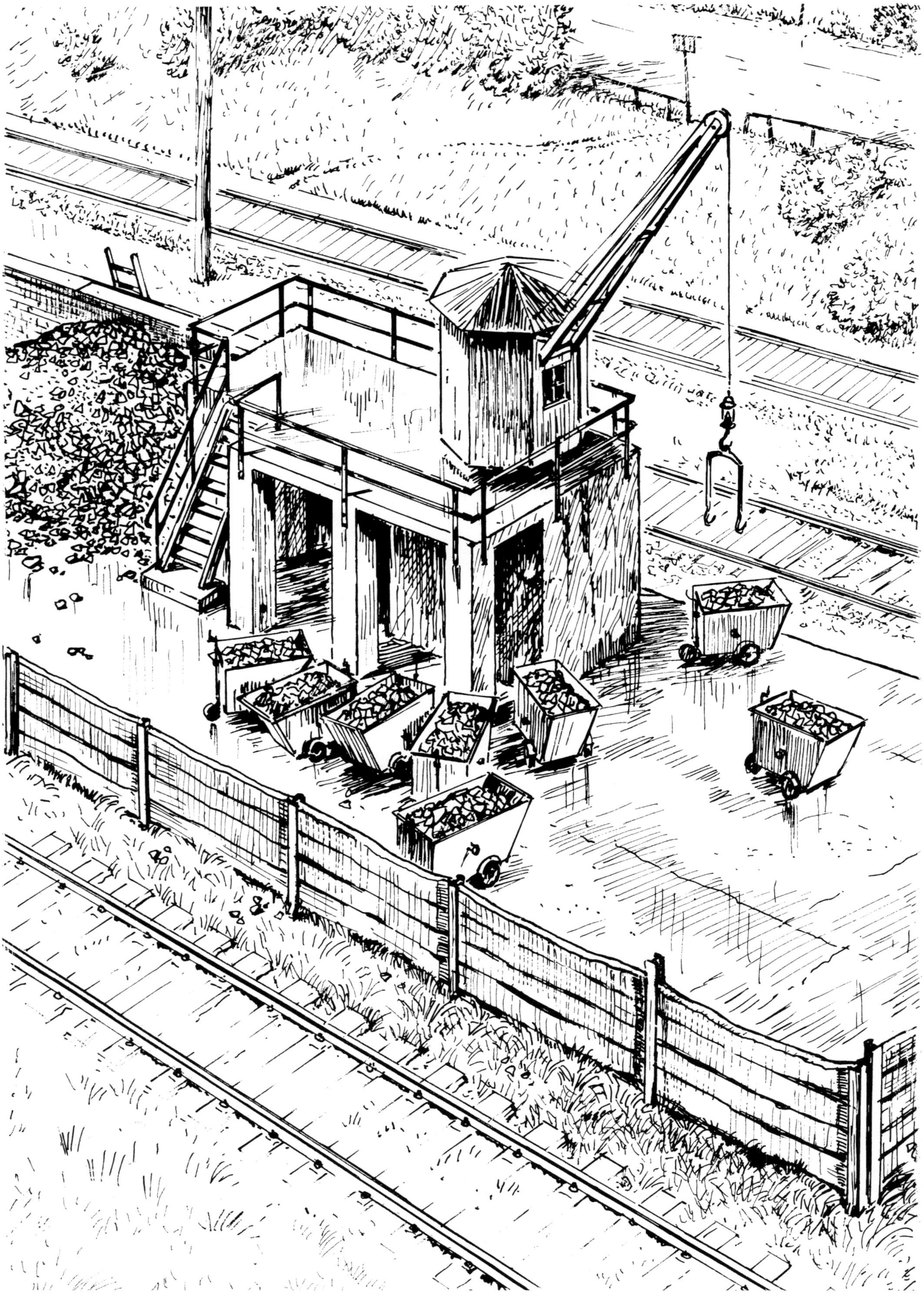

Bauten am Schienenstrang

Wasserturm mit Schuppenanbau

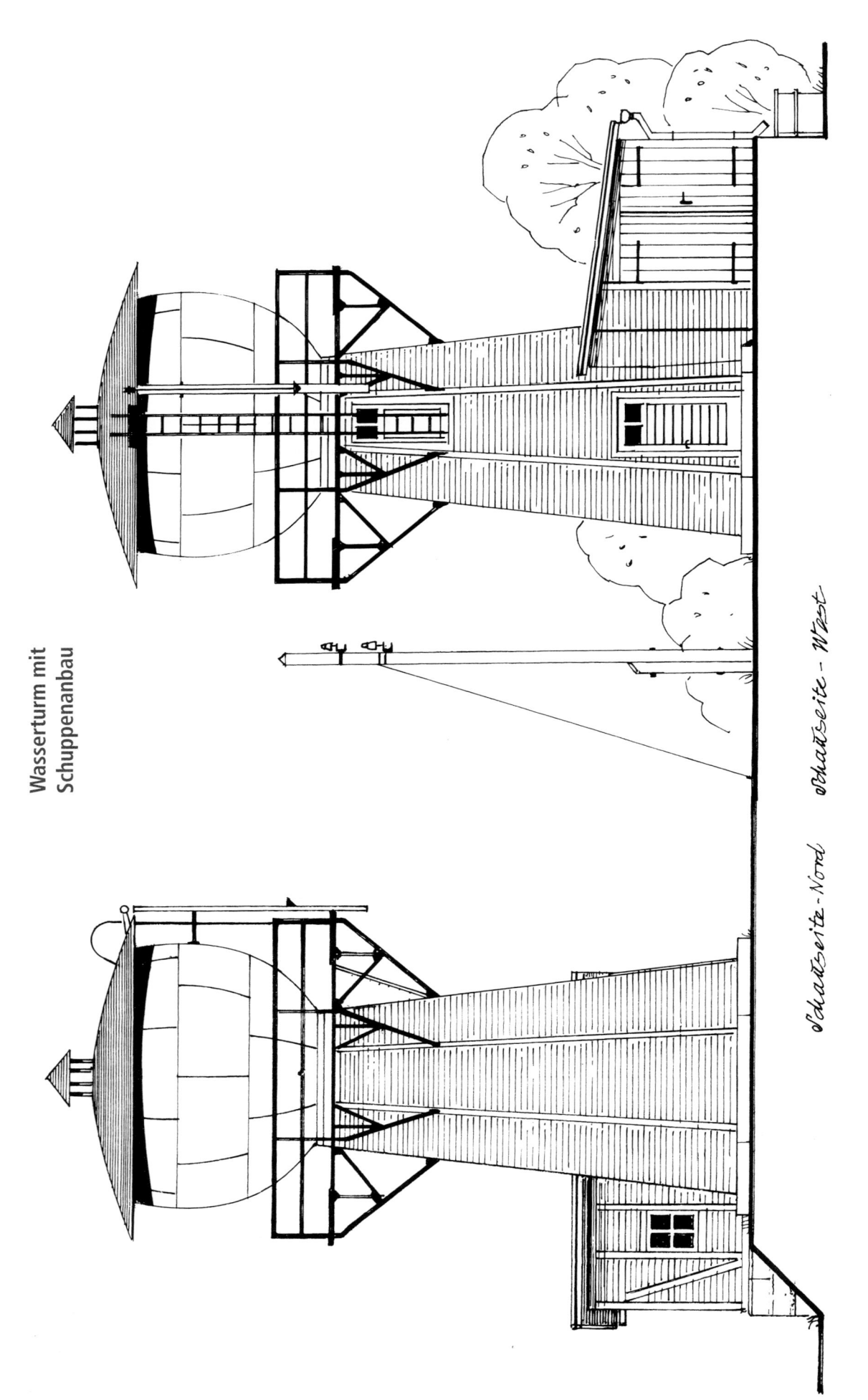

Schauseite - Nord *Schauseite - West*

Wasserturm

Wassertürme stellen, soweit man sie noch heute antrifft, ein überaus typisches Relikt aus der Dampflokzeit dar. Der Wasserbedarf der „schwarzen Schwestern" war enorm, sodass in jedem größeren Bahnbetriebswerk gerade in Sachen Wasser eine weit vorausschauende Vorratswirtschaft angesagt war. Wer sich dazu entschließt, ein größeres Bahnbetriebswerk zur Dampflokzeit im Modell nachzubilden, hat die „Zeichen" dieser Zeit nur dann verstanden, wenn er einen oder mehrere Wassertürme mit einplant. Ausnahmen von der Regel gab es nur in gebirgigen Gegenden, wo man unter Umständen vereinzelt an Hängen oder auf Bergen gelegene Bassins zur Wasserbevorratung nutzte und ohne gesonderte Turmbehälter auskam.

Eine nicht unwichtige Aufgabe, die im Zusammenhang mit der Aufstellung von Wasserhochbehältern bzw. dem

254 Pit-Peg-Sammelband

Schauseite - Ost

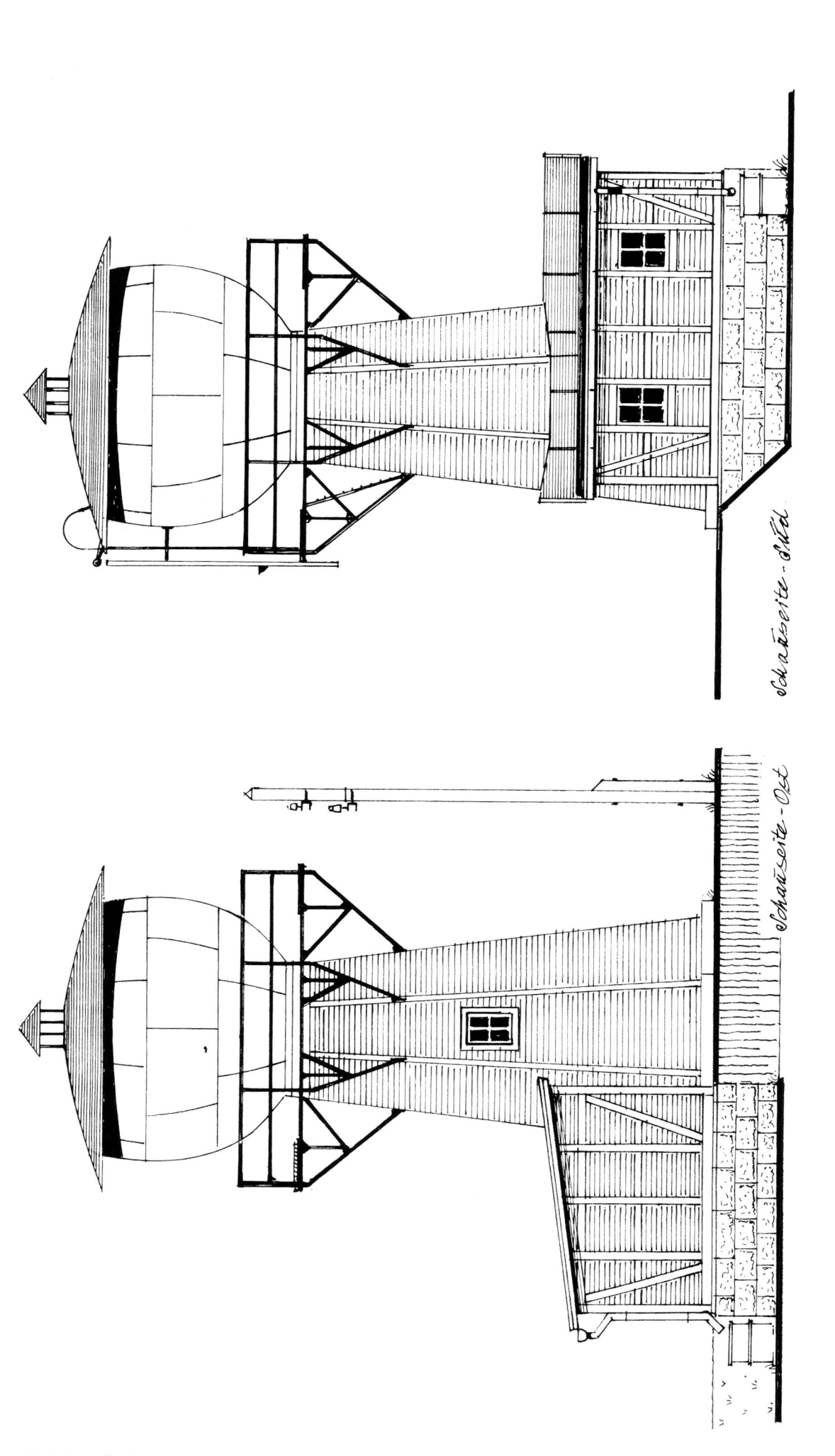

Schauseite - Süd

Bau von Wassertürmen gelöst werden musste, lag in der Wasseraufbereitung, da nicht jede Wasserqualität (etwa im Hinblick auf den Härtegrad) den Anforderungen entsprach. Wassertürme standen nicht nur am Rande von Bahnbetriebswerken. Selbst größere Zwischenbahnhöfe ohne Lokomotivbehandlungsanlagen wurden mit Wassertürmen ausgestattet, um den verkehrenden Lokomotiven die Ergänzung ihres Wasservorrats zu ermöglichen. Der hier zum Nachbau im Modell empfohlene Wasserturm stellt einen einfachen, relativ kleinen Bau dar, wie er auf wichtigen Nebenbahnen sehr verbreitet war. Allerdings saß der Wasserbehälter im Gegensatz zu den meisten Wassertürmen unverkleidet auf dem gemauerten, achteckigen Turmschaft.

Bauten am Schienenstrang

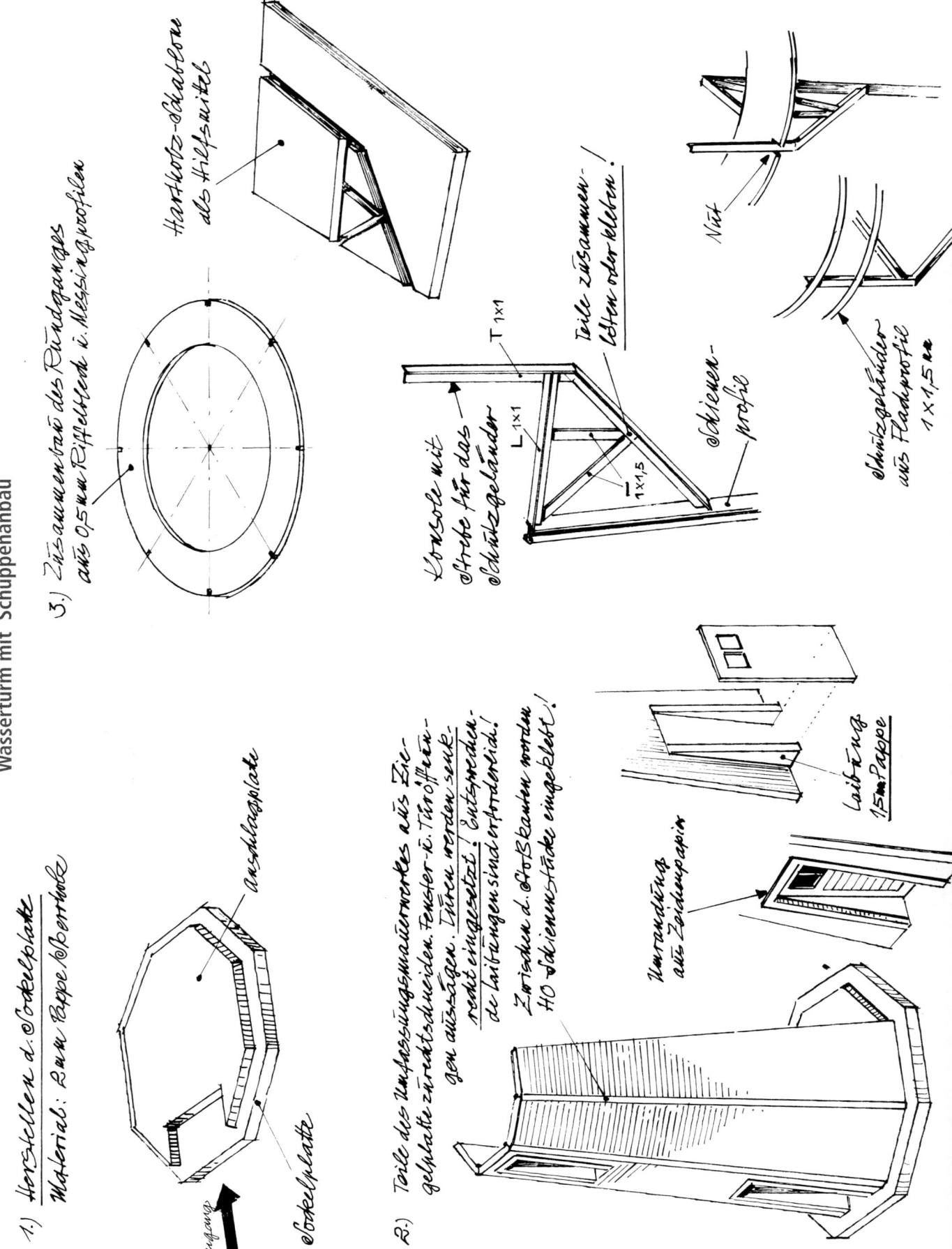

Wasserturm mit Schuppenanbau

1.) Herstellen d. Sockelplatte
Material: 2 mm Pappe/Oberholz
- Anschlagplatte
- Sockelplatte
- Eingang

2.) Teile des Umfassungsmauerwerkes aus Zigarrenkistenholz zurechtschneiden. Fenster- u. Türöffnungen aussägen. Türen werden senkrecht eingesetzt / entsprechen de Laibungen sind anzubringen!
Zwischen d. Großkanten werden HO-Schienenstücke eingeklebt!
- Umrandung aus Zeichenpapier
- Laibung 1,5 mm Pappe

3.) Zusammenbau des Rundganges aus 0,5 mm Riffelblech u. Messingprofilen
- Hartholz-Schablone als Hilfsmittel
- Konsole mit Stoß für das Schutzgeländer
- T 1×1
- L 1×1
- 1×1,5
- Schienenprofil
- Teile zusammenlöten oder kleben!
- Nut
- Schutzgeländer aus Flachprofil 1×1,5 mm

- **Unmaßstäbliche Skizzen**

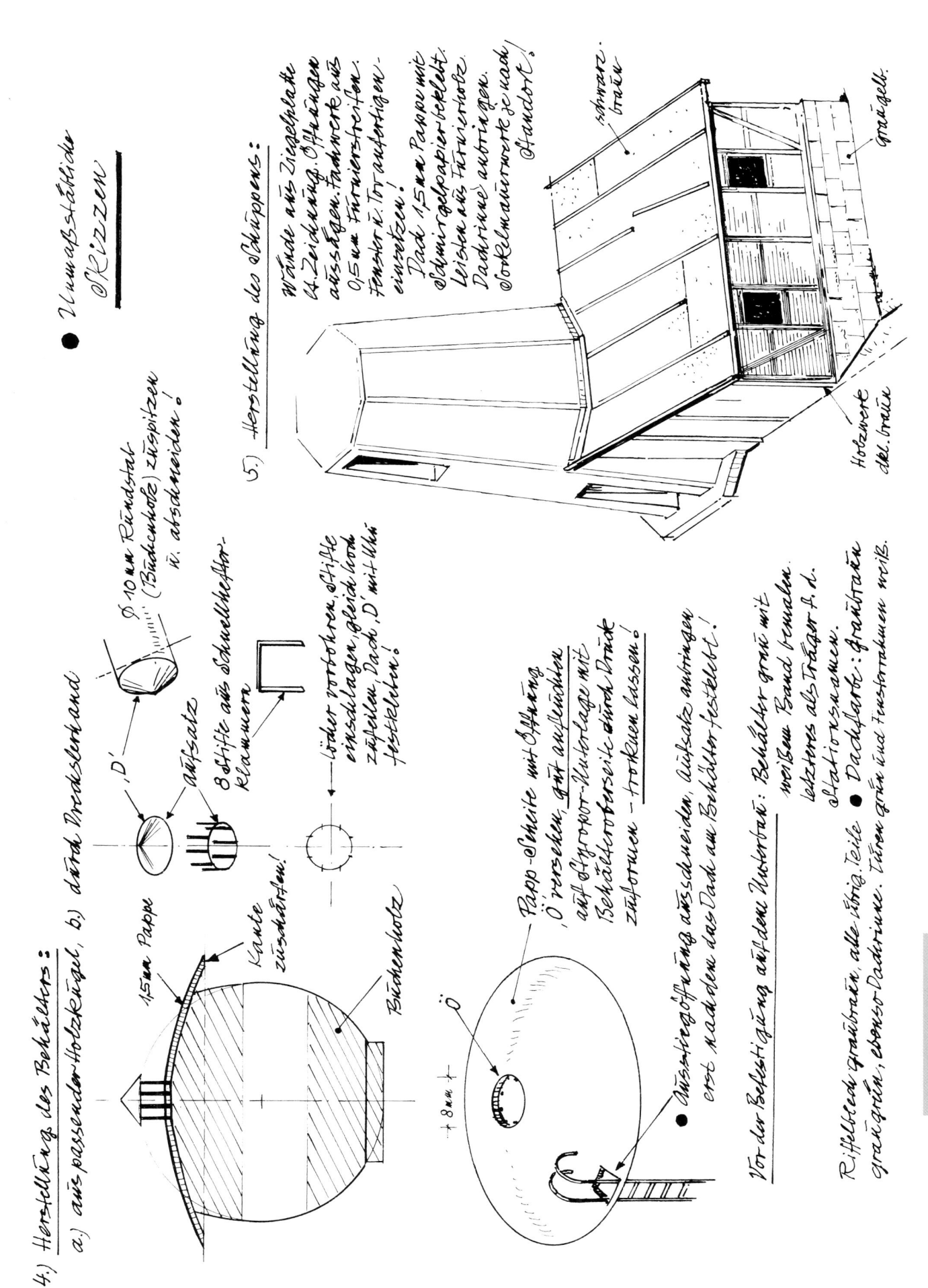

4.) Herstellung des Behälters:
a.) aus passender Holzkugel, b.) dazu Drechslerhand

- 1,5mm Pappe
- Kante zuschärfen!
- Buchenholz
- Ø 10 mm Rundstahl (Buchenholz) zuspitzen u. abschneiden.
- „D"
- Aufsatz
- 8 Stifte aus Schnellhefter-Klammern
- Löcher vorbohren, Stifte einschlagen, gleichz. leicht zufeilen, Dach „D" mit Uhu festfellen.

- Papp-Scheibe mit Öffnung „Ö" versehen, gut aufzeichnen auf Ölgrund-Unterlage mit Behälteroberseite durch Druck zufestnen – trocknen lassen!

- Ø 8 mm
- Ö

- Außenbefestigung auf dem Untertrau erst nachdem das Dach am Behälter festsfellt!

- Vor der Befestigung: Behälter grau mit weißem Band bemalen, letzteres als Träger f.d. Stationsnamen. • Dachfarbe: Granitrau.

5.) Herstellung des Schuppens:

Wände aus Ziegelplatte lt. Zeichnung. Öffnungen aussägen. Fahrwerk aus 0,5mm Furnierstreifen. Fenster u. Tor auflegen. Dach 1,5mm Pappe mit Schmirgelpapier beklebt. Leisten aus Furnierholz. Dachrinne. Sockelmauerwerk je nach Standort.

- schwarzbraun
- grau gelb
- Holzwerk dkl. braun

- Riffelblech graubraun, alle übrig. Teile graugrün, ebenso Dachrinne, Türen grün und Fensterrahmen weiß.

Bauten am Schienenstrang

Besandungsanlage für ein mittleres Bahnbetriebswerk

Obwohl die Dampflokomotiven im Laufe ihrer konstruktiv-technischen Entwicklung immer größer, leistungsfähiger und vor allem schwerer wurden, reichte ihre Adhäsionskraft in bestimmten Situationen nicht aus, um die angehängten Zuglasten in Bewegung zu bringen. Besonders bei nassen Schienen bestand die Gefahr, dass die Räder durchdrehten und die Lok „trampelte", wie Lokführer und Heizer eine derartige Situation umschrieben.

Schon zu einem relativ frühen Zeitpunkt in der Geschichte der Dampflokomotive rüstete man jede neue Maschine mit Sandbehältern, den so genannten „Sandkästen" aus. Bestand Schleudergefahr, wurde feiner Sand unmittelbar vor die Treibradsätze auf die Schienen befördert und somit die Adhäsion unterstützt. Je nach der Wetterlage, den Steigungsverhältnissen und den Zuglasten brauchten die Dampfloks bis zu 0,03 Kubikmeter Sand pro Einsatztag.

Bald gehörte die Ergänzung der verbrauchten Sandvorräte genauso zur Restauration der Loks wie das Wassernehmen und das Nachbunkern von Kohle. Zur Besandung verfügte jedes Bw über eine Besandungsanlage, die dem angelieferten Sand in einem Trockenofen die Feuchtigkeit entzog und ihn von einem Hochbehälter über ein Teleskoprohr in den Sandkasten auf dem Kesselscheitel der Lok beförderte. Besandet wurde zumeist parallel zum Ausschlacken, sodass die Anlagen oft neben dem Schlackenkanal standen.

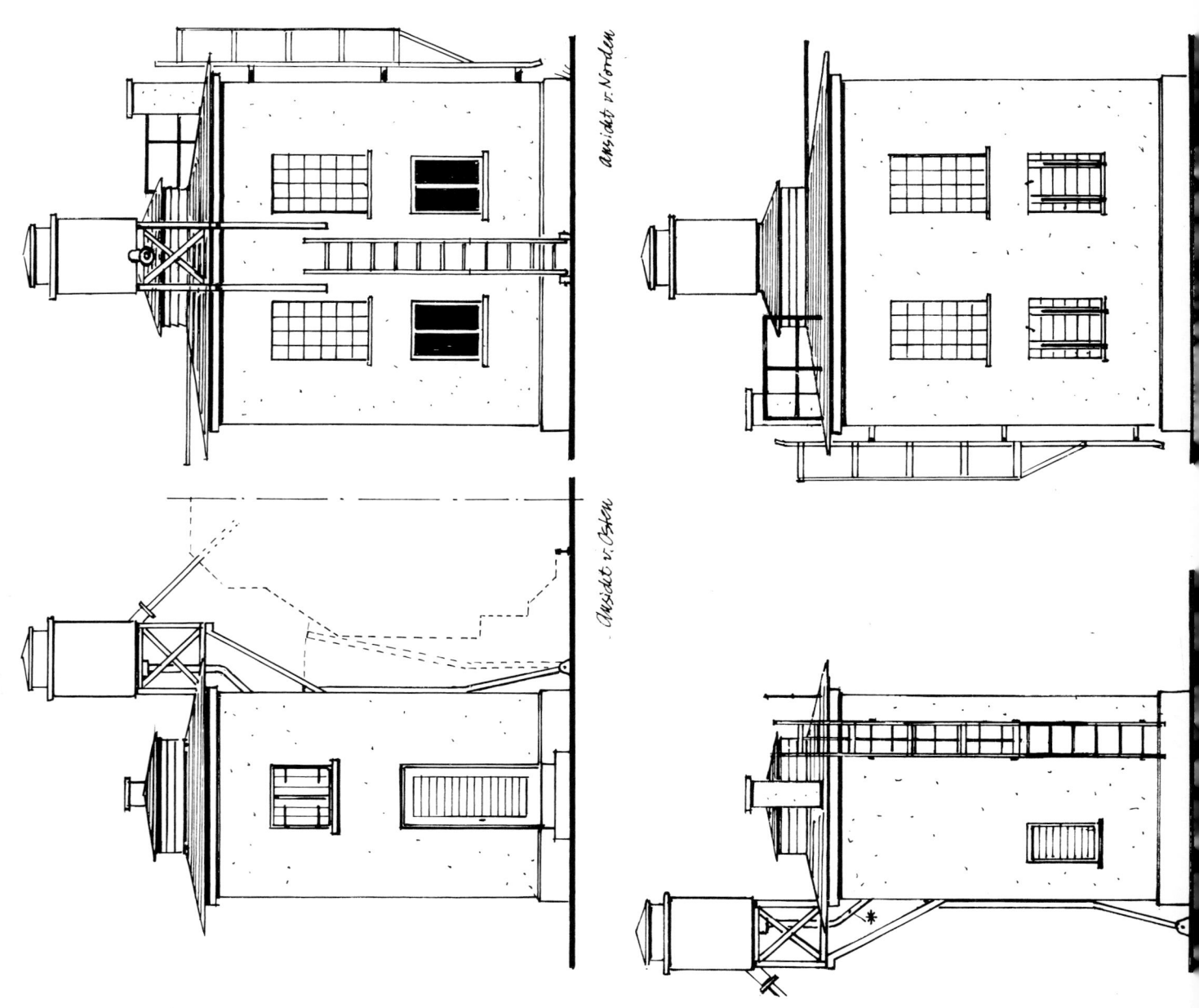

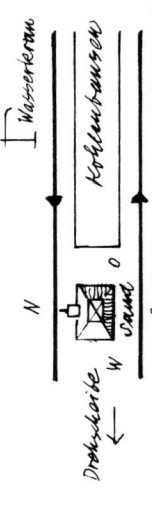

Sperrholz 1mm

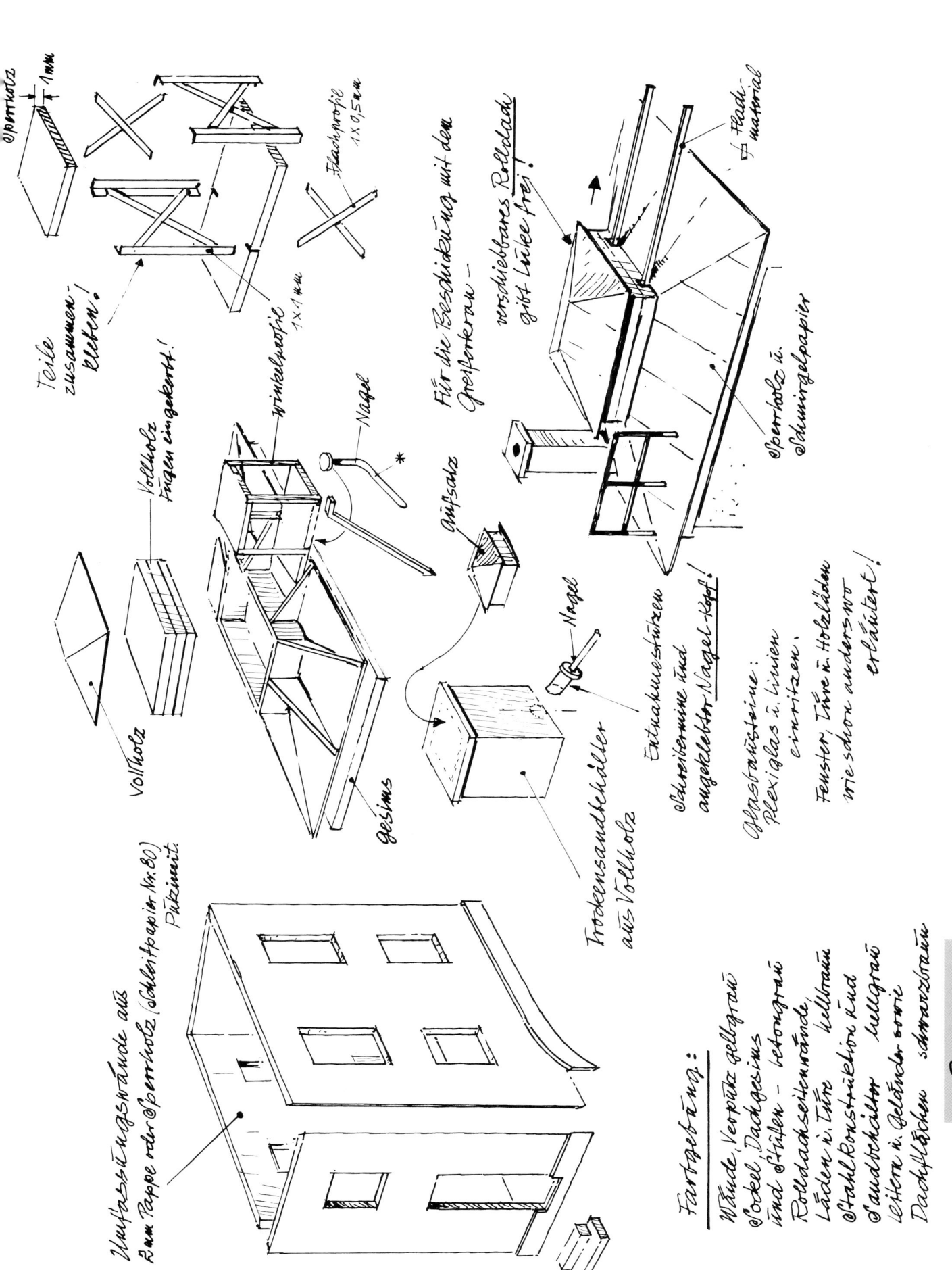

Teile zusammenkleben!

Vollholz Fugen eingekerbt!

Vollholz

Winkelprofil 1x1mm

Flachprofil 1x0,5mm

Nagel *

Aufsatz

Gesims

Trockensandbehälter aus Vollholz

Nagel

Entlüftungsstutzen: Schraubenringe sind angeklebte Nagelköpfe!

Glasbausteine: Plexiglas i. Linien einritzen.

Fenster, Türen u. Holzläden wie schon anderswo erläutert!

Für die Beschickung mit dem Greifkran – verschiebbares Rolldach gibt Lücke frei.

Dachmaterial

Sperrholz ü. Schmirgelpapier

Umfassungswände aus Pappe oder Sperrholz (Schleifpapier Nr. 80) Putzimit

Farbgebung:

Wände, Verputz gelbgrau
Sockel, Dachgesims und Stützen – betongrau
Rolldachseitenwände,
Läden u. Türe hellbraun
Stahlkonstruktion und Sandbehälter hellgrau
Leitern u. Geländer sowie Dachflächen schwarzbraun

Bauten am Schienenstrang

Pit-Peg-Sammelband

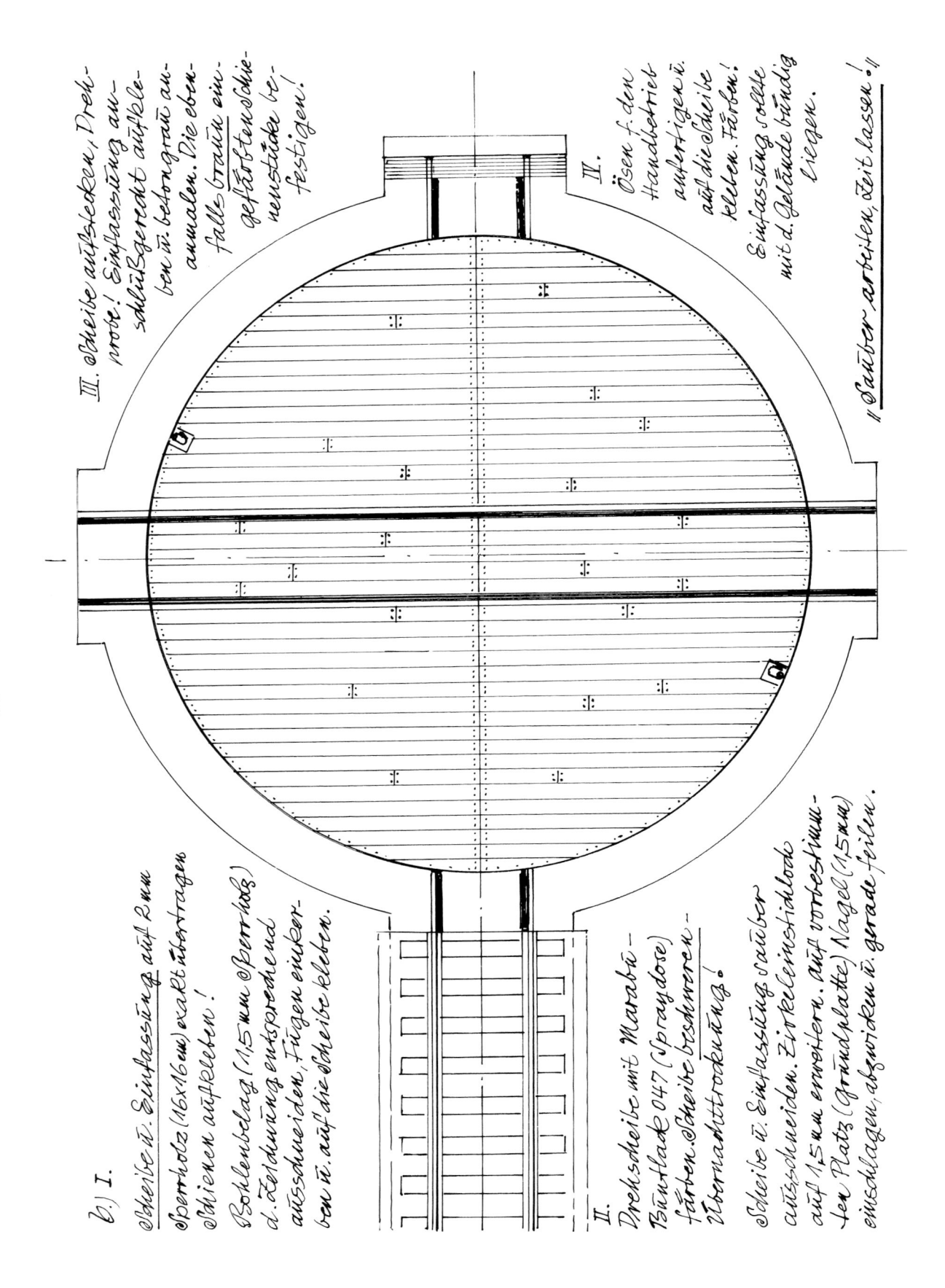

Waggondrehscheibe

b) I.

Scheibe u. Einfassung auf 2 mm Sperrholz (16x16 cm) exakt übertragen. Schienen aufkleben!

Bohlenbelag (1,5 mm Sperrholz) d. Zeichnung entsprechend ausschneiden, Fugen einkerben u. auf die Scheibe kleben.

II.

Drehscheibe mit Marabu-Buntlack 047 (Spraydose) färben. Scheibe beschmieren - Übernachttrocknung!

Scheibe u. Einfassung sauber ausschneiden. Zirkeleinstichloch auf 1,5 mm erweitern. Auf vorbestimmten Platz (Grundplatte) Nagel (1,5 mm) einschlagen, abzwicken u. gerade feilen.

III. Scheibe aufstecken, Drehprobe! Einfassung anschließgerecht aufkleben ü. betongrau anmalen. Die ebenfalls(?) Trennfuge(?) eingeschalteten(?) Schienenstücke befestigen!

II. Ösen f. den Handbetrieb anfertigen u. auf die Scheibe kleben. Färben! Einfassung sollte mit d. Gelände bündig liegen.

"Sauber arbeiten, Zeit lassen!"

Waggondrehscheibe

In manchen Bahnbetriebswerken, vor allem aber auf dem Gelände von älteren Fabrikanlagen, herrschten derart beengte Platzverhältnisse, dass eine be- oder entladegerechte Wagenzustellung (etwa eines Schlackewagens) mithilfe einer Rangierlok nicht mehr möglich war. Da auch der Gleisverlegung im Hinblick auf die Radien Grenzen gesetzt sind, konnte man die erforderliche Richtungsänderung nur noch durch eine Drehen des fraglichen Wagens erreichen.

Waggondrehscheiben waren – verglichen mit Lokomotivdrehscheiben – nur relativ leicht gebaut. Deshalb und im Hinblick auf ihren geringen Durchmesser durften sie unter keinen Umständen zum Drehen von Lokomotiven benutzt werden. Folgerichtig musste die Fortbewegung des Wagens per Muskelkraft, über Spillanlagen (per Ketten- oder Seilzug) oder mithilfe von Zweiwegefahrzeugen erfolgen.

Mit Rücksicht auf ihre Lage innerhalb von Bw- oder Fabrikgeländen sind Waggondrehscheiben echte Scheiben; die Scheibengrube ist aus Sicherheitsgründen komplett abgedeckt, wobei häufig nur speziell zugeschnittene Holzbohlen Verwendung fanden. Mit dem modernen Fernlastverkehr auf der Straße verloren die früher zahlreichen Waggondrehscheiben ihre einst große Bedeutung.

Mitten im Geschehen: Bahnsteig-Hochbauten

Sie befinden sich inmitten des Betriebsgeschehens: die Bahnsteige großer Personenbahnhöfe und ihre Hochbauten. Ob Bahnsteigdach, Fahrdienstleiterhäuschen, Kiosk oder die Wellblechüberdachung des Treppenabgangs – ohne diese Baulichkeiten war ein Bahnsteig früher unvorstellbar.

Wie alle anderen Eisenbahnhochbauten unterliegen auch die Bahnsteigbauten speziellen Bau- und Sicherheitskriterien. So dürfen die Bahnsteiggebäude mit Rücksicht auf einen uneingeschränkt sicheren „Publikumsverkehr" auf den Bahnsteigflächen sowie beim Aus- und Einsteigen nach Ankunft der Züge eine bestimmte Breite nicht überschreiten.

Auch in der Höhe sind eindeutige Grenzen gesetzt, insbesondere, wenn elektrischer Betrieb mit Oberleitung stattfindet. Andererseits dürfen die Bahnsteigdächer nicht zu tief heruntergezogen werden, weil dann die Gefahr besteht, dass sie in das Lichtraumprofil hineinragen.

Um dem Modellbauer zu helfen, auch im Modell die richtigen Proportionen zu finden, beließ es Pit-Peg nicht bei freihändigen Skizzen, die lediglich der Anregung dienen sollen, sondern lieferte konkrete Bauanleitungen sowohl für einzelne Dachkonstruktionen, als auch für komplette Bahnsteige mit ihren typischen Bauten.

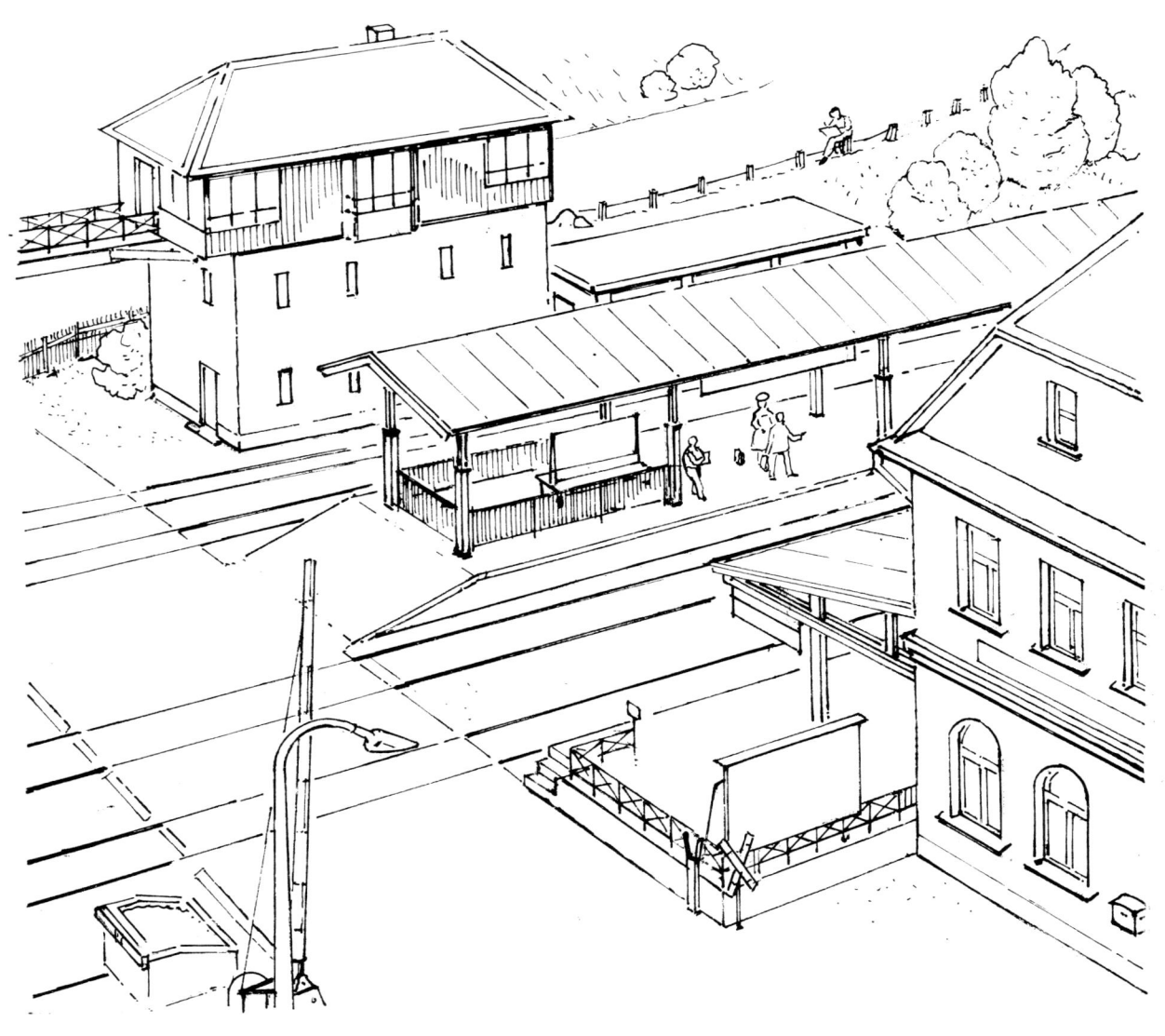

Bahnsteigüberdachung in Holzbauweise

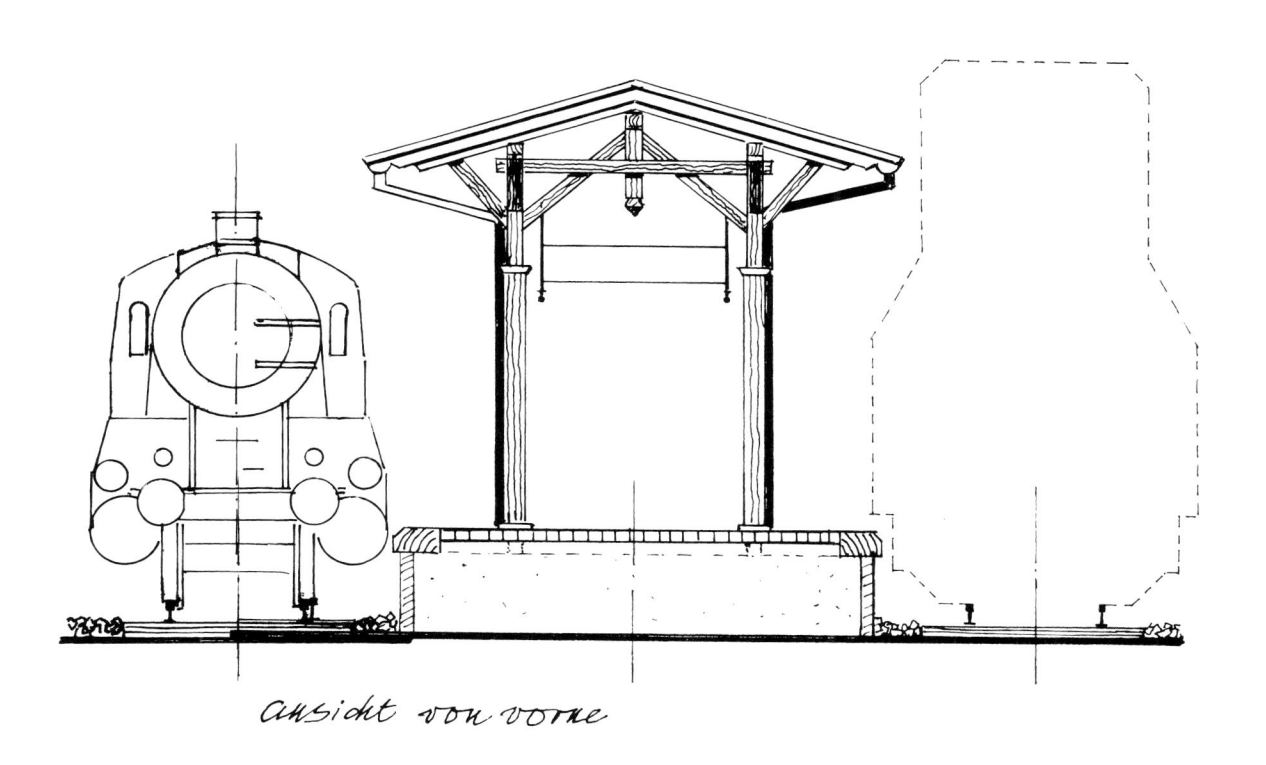

Ansicht von vorne

Hölzerne Dachkonstruktion

Sofern sich auf kleineren Bahnhöfen an Hauptstrecken, aber auch an wichtigen Nebenbahnen Bahnsteigüberdachungen erforderlich machten, wählten die Bahnverwaltungen nicht selten hölzerne Dachkonstruktionen, die mit einer Dacheindeckung aus Teerpappe versehen wurden.

Die soliden, sauber verarbeiteten Balkenkonstruktionen stellten das Werk versierter Zimmerleute dar und erwiesen sich als solche oft über Jahrzehnte hinweg haltbar. Ähnlich wie bei Fachwerkgebäuden fanden Säulen, Ständer, Streben, Riegel, Pfetten und Sparren Anwendung. Auch die so genannten Schmetterlingsbinder waren recht weit verbreitet.

Pit-Peg gab diese bereits zu seinen Lebzeiten kaum noch verwendeten Bautechnologien in seinen Skizzen mit größtmöglicher Präzision wieder und dokumentierte damit eine baugeschichtliche Epoche, die unmittelbar mit der großen Zeit der Eisenbahn verbunden war.

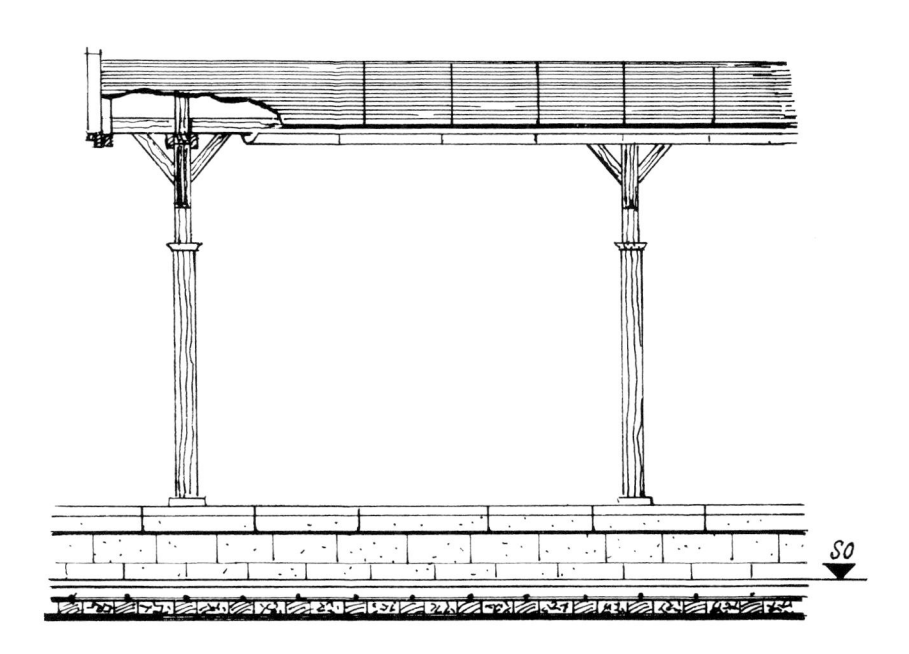

Ansicht von der Seite

Bahnsteigüberdachung in Holzbauweise

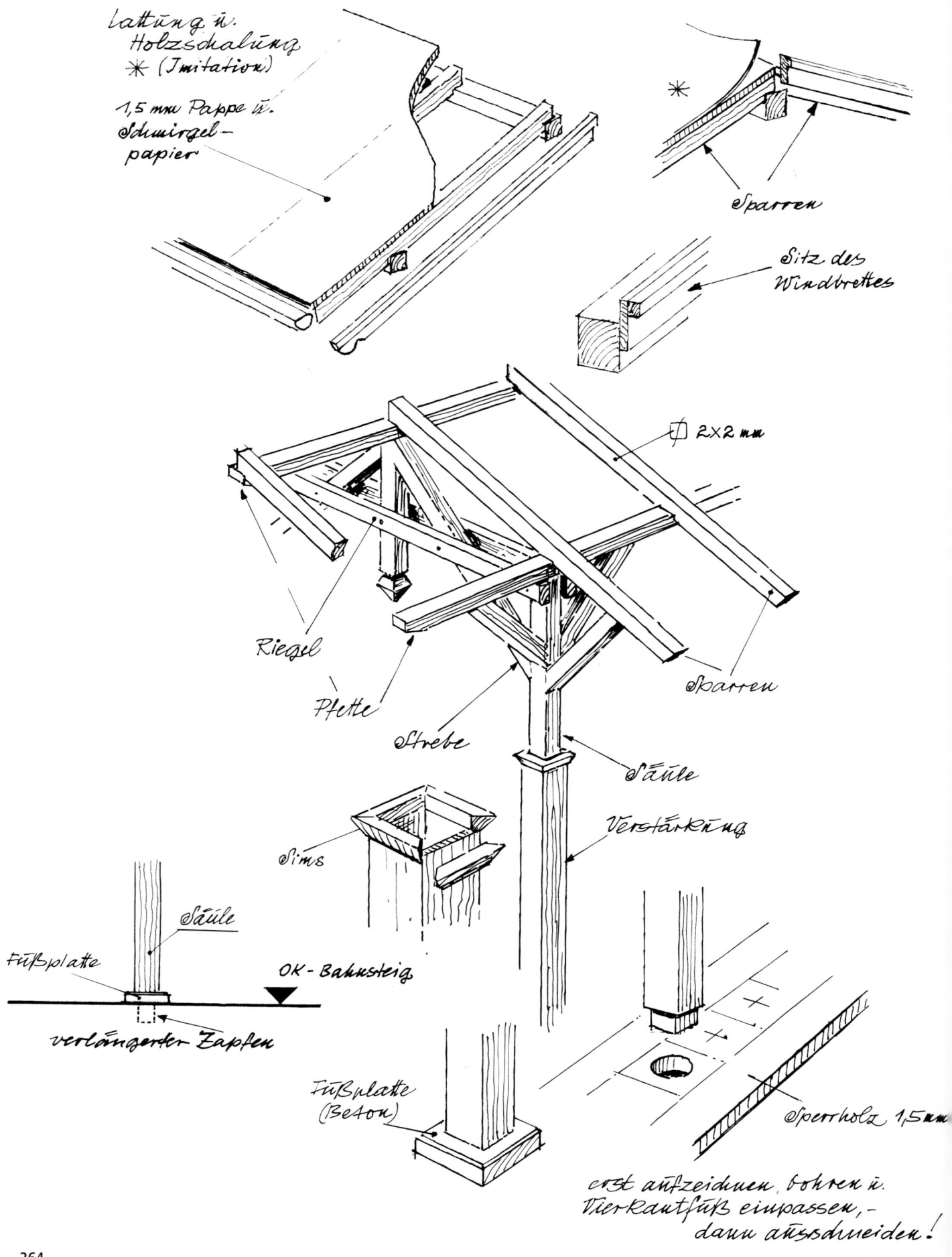

Lattung u. Holzschalung ※ (Imitation)

1,5 mm Pappe u. Schmirgelpapier

※ Sparren

Sitz des Windbrettes

☐ 2×2 mm

Riegel

Pfette

Strebe

Sparren

Säule

Verstärkung

Sims

Säule

Fußplatte

OK-Bahnsteig

verlängerter Zapfen

Fußplatte (Beton)

Sperrholz 1,5 mm

erst aufzeichnen, bohren u. Vierkantfuß einpassen, - dann ausschneiden!

Bauten am Schienenstrang

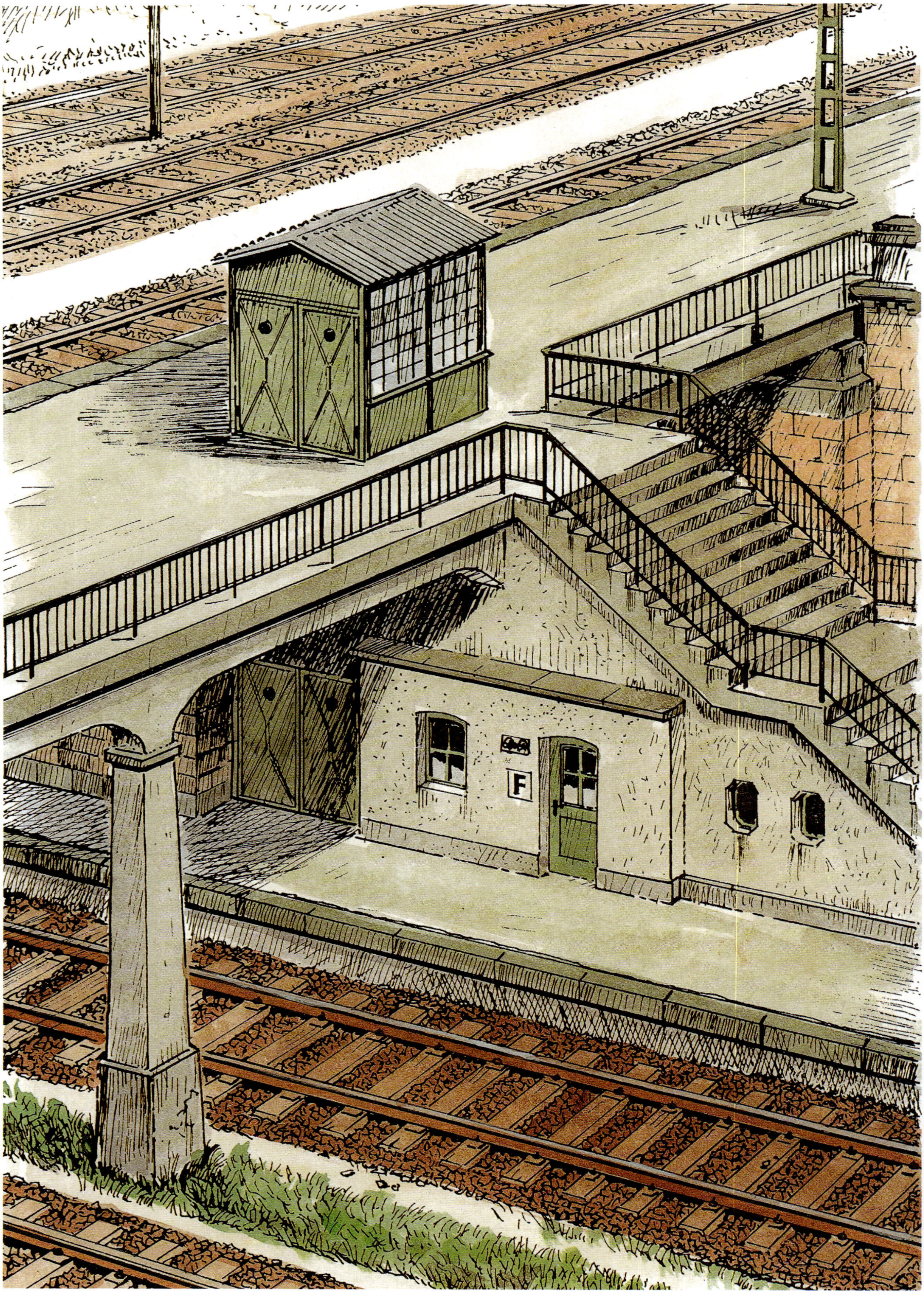
F

Bauten am Schienenstrang

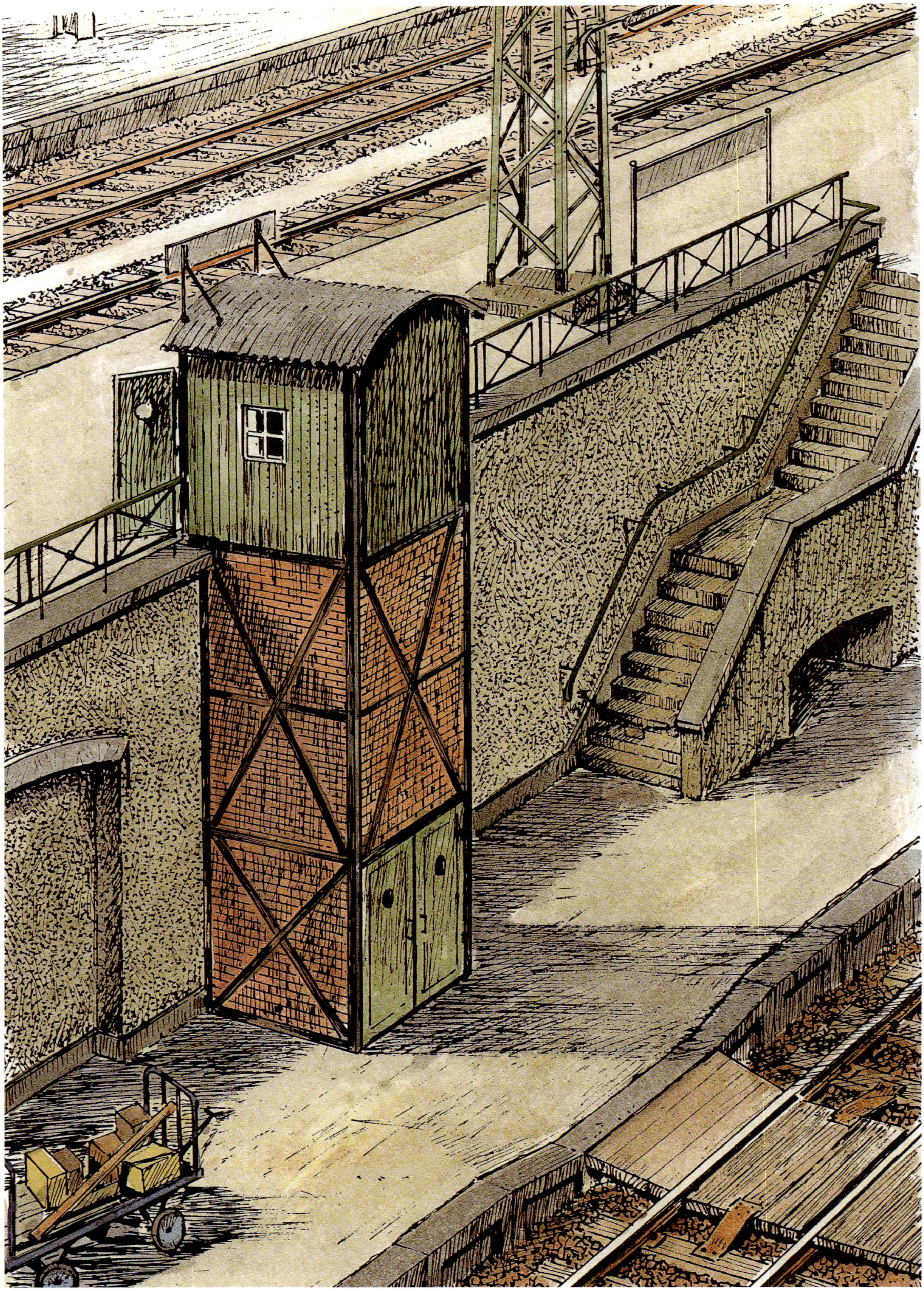

ZU DEN ZÜGEN

Bauten am Schienenstrang

Pit-Peg-Sammelband

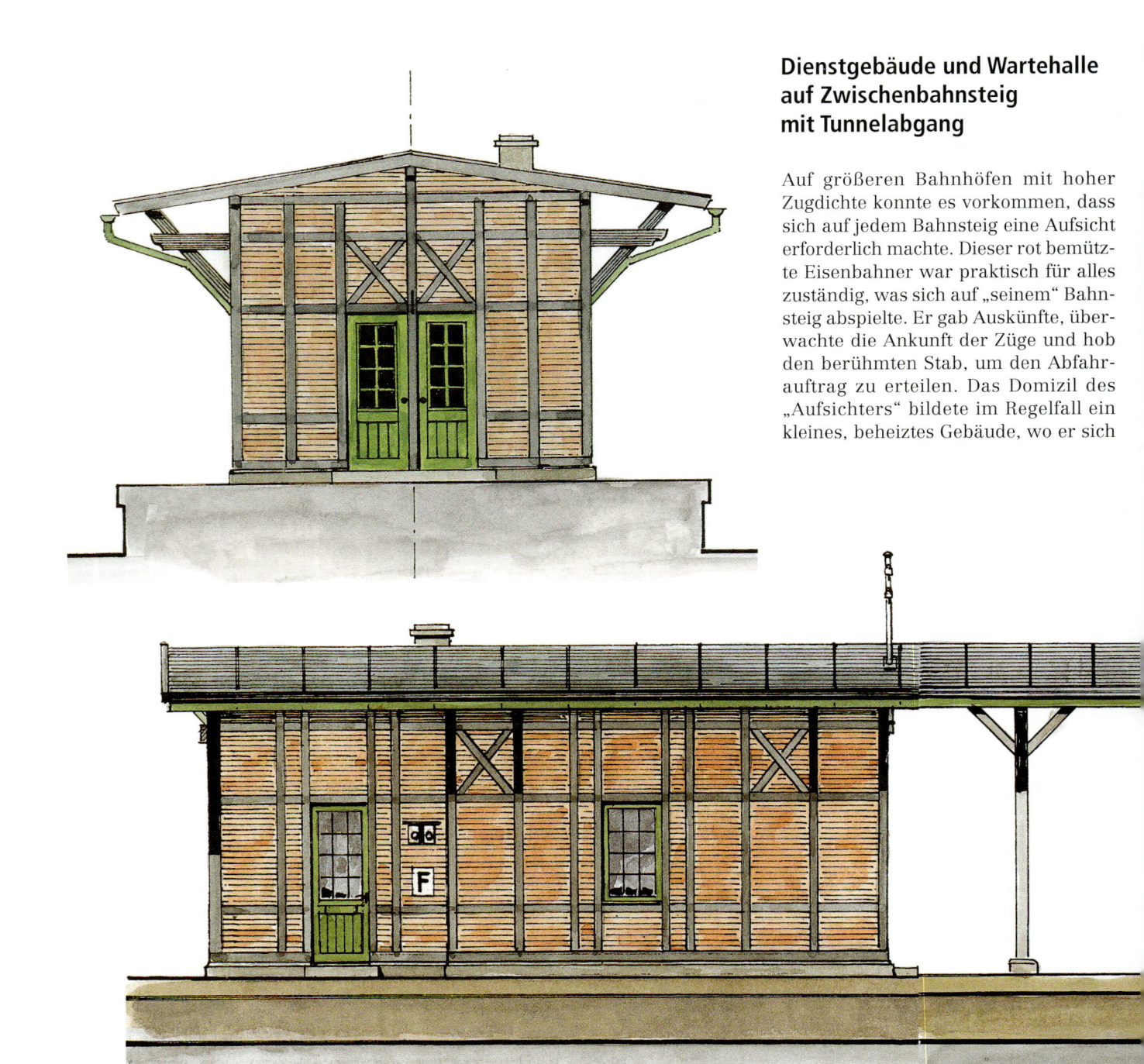

Dienstgebäude und Wartehalle auf Zwischenbahnsteig mit Tunnelabgang

Auf größeren Bahnhöfen mit hoher Zugdichte konnte es vorkommen, dass sich auf jedem Bahnsteig eine Aufsicht erforderlich machte. Dieser rot bemützte Eisenbahner war praktisch für alles zuständig, was sich auf „seinem" Bahnsteig abspielte. Er gab Auskünfte, überwachte die Ankunft der Züge und hob den berühmten Stab, um den Abfahrauftrag zu erteilen. Das Domizil des „Aufsichters" bildete im Regelfall ein kleines, beheiztes Gebäude, wo er sich

Maßstab 1:1 für Baugröße H0

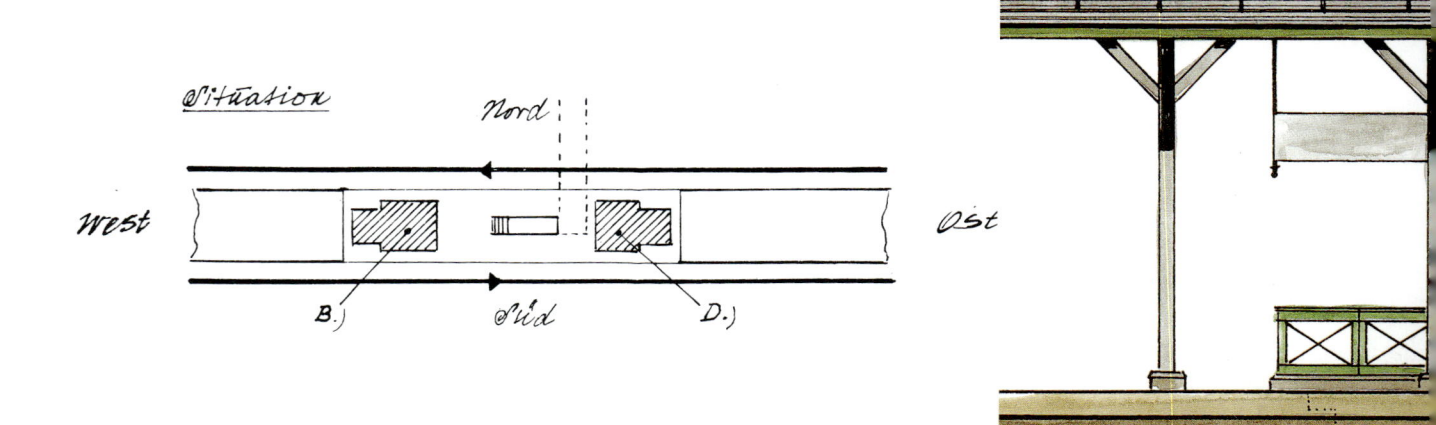

aufhalten, telefonieren und die Lautsprecherdurchsagen machen konnte.

Beim Bau dieser kleinen Dienstgebäude richtete man sich zumeist nach dem Baustil des Empfangsgebäudes. Auch die kleinen Wartehallen für die Reisenden ahmten den bestimmenden Stil des Bahnhofsgebäudes nach. Erst die Zerstörungen des Zweiten Weltkrieges hatten ein Sammelsurium von Dienstbuden und provisorischen Kiosken zur Folge.

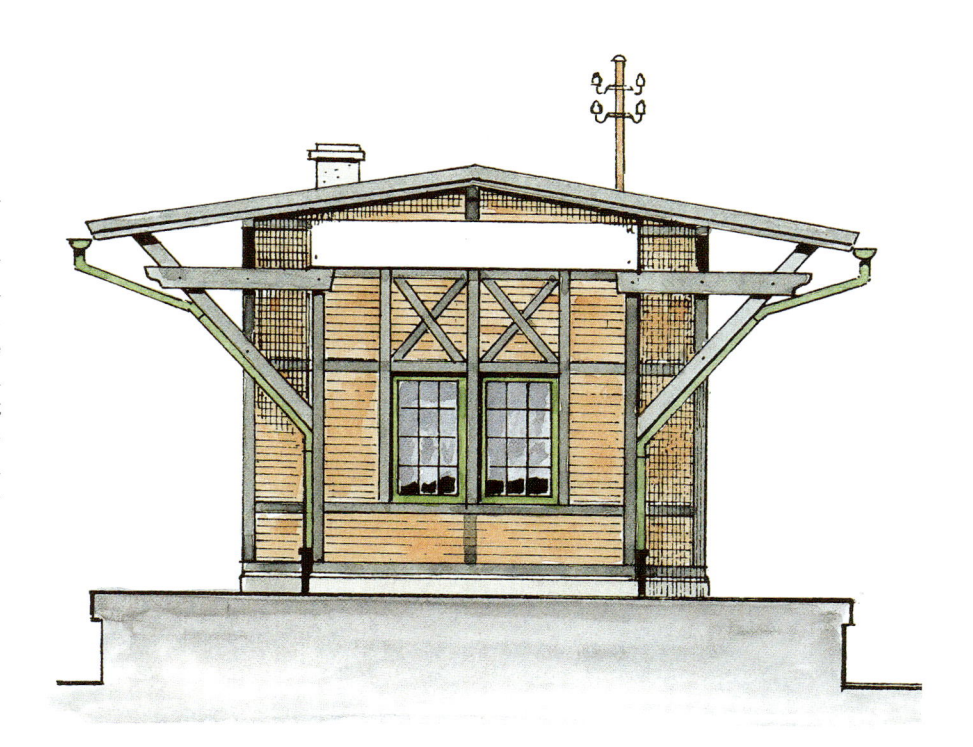

Bauten am Schienenstrang

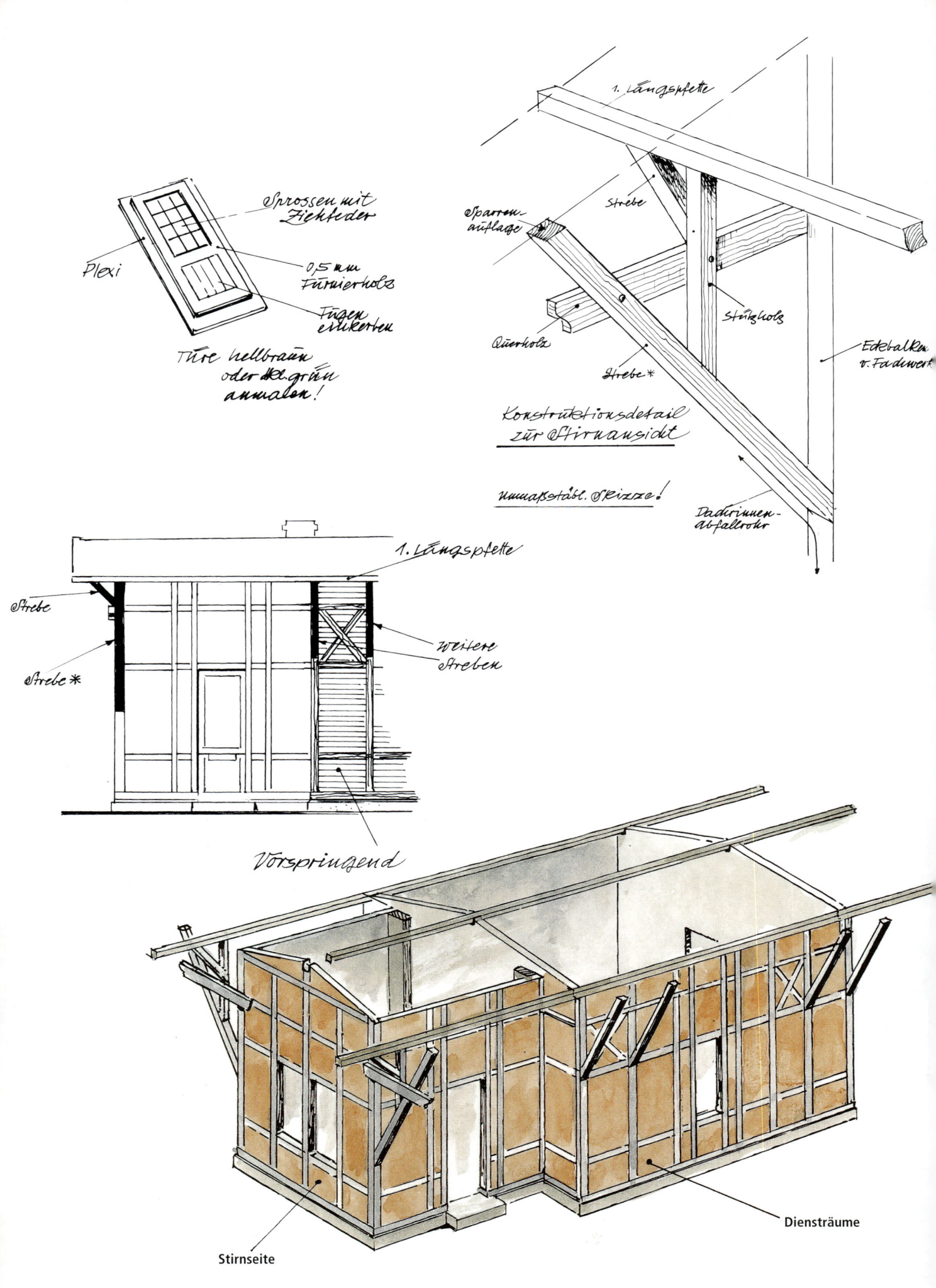

Sprossen mit Fichteder
Plexi
0,5 mm Furnierholz
Fugen einkerben
Türe hellbraun oder hellgrün anmalen!

1. Längspfette
Sparrenauflage
Strebe
Stützholz
Querholz
Strebe *
Eckbalken v. Fachwerk
Dachrinnen-abfallrohr

Konstruktionsdetail zur Stirnansicht

unmaßstäbl. Skizze!

Strebe
Strebe *
1. Längspfette
weitere Streben
Vorspringend

Stirnseite

Diensträume

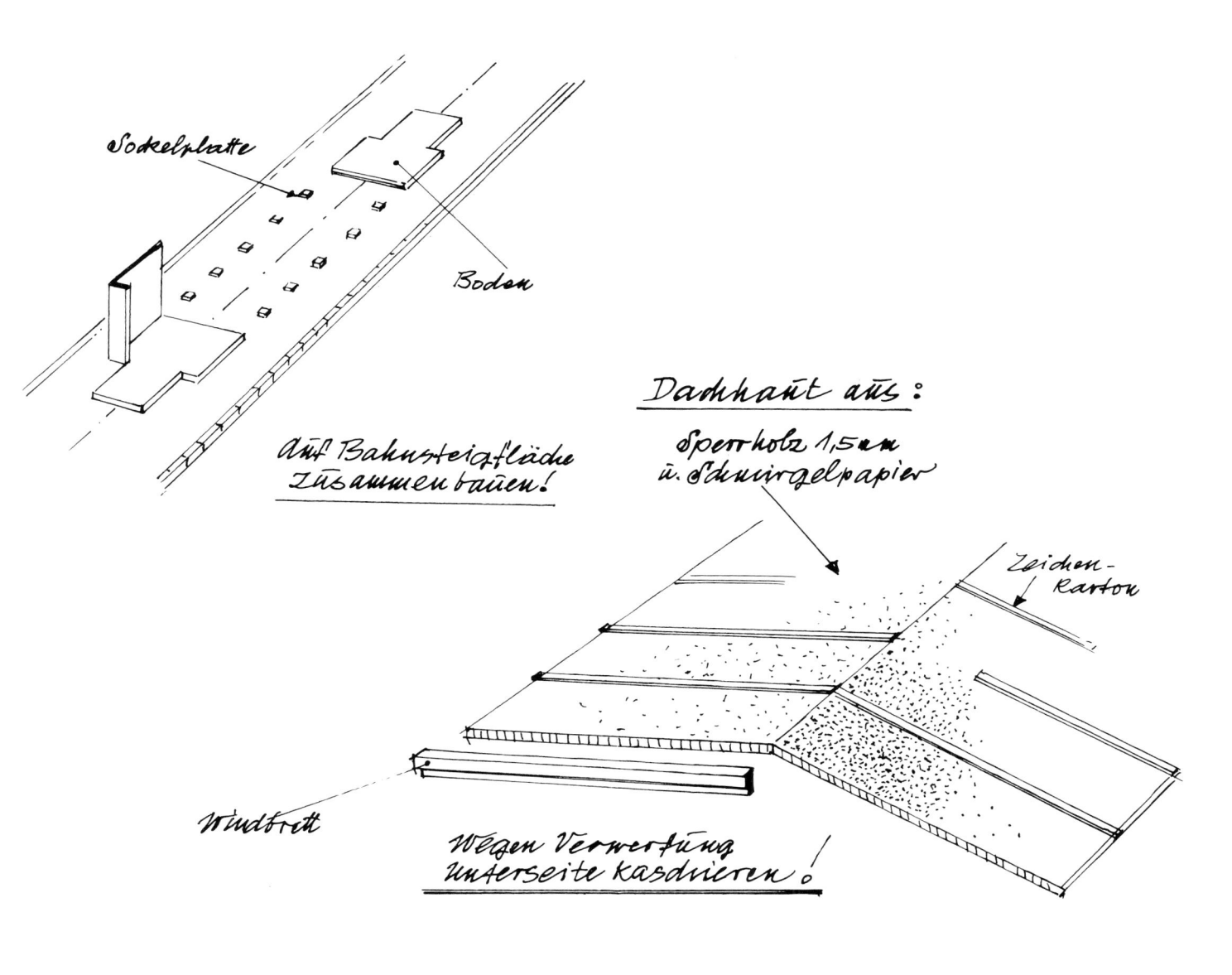

- Sockelplatte
- Boden

Auf Bahnsteigfläche zusammenbauen!

Dachhaut aus:
Sperrholz 1,5 mm
ü. Schmirgelpapier

- Zeichen-Karton
- Windbrett

Wegen Verwerfung Unterseite kaschieren!

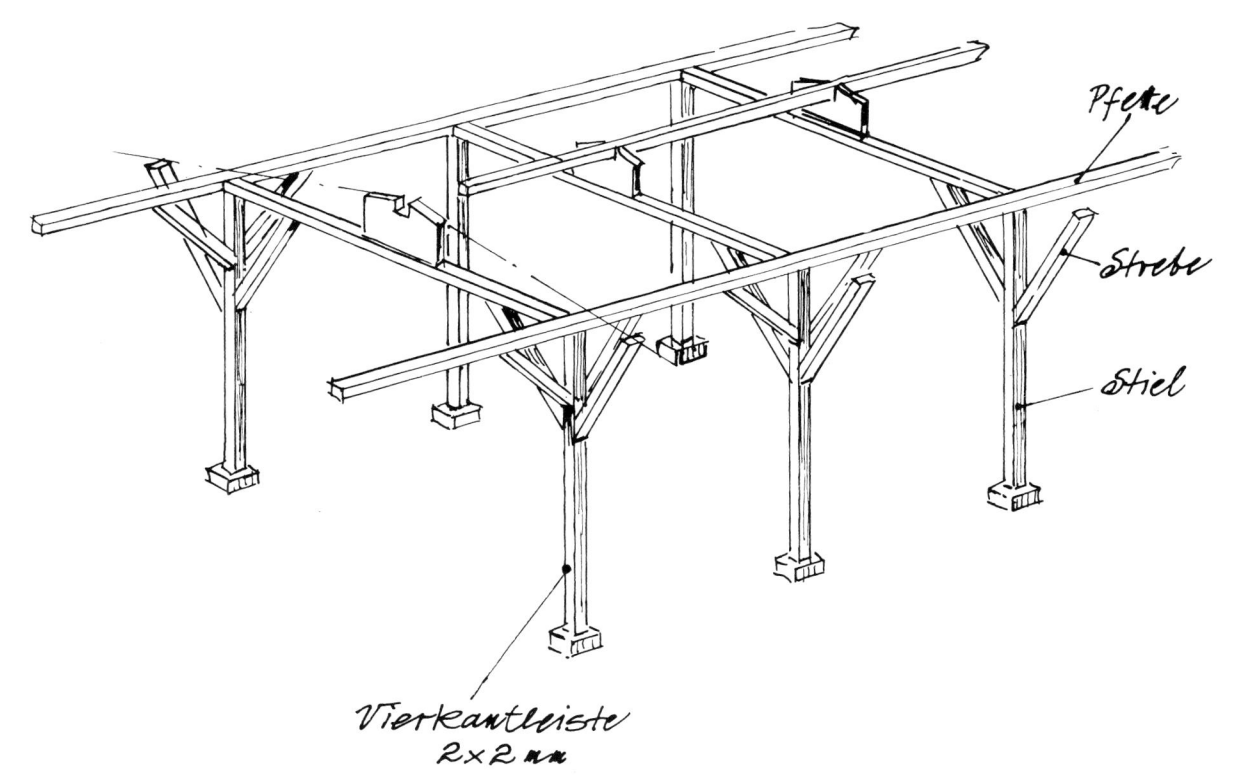

- Pfette
- Strebe
- Stiel
- Vierkantleiste 2×2 mm

Bauten am Schienenstrang

Für verschiedene Geschäfte: Abortgebäude und Wiegehäuschen

Sie passen zwar nur schwer in eine Rubrik, zählten früher aber dennoch zu den unverzichtbaren „Kleinstbauten" der Eisenbahn und gehörten zu ihrem Gesamtbild wie Empfangsgebäude, Stellwerke und Lokschuppen. Während allerdings die Abortgebäude in ihrer zahllosen Vielfalt und sprichwörtlichen Primitivität dem Reisenden vergangener Tage in eher unangenehmer Erinnerung blieben, fielen ihm die Wiegehäuschen weniger auf, da sie zumeist nur abseits der Anlagen für den Reiseverkehr zu finden waren.

Bei den Abortgebäuden wählte Pit-Peg eine norddeutsche und eine süddeutsche Variante. Während sich das norddeutsche Vorbild mit seinem Fachwerk offensichtlich an einem Bau preußisch-sparsamer Herkunft orientiert, dürfte das mit aufwändiger Dachgestaltung versehene „Abortgebäude auf einer mittleren Bahnstation" eher an einer Hauptbahn in Bayern, Baden oder Württemberg zu finden (gewesen) sein.

Um den norddeutschen Charakter des ersten Gebäudes zu unterstreichen, kann man die Gefache auch mit unverputztem, aber sorgsam verfugtem Ziegelmauerwerk darstellen. Bei beiden „Bedürfnisanstalten" erscheint eine Angleichung an das jeweilige Empfangsgebäude ratsam.

Abortgebäude in Fachwerkmanier

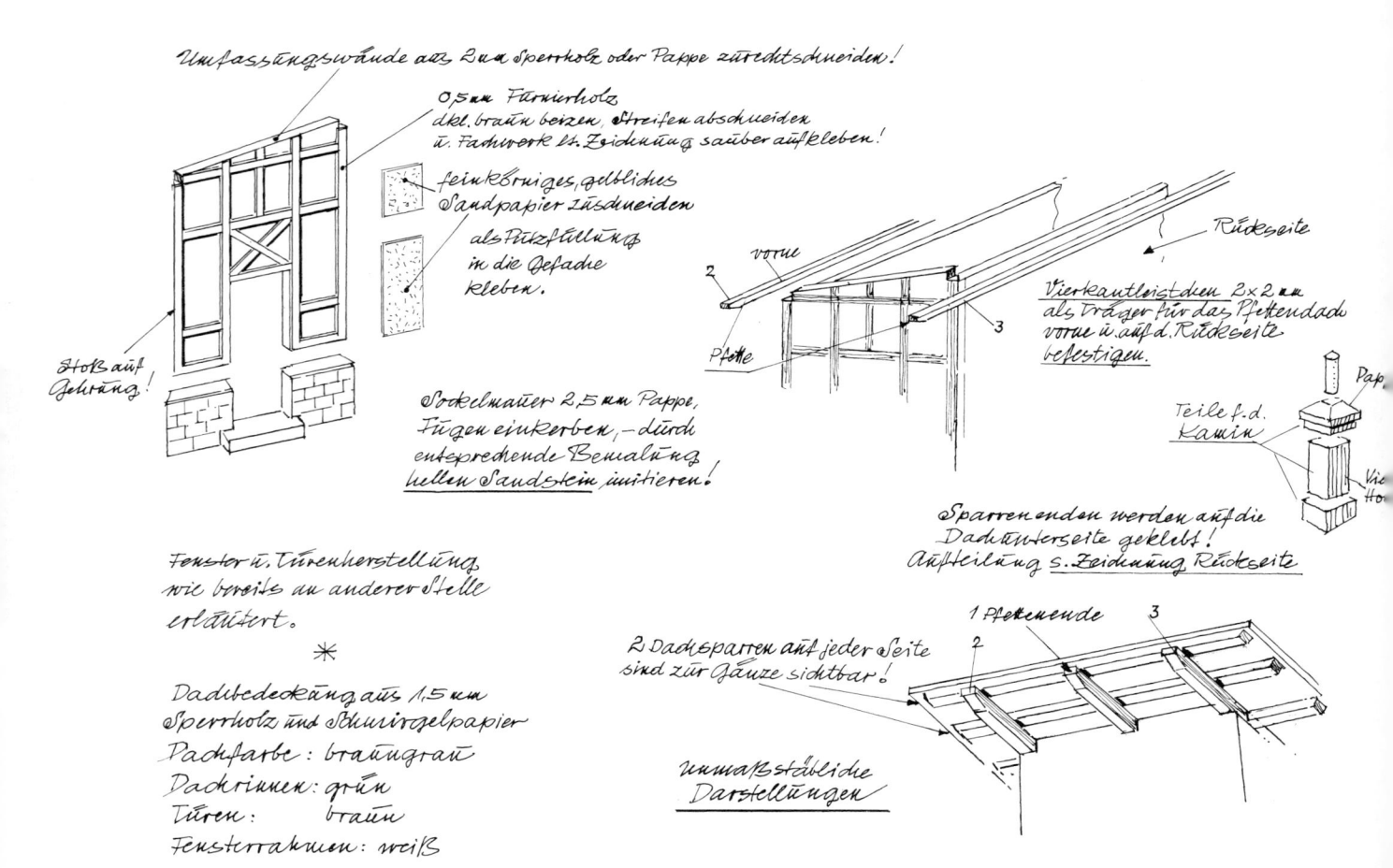

Abortgebäude in Fachwerkmanier

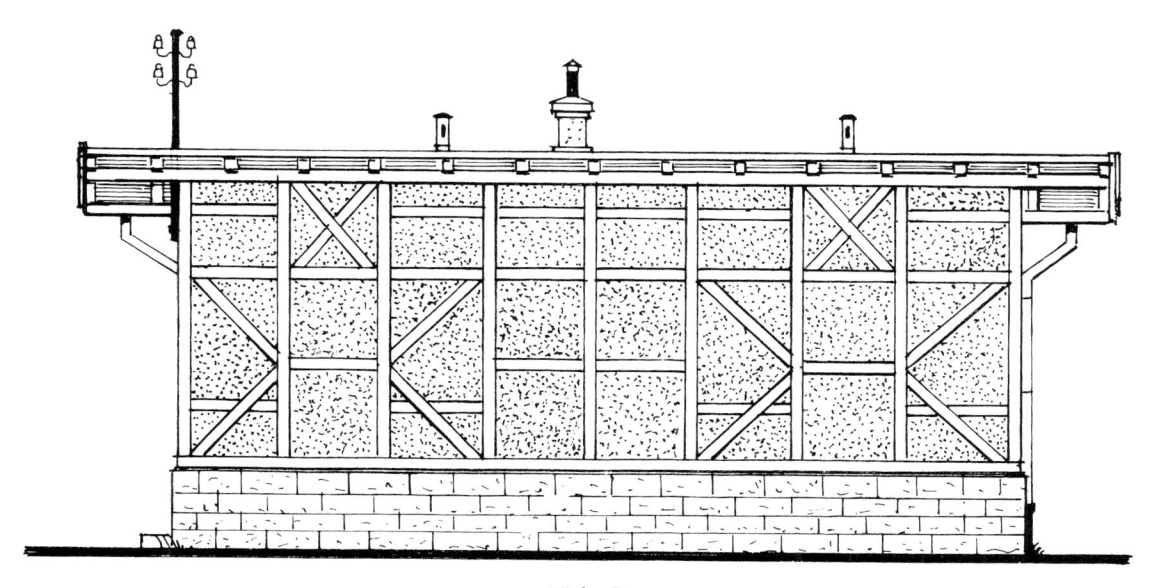

Rückseite

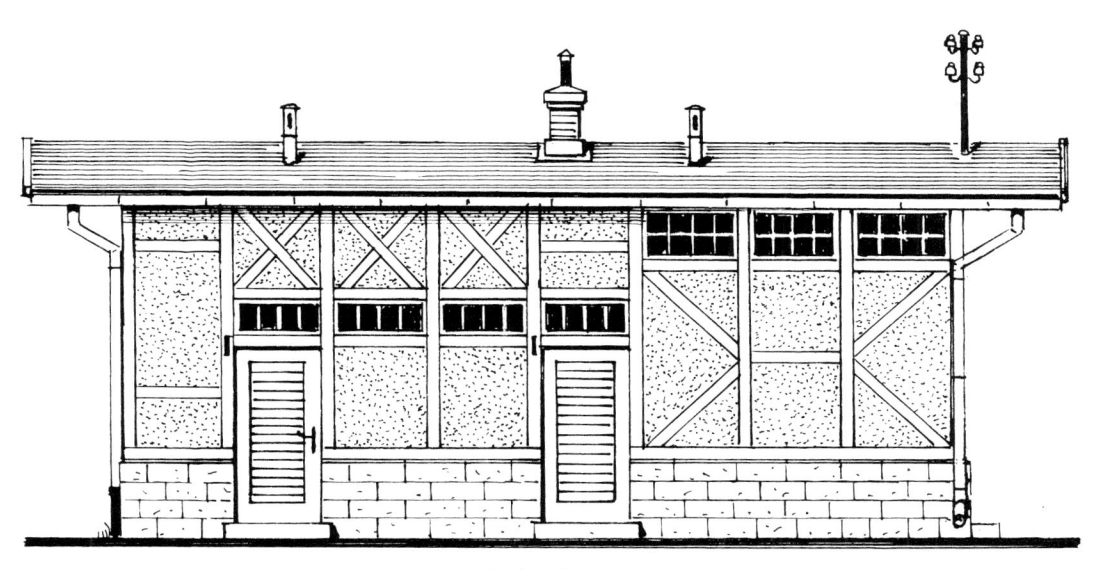

Vorderseite

Stirnseite rechts

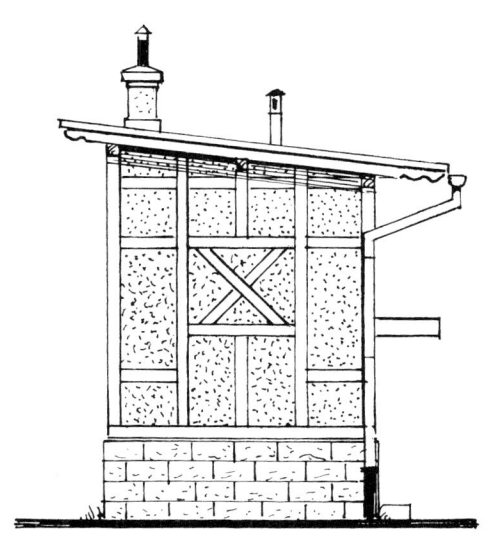

Stirnseite links

Bauten am Schienenstrang

Abortgebäude in verputzter Bauweise

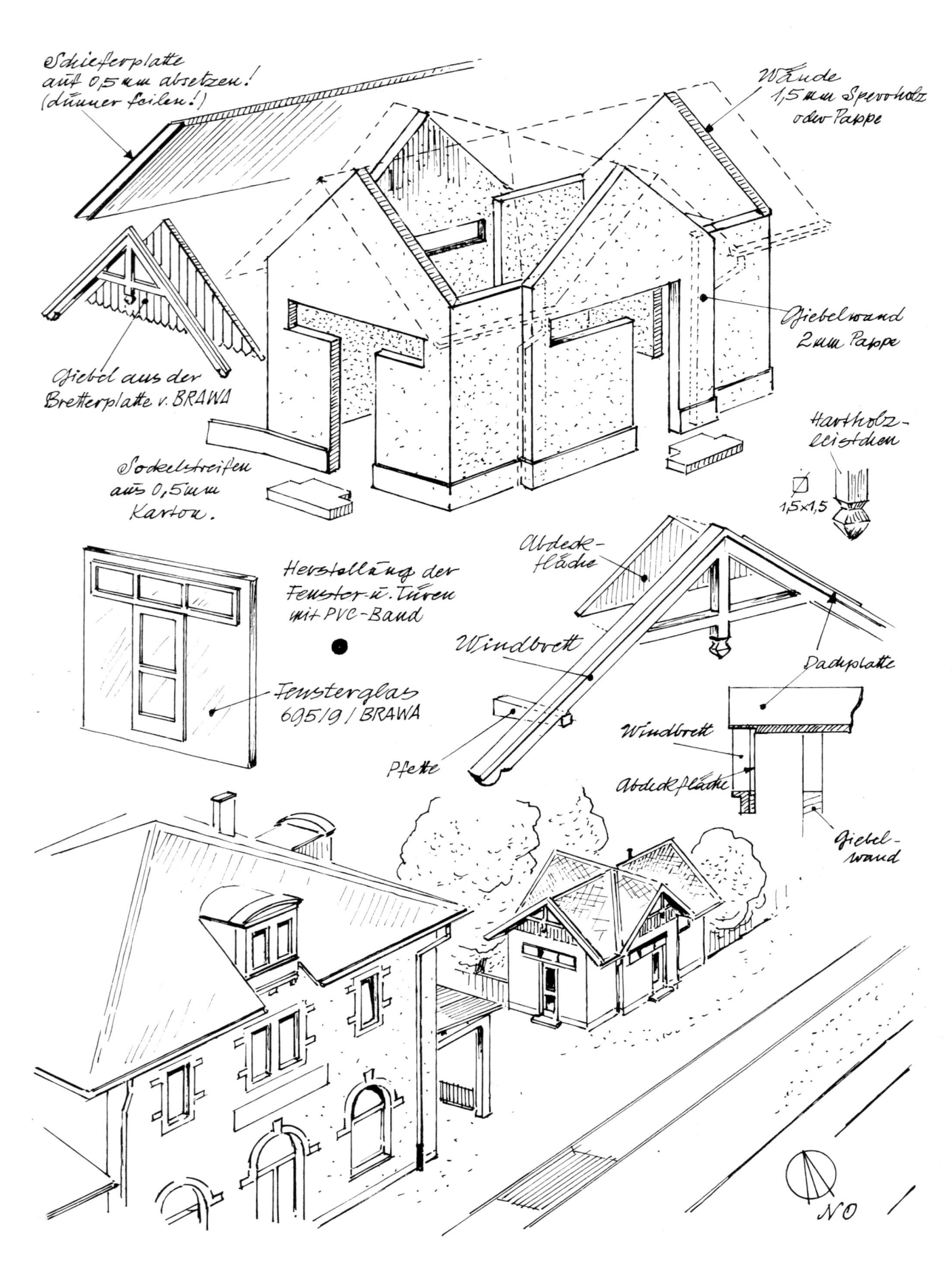

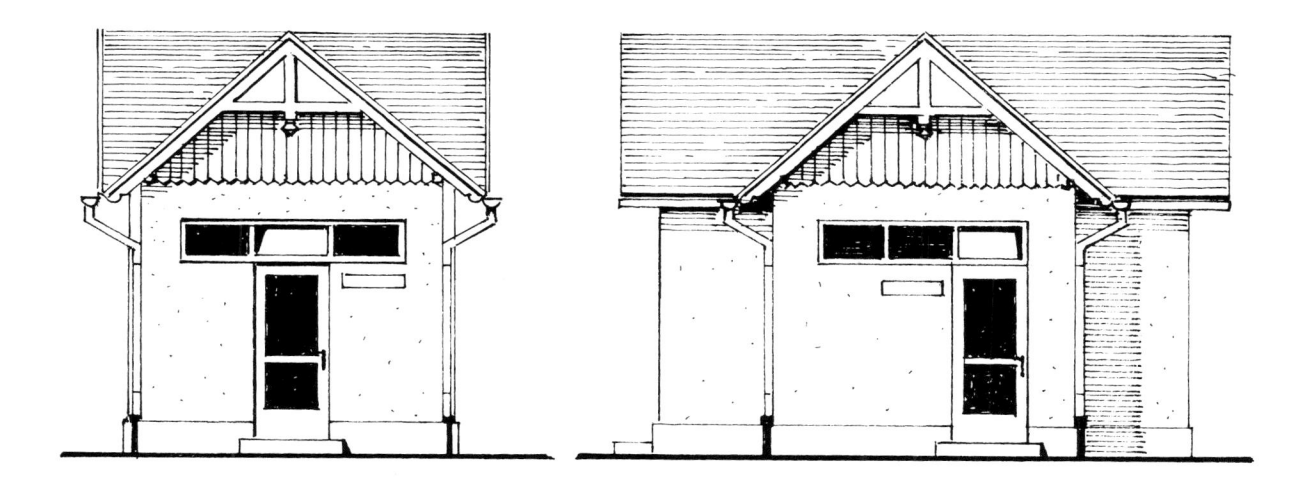

Abortgebäude auf einer mittleren Bahnstation

Sein Vorbild wurde vor Jahrzehnten neben dem Empfangsgebäude einer Kleinstadt errichtet. Während Dacheindeckung und das Holzwerk der Giebelseiten unverändert blieben, wurden Fenster und Türen sowie sanitäre Einrichtungen neuzeitlich umgestaltet. Außer den Toiletten befindet sich auf der Rückseite noch ein Abstellraum für Lampen und Geräte.

Zur Farbgebung: Das Gebäude hat hellverputzte Wände, einen betongrauen Sockel und ebensolche Vorlegstufen. Fenster und Türen sowie das gesamte Holzwerk sind weiß gestrichen. Dachrinnen und Abfallrohre sind rötlichbraun. Das Dach ist mit Schiefer gedeckt.

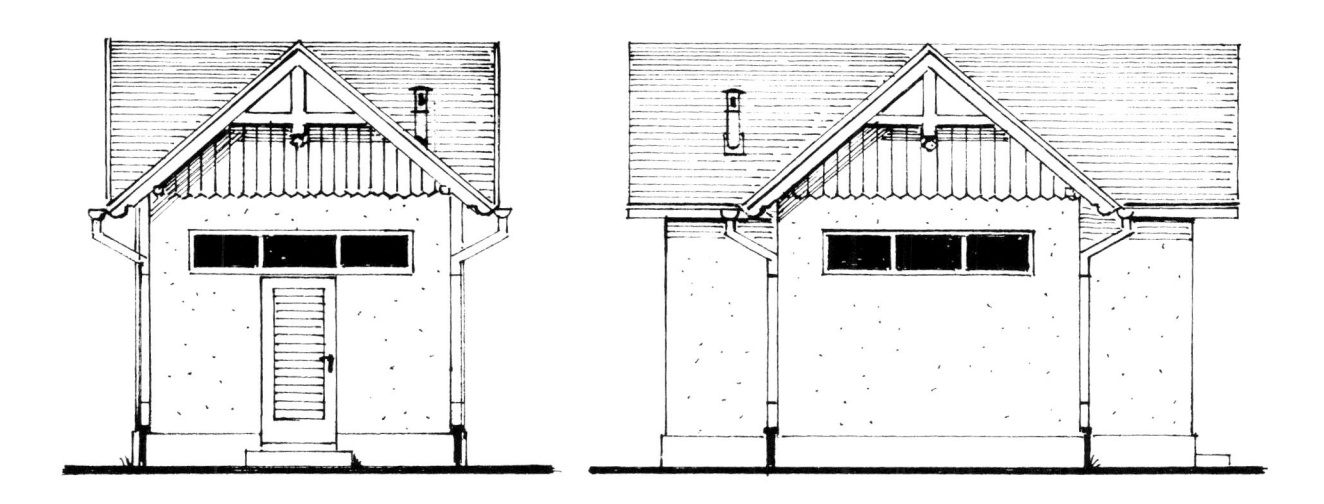

Zwei Wiegehäuschen (nächste Doppelseite)

Auch diese eher unscheinbaren „Buden" hatten ihre Daseinsberechtigung, die aus der fast uneingeschränkten Monopolstellung der Bahn im Güterverkehr resultierte. Gerade auf kleineren Bahnhöfen, wo agrarisches Massengut (Getreide, Kartoffeln, Rüben usw.) in einzelnen Waggonladungen versandt werden musste, besaßen Wiegehäuschen eine wichtige Funktion im Geschäftsverkehr der Bahn mit ihren Transportkunden. Doch nicht nur die Menge des Transportguts musste ermittelt werden. Bei abgängigem Oberbau ging es oft auch darum, die Waggons nicht zu überladen, um die Achslastbegrenzung der jeweiligen Klein- oder Lokalbahnstrecke einzuhalten.

Das kleinere der beiden Wiegehäuschen, das Pit-Peg auf einem Zillertal-Bahnhof entdeckte (man beachte das ÖBB-Dachsignal!), reicht zwar nur für einen zweiachsigen Güterwagen aus, dürfte aber dennoch ein interessantes, nachbauenswertes Detail darstellen, insbesondere auf Anlagen mit historischem Profil.

Pit-Peg-Sammelband

Wiegehäuschen

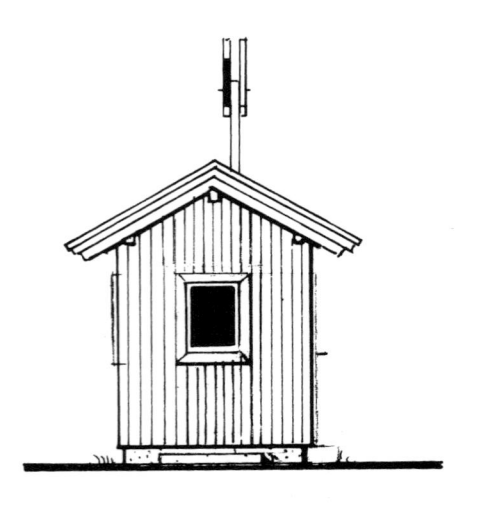

Schauseite: Nord

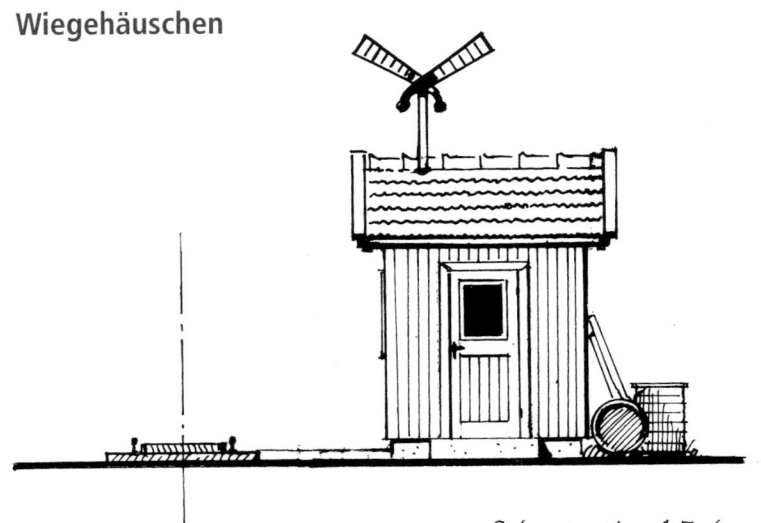

Schauseite: West

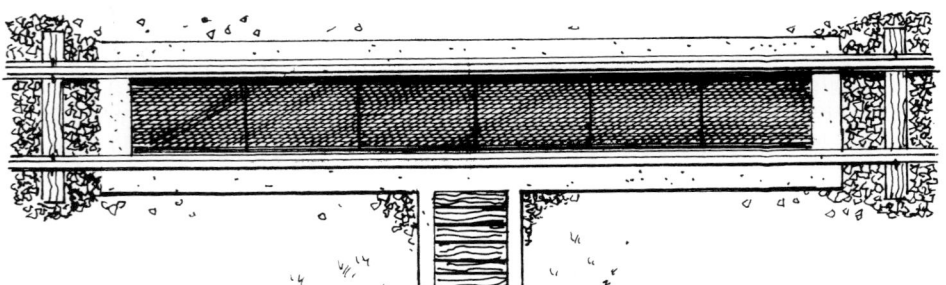

Draufsicht

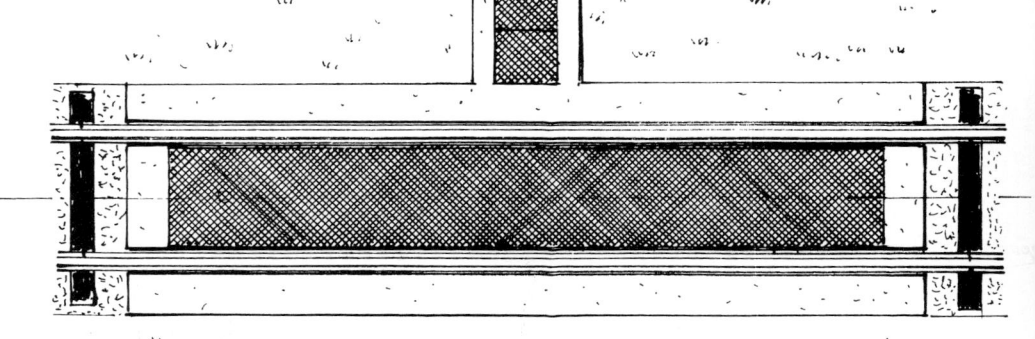

Draufsicht

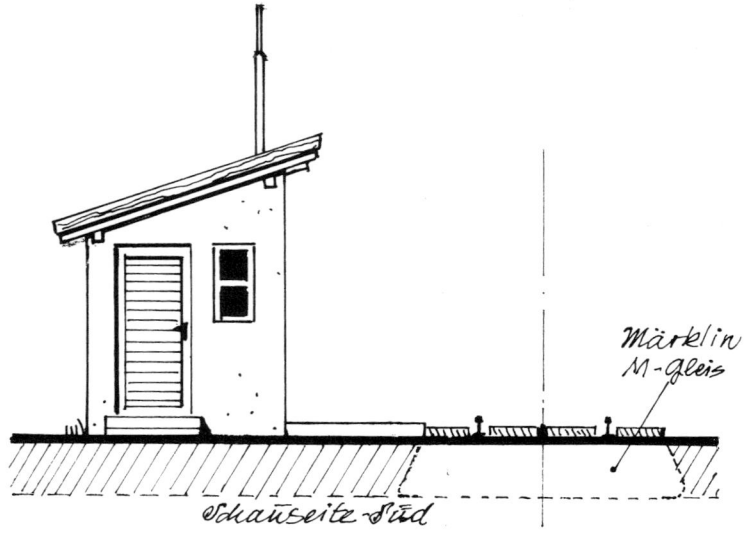

Schauseite Süd

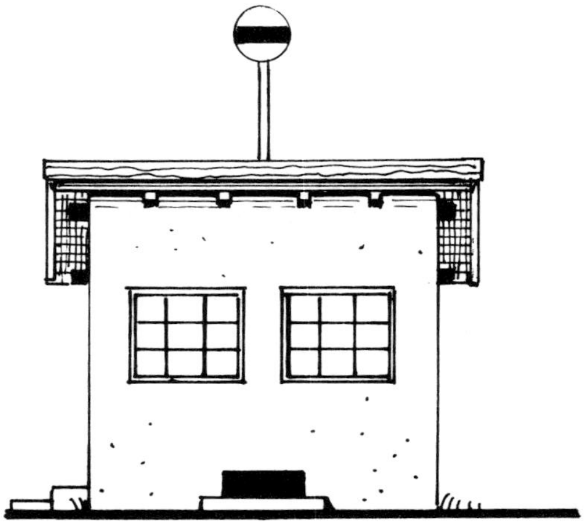

Märklin M-Gleis

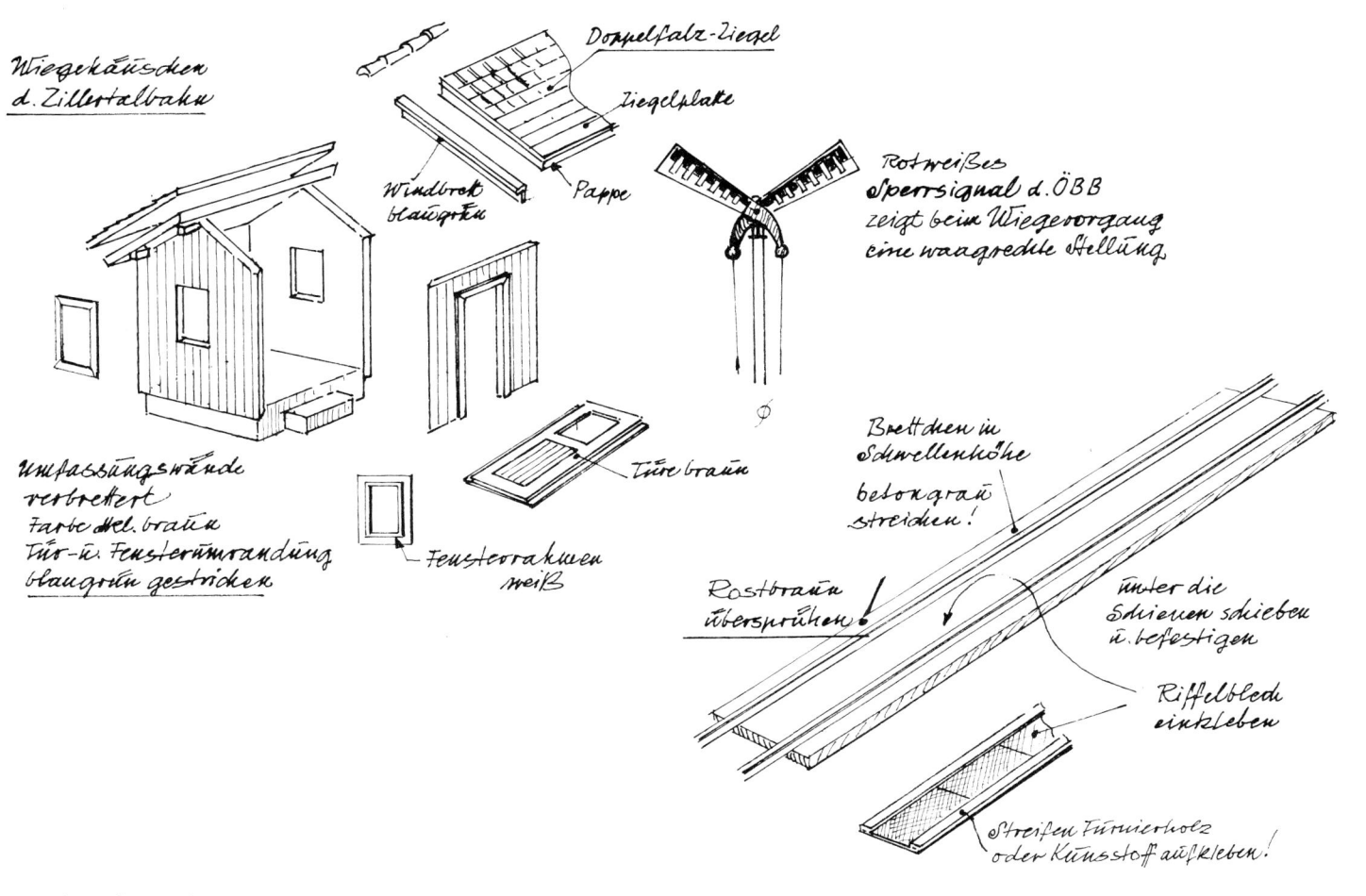

Wiegehäuschen

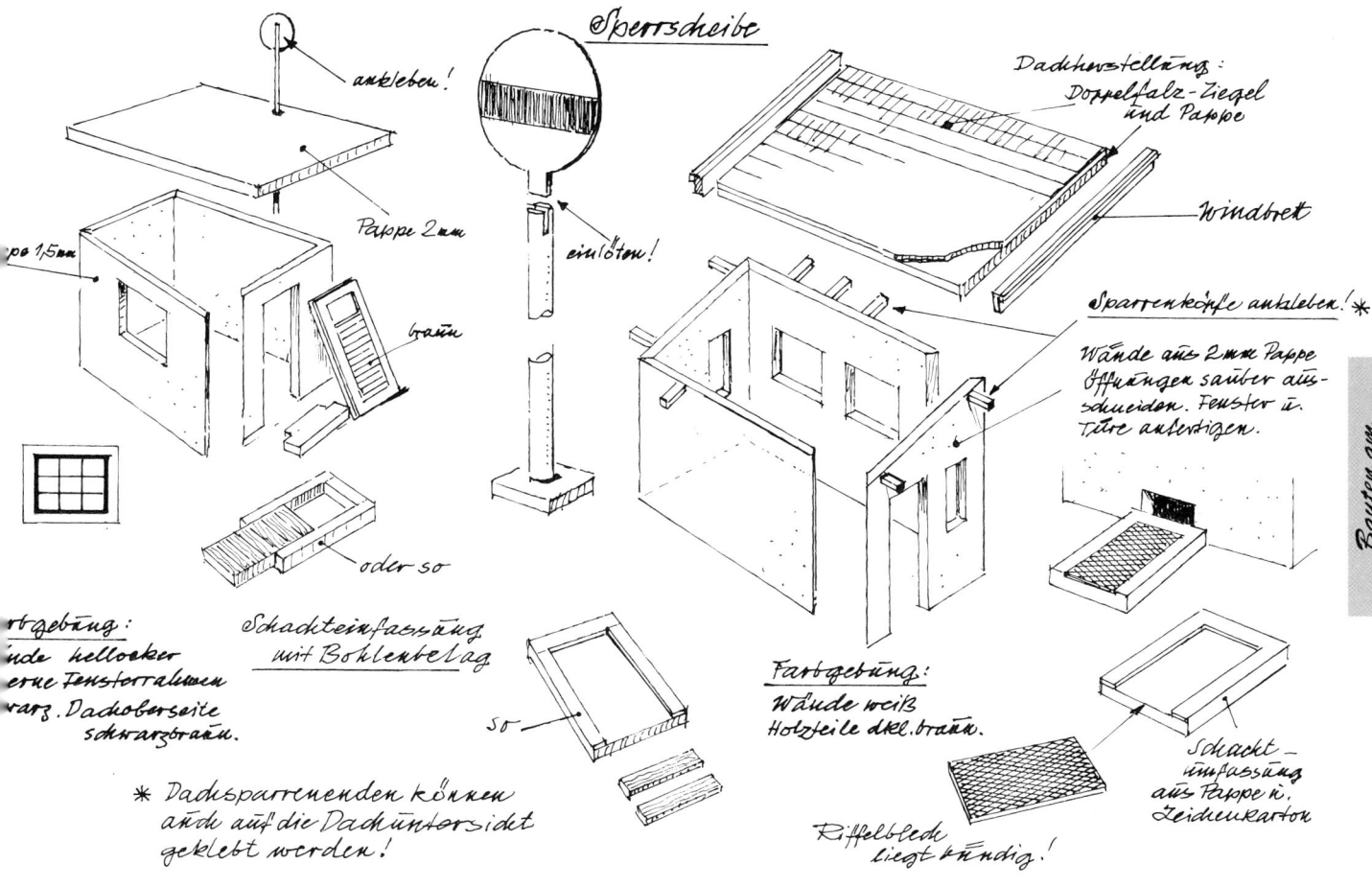

Pit-Peg-Sammelband

Wohnen und Arbeiten: Wohnhäuser und Fabrikanlagen

In seinem reichen Schaffen hat sich Pit-Peg nicht nur interessanten Anlagenprojekten und eisenbahntypischen Zweckbauten gewidmet, sondern auch weniger bahntypische Gebäude wie Wohnhäuser und Fabrikanlagen gezeichnet und zum Nachbau vorgeschlagen.

Auf den folgenden vier Seiten begegnet dem Leser und Betrachter ein Pit-Peg, der mit den dargestellten Motiven lediglich anregen wollte – ohne große Worte, doch stets detailliert und (wie immer) voller Fantasie. Die einzelnen Szenerien erinnern an längst vergangene Zeiten; vielleicht liegt darin ihr besonderer Wert.

Der Reigen beginnt mit der Darstellung von zwei Einfamilien-Reihenhäusern, die – heute nahezu undenkbar – ohne jede Einfriedung auskommen. Der eher bescheidenen Szenerie folgt das pompös gestaltete Zierportal eines Villengrundstücks. In drastischem Gegensatz dazu steht die Zeichnung mit den beiden Toreinfahrten, die zu Hinterhöfen von Mietskasernen führen, wie sie ebenfalls zur „Gründerzeit" entstanden. Bei der Zeichnung auf S. 284 oben geht es um ein Industriegrundstück inmitten städtischer Bebauung. Derartige Ansichten bestimmten einst den Alltag, gehören aber heute (glücklicherweise) eher zu den Seltenheiten. Den Abschluss der Reihe mit städtischen Motiven bildet die Zeichnung darunter, die eine Grundstückseinfriedung nebst Toreinfahrt zu einer bereits stillgelegten Fabrik zeigt.

Auf S. 285 hat Pit-Peg eine (antiquierte) Verladeanlage für Schotter und Splitt dargestellt. Die Anlage wurde von der Straße aus beschickt und in offene Güterwagen entleert.

Wohnen und Arbeiten

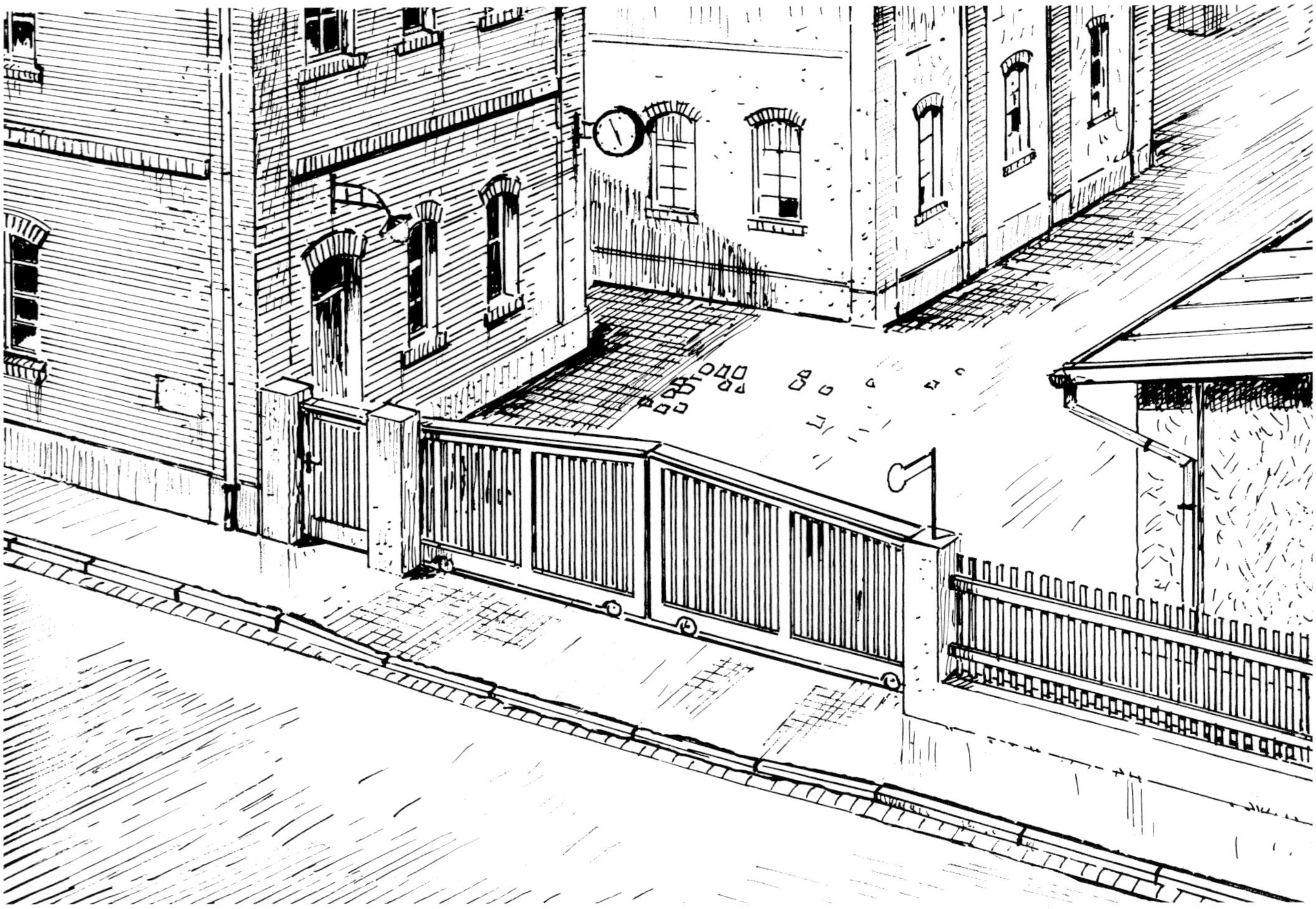

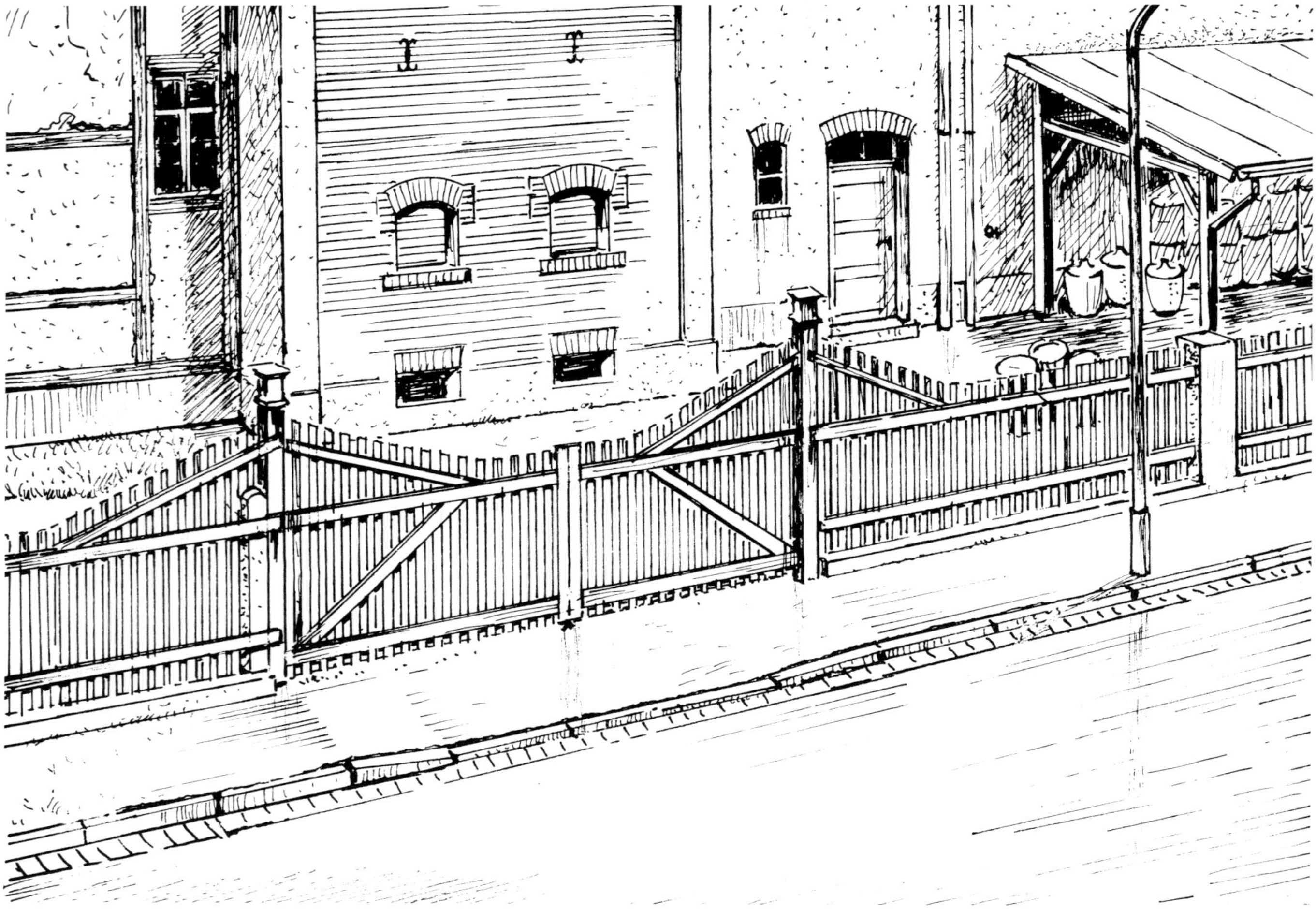

Pit-Peg-Sammelband

Schachtanlage „Glückauf"
der Steinkohlen AG, Freienfeld v. Wald

Mit dem hier entworfenen Modellbau-Projekt wandte sich Pit-Peg jenen Modellbahnern zu, die immer wieder darum baten, für den motivierten Einsatz von offenen Güterwagen eine Industrieanlage zu entwerfen, die einerseits nicht zu groß, andererseits aber möglichst vorbildnah in Szene gesetzt werden sollte. Pit-Peg schrieb über seinen Entwurf: „Diese Schachtanlage, ein in Tag- und Nachtschicht betriebenes Bergwerk, hat eine ausreichende Förderleistung, um das städtische Gaswerk von Freienfeld und das dortige Bahnbetriebswerk sowie die Bevölkerung in Stadt und Land mit Kohle zu versorgen. Dabei sind die Betriebsbauten relativ einfach ausgeführt. Das Schachthäuschen z.B. ist als schlanker, eisengebundener Backsteinbau nur mit einem Wellblechdach versehen. Der Förderturm und das Seilscheibengerüst sind aus Profileisen konstruiert. Der Verladetrakt, eine reine Zimmermannsarbeit, ist ganz aus Holz gefertigt, bretterverschalt und mit Dachpappe eingedeckt. Tag für Tag poltert die Kohle aus den Schütten in die bereitgestellten Waggons oder in die Lastwagen der Händler."

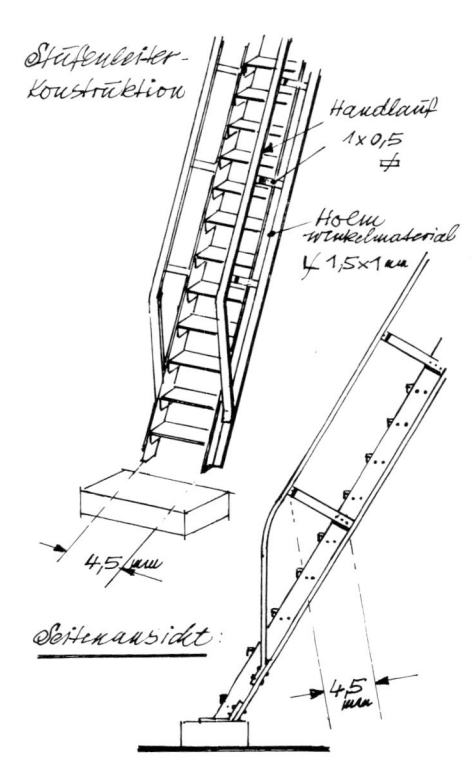

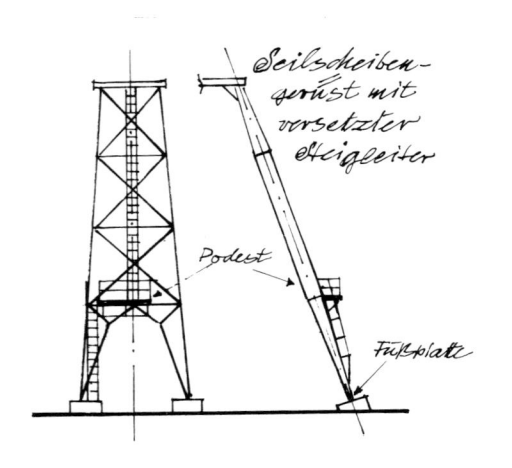

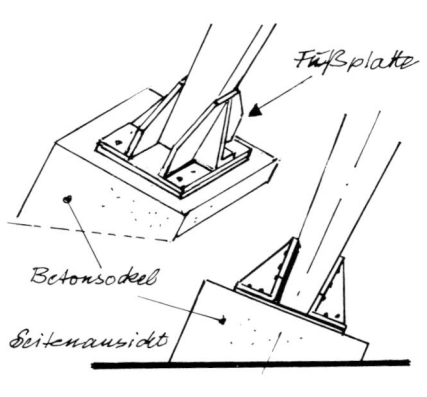

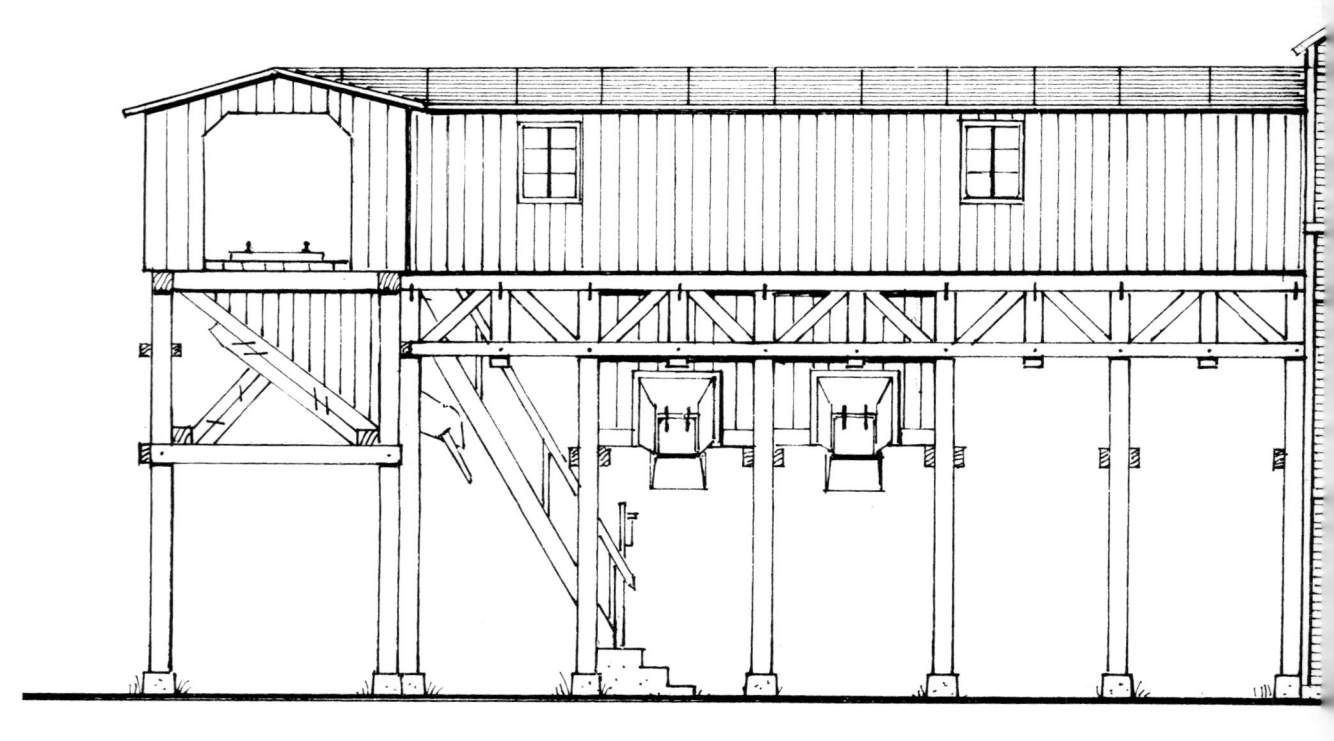

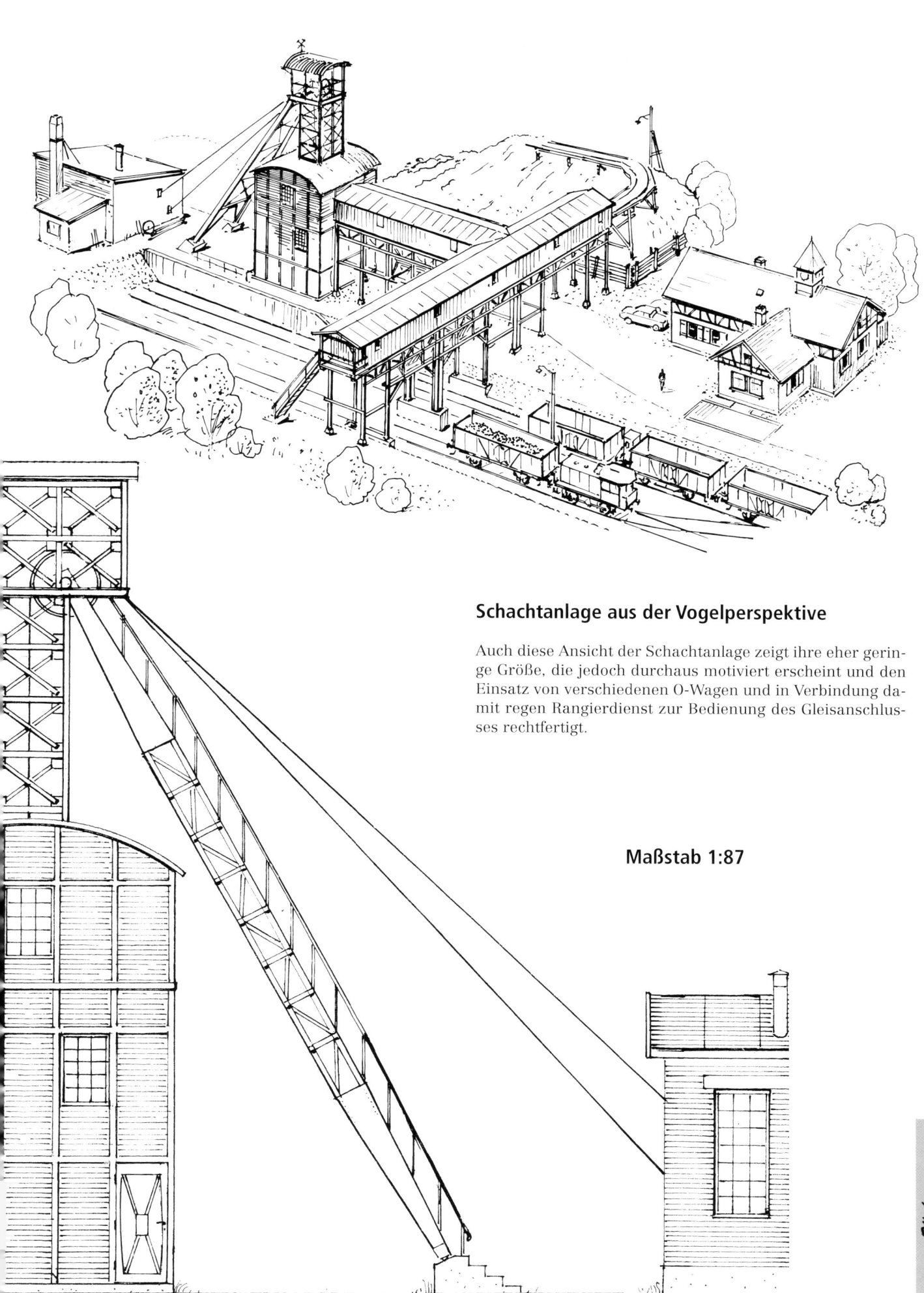

Schachtanlage aus der Vogelperspektive

Auch diese Ansicht der Schachtanlage zeigt ihre eher geringe Größe, die jedoch durchaus motiviert erscheint und den Einsatz von verschiedenen O-Wagen und in Verbindung damit regen Rangierdienst zur Bedienung des Gleisanschlusses rechtfertigt.

Maßstab 1:87

Maßstab 1:87

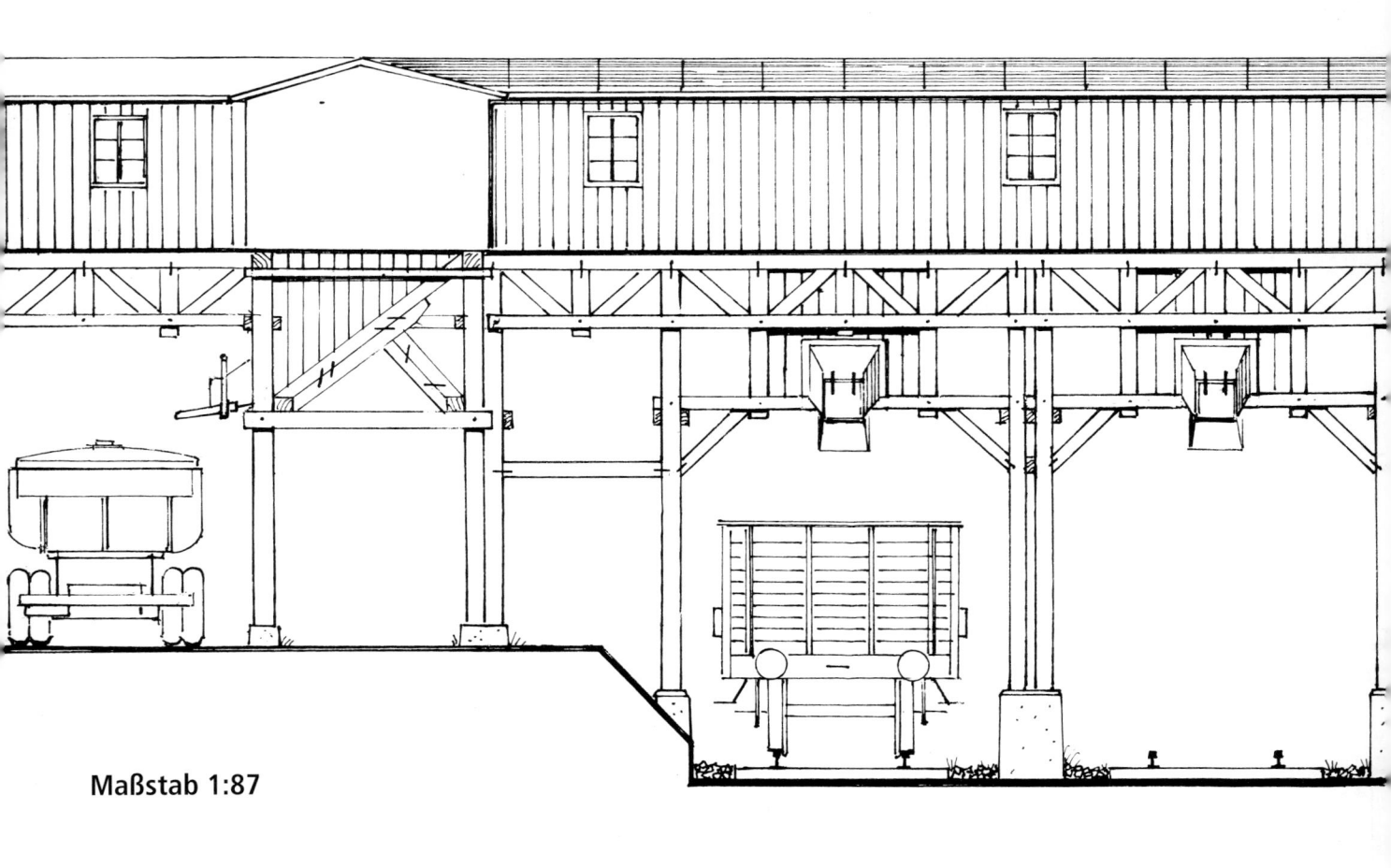

Ansicht des Verladetraktes für Schiene und Straße. Hier werden die bereitgestellten Waggons bzw. Fahrzeuge beladen und anschließend gewogen. Den Abtransport besorgt eine betriebseigene Diesellok. Eine Mechanisierung des Beladevorganges wäre denkbar, sicher jedoch nur dann interessant, wenn das Beladen von geeigneter Stelle aus gut beobachtet werden kann.

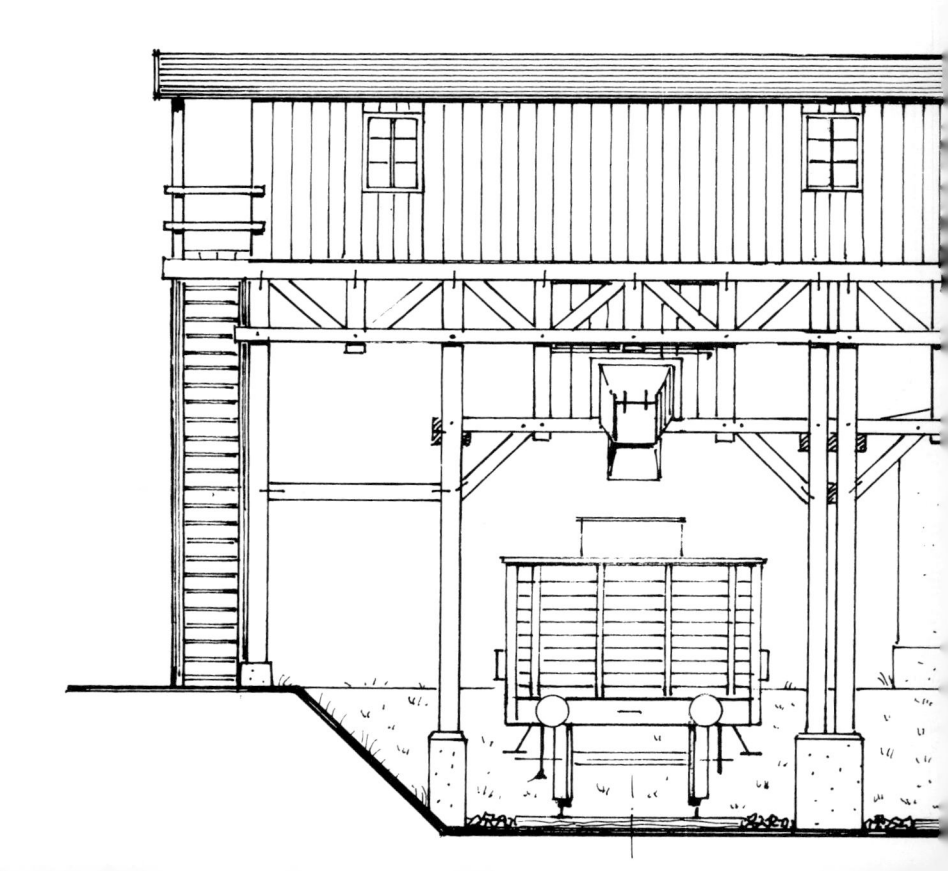

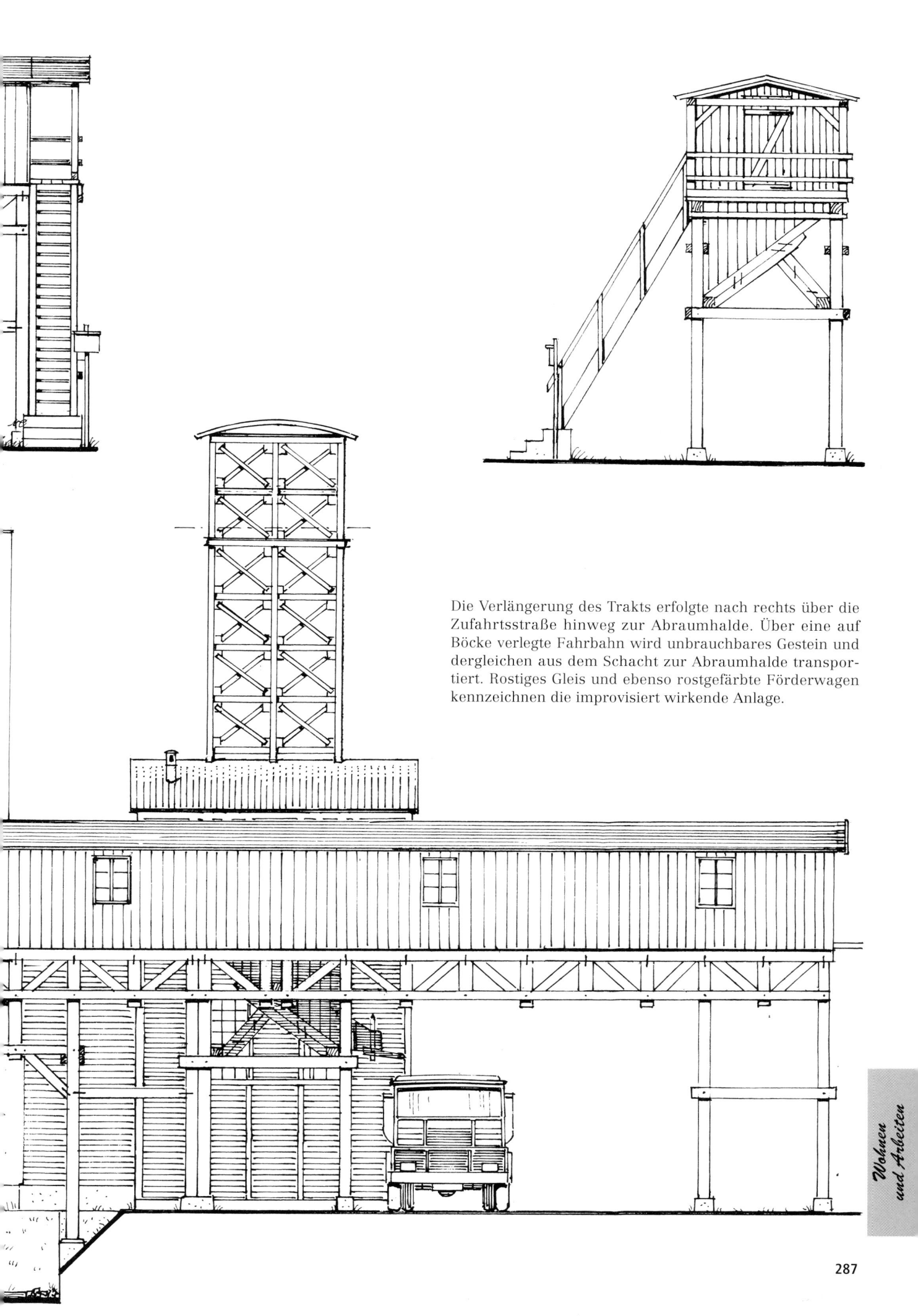

Die Verlängerung des Trakts erfolgte nach rechts über die Zufahrtsstraße hinweg zur Abraumhalde. Über eine auf Böcke verlegte Fahrbahn wird unbrauchbares Gestein und dergleichen aus dem Schacht zur Abraumhalde transportiert. Rostiges Gleis und ebenso rostgefärbte Förderwagen kennzeichnen die improvisiert wirkende Anlage.

Wohnen und Arbeiten

Ansicht mit Fensterfront

Rückansicht mit Maueröffnungen

Ansicht mit Pumpenhaus

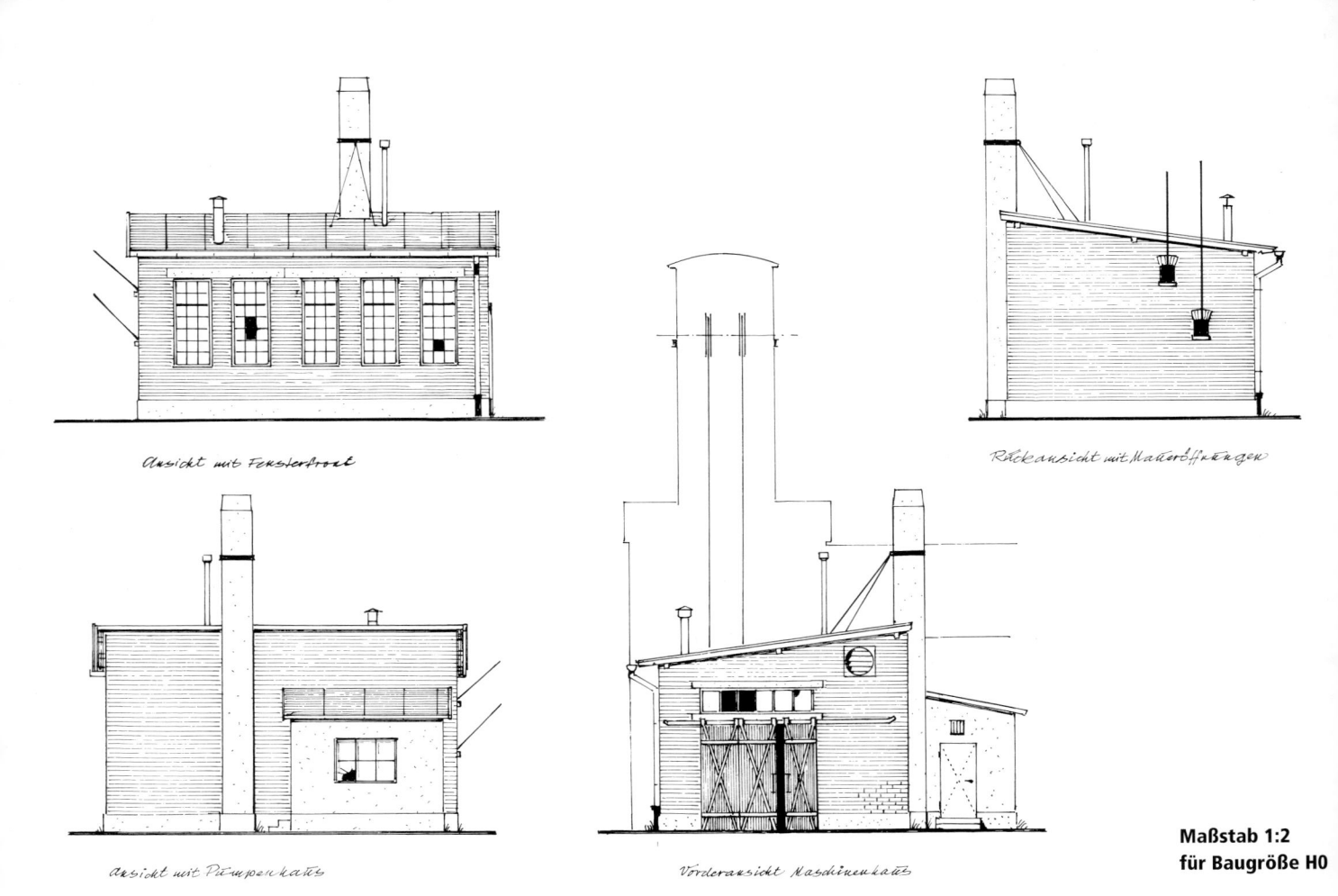

Vorderansicht Maschinenhaus

**Maßstab 1:2
für Baugröße H0**

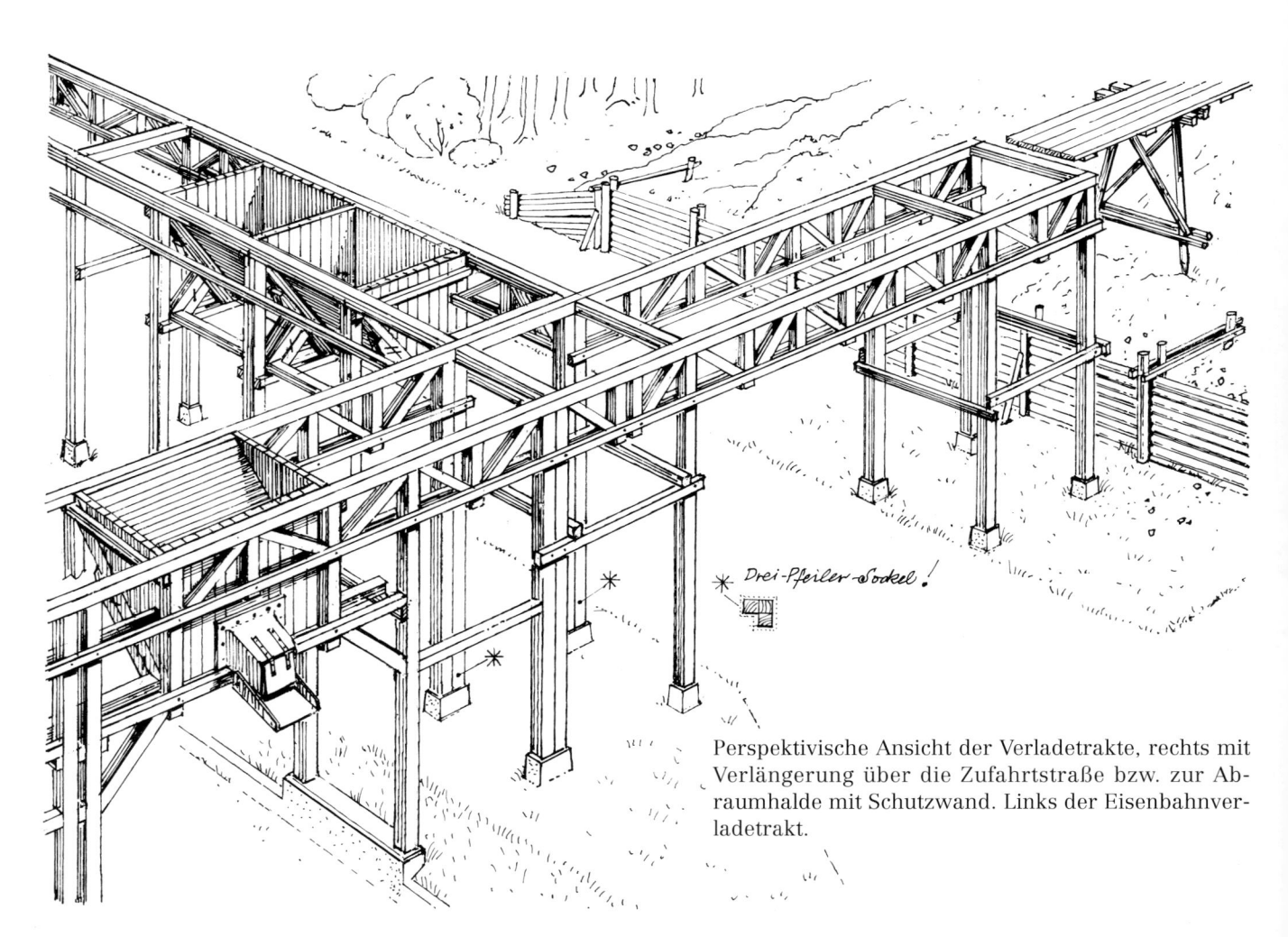

Drei-Pfeiler-Sockel!

Perspektivische Ansicht der Verladetrakte, rechts mit Verlängerung über die Zufahrtstraße bzw. zur Abraumhalde mit Schutzwand. Links der Eisenbahnverladetrakt.

Pit-Peg-Sammelband